Kompaktstudium Wirtschaftswissenschaften
Band 12
Feess/Tibitanzl, Wirtschaftspolitik

Kompaktstudium Wirtschaftswissenschaften

Band 12
Wirtschaftspolitik

von

Prof. Dr. Eberhard Feess

und

Frank Tibitanzl

Verlag Franz Vahlen München

Die Deutsche Bibliothek - CIP-Einheitsaufnahme

Kompaktstudium Wirtschaftswissenschaften. - München : Vahlen.

ISBN 3-8006-1770-6
Bd. 12. Feess, Eberhard: Wirtschaftspolitik. - 1996
Feess, Eberhard:
Wirtschaftspolitik / von Eberhard Feess und Frank Tibitanzl. - München : Vahlen, 1996
 (Kompaktstudium Wirtschaftswissenschaften ; Bd. 12)
 ISBN 3-8006-1900-8
NE: Tibitanzl, Frank:

ISBN 3-8006-1900-8

© 1996 Verlag Franz Vahlen GmbH, München
Gesamtherstellung: pdc, Paderborner Druck Centrum, Paderborn
Gedruckt auf säurefreiem, aus chlorfrei gebleichtem Zellstoff hergestellten Papier

Vorwort zur Reihe Kompaktstudium

Das vorliegende Repetitorium richtet sich an alle Studenten der Wirtschaftswissenschaften, die sich zielorientiert auf die Zwischenprüfung vorbereiten oder im Rahmen ihrer Examensvorbereitung wieder einen Überblick über die Grundlagen der Allgemeinen Volks- und Betriebswirtschaftslehre erhalten wollen.

Es basiert auf den Erfahrungen, die das Repetitorium der Wirtschaftswissenschaften mit seinen Lehrunterlagen und seinen Zwischenprüfungs- und Examenskursen in den vergangenen 10 Jahren sammeln konnte. Dabei hat sich gezeigt, daß die vorhandene Literatur den Bedürfnissen des Studenten in der Prüfungsvorbereitung nur bedingt Rechnung trägt. Aufgrund des stetig wachsenden Stoffumfangs fehlt es gerade an solcher Literatur, die dem Prüfungskandidaten einen gezielten Überblick über die Prüfungsschwerpunkte vermittelt. Dies führt nicht selten dazu, daß der Prüfungskandidat gerade zu Beginn seiner Prüfungsvorbereitungen den vermeintlich unüberwindbaren „Arbeitsberg" scheut und den Einstieg in die Prüfungsvorbereitungen ständig nach hinten verschiebt.

Ziel dieses Repetitoriums ist es daher, den prüfungsrelevanten Stoff mit einfachen Worten in möglichst überschaubarer sowie verständlicher und damit leicht lernbarer Form darzustellen. Auf diese Weise soll dem Prüfungskandidaten ein solches Grundverständnis über die volkswirtschaftlichen Theorien und die Zusammenhänge zwischen den einzelnen Teildisziplinen vermittelt werden, daß er selbständig die Lösung auch schwieriger Problembereiche erarbeiten kann.

Durch diese Zielsetzung unterscheidet sich ein Repetitorium von reinen Lehrbüchern der Allgemeinen Volks- und Betriebswirtschaftslehre. Es klammert Themen aus, die aufgrund von Bestrebungen nach Vollständigkeit in den traditionellen Lehrbüchern aufgenommen, von den Prüfungskandidaten aber eher als Ballast empfunden werden. Andere Themengebiete werden aufgrund ihrer hohen Prüfungsrelevanz ausführlicher behandelt.

Eine in dieser Form gestraffte Darstellung des Prüfungsstoffs kann allerdings nicht den Anspruch erheben, Lehrbücher der Allgemeinen Volks- und Betriebswirtschaftslehre oder gar die spezielle Literatur zu einzelnen Teildisziplinen zu ersetzen. Aber sie ermöglicht es, dem Prüfungskandidaten in vergleichsweise kurzer Zeit einen Überblick über das Stoffgebiet zu geben und zeigt ihm, welche Themenbereiche er beherrscht bzw. welche er noch vertiefend behandeln muß.

Einer Erfahrung aus den Repetitoriumskursen folgend, möchte ich abschließend die Prüfungskandidaten dazu anregen, die vom Verlag ermöglichte großzügige Gestaltung dieses Buches zu nutzen und es als echte Arbeitsunterlage mit dementsprechenden Anmerkungen, individuellen Hervorhebungen und weiterführenden Literaturhinweisen zu verwenden. In dieser Weise „zugerichtet" wird das vorliegende Buch zu einem wertvollen Instrumentarium der Prüfungsvorbereitung, zu deren erfolgreichem Gelingen ich die auch allseits benötigte Portion Glück wünsche.

Abschließend möchte ich Herrn Dipl.-Soz. Dipl.-Vw. Frank Tibitanzl für seinen unermüdlichen Einsatz bei der technischen Gestaltung herzlich danken.

Frankfurt, im August 1996   Klaus Manz

Inhaltsverzeichnis

Vorwort zur Reihe Kompaktstudium V

1. Einleitung 1
   1.1 Eingrenzung 1
   1.2 Vorgehensweise 1
   1.3 Bezug zu anderen Gebieten der Wirtschaftstheorie und -politik 2

2. Grundlagen 5
   2.1 Eckdaten der makroökonomischen Entwicklung in der
       Bundesrepublik Deutschland 5
      2.1.1 Überblick 5
      2.1.2 Bruttoinlandsprodukt 5
      2.1.3 Arbeitslosigkeit 7
      2.1.4 Inflationsrate 8
      2.1.5 Staatsverschuldung 9
      2.1.6 Außenhandel 10
   2.2 Das Konjunkturphänomen 11
      2.2.1 Definition konjunktureller Schwankungen 11
      2.2.2 Zwei Meßkonzepte des Produktionspotentials 15
           2.2.2.1 Das Konzept des Sachverständigenrates 15
           2.2.2.2 Das Konzept der Bundesbank 18
   2.3 Das Stabilitäts- und Wachstumsgesetz 21
   2.4 Grundgedanken der nachfrage- und der angebotsorientierten
       Wirtschaftspolitik 22
      2.4.1 Das nachfrageorientierte (keynesianische) Paradigma 23
      2.4.2 Das angebotsorientierte (monetaristische) Paradigma 25

3. Geldpolitik 29
   3.1 Überblick 29
   3.2 Definitionen und Einflußfaktoren der Geldmenge 30
      3.2.1 Die Bilanz der Bundesbank 30
      3.2.2 Zentralbankgeldschöpfung und der elementare
           Geldschöpfungsmultiplikator 33
           3.2.2.1 Modellbeschreibung 33
           3.2.2.2 Formale Herleitung des Geldschöpfungsmultiplikators 37
           3.2.2.3 Dynamische Betrachtung 39
           3.2.2.4 Fazit 42
      3.2.3 Abgrenzungen der Geldmenge 43

3.3 Aufgaben der Geldpolitik 47
    3.3.1 Stabilisierung des Preisniveaus 47
    3.3.2 Die Kosten der Inflation 50
    3.3.3 Konjunkturelle Stabilisierung 52
3.4 Instrumente der Geldpolitik 52
    3.4.1 Refinanzierungspolitik 53
        3.4.1.1 Diskontpolitik 54
        3.4.1.2 Lombardpolitik 56
    3.4.2 Offenmarktpolitik 57
        3.4.2.1 Grundgedanken der Offenmarktpolitik 57
        3.4.2.2 Wertpapierpensionsgeschäfte 58
    3.4.3 Mindestreservepolitik 61
    3.4.4 Liquiditätssteuerung über den Devisenmarkt 63
3.5 Konzeptionen und Kontroversen der Geldpolitik 65
    3.5.1 Grundgedanken und Schwierigkeiten der diskretionären
            Geldpolitik 66
        3.5.1.1 Grundsätzliche Überlegungen 66
        3.5.1.2 Die Lag-Problematik 69
        3.5.1.3 Schlußfolgerungen 70
    3.5.2 Die Kontroverse um die *Phillips*-Kurve 72
        3.5.2.1 Die Untersuchung von *Phillips* 72
        3.5.2.2 Die Modifikation von *Samuelson* und *Solow* 73
        3.5.2.3 Die monetaristische Kritik von *Phelps* und *Friedman* 75
        3.5.2.4 Das Konzept rationaler Erwartungen 76
        3.5.2.5 Zusammenfassende Beurteilung 76
    3.5.3 Das monetaristische Konzept der potentialorientierten
            Geldpolitik 80
        3.5.3.1 Das Grundkonzept 80
        3.5.3.2 Die Geldnachfragefunktion *Friedman*s 81
    3.5.4 Die Konzepte von Bundesbank und Sachverständigenrat 83
        3.5.4.1 Potentialorientierung 83
        3.5.4.2 Die Berücksichtigung konjunktureller Aspekte 86
    3.5.5 Zur Steuerbarkeit der Geldmenge 87
3.6 Einige außenwirtschaftliche Aspekte der Geldpolitik 89
    3.6.1 Wechselkurssysteme 89
    3.6.2 Probleme des Europäischen Währungssystems (EWS) 94
    3.6.3 Die Europäische Wirtschafts- und Währungsunion (WWU) 95
    3.6.4 Zusammenfassende Überlegungen 99

4. Finanzpolitik 103
4.1 Überblick 103
4.2 Eingebaute Stabilisatoren 104
    4.2.1 Grundgedanke 104
    4.2.2 Eingebaute Stabilisatoren auf der Einnahmenseite 104
    4.2.3 Eingebaute Stabilisatoren auf der Ausgabenseite 107

4.3 Diskretionäre Fiskalpolitik..109
    4.3.1 Überblick 109
    4.3.2 Öffentliche Ausgaben 109
        4.3.2.1 Öffentliche Investitionen 110
        4.3.2.2 Staatliche Sach-, Personal- und Transferausgaben..........112
        4.3.2.3 Subventionen und Zinsverbilligungen............................113
    4.3.3 Öffentliche Einnahmen 113
    4.3.4 Probleme der diskretionären Fiskalpolitik im Überblick..........115
4.4 Staatsverschuldung 117
    4.4.1 Maßzahlen und aktuelle Entwicklung der
         Staatsverschuldung 117
    4.4.2 Das Konzept des Sachverständigenrates zur Beurteilung der
         Haushaltspolitik: konjunktureller Impuls und strukturelles
         Defizit 119
        4.4.2.1 Fragestellung und Vorgehensweise 119
        4.4.2.2 Die Bestimmung des konjunkturneutralen Defizits..........121
        4.4.2.3 Die Bestimmung des konjunkturellen Impulses..............123
        4.4.2.4 Die Bestimmung des strukturellen Defizits.....................124
        4.4.2.5 Die Neuinterpretation der Konzepte 126
    4.4.3 Einige schuldenarithmetische Zusammenhänge.......................131
    4.4.4 Folgen der Staatsverschuldung 132
4.5 Angebotsorientierte Finanzpolitik 133
    4.5.1 Überblick 133
    4.5.2 Angebotsorientierte Wirtschaftspolitik in den USA und
         Großbritannien..134
        4.5.2.1 Reaganomics...135
        4.5.2.2 Thatcherism 138
    4.5.3 Das finanzpolitische Konzept des Sachverständigenrates 141
        4.5.3.1 Vorschläge für Ausgabenkürzungen................................141
                4.5.3.1.1 Transfers 141
                4.5.3.1.2 Subventionen 143
                4.5.3.1.3 Das Beispiel Steinkohlenbergbau...................145
        4.5.3.2 Vorschläge zur Reform der Unternehmensbesteuerung ...147
        4.5.3.3 Privatisierung/Deregulierung..149
    4.5.4 Ansatzpunkte der Konsolidierung..155

5. Arbeitsmarktpolitik 159
5.1 Eingrenzung und Überblick 159
5.2 Definitionen, Beziehungen und Eckdaten der
    Arbeitsmarktentwicklung...160
    5.2.1 Beschäftigungsindikatoren...160
    5.2.2 Wachstum, Produktivität und Beschäftigung 163
5.3 Formen der Arbeitslosigkeit 166

5.4 Einige Ansatzpunkte der Arbeitsmarktpolitik 173
   5.4.1 Die Konzepte der produktivitätsorientierten und kostenniveauneutralen Lohnpolitik 174
      5.4.1.1 Produktivitätsorientierte Lohnpolitik 174
      5.4.1.2 Kostenniveauneutrale Lohnpolitik 175
      5.4.1.3 Beurteilung der aktuellen Situation durch den Sachverständigenrat 177
   5.4.2 Flexibilisierungs- und Differenzierungstrategien 180
      5.4.2.1 Lohndifferenzierung 180
      5.4.2.2 Flexibilisierung der Arbeitszeiten 181
         5.4.2.2.1 Grundgedanke 181
         5.4.2.2.2 Einige Gedanken des Sachverständigenrates zur Teilzeitarbeit 181
         5.4.2.2.3 Einige aktuelle Tarifabschlüsse 182
      5.4.2.3 Kündigungsschutz 183
      5.4.2.4 Teilprivatisierung der Arbeitsvermittlung 184
   5.4.3 Anreize zur Verminderung der freiwilligen Arbeitslosigkeit . 185
   5.4.4 Arbeitsbeschaffungsmaßnahmen und Lohnsubventionen 185
      5.4.4.1 Arbeitsbeschaffungsmaßnahmen 186
      5.4.4.2 Lohnsubventionen 186
      5.4.4.3 Einige Überlegungen zu Lohnsubventionen und Arbeitsbeschaffungsmaßnahmen 187
      5.4.4.4 Einige Einschätzungen des Sachverständigenrates 188
   5.4.5 Generelle Arbeitszeitverkürzung 189
5.5 Arbeitsmarkt- und finanzpolitische Maßnahmen im Vergleich: Die Studie von *Huckemann/v. Suntum* 192
   5.5.1 Die Zielvariable „Beschäftigung" 192
   5.5.2 Die „Wirkungsfaktoren": Wachstum, Finanzpolitik, Arbeitsmarktpolitik und Tarifpartner 195
   5.5.3 Methodische Vorgehensweise und Ergebnisse der Studie 198
      5.5.3.1 Gewichtung innerhalb der Wirkungsgrößen 198
      5.5.3.2 Gewichtung der Wirkungsgrößen 200
   5.5.4 Schlußfolgerungen 200

Übungsaufgaben 203

Lösungshinweise 207

Literaturverzeichnis 223

Sachverzeichnis 225

1. Einleitung

1.1 Eingrenzung

Die Wirtschaftspolitik umfaßt zahlreiche Bereiche und Instrumente, von denen wir selbstverständlich nur ausgewählte, allerdings besonders wichtige Bereiche behandeln können. Gegenstand des vorliegenden Kompaktstudiums ist der Einsatz der Geld-, Finanz- und Arbeitsmarktpolitik zur Verbesserung der Nachfrage- und Angebotsbedingungen mit dem Ziel, Arbeitslosigkeit und Inflation zu reduzieren sowie zu einem langfristigen Wachstum beizutragen. Damit behandeln wir jenen Teil der Wirtschaftspolitik, für den sich weitgehend der Terminus *„Stabilisierungspolitik"* eingebürgert hat, während der Begriff „Stabilitätspolitik" meist auf die – keynesianisch begründete – Nachfragesteuerung beschränkt wird. Den umfassenderen Begriff „Wirtschaftspolitik" haben wir gewählt, weil die hier behandelten Gebiete an immer mehr Universitäten unter diesem Oberbegriff gelehrt und geprüft werden.

1.2 Vorgehensweise

Unsere Darstellung ist stark politikorientiert und darum bemüht, jeweils aktuelle Entwicklungen (beispielsweise die Schwierigkeiten im Europäischen Währungssystem, die monetäre Integration Europas, die Entwicklungsprobleme der neuen Bundesländer und den Konsolidierungsbedarf der öffentlichen Haushalte) ausführlich zu behandeln. Damit zwingen wir uns zu regelmäßigen Aktualisierungen, was zwar lästig ist, uns angesichts der sonst drohenden Konzentration auf den Sportteil in Tageszeitungen aber bestimmt nicht schaden kann. Dafür verzichten wir beispielsweise auf Modelle aus der Konjunktur- und Wachstumstheorie, weil dies erstens den Rahmen gesprengt hätte und die Modelle zweitens nur sehr eingeschränkt zur Beurteilung der aktuellen Wirtschaftspolitik beitragen können (das Studienfach „Konjunktur- und Wachstums*theorie*" kann das vorliegende Kompaktstudium also nicht abdecken). Aus dem gleichen Grund ist der Aufbau des vorliegenden Kompaktstudiums themen- (Finanzpolitik, Geldpolitik und Arbeitsmarktpolitik) und nicht theorieorientiert, d. h. wir integrieren die verschiedenen Auffassungen (Nachfrageorientierung, Angebotsorientierung, Positionen von Bundesbank und Sachverständigenrat) in die einzelnen Politikbereiche und nicht umgekehrt. Zur besseren Orientierung rekapitulieren wir daher im zweiten Kapitel neben einigen Grundbegriffen in aller Kürze auch die wichtigsten Gedanken der nachfrage- und angebotsorientierten Wirtschaftspolitik, die Ihnen aus dem Kompaktstudium Wirtschaftswissenschaften, Bd. 2: „Makroökonomie" bekannt sein dürften.

Im dritten Kapitel beginnen wir mit der Geldpolitik, die nach heutiger Auffassung in erster Linie zur Stabilisierung des Geldwerts dient, so daß die praktischen Möglichkeiten zur Steuerung der Geldmenge und des Preisniveaus im Mittelpunkt der Überlegungen stehen. Nach keynesianischer Auffassung kommt der Geldpolitik darüber hinaus allerdings auch die Aufgabe zu, durch Zinsvariationen im Konjunkturverlauf die Investitionen zu beeinflussen und damit zur Stabilität des Wirtschaftsgeschehens beizutragen. Die stabilitätspolitischen Möglichkeiten und Grenzen der Geldpolitik sind daher ein zweiter Schwerpunkt. Insgesamt müssen wir in der Geldpolitik etwas weiter ausholen als in den beiden nachfolgenden Kapiteln zur Finanz- und Arbeitsmarktpolitik, weil wir zunächst den grundlegenden Zusammenhang zwischen verschiedenen Geldmengenaggregaten und ihrer Beziehung zu den Instrumenten der Bundesbank erläutern müssen. Die Geldpolitik behandeln wir vor der Finanzpolitik, weil die Auswirkungen der öffentlichen Verschuldung auf Zinssätze und die Inflationsrate einen wesentlichen Kritikpunkt an der Fiskalpolitik darstellen und deren Verständnis geldpolitische Kenntnisse erfordert.

Das mit „Finanzpolitik" bezeichnete vierte Kapitel diskutiert nur jenen Teil der Finanzpolitik, der sich auf die Stabilisierungsfunktion öffentlicher Einnahmen (vor allem Steuern) und Ausgaben (öffentliche Investitionen, Sach- und Personalausgaben sowie Subventionen und Transferleistungen) bezieht. Daneben kommt der Finanzpolitik nach allgemeiner Auffassung auch eine Allokations- und eine Distributionsfunktion zu. Unter der Allokationsfunktion wird verstanden, daß die öffentliche Hand dort die Produktion in die Hand nehmen soll, wo Märkte aus systematischen Gründen versagen. Da dies vor allem bei natürlichen Monopolen und öffentlichen Gütern, eingeschränkt auch bei externen Effekten gilt, verweisen wir hier auf das Kompaktstudium Wirtschaftswissenschaften, Bd. 1: „Mikroökonomie". Die Distributionsfunktion meint den Einsatz der öffentlichen Finanzen zur Korrektur der Einkommensverteilung, die der Markt herbeiführt. Neben schwer faßbaren Gerechtigkeitsüberlegungen steht dahinter auch der Gedanke, daß eine allzu ungleiche Einkommensverteilung zu sozialen Unruhen führt, die letztlich auch die Effizienz einer Marktwirtschaft beeinträchtigen. Da wir uns auf die Stabilisierungsfunktion beschränken, gehen wir auf die Allokations- und Distributionsfunktion nicht explizit ein. Beide werden allerdings implizit behandelt, weil beispielsweise die Allokationsfunktion eine wesentliche Rolle im Stabilisierungskonzept der angebotsorientierten Finanzpolitik (vgl. Abschnitt 4.5) spielt und jede stabilisierungspolitisch begründete Steueränderung selbstverständlich auch die Einkommensverteilung beeinflußt.

Bereits die Geld-, vor allem aber die Finanzpolitik haben als wesentliches Ziel die Verminderung der Arbeitslosigkeit, die wegen ihrer Auswirkungen auf die Produktion und ihrer verheerenden sozialen Konsequenzen stets im Mittelpunkt der Stabilisierungspolitik steht. Das fünfte Kapitel („Arbeitsmarktpolitik") beschränkt sich daher auf jene Maßnahmen, die nicht indirekt (z. B. über Zinssenkungen, Investitionszulagen oder öffentliche Ausgaben) die Arbeitsnachfrage erhöhen wollen, sondern direkt (beispielsweise durch Arbeitsbeschaffungsmaßnahmen, Lohnsubventionen oder Arbeitszeitverkürzungen) am Arbeitsmarkt selbst ansetzen.

1.3 Bezug zu anderen Gebieten der Wirtschaftstheorie und -politik

Obwohl die Außenhandels- und die Strukturpolitik nicht explizit behandelt werden, weil dies den Rahmen gesprengt hätte, möchten wir wenigstens einige Hinweise zu diesen Gebieten und ihrem Bezug zum vorliegenden Kompaktstudium geben.

Innerhalb der Außenhandelstheorie und -politik sind mittlerweile drei Teilgebiete zu unterscheiden: Erstens die traditionelle reale Außenhandelstheorie, die davon ausgeht, daß sich die Wechselkurse unendlich schnell anpassen und sich die Austauschverhältnisse nach den komparativen Kosten richten. Dabei wird von der Marktform vollständiger Konkurrenz und nicht-steigenden Skalenerträgen ausgegangen, so daß Freihandel als effizient gilt. Zweitens die neuere reale Außenhandelstheorie (auch „strategische Handelspolitik" genannt), die bei gleichen Annahmen über die Wechselkurse nicht von vollständiger Konkurrenz, sondern von oligopolistischen Märkten und steigenden Skalenerträgen ausgeht und dabei zu dem Ergebnis kommt, daß protektionistische Maßnahmen die Weltwohlfahrt unter Umständen erhöhen können. Drittens die monetäre Außenhandelstheorie, die vor allem verschiedene Wechselkursmechanismen und den Zusammenhang von Geldpolitik und Außenhandel untersucht. Obwohl die Außenhandelstheorie und -politik wie erwähnt nicht eigenständig behandelt wird, muß angesichts der aktuellen Entwicklungen im Europäischen Währungssystem und den Problemen der monetären Integration im Kapitel „Geldpolitik" auf sie Bezug genommen werden. Dabei wird auch das Theorem komparativer Kosten (Abschnitt 3.6.1) erklärt, so daß einige Bausteine sowohl der realen als auch der monetären Außenhandelstheorie quasi nebenbei vermittelt werden und möglicherweise den Zugang zu den Lehrbüchern der Außenhandelstheorie und -politik erleichtern.

Während unsere Überlegungen größtenteils der Stabilisierung gesamtwirtschaftlicher Größen (*die* Beschäftigung, *das* Sozialprodukt) gelten, beschäftigt sich die hier ebenfalls ausgeklammerte Strukturpolitik mit Problemen auf geringerem Aggregationsniveau, d. h. beispielsweise mit sektoralen, branchenbezogenen oder regionalen Produktionsrückgängen. Obwohl wir diese nicht eigenständig behandeln – irgendwo müssen wir die Grenze ziehen –, können und wollen wir sie nicht ganz ausklammern, weil z. B. die Wachstumsschwäche der deutschen Wirtschaft nicht zuletzt auf die spezifischen Probleme von Schlüsselindustrien (Elektrotechnik, Automobilbau) zurückzuführen ist. Explizit gehen wir auf strukturpolitische Aspekte bei der Diskussion struktureller Arbeitslosigkeit (Abschnitt 5.3) ein.

Leser/innen mögen sich schließlich noch für den Bezug des vorliegenden Kompaktstudiums zum Prüfungsfach „Finanzwissenschaft" interessieren. Finanzwissenschaft ist ein mehr oder minder zusammengesetztes Fach, das – je nach individuellen Vorlieben – die verschiedenen Aspekte öffentlicher Haushalte in unterschiedlicher Intensität behandelt. Das vorliegende Kapitel „Finanzpolitik" deckt die Stabilisierungsfunktion weitgehend ab, die mikroökonomische Allokationsfunktion können Sie dem Kompaktstudium „Mikroökonomie" entnehmen. Darüber hinaus werden Sie neben genauen institutionellen Kenntnissen meist einige steuersystematische Überlegungen (beispielsweise Besteuerungsgrundsätze), die Integration der Strukturpolitik in den nationalen und internationalen Finanzausgleich und Ansätze zur staatlichen Haushalts*planung* benötigen.

2. Grundlagen

In diesem Kapitel wollen wir einige grundlegende Definitionen, Sachverhalte und Positionen erläutern, auf die wir in den drei hier behandelten Politikbereichen Geld, Finanzen und Arbeitsmarkt mit größerem Detaillierungsgrad zurückkommen werden. Wir beginnen in Abschnitt 2.1 mit der Darstellung einiger wichtiger Eckdaten der wirtschaftlichen Entwicklung und schildern anschließend, was unter dem Begriff „Konjunktur" überhaupt zu verstehen ist (Abschnitt 2.2). Nach einem kurzen Überblick über das Stabilitäts- und Wachstumsgesetz (2.3) erläutern wir abschließend die Grundgedanken der nachfrage- und angebotsorientierten Wirtschaftspolitik (Abschnitt 2.4).

2.1 Eckdaten der makroökonomischen Entwicklung in der Bundesrepublik Deutschland

2.1.1 Überblick

In diesem Abschnitt geben wir einen Überblick über die Entwicklung einiger makroökonomischer Kenngrößen in den letzten 30 Jahren. Mit dem Bruttoinlandsprodukt, der Arbeitslosigkeit, der Inflationsrate, der Staatsverschuldung und dem Außenbeitrag gehen wir dabei auf die wichtigsten Aspekte der volkswirtschaftlichen Aktivitäten ein.

2.1.2 Bruttoinlandsprodukt

Grob gesprochen umfaßt das Bruttoinlandsprodukt alle Waren und Dienstleistungen, die im Inland produziert wurden. In der Volkswirtschaftlichen Gesamtrechnung wird es nach der Entstehungsseite genauer bezeichnet als der um die Vorleistungen bereinigte Produktionswert zuzüglich der nicht abzugsfähigen Umsatzsteuer und der Einfuhrabgaben. Aus zwei Gründen ist das Bruttoinlandsprodukt zur Messung der volkswirtschaftlichen Aktivitäten in einem Abrechnungszeitraum besonders wichtig:

– Erstens ist es ein *halbwegs* brauchbarer *Wohlstandsindikator*, weil in einer Marktwirtschaft im großen und ganzen davon ausgegangen werden kann, daß nur solche Güter produziert werden, die den Konsumenten auch einen Nutzen stiften (andernfalls werden sie nicht nachgefragt und verschwinden vom Markt). Allerdings weist das Bruttoinlandsprodukt als Wohlstandsindikator auch Schwächen auf (daher die Formulierung „halbwegs"), weil beispielsweise die Beschädigung und Wiederaufforstung des Waldbestandes ein höheres Bruttoinlandsprodukt aufweist als die Bewahrung der Natur.

– Noch wichtiger ist das Bruttoinlandsprodukt aber zweitens als Indikator der makroökonomischen Entwicklung, weil eine geringe Wachstumsrate des Bruttoinlandsprodukts stets die Gefahr einer Verringerung der Beschäftigung bzw. einer Zunahme der Arbeitslosigkeit birgt. Dies wird deutlich, wenn wir beispielsweise davon ausgehen, daß die Arbeitsproduktivität um 5 %, das Bruttoinlandsprodukt aber nur um 3 % steigt. Ein Produktivitätsfortschritt von 5 % bedeutet, daß nun 5 % weniger Arbeitszeit benötigt wird, um das gleiche Inlandsprodukt herzustellen. Bei gleicher Arbeitszeit pro Mensch können also nur dann gleichviel Menschen beschäftigt werden, wenn sich das Inlandsprodukt auch um 5 % erhöht. Steigt das Bruttoinlandsprodukt dagegen nur um 3 %, so sinkt die Beschäftigung ceteris paribus um 2 %, d. h. die Arbeitslosigkeit nimmt zu.

Abb. 2.1 zeigt die Entwicklung des *realen*, d. h. von Preisschwankungen bereinigten, Bruttoinlandsprodukts in den letzten 30 Jahren, wobei sich die Darstellung aus Vergleichbarkeitsgründen auf die alten Bundesländer beschränkt.

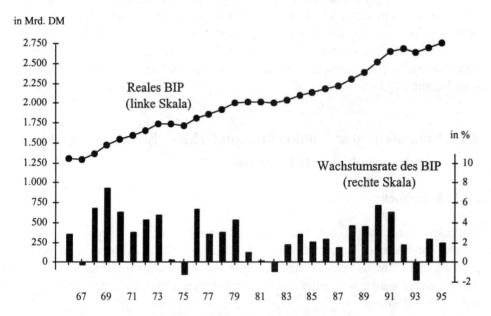

Quelle: Eigene Darstellung nach Daten des Sachverständigenrates.

Abb. 2.1: Reales Bruttoinlandsprodukt (alte Bundesländer)

Insgesamt hat sich das reale Bruttoinlandsprodukt in den letzten 30 Jahren mehr als verdoppelt. Diese Entwicklung verlief allerdings keineswegs stetig, wie ein Blick auf die Wachstumsraten verdeutlicht: Nach der ersten scharfen Rezession (1966/67), die die BRD seit ihrem Bestehen erlebt hatte, konnten in den Folgejahren hohe Wachstumsraten (bis zu 7,5 %) realisiert werden. Dieser Wachstumsprozeß wurde durch die 1. Ölkrise 1973/74 abrupt gestoppt, als die Staaten am Persischen Golf die Listenpreise für Rohöl drastisch anhoben, und die übrigen erdölexportierenden Länder ihrem Beispiel folgten. Die deutsche Wirtschaft erholte sich zwar erstaunlich schnell von diesem Schock, aber mit der zweiten Ölkrise 1979 folgte eine längere Phase mit stagnierendem oder sogar rückläufigem Wirtschaftswachstum, das mit einer weltweiten Wirtschaftskrise einherging. Diese Wirtschaftskrise wurde noch durch eine Finanzkrise verstärkt: Eine Reihe von Ostblockstaaten und Entwicklungsländer standen vor der Zahlungsunfähigkeit, und es bestand die Gefahr einer weltweiten Schuldenkrise. Erschwerend kam hinzu, daß in den USA in dieser Zeit ein ausgesprochen hohes Zinsniveau herrschte, das auch die Zinsen in Deutschland mit nach oben zog.

Erst nach 1982 begann mit der Regierungsübernahme durch die christlich-liberale Koalition eine längere Phase mit gemäßigten Wachstumsraten, die meist deutlich über 2 % lagen. Im Jahre 1989 konnte – vereinigungsbedingt – mit rund 6 % sogar ein reales Wirtschaftswachstum realisiert werden, das an die frühen 70er Jahre erinnerte. Nach 1989 ging das Wirtschaftswachstum allerdings rasant zurück. Die deutsche Wirtschaft rutschte in die schwerste Rezession nach dem Zweiten Weltkrieg (1993 wurde sogar ein Rückgang des realen Bruttoinlandsprodukts um 1,8 % verzeichnet). Die Gründe hierfür waren die starke Überhitzung der Konjunktur seit der Wiedervereinigung (die Produktionskapazitäten waren im Jahre 1991 so stark ausgelastet wie zuletzt 1970) und die schwache Konjunktur in anderen Industrieländern. Weiterhin beschleunigte sich in dieser Zeit die Geldentwertung, worauf die Notenbank mit Zinserhöhungen reagierte, was sich negativ auf die Investitionsnachfrage auswirkte. Nach 1994 konnte dann wieder ein schüchternes Wirtschaftswachstum registriert werden. Anders verlief die Wirtschaftsentwicklung in den neuen Bundesländern. Der Anstieg des Bruttoinlandsprodukts war hier in den letzten Jahren recht ausgeprägt. Es wurden – nicht zuletzt auch wegen der massiven finanziellen Hilfen – jährliche Wachstumsraten realisiert, die sich zwischen 6 und 8 Prozent bewegten und damit fast das Niveau der Nachkriegsjahre in Westdeutschland erreichten. Trotzdem wird es noch längere Zeit dauern, bis die ostdeutsche Wirtschaft die Leistungsfähigkeit der westdeutschen annähernd erreicht hat.

2.1.3 Arbeitslosigkeit

Um die Arbeitslosigkeit begrifflich abzugrenzen, müßten wir eigentlich etwas weiter ausholen, weil die *Arbeitslosenquote* als stets verwendeter Beschäftigungsindikator einige Schwächen aufweist, die mit ihrer Definition verbunden sind. Es ist nicht ausreichend, einfach die Entwicklung der Arbeitslosenquote für die letzten 30 Jahre zu zeigen, ohne sich näher mit deren Messung auseinanderzusetzen. Da wir uns in Kapitel 5 aber ohnehin ausführlich mit der Arbeitsmarktpolitik auseinandersetzen werden, reicht hier der Hinweis, daß es neben der *registrierten* auch eine *verdeckte* Arbeitslosigkeit gibt.

Abb. 2.2 zeigt die Entwicklung der Arbeitslosigkeit und der Arbeitslosenquote in der Bundesrepublik Deutschland und illustriert damit den (mittlerweile selbstverständlichen) Sachverhalt, daß die Bekämpfung der Arbeitslosigkeit zur Zeit oberste Priorität in der Wirtschaftspolitik haben muß.

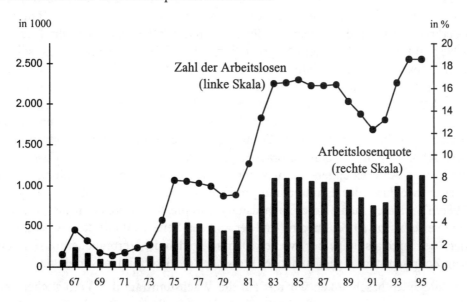

Quelle: Eigene Darstellung nach Daten des Sachverständigenrates.

Abb. 2.2: Arbeitslosigkeit in Deutschland (nur alte Bundesländer)

Bei der Betrachtung der Arbeitslosenzahlen fällt auf, daß die Arbeitslosigkeit in den Wirtschaftskrisen 1974/75 und 1980 – 1982 sprunghaft angestiegen ist, aber die daran anschließenden Wachstumsphasen mit teilweise sehr hohen Wachstumsraten nicht dazu geführt haben, die Arbeitslosigkeit nachdrücklich zu senken. Statt dessen hat sie sich auf einem hohen Niveau stabilisiert (Sockelarbeitslosigkeit). Die Gründe hierfür sind nicht nur die Erhöhung der Erwerbsbevölkerung durch Aus- und Umsiedler sowie die gesteigerte Erwerbsbeteiligung von Frauen (die Zahl der Erwerbspersonen in den alten Bundesländern ist seit 1960 um 5 Mio. gestiegen). Die hohe Arbeitslosigkeit in Wachstumsphasen läßt auch darauf schließen, daß das Wachstum der Wirtschaft in erster Linie durch Produktivitätsfortschritte ausgelöst wurde, die nicht zu neuen Arbeitsplätzen geführt haben. Dies bringt das oben schon erwähnte Problem zum Ausdruck, daß jeder Produktivitätsfortschritt die Gefahr von Arbeitslosigkeit birgt, sofern er nicht zu einem Wirtschaftswachstum führt. Wir werden auf diesen Zusammenhang in Abschnitt 5.2.2 noch ausführlicher eingehen. Erst zu Beginn der 90er Jahre ging die Arbeitslosigkeit deutlich zurück, weil einerseits das Wirtschaftswachstum ausgesprochen hoch war, aber andererseits auch der Produktivitätsfortschritt sich etwas verlangsamte. Allerdings war diese Entwicklung nur von kurzer Dauer, denn die Arbeitslosenquote steuert seit 1992 auf ein neues Rekordniveau zu. Besonders problematisch ist die Situation in den neuen Bundesländern. Hier betrug die Arbeitslosenquote 1994 14,7 %, d. h. von allen Erwerbspersonen war jede siebte ohne Arbeit.

2.1.4 Inflationsrate

Die Inflationsrate gehört zu den makroökonomischen Kerndaten, die in der Bundesrepublik Deutschland zur Zeit als eher unproblematisch angesehen werden können. Bevor wir die Entwicklung „der" Inflationsrate in den letzten 30 Jahren betrachten, sind allerdings noch ein paar methodische Bemerkungen notwendig.

Zur Messung von Preis*niveau*änderungen berechnet das Statistische Bundesamt eine ganze Reihe von Preisindizes. Die beiden wichtigsten sind der Preisindex des Bruttoinlandsprodukts, der zur Berechnung des realen Bruttoinlandsprodukts dient, und der Preisindex für die Lebenshaltung der privaten Haushalte (Verbraucherpreisindex), dem ein fester Warenkorb für ein Basisjahr (zur Zeit 1995) mit rund 750 Gütern zugrundeliegt. Die Wachstumsrate eines solchen Preisindexes wird als „Inflationsrate" bezeichnet. Wenn Sie nun die Entwicklung der Wachstumsraten beider Preisindizes für die letzten 30 Jahre betrachten, fällt auf, daß sie keineswegs immer deckungsgleich verlaufen sind. Dies liegt hauptsächlich daran, daß im Preisindex des Bruttoinlandsprodukts die Importpreisbewegungen nicht enthalten sind (dies ergibt sich aus der Definition des Brutto*inlands*produkts), während sie den Verbraucherpreisindex natürlich mit beeinflussen. Die starken Abweichungen zwischen Verbraucherpreisentwicklung und Preisentwicklung des Bruttoinlandsprodukts in den Jahren 1969/70, 1978 und 1986/87 erklären sich also einfach daraus, daß die Importpreise in diesen Jahren (teilweise bis zu 10 %) sanken. Auf der anderen Seite explodierten sie zu Beginn der 80er Jahre als Folge der zweiten Ölkrise, so daß die Verbraucherpreise in diesem Zeitraum stärker stiegen als der Preisindex des Bruttoinlandsprodukts.

Im folgenden beschränken wir uns auf die Wachstumsrate des Verbraucherpreisindexes, weil sie „die" Inflationsrate ist, die monatlich in der Wirtschaftspresse dargestellt und kommentiert wird.

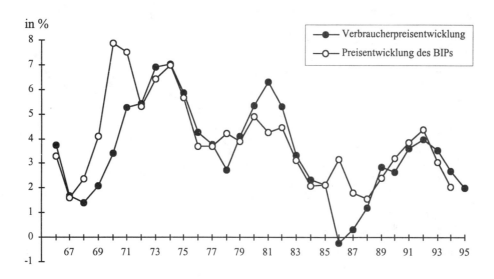

Quelle: Eigene Darstellung nach Daten des Sachverständigenrates.

Abb. 2.3: Inflationsraten

In Abb. 2.3 ist zu erkennen, daß die Inflationsrate seit Ende der 60er Jahre stark stieg und im Zuge der beiden Ölkrisen 1973/74 und 1979 mit 7 % bzw. 6,3 % ein durchaus bedenkliches Niveau erreicht hatte. Bis Mitte der 80er Jahre ging die Inflationsrate allerdings wieder stark zurück. Nachdem in den Jahren 1986/87 sogar eine vollständige Preisniveaustabilität erreicht werden konnte, sorgte die vereinigungsbedingte Überhitzung der Konjunktur in der Folgezeit wieder für einen Anstieg der Inflationsrate, so daß Deutschland Anfang der 90er Jahre sogar das entsprechende Inflationskriterium des Maastricht-Vertrags (vgl. Abschnitt 3.6.3) für die Teilnahme an der gemeinsamen Euro-Währung kurzzeitig nicht erfüllte. Inzwischen hat die Inflationsrate mit rund 2 % aber wieder ein unbedenkliches Niveau erreicht.

2.1.5 Staatsverschuldung

Eine Beurteilung des Ausmaßes der Staatsverschuldung kann sich selbstverständlich kaum an der absoluten Höhe orientieren, da 200 Mrd. Staatsverschuldung jeweils andere Konsequenzen haben, wenn das Inlandsprodukt 400 als wenn es 4.000 Mrd. beträgt. Die wichtigste Maßzahl zur Beurteilung der Staatsverschuldung, die auch in den Maastricht-Kriterien genannt wird, ist daher die *Schuldenquote*. Die Schuldenquote mißt das Verhältnis von Schulden und Bruttoinlandsprodukt. Daneben gibt es wichtige andere Indikatoren, die wir aber erst in Abschnitt 4.4.1 erläutern.

Abb. 2.4 zeigt, daß die Schuldenquote seit den sechziger Jahren erheblich – wenn auch keineswegs stetig – zunahm. Zwar kann die Zeit ab Mitte der achtziger Jahre als Phase der Konsolidierung bezeichnet werden (die Schuldenquote blieb annähernd konstant), aber mit den Kosten der deutschen Einheit und dem anschließenden massiven Konjunktureinbruch in den alten Bundesländern stieg die Schuldenquote wieder deutlich an.

Wir werden auf die Problematik der Staatsverschuldung in Abschnitt 4.4 noch ausführlich zu sprechen kommen, können aber eindeutig festhalten, daß – neben der Bekämpfung der Arbeitslosigkeit – die Verminderung der Staatsverschuldung die zentrale Aufgabe ist.

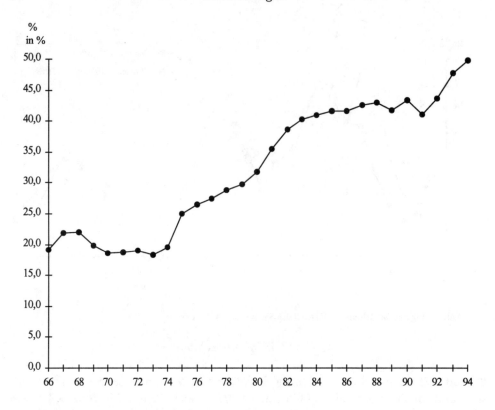

Quelle: Eigene Darstellung nach Daten des Sachverständigenrates.

Abb. 2.4: Staatsschuldenquote

2.1.6 Außenhandel

Angesichts der hohen Bedeutung des Exports für die deutsche Wirtschaft ist die Entwicklung außenwirtschaftlicher Kennziffern von großer Bedeutung. Insbesondere die Hoffnung auf eine konjunkturelle Belebung stützt sich neben dem privaten Konsum und den Investitionen stets auch auf die Auslandsnachfrage. Abb. 2.5 zeigt die Entwicklung von Exporten, Importen und Außenbeitrag (Exporte abzüglich Importe) in Relation zum Bruttoinlandsprodukt. Von 1966 bis 1990 stieg die Exportquote von 15,5 % auf 31,3 % und die Importquote von 13 % auf 25,8 %. Dies verdeutlicht, daß sowohl Exporte als auch Importe in diesem Zeitraum nicht nur absolut, sondern auch in Relation zum Bruttoinlandsprodukt stark zunahmen.

Seit 1991 beträgt die Exportquote nur noch rund 25 %. Dies hat vor allem statistische Gründe, da die innerdeutschen Transaktionen bis 1990 zu den Exporten und Importen gerechnet wurden (die DDR wurde in der Volkswirtschaftlichen Gesamtrechnung bis zur Wiedervereinigung zum „Ausland" gerechnet), seither aber als inländische Transaktionen verbucht werden. Weiterhin brach kurz nach der Wiedervereinigung wegen der wirtschaftlichen Schwierigkeiten in den ehemaligen Länder des Warschauer Pakts der Osthandel in den neuen Bundesländern fast völlig zusammen. Schließlich hat in den letzten Jahren auch die starke Aufwertung der DM – vor allem gegenüber dem Dollar, aber auch gegenüber den Währungen der EU-Länder – die Exporterwartungen in vielen Branchen etwas getrübt.

Da die gesamtdeutsche Importquote wegen des Importsogs in den neuen Bundesländern nahezu unverändert geblieben ist, hat die Bundesrepublik seit 1991 erstmals in ihrer Geschichte einen negativen Außenbeitrag zu verzeichnen. Trotz des in den letzten Jahren gesunkenen Exportanteils ist die Bundesrepublik mit einem

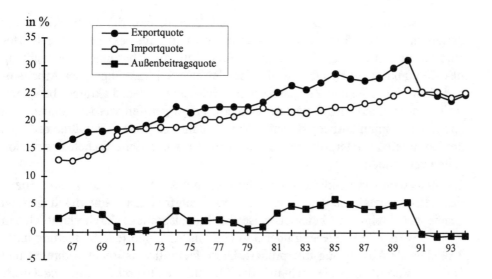

Quelle: Eigene Darstellung nach Daten des Sachverständigenrates.

Abb. 2.5: Export- und Importquote (ab 1991 für Gesamtdeutschland)

Exportvolumen von rund 770 Mrd. DM (1994) aber weiterhin – nach den USA – der größte Exporteur der Welt. Die hohe Bedeutung des Außenhandels zieht natürlich auch eine große Auslandsabhängigkeit nach sich: Einerseits müssen viele wichtige Rohstoffe importiert werden, wodurch auch politische Abhängigkeiten entstehen können; andererseits bedeutet ein hoher Exportanteil eine starke Abhängigkeit von der Auslandskonjunktur, so daß die Gefahr besteht, die Wirtschaftskrisen anderer Länder zu importieren.

2.2 Das Konjunkturphänomen

Im Zentrum wirtschaftspolitischer Kontroversen stand und steht stets die Frage, wie konjunkturelle Schwankungen vermindert und langfristig hohe Wachstumsraten der Wirtschaft gewährleistet werden können. Im Zentrum dieses Abschnitts steht der Konjunkturbegriff, der zunächst allgemein definiert wird (Abschnitt 2.2.1) bevor auf Meßkonzepte des Produktionspotentials eingegangen werden kann (Abschnitt 2.2.2). Das Produktionspotential ist eine wichtige Maßzahl, die nicht nur zur Konjunkturdiagnose herangezogen wird, sondern auch in einige andere Konzepte einfließt.

2.2.1 Definition konjunktureller Schwankungen

In der allgemeinsten – aber auch nicht sonderlich präzisen – Definition versteht man unter „Konjunktur" das zyklische „Auf und Ab" wichtiger volkswirtschaftlicher Größen. Mit dem Begriff „Konjunktur" möchte man also beispielsweise nicht die *absolute* Höhe des Inlandsprodukts zum Ausdruck bringen, sondern die Schwankungen des Inlandsprodukts um seinen durchschnittlichen *Trend*. Leicht vereinfachend lassen sich *drei* verschiedene Arten von Konjunkturdefinitionen ausmachen, die alle eine Rolle spielen und für bestimmte Fragestellungen nützlich sind:

1. Erstens wird unter Konjunktur die Schwankung der wirtschaftlichen *Gesamt-situation* unter Berücksichtigung von Inlandsprodukt, Beschäftigung und Infla-

tion verstanden. Diese Definition hat den Vorteil, daß die Entwicklung der gesamten Wirtschaft eingefangen werden soll und daher ein recht detailliertes Bild gezeichnet wird. Auf der anderen Seite stellt dies aber eine Überfrachtung des Konjunkturbegriffes dar, weil beispielsweise Schwankungen der Arbeitslosigkeit im betreffenden Zeitraum auch durch ganz andere Faktoren, beispielsweise durch einen Zuzug von Aussiedlern, hervorgerufen werden können. Ein so weiter Konjunkturbegriff läuft daher Gefahr, zu viele Einflußfaktoren als konjunkturell zu interpretieren. Er wird in der wissenschaftlichen Diskussion selten verwendet.

2. Zweitens wird Konjunktur als die Schwankung des *Bruttoinlandsprodukts* (bzw. des Bruttosozialprodukts) um seinen langfristigen Entwicklungstrend bezeichnet. Steigt also beispielsweise das Inlandsprodukt durchschnittlich um 3 %, so wird jede Steigerung über 3 % eher als Auf- und jede Steigerung unter 3 % eher als Abschwung interpretiert. Diese Definition ist recht verbreitet und hat den Vorteil, daß sie sich mit dem Bruttoinlandsprodukt auf *eine* Größe beschränkt, die vom Statistischen Bundesamt gemessen wird und daher sehr aussagekräftig ist. Der Nachteil der Definition über Schwankungen des Inlandsprodukts ist allerdings, daß im Konjunkturbegriff keinerlei Aussagen über die *Gründe* dieser Schwankungen enthalten sind. Sie können beispielsweise ebenso durch Schwankungen der gesamtwirtschaftlichen *Nachfrage* wie durch eine Veränderung des gesamtwirtschaftlichen *Angebots* hervorgerufen werden, weil es zu wenig profitable Produktionsmöglichkeiten gibt.

3. Häufig wird die Auffassung vertreten, daß man mit dem Konjunkturbegriff möglichst nur solche Schwankungen des Inlandsprodukts erfassen solle, die durch Änderungen der *Nachfrage*situation entstehen. Da es sich dabei um die am meisten verbreitete – beispielsweise auch vom Sachverständigenrat und der Bundesbank vertretene – Position handelt, möchten wir den Gedanken etwas genauer erläutern. Grundsätzlich wird die Höhe des Bruttoinlandsprodukts von zwei Faktoren bestimmt, nämlich erstens von den *Produktionskapazitäten* einer Volkswirtschaft und zweitens von deren *Auslastung*. Unter den gesamtwirtschaftlichen Produktionskapazitäten wird verstanden, welches Inlandsprodukt bei gegebenem Kapitalstock, Arbeitskräftepotential und technischem Wissen in der betreffenden Periode maximal erzeugt werden kann. Man nennt diese *gesamtwirtschaftlichen* Kapazitäten auch das *Produktionspotential*.

Ein Inlandsprodukt von beispielsweise 80 kann natürlich bei ganz unterschiedlichen Kombinationen von Produktionspotential und Auslastung zustande kommen. So kann das Produktionspotential 80 betragen und vollständig ausgelastet sein, um ein Bruttoinlandsprodukt von 80 zu erhalten. Wir können aber auch ein nur zu 50 % ausgelastetes Produktionspotential von 160 haben. Betrachtet man einfach das Bruttoinlandsprodukt, so läßt sich also nicht sagen, ob dessen Schwankungen durch Veränderungen des Produktionspotentials oder durch Veränderungen der Auslastung hervorgerufen wurden. Die wichtige Grundidee der dritten Konjunkturdefinition ist nun, daß Schwankungen des Inlandsprodukts, die durch Änderungen des Produktionspotentials hervorgerufen werden, *nicht* als konjunkturell bezeichnet werden sollten. Der Konjunkturbegriff wird also bewußt auf Schwankungen der Auslastung beschränkt: Konjunktur wird definiert als Grad der Auslastung des Produktionspotentials.

Das Ziel, mit dem Konjunkturbegriff nur solche Schwankungen des Bruttoinlandsprodukts zu erfassen, die *nachfragebedingt* sind, kann nur erreicht werden, wenn Angebot und Nachfrage voneinander getrennt werden können: Da das Produktionspotential die maximal mögliche Produktion mißt, kann man dieses auch als (maximales) Güterangebot bezeichnen, während die Nachfrage die Kapazitätsauslastung bestimmt. Die Definition von Konjunktur über den Auslastungsgrad – und nicht über die Entwicklung des Inlandsprodukts selbst – soll demnach implizieren, daß es sich bei konjunkturellen Schwankungen um ein Nachfragephänomen handelt. Ein Problem besteht allerdings darin, daß die Nachfragegröße, die im Konjunkturzyklus am stärksten schwankt, die Investitionen sind. Da die Investitionen langfristig aber auch die Höhe des Produktionspotentials bestimmen, bestehen Abgrenzungsprobleme. Eine weitere Schwierigkeit besteht darin, daß es sich beim Produktionspotential um eine *Schätzgröße* handelt, die zum Ausdruck bringen soll, welches Inlandsprodukt bei Vollauslastung der Kapazitäten *maximal* produziert werden könnte. Die Schätzungen des Produktionspotentials, die vor allem vom Sachverständigenrat und der Bundesbank auf methodisch recht unterschiedliche Weisen vorgenommen werden[1], sind daher natürlich nicht so präzise wie die Bestimmung des Bruttoinlandsprodukts durch das Statistische Bundesamt. Dennoch werden wir im folgenden unter Konjunktur die Schwankungen des Auslastungsgrades (also die Schwankungen des Bruttoinlandsprodukts um das Produktionspotential) verstehen. Liegt das Verhältnis aus Sozialprodukt und Produktionspotential bzw. die Kapazitätsauslastung über (unter) dem Durchschnitt, so kann von Boom (Rezession) gesprochen werden. Nimmt die Kapazitätsauslastung zu (ab), so spricht man von Aufschwung (Abschwung).

In Abb. 2.6 sind nun Produktionspotential und Bruttoinlandsprodukt gegenübergestellt. Wie man erkennt, sind die Schwankungen des Produktionspotentials deutlich geringer als die des Bruttoinlandsprodukts. Die *Auslastung* des Produktionspotentials, die im unteren Teil der Grafik abgetragen ist, ergibt sich als Relation von Bruttoinlandsprodukt und Produktionspotential.

Um mit Hilfe der Produktionspotentialauslastung konjunkturelle Situationen diagnostizieren zu können, brauchen wir aber noch eine Referenzgröße für eine „normale Konjunktur". Ein Vergleich mit der Maximalauslastung von 100 % ist nicht sinnvoll, da sie – wenn überhaupt – nur in einer „Hochkonjunktur" erreicht wird und daher keineswegs als Norm dienen kann. Der Sachverständigenrat bildet statt dessen den Durchschnitt der Auslastungsgrade über die Jahre 1963 – 1993 und bezeichnet dies als „Normalauslastung", die er 1995 mit 96 $\frac{3}{4}$ % beziffert. Eine Auslastung *über* der Normalauslastung wird demnach als Überauslastung (Hochkonjunktur) und eine Auslastung *unter* der Normalauslastung als Unterauslastung (Rezession) interpretiert.

In Abb. 2.6 ist weiterhin zu erkennen, daß in den 70er Jahren (abgesehen von den Jahren des 1. Ölpreisschocks) das Produktionspotential gut ausgelastet war, während in den 80er Jahren meist eine – wenn auch nur geringe – Unterauslastung der Kapazitäten vorlag. Zu Beginn der 90er Jahre war der Kapitalstock durch den Vereinigungsboom sogar fast zu 100 % ausgelastet. Der Auslastungsgrad fiel danach aber rapide, so daß wir 1994 und 1995 mit 94 % die niedrigste Auslastung seit knapp 20 Jahren hatten.

Lassen Sie uns nun den ökonomischen Unterschied zwischen der Messung der Konjunktur über die Wachstumsrate des Bruttoinlandsprodukts und den Auslastungsgrad nochmals pointiert formulieren. Abb. 2.6 zeigt, daß die Wachstumsrate des Produktionspotentials wesentlich kleineren Schwankungen unterliegt als die Wachstumsrate des Bruttoinlandsprodukts. Da der Auslastungsgrad das Verhältnis aus Bruttoinlandsprodukt und Produktionspotential mißt, hängt er im wesentlichen von der absoluten Höhe des Bruttoinlandsprodukts ab, sofern das Produktionspotential immer mit ungefähr der gleichen Rate wächst. Der Unterschied ist

---

[1] Für eine Konkretisierung des Begriffs Produktionspotential durch den Sachverständigenrat und die Bundesbank vgl. Abschnitt 2.1.3.1.

also, daß es beim Auslastungsgrad auch auf die *Höhe* des Bruttoinlandsprodukts und nicht nur auf die Wachstumsrate ankommt.

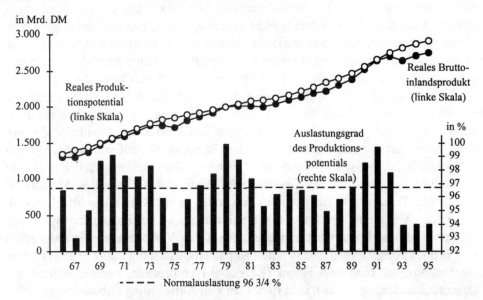

Quelle: Eigene Darstellung nach Daten des Sachverständigenrates.

*Abb. 2.6: Das Produktionspotential in Deutschland
(nur alte Bundesländer) und seine Auslastung*

Die Konsequenzen der unterschiedlichen Methoden kommen im Vergleich von Abb. 2.1 und Abb. 2.6 sehr schön zum Ausdruck: Wenn man das Produktionspotential zur Diagnose von Konjunkturzyklen heranzieht, sind die einzelnen Konjunkturphasen gegenüber der Diagnose über die Wachstumsraten des Bruttoinlandsprodukts leicht zeitversetzt. So deutete die BIP-Wachstumsrate von 5,3 % im Jahre 1976 schon einen kräftigen Aufschwung für dieses Jahr an, der Auslastungsgrad hat aber erst in den Folgejahren die Normalauslastung signifikant überschritten. Ebenso waren bereits 1992 deutliche Wachstumseinbußen zu erkennen (1,8 %), das Produktionspotential war aber mit 97,8 % in diesem Jahr deutlich überausgelastet.

Da das Produktionspotential die maximal mögliche Produktion mißt, kann man dieses auch als (maximales) Güterangebot bezeichnen, während die Nachfrageseite die Kapazitätsauslastung bestimmt. Die Definition von Konjunktur über den Auslastungsgrad – und nicht über die *Entwicklung* des Inlandsprodukts selbst – impliziert demnach definitionsgemäß, daß es sich bei konjunkturellen Schwankungen um ein Nachfragephänomen handelt. Zur Vermeidung von Mißverständnissen sei allerdings hervorgehoben, daß dies keineswegs impliziert, das Mittel zur Glättung von Konjunkturzyklen müsse unbedingt in der keynesianischen Nachfragesteuerung bestehen. Denn die entscheidende Frage lautet, *warum* die effektive Nachfrage – und dies heißt vor allem: die Investitionsgüternachfrage – zu gering ist, um die vorhandenen Kapazitäten auszulasten. So kann man als Angebotstheoretiker in der wirtschaftlichen Situation Mitte der 90er Jahre ohne weiteres behaupten, daß die geringen Investitionen wesentlich darauf zurückzuführen sind, daß die Unternehmen angesichts hoher Kosten schlechte Gewinnerwartungen haben und daraus Reallohnsenkungen und eine Konsolidierung der Staatsfinanzen statt einer keynesianischen Erhöhung der Staatsnachfrage ableiten. Die Definition von Konjunktur als Nachfragephänomen präjudiziert also keineswegs bestimmte Maßnahmen zur Glättung konjunktureller Schwankungen.

2.2.2 Zwei Meßkonzepte des Produktionspotentials

Wie in Abschnitt 2.2.1 erläutert, definiert der Sachverständigenrat konjunkturelle Schwankungen als Variationen der Kapazitätsauslastung. Da die gesamtwirtschaftlichen Kapazitäten aber – im Unterschied zum Bruttoinlandsprodukt – nicht der amtlichen Statistik entnommen werden können, müssen sie geschätzt werden. Die beiden wichtigsten Schätzverfahren stammen vom Sachverständigenrat selbst und von der Bundesbank und werden im folgenden kurz skizziert.[2] Sie können diesen und den folgenden Abschnitt zur Wahrung des Gesamtzusammenhangs auch zunächst auslassen und bei Bedarf nachschlagen, da es sich eher um – zwar wichtige aber nicht ganz einfache – „technische Details" handelt.

Wie wir bisher gesehen haben, geht es allgemein bei der Bestimmung des gesamtwirtschaftlichen Produktionspotentials darum, den maximalen Output einer Volkswirtschaft bei gegebener Faktorausstattung und gegebenem technischen Wissen zu bestimmen. Hierbei steht „maximal" nicht für die technisch maximale Produktionsmenge, sondern ist eher ökonomisch zu verstehen: Es soll dasjenige Produktionsniveau beschrieben werden, das realisiert werden kann, ohne daß *inflationäre* (Überauslastungs-) oder *konjunkturelle* (Unterauslastungs-) Probleme auftreten. Das Produktionspotential ist damit ein Maß für den inländischen Angebotsspielraum. Es dient aber nicht nur der Diagnose der konjunkturellen Situation, sondern wird – wie wir noch sehen werden – vom Sachverständigenrat auch bei der Bestimmung des strukturellen Defizits und des konjunkturellen Impulses herangezogen sowie von der Bundesbank bei der Herleitung eines Geldmengenziels verwendet.

2.2.2.1 Das Konzept des Sachverständigenrates

Die Aufgabe bei der Ermittlung des Produktionspotentials besteht eigentlich darin, die *potentielle* Bruttowertschöpfung der *gesamten* Volkswirtschaft zu ermitteln. Da eine solche Potentialschätzung aber nicht für alle Bereiche möglich ist, wird im Verfahren des Sachverständigenrates für den Staat, die privaten Haushalte sowie für Teile des Unternehmenssektors statt der potentiellen die tatsächliche Bruttowertschöpfung herangezogen, die direkt den amtlichen Daten der Volkswirtschaftlichen Gesamtrechnung entnommen werden kann. Das westdeutsche Produktionspotential nach der Definition des Sachverständigenrates umfaßt also

– die tatsächliche Bruttowertschöpfung des Staates, der privaten Haushalte (inkl. der privaten Organisationen ohne Erwerbszweck) sowie der Unternehmenssektoren Land- und Forstwirtschaft, Fischerei und Wohnungsvermietung;

– die potentielle Bruttowertschöpfung des Unternehmenssektors (ohne Land- und Forstwirtschaft, Fischerei und Wohnungsvermietung)

---

[2] Weitere bekannte Verfahren sind z.B.:
  – *Gleitende Durchschnitte*: Ermittlung eines Trendwertes, um Trend und Zyklus zu separieren.
  – *Peak-to-Peak-Methode*: Das Wachstum des Produktionspotentials wird über die durchschnittliche Zunahme des BIP zwischen zwei benachbarten konjunkturellen Höhepunkten ermittelt und fortgeschrieben (Interpolation). Dabei wird also unterstellt, daß der Wachstumstrend des aktuellen Konjunkturzyklus dem des vergangenen entspricht.
  – *Unternehmensbefragungen*: Das Ifo-Institut für Wirtschaftsforschung befragt vierteljährlich rund 5000 Unternehmen (allerdings nur des Verarbeitenden Gewerbes), wie sie ihre Kapazitätsauslastung – gemessen an der betrieblichen Vollauslastung – einschätzen.

– sowie die nichtabzugsfähige Umsatzsteuer und die Einfuhrabgaben. Beide müssen hinzugerechnet werden, weil sie auch im Bruttoinlandsprodukt enthalten sind und ansonsten ein sinnvoller Vergleich von Produktionspotential und Bruttoinlandsprodukt nicht möglich wäre.

Der vom Sachverständigenrat gewählte Schätzansatz zur Bestimmung der potentiellen Bruttowertschöpfung des Unternehmenssektors (ohne Land- und Forstwirtschaft, Fischerei und Wohnungsvermietung)[3] basiert *nicht* – wie das noch darzustellende Verfahren der Bundesbank – auf einer Produktions*funktion* mit mehreren Produktionsfaktoren. Vielmehr erfolgt eine Beschränkung auf *einen* Produktionsfaktor, indem das Produktionspotential des Unternehmenssektors allein über den Sachkapitalbestand (jahresdurchschnittliches Bruttoanlagevermögen) ermittelt wird. Dem Verfahren liegt die Annahme zugrunde, daß sich bei Vollauslastung dieses Sachkapitalbestands ein stets etwa gleiches Verhältnis aus Bruttoinlandsprodukt (Y^V) und Kapitalstock (K) ergibt. Dieses Verhältnis nennt der Sachverständigenrat *potentielle* Kapitalproduktivität (k^P), weil sie das maximale Inlandsprodukt pro Einheit Kapital mißt.

$$(2.1) \qquad k^P = \frac{Y^V}{K} \qquad Y^V = \text{BIP bei Vollauslastung}$$

Das Produktionspotential des Unternehmenssektors für ein Jahr t entspricht dem Produkt aus Kapitalstock (K_t) und der *zu schätzenden* potentiellen Kapitalproduktivität:

$$(2.2) \qquad Y_t^P = k_t^P \cdot K_t \ .$$

Da der Kapitalstock den amtlichen Daten der Volkswirtschaftlichen Gesamtrechnung als Bruttoanlagevermögen entnommen werden kann, ist damit die potentielle Kapitalproduktivität die einzige zu schätzende Größe. Der Grundgedanke des hierbei verwendeten Schätzverfahrens besteht darin, die zyklischen Schwankungen der Kapitalproduktivität zu beseitigen und somit einen längerfristigen, konjunkturunabhängigen Trend der Kapitalproduktivität zu ermitteln. Die potentiellen Kapitalproduktivitäten erhält man schließlich, indem man die so gewonnene Trendlinie so lange parallel nach oben verschiebt, bis sie durch die Kapitalproduktivität des Jahres mit der größten Abweichung von tatsächlicher und trendmäßiger Kapitalproduktivität geht (vgl. Abb. 2.7).

Genauer läßt sich die Vorgehensweise in drei Schritten beschreiben:

1. Zunächst erfolgt eine Festlegung von Stützzeiträumen, die jeweils einen abgeschlossenen Produktivitätszyklus von Tiefpunkt zu Tiefpunkt beschreiben. Hierbei werden aber nur solche Tiefpunkte für die Kapitalproduktivität berücksichtigt, die mit *konjunkturellen* Tiefpunkten (ermittelt über die Wachstumsrate des BIP) zusammenfallen. Derzeit (Juli 1996) gibt es für den Beobachtungszeitraum von 1960 – 1994 drei Stützzeiträume (1963 bis 1975, 1975 bis 1983 und 1983 bis 1993).

2. Nun wird für jeden Stützzeitraum eine Trendline mit Hilfe einer log-linearen Regression[4] ermittelt unter der Restriktion, daß sich die Trendlinien an den

---

[3] Sie wird im folgenden vereinfacht als Produktionspotential des Unternehmenssektors bezeichnet.

[4] Die Regressionsgleichung einer log-linearen Regression ist
$$\log \hat{k}_t = \log a + t \log b$$

Grenzen der Stützzeiträume schneiden sollen.[5] Die Trendwerte für die Kapitalproduktivität der Jahre 1960 bis 1962 bzw. ab 1994 ergeben sich durch einfache Extrapolation unter Verwendung der trendmäßigen jährlichen Wachstumsrate der jeweils angrenzenden Stützzeiträume (–2 % für 1963 – 1975 und +0,1 % für 1983 – 1993).

3. Die potentiellen Kapitalproduktivitäten erhält man schließlich dadurch, daß die Trendlinie so lange parallel nach oben verschoben wird, bis sie durch die empirische Kapitalproduktivität des Jahres geht, bei der die Differenz zwischen empirischer und trendmäßiger Kapitalproduktivität am größten ist (1960). Damit sind – sofern dies ein eindeutiges Maximum ist – die potentiellen Kapitalproduktivitäten für alle anderen Jahre größer als die tatsächlichen, was einen Auslastungsgrad von unter 100 % impliziert.

Die auf diese Weise ermittelten potentiellen Kapitalproduktivitäten lassen sich nun in Gleichung (2.2) einsetzen, woraus sich das Produktionspotential des Unternehmenssektors für die entsprechenden Jahre ergibt. Der Sachverständigenrat addiert zur potentiellen Bruttowertschöpfung wie erwähnt nun noch die tatsächliche Bruttowertschöpfung des Staates, der privaten Haushalte und der bisher ausgelassenen Unternehmenssektoren sowie die nichtabzugsfähige Umsatzsteuer und die Einfuhrabgaben und bezeichnet die Summe als gesamtwirtschaftliches Produktionspotential.

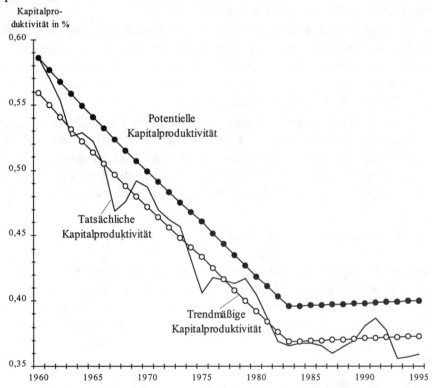

Quelle: Eigene Darstellung nach Daten des Sachverständigenrates.

Abb. 2.7: Potentielle und empirische Kapitalproduktivität des Unternehmenssektors (ohne Land- und Forstwirtschaft, Fischerei und ohne Wohnungsvermietung)

Der Sachverständigenrat wendet das Schätzverfahren zur Bestimmung des Produktionspotentials des Unternehmenssektors allerdings (noch) nicht auf die neuen Bundesländern an. Dies sei erst dann sinnvoll, wenn genügend Beobachtungswerte

---

[5] Dies garantiert, daß sich nachher in keinem Jahr ein Auslastungsgrad von über 100 % ergibt.

vorhanden seien, um einen Trend zu schätzen, der nicht durch konjunkturelle Schwankungen beeinflußt werde. Die bisherige Entwicklung in Ostdeutschland sei noch zu sehr von strukturellen Umbrüchen geprägt, und die Zahl der Beobachtungswerte reiche noch nicht aus, um einen vollständigen Konjunkturzyklus als Stützbereich abgrenzen zu können. Daher wird bis auf weiteres das Produktionspotential in den neuen Bundesländern mit dem dortigen Bruttoinlandsprodukt gleichgesetzt.

Insgesamt besitzt der Ansatz des Sachverständigenrates ein hohes Maß an Transparenz und Nachvollziehbarkeit, weil ausschließlich auf amtliche Daten der VGR zurückgegriffen wird und Setzungen – soweit es geht – vermieden werden. Eine konsistente Fortschreibung ist dadurch einfacher möglich.

Allerdings sind auch einige Kritikpunkte gegen diesen Ansatz vorgebracht worden:

– Das Verfahren unterschätze das gesamtwirtschaftliche Produktionspotential, da das Arbeitskräftepotential in Zeiten hoher Arbeitslosigkeit nicht angemessen berücksichtigt werde. Es sei besser, den Produktionsfaktor Arbeit explizit in die Berechnungen aufzunehmen. Dem hält der Sachverständigenrat entgegen, daß Arbeitskräfte nur dann eingesetzt werden können, wenn zuvor ein Arbeitsplatz durch Investitionen geschaffen worden sei. Daher sei die Beschränkung auf einen Produktionsfaktor (Kapital) legitim.

– Der Ansatz impliziere eine streng limitationale Produktionsfunktion, so daß das Faktoreinsatzverhältnis im Zeitablauf unveränderlich bleibe. Dagegen argumentiert der Sachverständigenrat, daß sich Substitutionsbeziehungen zwischen Kapital und Arbeit, die vor der Investitionsentscheidung bestehen, durchaus im Trend der Kapitalproduktivität niederschlagen.

– Sämtliche nicht mit dem Kapitaleinsatz verbundenen Einflußfaktoren kämen in der Kapitalproduktivität zum Ausdruck (veränderter Arbeitseinsatz, technischer Fortschritt). Es sei nicht zu erkennen, welchem der Faktoren diese Einflüsse im einzelnen zuzurechnen seien. Einschränkend ist allerdings darauf hinzuweisen, daß dies auch im Konzept der Bundesbank gilt, das wir im folgenden schildern.

2.2.2.2 Das Konzept der Bundesbank

Bei der Schätzung des gesamtwirtschaftlichen Produktionspotentials durch die Bundesbank werden die Sektoren Wohnungsvermietung und Staat – ähnlich wie beim Verfahren des Sachverständigenrates – zunächst ausgeklammert. Dementsprechend wird hier ebenfalls angenommen, daß das Produktionspotential für beide Sektoren ihrer jeweiligen tatsächlichen (realen) Bruttowertschöpfung entspricht.

Zur Schätzung des gesamtwirtschaftlichen Produktionspotentials des *übrigen* Unternehmenssektors (ohne Wohnungsvermietung) verwendet die Bundesbank eine Produktionsfunktion mit den Produktionsfaktoren Arbeit und Kapital, wodurch implizit auch Annahmen über die Produktionstechnologie getroffen werden. Im Unterschied zum Sachverständigenrat wird also keine limitationale, sondern eine substitutionale Produktionsfunktion verwendet.

Konkret arbeitet die Bundesbank mit einer CES-Produktionsfunktion[6] mit den Faktoren Kapital und Arbeit. Früher stützte die Bundesbank ihre Schätzung auf

---

[6] Die CES-Funktion (CES=Constant Elasticity of Substitution) ist eine stark verallgemeinerte Produktionsfunktion. Während eine charakteristische Eigenschaft der Cobb-Douglas-Produktionsfunktion ihre Substitutionselastizität von Eins ist, fordert die CES-

eine Cobb-Douglas-Produktionsfunktion. Sie ist aber zur CES-Funktion übergegangen, weil die CES-Funktion – im Gegensatz zur Cobb-Douglas-Funktion – auf weniger restriktiven Annahmen basiert. Die von der Bundesbank verwendete Produktionsfunktion für die Periode t lautet:

(2.3) $$Y_t = c \cdot e^{\lambda \cdot t} \cdot [\alpha \cdot A^\sigma + (1-\alpha) \cdot K^\sigma]^{\frac{r}{\sigma}}$$

Y = Bruttowertschöpfung (in Mrd. DM in Preisen von 1991)
c = Niveaukonstante
A = Arbeitsvolumen (in Mrd. Stunden)
K = genutzter Kapitalbestand (in Mrd. DM in Preisen von 1991)
t = Zeitfaktor
λ = Rate des technischen Fortschritts
α = Verteilungsparameter
r = Skalenelastizität
σ = Substitutionsparameter

Die in die Produktionsfunktion einfließenden exogenen Variablen sind der in Mrd. Arbeitsstunden gemessene Arbeitseinsatz A und der genutzte Sachkapitalbestand K des Unternehmenssektors ohne Wohnungsvermietung.

Zur Ermittlung des Produktionspotentials geht die Bundesbank in drei Schritten vor.

1. Zunächst werden die Parameter dieser Produktionsfunktion (die Niveaukonstante c, der Verteilungsparameter α, die Rate des technischen Fortschritts λ, die Skalenelastizität r und der Substitutionsparameter σ) mit den tatsächlichen Daten für die beiden exogenen (A und K) sowie der endogenen Variablen (Y) geschätzt. Als Datengrundlage hierfür dienen:
   - die Bruttowertschöpfung aus der VGR (Y), die wieder der amtlichen Statistik entnommen werden kann.
   - das *genutzte* Sachanlagevermögen (K). Ausgehend vom Bestand im Jahre 1970 wird das Sachanlagevermögen der folgenden Jahre durch Fortschreibung mit den Bruttoanlageinvestitionen (abzüglich der Abgänge) gewonnen. Die Bestimmung des Nutzungsgrades orientiert sich an Ergebnissen der Unternehmensbefragung des ifo-Instituts für das Verarbeitende Gewerbe und das Bauhauptgewerbe.
   - das Arbeitsvolumen (A), wobei die Rohdaten vom Institut für Arbeitsmarkt und Berufsforschung stammen.

Für den Zeitraum von Anfang 1970 bis Ende 1994 ergab die Schätzung der Parameter folgende Produktionsfunktion:

(2.4) $$Y_t = 1.392{,}4 \cdot e^{0{,}47 \cdot t} \cdot [0{,}36 \cdot A^{0{,}24} + 0{,}64 \cdot K^{0{,}24}]^{\frac{1{,}11}{0{,}24}}$$

Diese Produktionsfunktion kann nun produktionstechnisch wie folgt interpretiert werden:

Funktion – wie der Name schon sagt – nur die Konstanz der Substitutionselastizität. Ihr Wert ist aber beliebig. Die Cobb-Douglas-Funktion ist damit ein Spezialfall der CES-Funktion. Wie man in Gleichung (2.3) sieht, ergibt sich bei der CES-Funktion auch dann ein positiver Output, wenn ein Faktor gleich Null ist, während bei der Cobb-Douglas-Funktion durch die multiplikative Verknüpfung alle Faktoren mit positiver Menge eingehen müssen. Zu weiteren formalen Eigenschaften der CES-Funktion vgl. Feess 1996, Abschnitt 3.8.

- Da die Skalenelastizität größer als Eins ist (r = 1,11), liegen steigende Skalenerträge vor, d. h. eine gleichzeitige Erhöhung beider Inputfaktoren um einen konstanten Faktor führt zu einer leicht überproportionalen Zunahme des Outputs.
- Dadurch weichen auch die Produktionselastizitäten für beide Produktionsfaktoren von der über den Verteilungsparameter α geschätzten Einkommensverteilung geringfügig ab ($\partial Y/\partial A \cdot A/Y$ = 0,4 bzw. $\partial Y/\partial K \cdot K/Y$ = 0,71 gegenüber α = 0,36 bzw. (1–α) = 0,64).
- Aus dieser Produktionsfunktion kann eine Substitutionselastizität[7] von rund 0,8 errechnet werden, d. h. bei einer Erhöhung des Faktorpreisverhältnisses (w/i) um 1 % sinkt das Faktoreinsatzverhältnis (A/K) um 0,8 %. Bei der CES-Produktionsfunktion kommt es daher bei einer Erhöhung des Faktorpreisverhältnisses w/i auch zu einer – allerdings leichten – Zunahme der Lohnsumme (bzw. Erhöhung der funktionalen Einkommensverteilung).

2. Nachdem die Parameter der CES-Funktion bestimmt sind, werden in einem zweiten Schritt die *potentiellen* Einsatzmengen für Kapital und Arbeit in die CES-Produktionsfunktion eingesetzt. Während die potentielle Leistungsabgabe des Kapitalstocks einfach aus dem Sachkapitalbestand gewonnen werden kann, gestaltet sich die Ermittlung des potentiellen Arbeitsvolumens deswegen schwierig, weil es nur den *zusätzlichen* Arbeitseinsatz erfassen soll, der bei gegebenen institutionellen Bedingungen und Marktunvollkommenheiten wirklich realisiert werden kann. Somit darf nicht die gesamte existierende Arbeitslosigkeit eingerechnet werden, sondern es muß eine natürliche Rate der Unterbeschäftigung bzw. Sockelarbeitslosigkeit unterstellt werden. Nach dem Einsetzen der potentiellen Mengen für Arbeit und Kapital ergibt sich das Produktionspotential (ohne Wohnungsvermietung und Staat) des entsprechenden Jahres.

3. Das gesamtwirtschaftliche Produktionspotential ist nun schließlich die Summe aus dem *geschätzten* Produktionspotential für den Unternehmenssektor (ohne Wohnungsvermietung) und der realen Bruttowertschöpfung für den Wohnungssektor und den Staat.

Der Vorteil des Schätzverfahrens der Bundesbank wird darin gesehen, daß die Substitutionalität der Produktionsfaktoren Arbeit und Kapital explizit berücksichtigt wird. Allerdings ist der Sachverständigenrat hier anderer Ansicht, indem er bemängelt, daß die CES-Produktionsfunktion nicht nur eine Substitutionalität ex ante, d. h. vor einer Investitionsentscheidung, impliziert, sondern auch eine Substitutionalität ex post, d. h. nach der durchgeführten Investition zuläßt, was in der Realität nur sehr eingeschränkt der Fall sei.

Als Nachteile werden genannt:

- Die Bestimmung des potentiellen Arbeitsvolumens sei methodisch nicht sauber. Erstens sei die Stille Reserve nicht darin enthalten, obwohl sie eindeutig zum potentiellen Arbeitsvolumen gehöre. Zweitens werde die Sockelarbeitslosigkeit *nicht* hiervon abgezogen, die aber gerade zum Ausdruck bringe, daß dieser Teil des Produktionsfaktors Arbeit auch *langfristig* ungenutzt bleibe und daher *nicht* zum potentiellen Arbeitsvolumen gerechnet werden dürfe. Die Bundesbank hofft offensichtlich, daß sich diese beiden Effekte ungefähr neutralisieren.

---

[7] Die Substitutionselastizität ist die prozentuale Veränderung des Faktoreinsatzverhältnisses als Reaktion auf eine prozentuale Veränderung des Faktorpreisverhältnis (vgl. Feess 1996, Abschnitt 3.6.3.5). Die Substitutionselastizität bei der Cobb-Douglas-Produktionsfunktion beträgt definitionsgemäß immer 1, was impliziert, daß sich die Einkommensverteilung bei einer Veränderung des Faktorpreisverhältnisses im Gleichgewicht nicht ändert.

- Die Konstanz der Parameter werde über den gesamten Stützbereich angenommen, was bei exogene Störungen (z. B. Ölkrisen, Wiedervereinigung u.ä.) problematisch sei.
- Um die Parameter der CES-Funktion überhaupt spezifizieren zu können, müsse ein Auslastungsgrad bestimmt werden, denn als Datengrundlage der Schätzung diene ja das *genutzte* Sachanlagevermögen. Damit liege ein Zirkelschluß vor, da der Auslastungsgrad ja über die CES-Funktion erst abgeleitet werden solle.

Trotz der unterschiedlichen Methode von Sachverständigenrat und Bundesbank ergeben sich – wie man in Tab. 5.1 sieht – zwar leichte Differenzen im Niveau (die Schätzwerte der Bundesbank liegen etwas über denen des Sachverständigenrates), aber strukturelle Unterschiede bestehen praktisch nicht. Insgesamt ist die Übereinstimmung erstaunlich groß, was aber auch daran liegt, daß in beiden Verfahren ein nicht unbeträchtlicher Teil des gesamtwirtschaftlichen Produktionspotentials (rund 20 %) identisch sind, da für einige Sektoren (Staat, private Haushalte, Land- und Forstwirtschaft sowie Wohnungsvermietung), einfach die tatsächliche Bruttowertschöpfung angesetzt wird.

	Verfahren der Bundesbank			Verfahren des Sachverständigenrates			Bruttoinlandsprodukt	
	Produktionspotential		Auslastung	Produktionspotential		Auslastung		
	Mrd. DM	% gegen Vorjahr	in %	Mrd. DM	% gegen Vorjahr	in %	Mrd. DM	% gegen Vorjahr
1982	2093,4	+2,6	95,6	2073,1	+1,6	96,5	2001,0	–0,9
1983	2135,8	+2,0	95,3	2102,1	+1,4	96,9	2036,2	+1,8
1984	2178,5	+2,0	96,1	2144,6	+2,0	97,6	2093,5	+2,8
1985	2221,3	+2,0	96,2	2187,5	+2,0	97,6	2136,0	+2,0
1986	2273,0	+2,3	96,2	2234,9	+2,2	97,8	2186,1	+2,3
1987	2318,8	+2,0	95,7	2282,3	+2,1	97,2	2218,4	+1,5
1988	2376,7	+2,5	96,8	2332,5	+2,2	98,7	2301,0	+3,7
1989	2427,3	+2,1	98,2	2385,7	+2,3	99,9	2384,4	+3,6
1990	2495,1	+2,8	101,0	2450,8	+2,7	102,8	2520,4	+5,7
1991	2579,1	+3,4	102,7	2525,6	+3,1	104,8	2647,6	+5,0
1992	2664,2	+3,3	101,1	2600,1	+2,9	103,6	2694,3	+1,8
1993	2715,7	+1,9	97,5	2660,3	+2,3	99,6	2648,6	–1,7
1994	2752,8	+1,4	98,4	2704,9	+1,7	100,2	2709,6	+2,3

Quelle: Deutsche Bundesbank.

Tab. 2.1: Das Produktionspotential in Preisen von 1991 (alte Bundesländer)

2.3 Das Stabilitäts- und Wachstumsgesetz

1967, in der Hochphase des *Keynes*ianismus, wurde in der Bundesrepublik Deutschland das „Gesetz zur Förderung der Stabilität und des Wachstums der Wirtschaft" verabschiedet, das die Stabilisierungsaufgabe der öffentlichen Hand rechtlich normiert. Gemäß § 1 haben Bund und Länder ihre (wirtschafts- und finanzpolitischen) Maßnahmen so zu treffen, „daß sie im Rahmen der marktwirtschaftlichen Ordnung gleichzeitig zur Stabilität des Preisniveaus, zu einem hohen

Beschäftigungsstand und außenwirtschaftlichem Gleichgewicht bei stetigem und angemessenem Wirtschaftswachstum beitragen". Der Wortlaut des Gesetzes legt nahe, daß die ersten drei Ziele gleichberechtigt nebeneinander stehen, während das gesamtwirtschaftliche Wachstum eher als Nebenziel erscheint, sofern es nicht sowieso eine Voraussetzung der anderen – insbesondere des Beschäftigungsziels – ist.

Das Ziel eines hohen Beschäftigungsstandes ist selbsterklärend, da Arbeitslosigkeit erstens eine Vergeudung von Ressourcen darstellt und zweitens sozialen Sprengstoff impliziert. Die Verletzung eines stabilen Preisniveaus (hohe Inflationsraten) hat dagegen außer der lästigen Notwendigkeit, neue Preisschilder anzubringen, keine *direkten* negativen Konsequenzen. Die Aufnahme der Preisniveaustabilität ins Gesetz erklärt sich daher aus den *indirekten* negativen Effekten der Inflation, die vor allem in

– der Planungsunsicherheit von Produzenten und Konsumenten sowie von Gläubigern und Schuldnern;

– und den abnehmenden Exportchancen gesehen werden, sofern sich die Wechselkurse nicht mit unendlicher Reaktionsgeschwindigkeit an die länderspezifischen Inflationsraten anpassen.

Dabei ist allerdings zu beachten, daß die Hauptverantwortung für die Preisniveaustabilität in der Bundesrepublik Deutschland nicht bei Bund und Ländern, sondern bei der Bundesbank (Geldmengensteuerung) liegt. Bund und Länder sind lediglich in ihrer Schuldenpolitik und ihrer – trotz der Tarifautonomie – faktisch bestehenden (Mit)Verantwortung für die Lohnabschlüsse angesprochen. Das Ziel des außenwirtschaftlichen Gleichgewichts wird im vorliegenden Band – wie einleitend erwähnt – nur am Rande angesprochen. Das Stabilitäts- und Wachstumsgesetz wird auch als magisches Dreieck bezeichnet, weil die Forderung nach simultaner Berücksichtigung von Beschäftigung, Preisniveau und außenwirtschaftlichem Gleichgewicht ohne übernatürliche Kräfte kaum erfüllbar scheint. Besonders zwischen Preisniveaustabilität und hohem Beschäftigungsstand wird häufig ein Zielkonflikt gesehen, der in Abschnitt 3.5.2 noch ausführlich diskutiert wird.

Konkret verpflichtet § 10 StabG das Bundesfinanzministerium, die Investitionsprogramme und Bedarfsschätzungen der einzelnen Ministerien aufzustellen und die entsprechenden Projekte nach Dringlichkeit zu ordnen. Dies bietet die Möglichkeit, nach § 11 StabG Investitionsprojekte je nach konjunktureller Situation vorzuziehen oder zurückzustellen. Daneben enthält das Gesetz eine Fülle konkreter Eingriffsmöglichkeiten, auf die in Abschnitt 4.3 noch genauer eingegangen wird.

2.4 Grundgedanken der nachfrage- und der angebotsorientierten Wirtschaftspolitik

Die zentrale Kontroverse zwischen nachfrageorientierten („keynesianischen") und angebotsorientierten („neoklassisch-monetaristischen") Ökonomen dreht sich um die Frage, aus welchen Gründen die private Investitionsgüternachfrage starken zyklischen Schwankungen unterworfen ist (Erklärung des Konjunkturphänomens) und welche Maßnahmen zur Glättung der Konjunkturzyklen am besten geeignet sind. Die Bezeichnung Nachfrage- und Angebotsorientierung ist dabei etwas irreführend, da unter Konjunkturschwankungen definitionsgemäß Schwankungen der effektiven Nachfrage um das gesamtwirtschaftliche Güterangebot bzw. Produktionspotential verstanden werden, so daß eine angebotsorientierte Wirtschaftspolitik zur Verminderung von Konjunkturschwankungen aus semantischen Gründen nichts beitragen zu können scheint. Da diese sprachlichen Probleme unseres Erachtens mitunter einige Verwirrung stiften, betonen wir nochmals, daß dies nicht richtig ist, weil die Investitionsgüternachfrage der Unternehmen selbstverständlich maßgeblich auch von den Angebotsbedingungen der Unternehmen, d. h. vor allem deren Kostensituation, beeinflußt wird.

Obwohl „die keynesianische" und „die monetaristische" Schule zunehmend zugunsten differenzierterer Modelle und einer wechselseitigen Berücksichtigung der jeweils anderen Sichtweise aufgelöst werden, ist ihre idealtypische Unterscheidung besonders zum Verständnis aktueller wirtschaftspolitischer Konzeptionen und Kontroversen nach wie vor ausgesprochen nützlich. Da wir die beiden Konzeptionen nicht zusammenhängend, sondern innerhalb der einzelnen Kapitel (Geldpolitik, Finanzpolitik und Arbeitsmarktpolitik) diskutieren, möchten wir sie zur besseren Einordnung der Einzelpunkte hier kurz skizzieren.

Theoretisch lassen sich die elementaren Unterschiede zwischen dem nachfrage- und dem angebotsorientierten Ansatz recht gut vor dem Hintergrund des IS-LM- und des keynesianischen Totalmodells erläutern. Diesen Einstieg wählen wir auch, um Ihnen die wesentlichen Ergebnisse dieser beiden makroökonomischen Grundmodelle in aller Kürze in Erinnerung zu rufen. Sollten Sie mit einigen der aufgeführten Punkte Schwierigkeiten haben, so lesen Sie diese bitte im Kompaktstudium Wirtschaftswissenschaften, Bd. 2: „Makroökonomie" nach.

2.4.1 Das nachfrageorientierte (keynesianische) Paradigma

Wir beginnen mit dem reinen IS-LM-Modell, in dem mit dem Kapital- (IS-Funktion) und dem Geldmarkt (LM-Funktion) ausschließlich die Nachfrageseite der Ökonomie abgebildet wird.

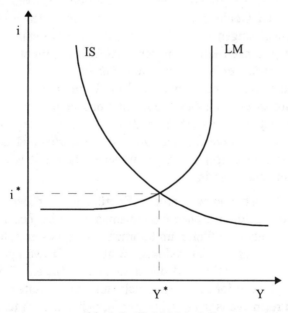

Abb. 2.8: IS-LM-Modell

Ist das in Abb. 2.8 mit Y^* bezeichnete gleichgewichtige Sozialprodukt zu niedrig, um Vollbeschäftigung zu ermöglichen, so können die öffentlichen Entscheidungsträger durch Geldpolitik (Zentralbank) oder durch Fiskalpolitik (öffentliche Hand) das Sozialprodukt leicht steigern. Erhöht die Zentralbank die Geldmenge, so verschiebt sich die LM-Funktion nach rechts: Bei steigender Geldmenge sinken die Zinsen und die privaten Investitionen nehmen zu. Durch Ausgaben der öffentlichen Hand verschiebt sich die Investitionsfunktion (und damit die IS-Funktion) im Ausmaß des Multiplikators nach rechts, so daß das Sozialprodukt ebenfalls steigt.

Die entscheidende Annahme des IS-LM-Modells ist, daß das Preisniveau weder auf Änderungen der Geldmenge noch auf Änderungen der öffentlichen Ausgaben reagiert. Diese Annahme wird implizit damit begründet, daß von einer unterausgelasteten Wirtschaft (Nachfrageprobleme) ausgegangen wird. In einer solchen Situation ist es plausibel, daß fiskal- und geldpolitische Maßnahmen nicht zu reinen Preis-, sondern zumindest auch zu Mengeneffekten führen:

– Bei der Fiskalpolitik wird unterstellt, daß die Unternehmen angesichts der annahmegemäß unausgelasteten Kapazitäten auf die gestiegene Nachfrage nicht mit Preissteigerungen, sondern mit Produktionserhöhungen reagieren.

– Bei der Geldpolitik führt das zusätzlich verfügbare Geld[8] zu einer steigenden Nachfrage nach Wertpapieren, was den Wertpapierkurs erhöht und die Effektivverzinsung entsprechend reduziert und die Investitionen anregt.

Die Schwäche des IS-LM-Modells kann darin gesehen werden, daß es implizit freie Kapazitäten (d. h. eine Unternachfrage) unterstellt, ohne diese zu begründen. Das keynesianische Totalmodell bezieht daher neben der Nachfrage- auch die Angebotsseite mit ein und kommt dabei bei flexiblen Funktionen zu dem Ergebnis, daß

– sich alle Märkte im Gleichgewicht befinden und die Kapazitäten ausgelastet sind;

– und fiskal- und geldpolitische Eingriffe ausschließlich zur Inflation, aber zu keinen realen Effekten führen.

Dennoch lassen sich auch die keynesianisch-nachfrageorientierten Ergebnisse im Totalmodell herleiten, sofern von starren Investitionen (Investitionsfalle), einer unendlich elastischen Geldnachfrage (Liquiditätsfalle) oder nach unten starren Nominallöhnen ausgegangen wird. Damit werden selbstverständlich Extremsituationen dargestellt, die nach keynesianischer Auffassung nicht in Reinform, aber durchaus in abgeschwächter Weise auftreten können. Am wichtigsten ist die Investitionsfalle, bei der angenommen wird, daß die Unternehmen in tiefen Konjunkturkrisen so pessimistisch sind, daß ihre Investitionsnachfrage so gut wie gar nicht auf den Zinssatz reagiert. Im Kern kommt hierin die Akzeleratorhypothese zum Ausdruck, wonach die Investitionen von der erwarteten Nachfrageänderung abhängen.[9] Da diese in Krisenzeiten pessimistisch beurteilt wird, sind auch die Investitionen entsprechend gering.

Die Investitionsfalle ist eine wesentliche Begründung für den fiskalpolitischen Optimismus und den geldpolitischen Pessimismus in der keynesianischen Theorie: Fiskalpolitische Maßnahmen führen im Rahmen des keynesianischen Totalmodells zu einer Erhöhung des Sozialprodukts, weil ein Crowding-Out (d. h. eine Verdrängung privater Investitionen) durch steigende Zinsen nicht zu befürchten ist, da die privaten Investitionen ohnehin nicht auf den Zinssatz reagieren und eine Steigerung des Preisniveaus angesichts der bestehenden Unterauslastung auch nicht zu befürchten ist. Der geldpolitische Pessimismus erklärt sich daraus, daß gerade die Bedeutungslosigkeit des Zinses die Investitionsfalle erklärt, die Geldpolitik aber immer nur über den Zinssatz ihre realen Auswirkungen entfalten kann.

---

[8] Im dritten Kapitel wird ausführlich erläutert, wie man sich Geldmengenausweitungen jenseits von Hubschraubermodellen praktisch vorzustellen hat.

[9] Vgl. hierzu ausführlich das Kompaktstudium „Makroökonomie", Abschnitt 3.6.3.

Allerdings gilt der Pessimismus nur partiell, weil durchaus angenommen wird, daß exogene Störungen (beispielsweise eine Zunahme des Ölpreises oder die deutsche Wiedervereinigung) zu Kostensteigerungen führen, deren negativen Auswirkungen auf die Investitionen durch geldpolitisch induzierte Zinssenkungen begegnet werden sollte (theoretisch müßte man dann eher im reinen IS-LM-Modell statt im keynesianischen Totalmodell argumentieren).

Insgesamt kann man das keynesianisch-nachfrageorientierte Paradigma, auf das wir in den einzelnen Politikbereichen selbstverständlich detaillierter eingehen werden, durch folgende Punkte charakterisieren:

- Unsichere Erwartungen der Unternehmen bewirken schwankende Investitionen und damit auch Schwankungen in der effektiven Nachfrage. Zur Minderung der Konsequenzen der daraus resultierenden Konjunkturschwankungen sind daher aktive Maßnahmen erforderlich.
- Der Fiskalpolitik wird weitgehend der Vorzug gegenüber der Geldpolitik gegeben, was darauf zurückzuführen ist, daß die Geldpolitik nur indirekt über den Zinsmechanismus wirkt, der für Krisensituationen gerade angezweifelt wird. Dabei gibt es allerdings unterschiedliche Auffassungen, die sich auch mit der jeweiligen Situation verändern: So werden in der wirtschaftspolitischen Realität häufig doch Zinssenkungen befürwortet, um Investitionen anzuregen, die wegen besonderer Belastungen zu niedrig sind.
- Die praktischen Schwierigkeiten einer aktiven Fiskalpolitik wie die exakte Einschätzung der Situation, die Vorhersage der Reaktion der Wirtschaftssubjekte und der Abbau der mit den Ausgaben verbundenen Staatsverschuldung werden zwar gesehen, aber für lösbar gehalten.
- Nicht nur in der Finanzpolitik, sondern auch am Arbeitsmarkt werden direkte Eingriffe wie Arbeitsbeschaffungsmaßnahmen, Arbeitszeitverkürzungen und Lohnsubventionen befürwortet. Zwar werden auch hier mögliche Ineffizienzen nicht geleugnet (z. B. Faktorpreisverzerrungen durch Lohnsubventionen), doch werden diese gegenüber einer massenhaften Arbeitslosigkeit als eher gering angesehen.

2.4.2 Das angebotsorientierte (monetaristische) Paradigma

Auch für die einfachsten Vorstellungen der angebotsorientierten Wirtschaftspolitik können wir zunächst an das keynesianische Totalmodell anknüpfen, da sich hier bei flexiblen Funktionen ein Gleichgewicht bei Vollbeschäftigung einstellt. Die Bedeutung der Investitions- und Liquiditätsfalle wird als gering eingeschätzt, so daß Ungleichgewichte im Totalmodell – wie bereits im neoklassischen Totalmodell – mit zu hohen Löhnen begründet werden. Im Kompaktstudium „Makroökonomie" wurde als Vorteil des keynesianischen Totalmodells gerade hervorgehoben, daß die neoklassische und die keynesianische Auffassung im *gleichen* Modell dargestellt werden können.

Der Kern der angebotsorientierten Wirtschaftspolitik besteht erstens in der Ablehnung der konjunkturpolitisch motivierten Beeinflussung der effektiven Nachfrage und zweitens darin, daß das Investitionsverhalten der Unternehmen vor allem von deren Kostensituation bestimmt wird. Beide Punkte werden innerhalb der Geld-, Finanz- und Arbeitsmarktpolitik ausführlich behandelt, so daß wir hier lediglich die Grundgedanken skizzieren, um Ihnen eine Einordnung der verschiedenen Einzelaspekte zu erleichtern.

1. Zwar werden Schwankungen der effektiven Nachfrage von der angebotsorientierten Wirtschaftspolitik nicht geleugnet, doch wird generell bezweifelt, daß die Finanz- oder gar eine Geldpolitik, die auf konjunkturell begründete Zinssenkungen setzt, diese beseitigen können. Es wird kritisiert, daß die Maßnahmen nicht zum richtigen Zeitpunkt und in der richtigen Intensität durchgeführt werden können, weil

   – die Entscheidungsträger die Probleme zunächst wahrnehmen, ihre Ursachen diagnostizieren und entsprechende Gegenmaßnahmen einleiten müssen, so daß deren Wirkung oft zum falschen Zeitpunkt komme

   – und die Reaktionen der Wirtschaftssubjekte nicht hinreichend bekannt seien, um eine exakte Dosierung durchführen zu können. Die Gefahr der Über- oder Untersteuerung sei daher sehr groß.

   Doch selbst dann, wenn die Eingriffe zum richtigen Zeitpunkt kommen, werden negative Sekundärwirkungen prognostiziert, die die positiven Primärwirkungen in aller Regel übersteigen. Lassen Sie uns diese Vorstellung an den Beispielen von Erhöhungen der Staatsausgaben, Lohnsubventionen und Zinssenkungen erläutern.

   Erhöhungen der Staatsausgaben bewirken neben dem gewünschten Nachfrageeffekt

   – eine Fehlallokation der Ressourcen, weil die Höhe der Staatsausgaben primär durch allokative Gesichtspunkte und nicht durch konjunkturelle Erwägungen bestimmt sein soll,

   – eine Verdrängung produktiver privater Investitionen durch Zinssteigerungen (Crowding-Out)

   – und eine Zunahme der Staatsverschuldung, die schwer abbaubar ist und zu einer langfristigen Verunsicherung der Wirtschaftssubjekte führt.

   Lohnsubventionen

   – bewirken eine Verzerrung der Preisverhältnisse von Kapital und Arbeit und induzieren dadurch die Wahl einer falschen Technik, was nach Abbau der Lohnsubventionen langfristige Probleme nach sich zieht,

   – führen zur Arbeitslosigkeit bei den Arbeitnehmern, deren Arbeitsplätze nicht subventioniert werden

   – und mindern die Bereitschaft zum Abbau überhöhter Löhne, die letztlich als Ursache langfristiger, hartnäckiger Arbeitslosigkeit angesehen werden.

   Konjunkturell begründete Zinssenkungen schließlich

   – beeinflussen ähnlich wie Lohnsubventionen das Faktorpreisverhältnis

   – und/oder führen zu einem verzerrten Verhältnis von kurz- und langfristigen Zinsen, weil die langfristigen Zinsen politisch schlecht beeinflußbar sind,

   – führen zu einer Verunsicherung der Kapitalmärkte,

   – bewirken Geldmengeneffekte, die die Stabilität des Preisniveaus gefährden

   – und führen schließlich zu einer Verschiebung von Investitionen in die Zukunft, da jede Zunahme von Unsicherheit einen Anreiz liefert, die Entwicklung der relevanten Größen (z. B. Zinsen und Steuerentwicklungen) abzuwarten.

2. Neben dieser negativen Beurteilung der nachfrageorientierten Konjunktursteuerung besteht der zweite Grundgedanke wie erwähnt darin, daß die Investitionen der Unternehmen vor allem von ihrer Kostensituation und weniger – wie im Akzeleratorprinzip behauptet – von der erwarteten effektiven Nachfrage bestimmt werden. Die Hauptaufgabe der Wirtschaftspolitik wird daher darin

gesehen, günstige Rahmenbedingungen für die Unternehmen zu schaffen. Zu nennen sind dabei vor allem:

- Lohnkostensteigerungen maximal im Ausmaß des Produktivitätsfortschritts,
- eine Verringerung der Abgabenlasten vor allem für Unternehmen, wie sie besonders drastisch beispielsweise von der Reagan-Administration vorgenommen wurde (vgl. Abschnitt 4.5.2.1),
- eine Geldpolitik, die ihre primäre Aufgabe in der Stabilität des Preis- und Zinsniveaus (nicht in konjunkturpolitisch begründeten Zinsänderungen) sieht, um die Planungssicherheit zu erhöhen,
- ein Abbau von Subventionen, da diese letztlich von produktiven Unternehmen finanziert werden müssen und deren internationale Konkurrenzfähigkeit beeinträchtigen,
- eine Rückführung der Staatsverschuldung, da diese die Kapitalmärkte belastet und zu hohen Steuerbelastungen führt
- und Deregulierungs- und Privatisierungsmaßnahmen, da staatliche Monopole und Regulierungen zu einer Fehlallokation von Ressourcen führen, was letztlich die Wachstumsraten des Sozialprodukts verringert und die Arbeitslosigkeit erhöht.

Insgesamt kann man leicht vereinfacht sagen, daß nach einer Ära des *Keynes*ianismus in den sechziger und frühen siebziger Jahren heute sowohl wegen des theoretischen Siegeszugs des Monetarismus als auch wegen praktischer Entwicklungen die angebotsorientierte Wirtschaftspolitik dominiert. Unter praktischen Gesichtspunkten ist dies hauptsächlich auf die in fast allen Ländern sehr hohe Staatsverschuldung zurückzuführen, die eine expansive Nachfragepolitik – selbst wenn man diese für angezeigt hielte – kaum noch zuläßt (vgl. ausführlich Abschnitt 4.4).

3. Geldpolitik

3.1 Überblick

Nach der Skizze grundlegender Konzeptionen der Wirtschaftspolitik können wir uns nun genauer den drei hier behandelten Feldern Geld-, Finanz- und Arbeitsmarktpolitik zuwenden. Dabei beginnen wir – wie einleitend erläutert – mit der Geldpolitik, weil die Schwierigkeiten der Fiskalpolitik als einem besonders wichtigen Gebiet der Finanzpolitik gerade in ihren Auswirkungen auf das Preisniveau und den Zins gesehen werden können, so daß ihr Verständnis geldpolitische Kenntnisse voraussetzt.

Zunächst sei daran erinnert, daß in den gängigen makroökonomischen Grundmodellen zur Verbindung der verschiedenen Teilmärkte – dem neoklassischen und dem keynesianischen Totalmodell – von einer exogen gegebenen Geldmenge ausgegangen wird. Dies unterstellt, daß die Zentralbank die Geldmenge vollständig steuern kann und läßt mindestens zwei Fragen offen, die wir in Abschnitt 3.2 untersuchen:

– Erstens, in welcher Weise die Geldmenge durch die Zentralbank gesteuert wird und welche Rolle dabei die Geschäftsbanken, beispielsweise durch ihre Kreditvergabe, spielen.
– Zweitens, wie die Geldmenge eigentlich abgegrenzt werden kann. Sollen beispielsweise nur Bargeld und Sichteinlagen oder auch Termingelder bis zu einer bestimmten Fristigkeit in die Geldmenge einbezogen werden.

Abschnitt 3.3 beschäftigt sich mit der Frage, welche Aufgaben überhaupt mit der Geldpolitik verfolgt werden (sollen). Da die Stabilisierung des Preisniveaus hierbei eine zentrale Stellung einnimmt, werden vor allem die negativen volkswirtschaftlichen Effekte der Inflation eingehend behandelt, wobei nicht so sehr die direkten als vielmehr die indirekten Effekte im Vordergrund stehen. In Abschnitt 3.4 wenden wir uns der Frage zu, welche Instrumente der Bundesbank zur Steuerung monetärer Größen eigentlich zur Verfügung stehen. Dabei schildern wir auch Beispiele aus den letzten Jahren, um möglichst konkret deutlich zu machen, welche Instrumente von der Bundesbank aus welchen Gründen eingesetzt werden.

Der in vielerlei Hinsicht zentrale Abschnitt 3.5 setzt sich – auf Grundlage der zuvor erlangten Kenntnisse – dann ausführlich mit theoretischen und konzeptionellen Fragen der Geldpolitik auseinander und knüpft insofern an Abschnitt 2.4 an. Im Kern geht es dabei um die Frage, ob geldpolitische Instrumente auch zur Konjunktursteuerung taugen oder lediglich dazu eingesetzt werden sollten, die Inflationsrate auf einem konstant niedrigen Niveau zu halten.

Die jüngsten Turbulenzen im Europäischen Währungssystem sowie die angestrebte gemeinsame Europäische Währung machen es schließlich erforderlich, in Abschnitt 3.6 einige theoretische sowie aktuelle außenwirtschaftliche Bezüge der Geldpolitik zu erläutern.

3.2 Definitionen und Einflußfaktoren der Geldmenge

In diesem Abschnitt widmen wir uns dem Geldschöpfungsprozeß und den in der Praxis wichtigsten Geldmengendefinitionen. Dabei beginnen wir kurz mit der Bilanz der Bundesbank (Abschnitt 3.2.1), was einigen Leser/innen zwar etwas lästig erscheinen mag, für das Verständnis aber letztlich unerläßlich ist. Über die Passivseite der Bundesbankbilanz wird dann mit dem Zentralbankgeld eine sehr enge Geldmenge abgegrenzt, die die Zentralbank nahezu perfekt kontrollieren kann. Anschließend erläutern wir möglichst einfach den Geldschöpfungsmultiplikator (Abschnitt 3.2.2), um zu zeigen, wie die Bundesbank über die Variation des Zentralbankgelds auch Einfluß auf die gesamte Geldmenge nehmen kann. Schließlich werden die verschiedenen Geldmengendefinitionen der Bundesbank gegenübergestellt (Abschnitt 3.2.3). Da wir uns stets auf deutsche Verhältnisse beziehen, verwenden wir die Begriffe Zentralbank und Bundesbank synonym.

3.2.1 Die Bilanz der Bundesbank

Die wichtigsten Posten der Bundesbankbilanz vom 31.12.1995 sind in Tab. 3.1 dargestellt.

Aktiva			Passiva		
	Mrd. DM	%		Mrd. DM	%
Währungsreserven und sonstige auslandsbezogene Aktiva	123,3	(34,8)	Banknotenumlauf[10]	248,4	(70,1)
			Einlagen von Kreditinstituten	49,7	(14,0)
Kredite an inländische Kreditinstitute	213,1	(60,1)	Einlagen von öffentlichen Haushalten	0,2	(0,0)
Kredite und Forderungen an inländische öffentliche Haushalte	8,7	(2,5)	Einlagen von privaten Nichtbanken	0,7	(0,2)
Wertpapiere	0,9	(0,2)	Verbindlichkeiten aus abgegebenen Liquiditätspapieren	1,6	(0,4)
Sonstige Aktiva	8,5	(2,4)			
			Verbindlichkeiten aus dem Auslandsgeschäft	14,8	(4,2)
			Sonstige Passiva	28,2	(8,0)
			Bilanzgewinn	10,9	(3,1)
	354,5	(100,0)		354,5	(100,0)

Quelle: Deutsche Bundesbank.

Tab. 3.1: Bundesbankbilanz zum 31.12.1995 (in Mrd. DM)

Die Forderungen gegenüber der Bundesbank kommen dabei auf der Passivseite der Bilanz zum Ausdruck und umfassen

- das sich im Umlauf, also bei den Nichtbanken befindliche, Bargeld[11], da die Besitzer des Bargelds einen Anspruch auf einen Teil des Sozialprodukts erworben haben, der bei der Bundesbank gegengebucht wird,

---

[10] Um den gesamten Bargeldumlauf zu berechnen, müssen zum Banknotenumlauf die umlaufenden Münzen hinzugerechnet werden (1995: 14,7 Mrd. DM). Das Emissionsrecht für Münzen liegt beim Bund, aber faktisch werden sie in dessen Auftrag von der Bundesbank ausgegeben. Im folgenden wird aber vom Münzgeld abstrahiert, so daß Banknotenumlauf und Bargeldumlauf synonym verwendet werden können.

3.2 Definitionen und Einflußfaktoren der Geldmenge

- die Einlagen von Kreditinstituten bei der Bundesbank, die Eigentum der Kreditinstitute bzw. Geschäftsbanken[12] darstellen. Diese Einlagen setzen sich im wesentlichen zusammen aus den Mindestreserven, die die Kreditinstitute bei der Zentralbank halten müssen und den freiwillig gehaltenen Zentralbankguthaben (Überschußreserven),
- die Einlagen von öffentlichen Haushalten (beispielsweise die unverzinsliche Konjunkturausgleichsrücklage, die nach dem Stabilitäts- und Wachstumsgesetz im Boom eigentlich gebildet werden soll, was faktisch aber nur äußerst selten geschieht),
- die Einlagen von privaten Nichtbanken,
- die Verbindlichkeiten aus Liquiditätspapieren[13],
- die Auslandsverbindlichkeiten (einschließlich der Ausgleichsposten für zugeteilte Sonderziehungsrechte[14])
- und schließlich den Bundesbankgewinn, der im wesentlichen auf Zinserträge bei der Gewährung von Refinanzierungskrediten zurückzuführen ist. Ein Teil des Bundesbankgewinns wird jedes Jahr an den Bund überwiesen und führt zu einer nicht unbeträchtlichen Haushaltsentlastung.

Entsprechend finden sich auf der Aktivseite der Bilanz:

- Währungsreserven und sonstige auslandsbezogene Aktiva (z. B. Forderungen an das Europäische Währungsinstitut (EWI), Guthaben bei ausländischen Banken, Kredite an das Ausland, Devisenbestände),

---

[11] Die Bargeldbestände der Geschäftsbanken zählen nicht zum Bargeldumlauf, weil sie i. d. R. für die Abwicklung des Barzahlungsverkehrs gehalten werden und nicht in dem Sinne „umlaufen", daß sie für wirtschaftliche Transaktionen (z. B. Güterkäufe) eingesetzt werden. Sie werden daher zu den Zentralbankeinlagen der Geschäftsbanken gerechnet.

[12] Als Kreditinstitute werden nach § 1 KWG (Kreditwesengesetz) alle Unternehmen bezeichnet, die Bankgeschäfte betreiben, wenn der Umfang dieser Geschäfte einen in kaufmännischer Weise eingerichteten Geschäftsbetrieb erfordert. Zu den Kreditinstituten zählen beispielsweise auch die Bausparkassen. Die Begriffe 'Kreditinstitut' und 'Geschäftsbank' werden im folgenden synonym verwendet.

[13] Nach § 42 BBankG wird der Bundesbank das Recht eingeräumt, sogenannte Liquiditätspapiere bis zu einem Höchstbetrag von 50 Mrd. DM zum Zwecke der Offenmarktpolitik an Geschäftsbanken, aber auch an Nichtbanken und ausländische Interessenten auszugeben. Liquiditätspapiere sind Urkunden, auf denen sich der Aussteller zur Zahlung eines bestimmten Geldbetrages zum angegebenen Zeitpunkt verpflichtet. Formell werden die Liquiditätspapiere der Bundesbank zwar vom Bund ausgehändigt, aber faktisch ist die Bundesbank der Emittent. Folgende Arten von Liquiditätspapieren werden unterschieden:
- Schatzwechsel: Laufzeit 30 bis 90 Tage, manchmal aber auch 3 Tage. Verzinsung in Form eines Diskontabschlages.
- U-Schätze (unverzinsliche Schatzanweisungen): Laufzeit ½ Jahr bis 2 Jahre. Verzinsung in Form eines Diskontabschlages.
- Verzinsliche Schatzanweisungen (Kassenobligationen): Ausgabe im Tenderverfahren. Zinszahlungen zu bestimmten Zinsterminen.

In den vergangenen Jahren sind nur Liquiditätspapiere ausgegeben worden, die nicht vor Fälligkeit zurückgegeben werden können (sog. N-Titel). Wegen ihrer geringeren Liquidität haben sie eine höhere Verzinsung.

[14] Sonderziehungsrechte sind Buchkredite, die im Rahmen des Internationalen Währungsfonds den angeschlossenen Mitgliedsländern, d. h. deren Notenbanken, im Verhältnis zu ihren eingezahlten Quoten gewährt werden. Mit Hilfe dieser Buchkredite können sich die Notenbanken fremde Währungen bei anderen Notenbanken besorgen.

- die Kredite an Kreditinstitute, zu denen beispielsweise Diskont- und Lombardkredite gehören (die unterschiedlichen Kreditvergabemöglichkeiten werden in Abschnitt 3.3 diskutiert),
- die Kredite an öffentliche Haushalte, die wie Kredite an Kreditinstitute eine Forderung der Bundesbank darstellen
- und schließlich die Wertpapiere im Besitz der Bundesbank, die letztlich ja auch eine Form der Kreditvergabe darstellen.

Um zu zeigen, in welcher Weise die Zentralbank die Geldmenge steuern kann, definieren wir zunächst die Geldmenge in der Weise, daß sie nur Komponenten enthält, die die Zentralbank selbst schaffen kann: Als *Zentralbankgeld* bezeichnen wir die Bargeldbestände von Banken und (privaten und öffentlichen) Nichtbanken zuzüglich ihrer Sichtguthaben bei der Zentralbank. Das gesamte Zentralbankgeld entspricht damit ungefähr den ersten vier Positionen auf der Passivseite der Bundesbankbilanz (Bargeldumlauf, Einlagen der Kreditinstitute, Einlagen der öffentlichen und privaten Nichtbanken).[15] Als *Zentralbankgeldmenge* (bzw. Geldbasis oder monetäre Basis) wird im allgemeinen in einer weiten Abgrenzung (vgl. Abschnitt 3.2.3) das Zentralbankgeld abzüglich der Einlagen von Nichtbanken bei der Zentralbank bezeichnet. Da diese ohnehin quantitativ unbedeutend sind, werden wir im folgenden Zentralbankgeld und Zentralbankgeldmenge synonym verwenden.

Eine Schöpfung oder Vernichtung von Zentralbankgeld kann, bilanztechnisch formuliert, auf zwei Arten erfolgen:

1. **Bilanzverlängerung oder -verkürzung (Aktivgeschäft)**: Zusätzliches Zentralbankgeld über eine Bilanzverlängerung entsteht beispielsweise, wenn die Bundesbank, wie in Buchungsvorgang (1), US-Dollar für 100 Mio. DM auf dem Devisenmarkt erwirbt. Dadurch steigt einerseits der Bargeldumlauf auf der Passivseite um 100 Mio. DM, andererseits erhöhen sich gleichermaßen auch die Währungsreserven auf der Aktivseite.

Aktiva	Passiva
(1) Währungsreserven: +100 Mio. DM	Bargeldumlauf: +100 Mio. DM
(2) Kredite an Geschäftsbanken: +100 Mio. DM	Überschußreserven: +100 Mio. DM

Tab. 3.2: Schaffung von Zentralbankgeld als Bilanzverlängerung

Zu einer Bilanzverlängerung kommt es auch, wenn die Bundesbank den Geschäftsbanken z. B. Diskontkredite von 100 Mio. DM gewährt, die ihnen als Überschußreserve gutgeschrieben werden (2). In beiden Fällen ist die Zentralbankgeldmenge um 100 Mio. DM gestiegen.

Entsprechend findet eine Vernichtung von Zentralbankgeld immer dann statt, wenn die Transaktion zu einer Bilanzverkürzung führt, d. h. bei einem Verkauf von Aktiva gegen Zentralbankgeld. Verkauft die Bundesbank Wertpapiere für 20 Mio. DM an die Geschäftsbanken, die diese mit ihren Einlagen bei der Bundesbank bezahlen (3), so kommt es zu einer Verringerung des Wertpapierbestands auf der Aktivseite um 20 Mio. DM und zu einer entsprechenden Verringerung der Überschußreserve. Der Verkauf von Wertpapieren führt somit zur

---

[15] In der Literatur ist die Abgrenzung des Zentralbankgelds allerdings nicht einheitlich. Die Bundesbank selbst bezeichnet als Zentralbankgeld in einer engen Definition nur die Summe aus Bargeldumlauf und Mindestreserve (d. h. sie vernachlässigt die Überschußreserve und die Einlagen der Nichtbanken).

Verringerung der Zentralbankgeldmenge. Gleiches tritt ein, wenn z. B. der Staat einen Kredit, den ihm die Bundesbank gewährt hat, mit Forderungen an sie zurückzahlt (4).

	Aktiva		Passiva	
(3)	Wertpapiere:	–20 Mio. DM	Überschußreserven:	–20 Mio. DM
(4)	Kredite an den Staat:	–20 Mio. DM	Einlagen des Staates:	–20 Mio. DM

Tab. 3.3: Vernichtung von Zentralbankgeld als Bilanzverkürzung

Wir können also festhalten: Erwirbt die Bundesbank Aktiva (Gold, Währungsreserven, Wertpapiere, Kredite an Geschäftsbanken oder den Staat), die mit Zentralbankgeld, d. h. mit Forderungen auf sich selbst, bezahlt werden, so kommt es zu einer Bilanzverlängerung und einer Schaffung von Zentralbankgeld. Eine Vernichtung von Zentralbankgeld in Form einer Bilanzverkürzung entsteht, wenn die Bundesbank Aktiva verkauft und dafür Zentralbankgeld erhält, das auf der Passivseite der Bundesbankbilanz gestrichen wird.

2. **Passivtausch (Passivgeschäft)**: Eine Erhöhung des Zentralbankgelds tritt auch ein, wenn die Bundesbank beispielsweise von ihr an Geschäftsbanken ausgegebene Liquiditätspapiere im Umfang von 50 Mio. DM zurücknimmt und den Geschäftsbanken dafür Überschußreserven gutschreibt (5). Die Zentralbankgeldmenge ist dadurch um 50 Mio. DM gestiegen, denn die Verbindlichkeiten aus abgegebenen Liquiditätspapieren werden nicht zum Zentralbankgeld gerechnet. Der umgekehrte Vorgang, d. h. die Ausgabe von Liquiditätspapieren, stellt daher eine Zentralbankgeldvernichtung dar, denn die Geschäftsbanken bezahlen diese Papiere mit Zentralbankgeld.

	Aktiva	Passiva	
(5)		Überschußreserven:	+50 Mio. DM
		Verbindlichkeiten aus Liquiditätspapieren:	–50 Mio. DM

Tab. 3.4: Schaffung von Zentralbankgeld durch Passivtausch

Grundsätzlich gilt also: Bei einem Passivtausch zu Gunsten eines Bilanzpostens, der zum Zentralbankgeld gerechnet wird und zu Lasten eines Postens, der nicht darin enthalten ist, kommt es zu einer Schaffung von Zentralbankgeld. Der umgekehrte Fall führt zu einer Vernichtung von Zentralbankgeld.

3.2.2 Zentralbankgeldschöpfung und der elementare Geldschöpfungsmultiplikator

3.2.2.1 Modellbeschreibung

Im vorhergehenden Abschnitt wurde lediglich gezeigt, daß die Zentralbankgeldschöpfung einer Verlängerung der Zentralbankbilanz entspricht oder aus einem entsprechenden Passivtausch hervorgeht. Es wurde aber keine Aussage darüber getroffen, wovon die Zentralbankgeldmenge eigentlich beeinflußt wird. Ein besonders wichtiger Posten bei der Bestimmung des Zentralbankgelds ist die Nachfrage der Geschäftsbanken (Kreditinstitute) nach Zentralbankkrediten. Diese hängt von zahlreichen Faktoren ab wie beispielsweise:

- den rechtlichen Restriktionen, denen die Geschäftsbanken bei der Kreditvergabe unterworfen sind;
- der Höhe des Zinssatzes, zu dem sich die Geschäftsbanken bei der Zentralbank verschulden können
- und der Bereitschaft von Unternehmen und Haushalten, die von den *Geschäftsbanken angebotenen* Kredite auch nachzufragen (denn die Geschäftsbanken nehmen Kredite bei der Zentralbank auf, um diese an private Wirtschaftssubjekte weiterzugeben).

Im folgenden gehen wir davon aus, daß die Kreditvergabemöglichkeiten der Geschäftsbanken ausschließlich dadurch beschränkt werden, daß sie eine bestimmte Mindestreserve bei der Zentralbank hinterlegen müssen. Wir bestimmen nun also die Zentralbankgeldmenge unter der Annahme, daß die Geschäftsbanken ihren Kreditvergabespielraum vollständig ausnutzen, d. h. sie wollen und können so viele Kredite vergeben, wie dies auf Basis der von der Bundesbank festgelegten Mindestreserve möglich ist. Sie werden also bestrebt sein, jede entstehende Überschußreserve sofort abzubauen, d. h. für die Kreditvergabe zu nutzen. Im einzelnen verwenden wir folgende Prämissen und Definitionen:

- Die Geschäftsbanken schöpfen ihren Refinanzierungsspielraum, den ihnen die Zentralbank gewährt, immer voll aus; d. h. sie sind danach nicht in der Lage, sich bei dieser zusätzliches Geld – beispielsweise über Diskont- oder Lombardkredite – zu beschaffen.
- Die Nichtbanken fragen alle von den Geschäftsbanken bzw. Kreditinstituten angebotenen Kredite auch nach.
- Den Mindestreservesatz für Einlagen bei der Zentralbank nennen wir r. Er drückt aus, welchen Prozentsatz an den Sichteinlagen SE die Geschäftsbanken als Mindestreserve bei der Zentralbank hinterlegen müssen.
- Die Nichtbanken streben ein konstantes Verhältnis zwischen Bargeld und Sichteinlagen an. Die Bargeldquote – definiert als Bargeld/(Bargeld + Sichteinlagen) – bezeichnen wir mit c.

Es versteht sich, daß diese Prämissen sehr restriktiv sind. Sie eignen sich jedoch gut, um ein elementares Verständnis des Geldschöpfungsprozesses zu vermitteln. Wir nehmen nun ferner an, daß alle Transaktionen nur über eine Geschäftsbank abgewickelt werden, weil dies am einfachsten ist und die Erweiterung auf mehrere Geschäftsbanken grundsätzlich nichts ändert. Zum Verständnis der Zusammenhänge ist es erforderlich, von der Bilanz *unserer Geschäftsbank* auszugehen, die im wesentlichen wie folgt aussieht:

Aktiva	Passiva
Kredite an Nichtbanken (K)	Sichteinlagen (SE)
Mindestreserven (MR)	Verbindlichkeiten gegenüber der Zentralbank (RF)
Überschußreserven (ÜR)	

Tab. 3.5: Bilanz einer Geschäftsbank

Auf der Passivseite stehen:

- die Sichteinlagen (SE), da diese ja Forderungen der Einleger gegenüber der Geschäftsbank sind
- sowie die Verbindlichkeiten gegenüber der Zentralbank in Form der aufgenommenen Zentralbankkredite. Diese kürzen wir mit RF für „Refinanzierung" ab.

Diesen beiden Verbindlichkeiten stehen als Aktiva:

- die Forderungen aus Krediten an Nichtbanken (K)
- sowie die gesamten Einlagen bei der Zentralbank als Summe aus Mindest- (MR) und Überschußreserven (ÜR) gegenüber. Die Überschußreserven führen wir nur zur Vermeidung von Mißverständnissen auf, aber gehen im folgenden davon aus, daß sie Null sind. Sie werden daher im weiteren vernachlässigt.

Die zugehörige, stark vereinfachte Bilanz *der Zentralbank* sieht dann folgendermaßen aus:

Aktiva	Passiva
Kredite an Kreditinstitute (RF)	Bargeldumlauf (B)
	Mindestreserven (MR)
	Überschußreserven (ÜR)

Tab. 3.6: Bundesbankbilanz (starke Vereinfachung)

Tab. 3.6 geht aus der Zentralbankbilanz in Tab. 3.1 einfach dadurch hervor, daß wir auf die Berücksichtigung von Wertpapieren und Liquiditätspapieren verzichten, die öffentlichen Haushalte bzw. das Ausland vernachlässigen und annahmen, daß der Bundesbankgewinn Null sei. Die Summe aus MR und ÜR entspricht dem Bilanzposten „Einlagen der Kreditinstitute" aus Tab. 3.1.

Die uns interessierenden Fragen lauten nun, wie in einem solch einfachen Modell

- der Zusammenhang zwischen dem von der Zentralbank ausgegebenen Zentralbankgeld und der gesamten Geldmenge aussieht
- und ob die Zentralbank die Geldmenge eindeutig steuern kann.

Die Zentralbankgeldmenge (von den Einlagen der privaten Nichtbanken wird ja abstrahiert) besteht aus Forderungen an die Zentralbank und entspricht in unserem vereinfachten Modell also der Passivseite der Zentralbankbilanz von Tab. 3.6. Da wir angenommen haben, daß die Geschäftsbank eine Überschußreserve vollständig zur Kreditvergabe nutzt, wird diese im Gleichgewicht Null sein. Das Zentralbankgeld (Z) ist dann:

(3.1) $\quad Z = B + MR$.

Da die Aktiv- und die Passivseite der Zentralbank übereinstimmen, können wir dies auch als

(3.2) $\quad RF = B + MR$

schreiben. Gleichung (3.2) können wir auch anders erklären: Wenn wir annehmen, daß die Geschäftsbanken selbst kein Bargeld halten wollen, dann muß alles Bargeld, das sie von der Zentralbank erhalten (RF), entweder im Umlauf sein (B) oder als Mindestreserve (MR) bei der Zentralbank liegen. Beachten Sie, daß die Zentralbank in unserem einfachen Modell zwar vollständig über die Höhe der Zentralbankgeldmenge Z bzw. RF, aber nicht über ihre Aufteilung auf den Bargeldumlauf B und die Mindestreserve MR entscheiden kann.

Als Geldmenge M definieren wir die Summe aus dem sich im Umlauf befindlichen Bargeld B und den Sichteinlagen SE:

(3.3) $\quad M = B + SE$.

Diese Definition erklärt sich daraus, daß Bargeld und Sichteinlagen praktisch beide perfekte Zahlungsmittel sind und andere Geldanlagen wie Termineinlagen bis zu 4 Jahren und Spareinlagen mit dreimonatiger Kündigungsfrist in unserem Modell nicht auftauchen. Vorgebildeten Lesern wird nicht entgehen, daß dies der Geldmenge M1 entspricht.

Der von der Zentralbank vorgegebene Mindestreservesatz r muß dem Verhältnis aus Mindestreserven und Sichteinlagen entsprechen:

$$(3.4a) \quad r = \frac{MR}{SE} \quad \Rightarrow \quad (3.4b) \quad MR = r \cdot SE .$$

Wäre der Mindestreservesatz 100 %, so wären die Zentralbankgeldmenge und die Geldmenge identisch, weil die Geschäftsbanken keinerlei Möglichkeiten zur Kreditvergabe hätten. Formal sieht man dies unmittelbar daran, daß die Sichteinlagen und die Mindestreserven bei einer Bargeldquote von Eins identisch sind (vgl. Gleichung (3.4)) und RF und M dann miteinander übereinstimmen (vgl. die Gleichungen (3.2) und (3.3)). Der Mindestreservesatz bremst also die Kreditvergabemöglichkeiten, weil er den Geschäftsbanken Bargeld entzieht, das sie andernfalls für die Kreditvergabe verwenden könnten.

Wir unterstellen nun, daß die Nichtbanken einen bestimmten Prozentsatz ihrer gesamten liquiden Mittel (Bargeldumlauf B und Sichteinlagen SE) als Bargeld halten möchten. Diesen Prozentsatz nennt man die Bargeldquote b:

$$(3.5a) \quad b = \frac{B}{B+SE} = \frac{B}{M} \quad \Rightarrow \quad (3.5b) \quad b \cdot M = B .$$

Gleichung (3.5b) zeigt, daß die Geldmenge M immer größer ist als der Bargeldumlauf (B), sofern b kleiner als Eins ist. Dies ist klar, weil in die Geldmenge ja auch die Sichteinlagen eingehen und die Sichteinlagen genau dann größer Null sind, wenn die Bargeldquote kleiner Eins ist. Die letzte Gleichung zeigt schließlich, die Übereinstimmung von Aktiv- und Passivseite der Geschäftsbankenbilanz (unter der hier getroffenen Annahme, daß die Überschußreserven Null sind):

$$(3.6) \quad SE + RF = MR + K .$$

Überlegen wir nun zunächst, welchen methodischen Charakter die einzelnen Variablen haben. Exogen sind:

– die von der Zentralbank bestimmte Zentralbankgeldmenge Z bzw. RF[16], d. h. die *Summe* aus Bargeldumlauf und Mindestreserve;
– der ebenfalls von der Zentralbank festgelegte Mindestreservesatz r
– und die von den Präferenzen der Nichtbanken bestimmte Bargeldquote b.

Endogen sind:

– der Bargeldumlauf B. Beachten Sie, daß die Zentralbank den Bargeldumlauf nicht vollständig steuern kann, weil dieser von der Bargeldquote und der Höhe der Sichteinlagen beeinflußt wird (sind die Sichteinlagen hoch, so müssen die Banken einen großen Teil des gesamten Bargeldes bzw. Zentralbankgeldes RF als Mindestreserve halten, so daß entsprechend weniger für den Umlauf bleibt),
– die Mindestreserve MR. Die Zentralbank bestimmt zwar den Mindestreservesatz r, aber die absolute Höhe der Mindestreserve wird auch durch die Sichteinlagen determiniert (vgl. Gleichung (3.4)).[17],

---

[16] Aus (3.1) und (3.2) folgt Z = RF.

3.2 Definitionen und Einflußfaktoren der Geldmenge

- die Sichteinlagen SE,
- die gesamte Geldmenge M
- und schließlich die Kreditmenge K.

Demnach verfügen wir über 5 Gleichungen mit 5 Unbekannten und können alle endogenen Variablen als Funktion der exogenen Variablen ausdrücken. Besonders interessiert uns der Zusammenhang zwischen der Geldmenge M und der in unserem Modell vollständig steuerbaren Zentralbankgeldmenge RF, der im folgenden Abschnitt hergeleitet wird.

3.2.2.2 Formale Herleitung des Geldschöpfungsmultiplikators

Aus dem Vergleich der Gleichungen (3.2) und (3.3) sehen wir, daß der Unterschied zwischen beiden darin besteht, daß in die Zentralbankgeldmenge die Mindestreserven und in die Geldmenge die Sichteinlagen eingehen. Um dem quantitativen Zusammenhang genauer nachgehen zu können, führen wir einige einfache Umformungen durch, die Sie getrost überlesen und bei Bedarf nachschlagen können. Wir haben sie lediglich aufgenommen, weil die Beziehungen nicht immer transparent werden:

(3.5b) $\quad b \cdot M = B$.

Einsetzen von (3.1) in (3.5b) ergibt:

(3.7) $\quad b \cdot M = Z - MR$.

Einsetzen von (3.4b) in (3.7) ergibt:

(3.8) $\quad b \cdot M = Z - r \cdot SE$.

Einsetzen von (3.3) in (3.8) ergibt:

(3.9) $\quad b \cdot M = Z - r(M - B) = Z - r \cdot M + r \cdot B$.

Einsetzen von (3.5b) in (3.9) ergibt:

(3.10) $\quad b \cdot M = Z - r \cdot M + r \cdot b \cdot M$.

Auflösen von (3.10) nach M ergibt:

(3.11) $\quad M = \dfrac{Z}{b + r - r \cdot b}$.

Häufig findet man (3.11) auch in der äquivalenten Schreibweise

(3.12a) $\quad M = \dfrac{Z}{1 - (1 - r)(1 - b)} \quad$ oder $\quad$ (3.12b) $\quad M = \dfrac{Z}{b + r(1 - b)}$.

(3.11) zeigt zunächst, daß M um so größer ist

- je höher die Zentralbankgeldmenge Z,

---

[17] Damit ist zwar die Zentralbankgeldmenge Z exogen, aber nicht deren *Aufteilung* auf B und MR.

– je niedriger der Mindestreservesatz r
– und je niedriger die Bargeldquote b ist.

Dies ist alles wenig überraschend, weil

– die Zentralbank die Geschäftsbanken mit Bargeld versorgt,
– bei einem niedrigen Mindestreservesatz die Zentralbank den Geschäftsbanken wenig Bargeld entzieht
– und eine niedrige Bargeldquote bedeutet, daß die Nichtbanken den Geschäftsbanken bei der Inanspruchnahme der Kredite wenig Bargeld entziehen.

Ausgehend von (3.11) können wir nun fragen, wie die Geldmenge reagiert, wenn sich die Zentralbankgeldmenge um eine Einheit ändert. Formal handelt es sich dabei um die erste Ableitung der Geldmenge nach der Zentralbankgeldmenge, so daß wir M in Gleichung (3.11) nach Z ableiten müssen:

$$(3.13) \qquad \frac{dM}{dZ} = \frac{1}{b+r-r\cdot b} \;.$$

Der Ausdruck $1/(b+r-rb)$ wird als *elementarer Geldschöpfungsmultiplikator* bezeichnet, weil Multiplikatoren allgemein die erste Ableitung einer abhängigen nach einer unabhängigen Variablen sind. Analog zu (3.11) können wir aus dem Gleichungssystem (3.5b) und (3.7) – (3.10) auch die anderen endogenen Variablen als Funktionen der exogenen Variablen berechnen.

Aus den Gleichungen (3.1), (3.2), (3.3) und (3.6) folgt unmittelbar, daß das Kreditvolumen K in unserem Modell mit der Geldmenge M identisch ist:

$$(3.14) \qquad K = SE + Z - MR = SE + Z - (Z - B)$$

$$= SE + B = M = \frac{Z}{1-(1-r)(1-b)} \;.$$

Dies ist im Rahmen unserer Annahmen selbstverständlich, weil

– erstens die Geschäftsbanken kein Geld halten und sich daher die gesamte Geldmenge bei den Nichtbanken befindet
– und zweitens die Nichtbanken nur über die Geschäftsbanken an Geld kommen können, so daß K und M identisch sein müssen.[18]

Der Bargeldumlauf B ergibt sich unmittelbar aus Gleichung (3.5b):

$$(3.15) \qquad B = b \cdot M = \frac{b \cdot Z}{1-(1-r)(1-b)} \;.$$

Für die Sichteinlagen gilt

$$(3.16) \qquad SE = M - B = M - b \cdot M = \frac{(1-b)\cdot Z}{1-(1-r)(1-b)}$$

---

[18] Die Identität von Geld- und Kreditmenge gilt aber nicht, wenn der Geldschöpfungsprozeß beispielsweise damit beginnt, daß die Geschäftsbank Devisen gegen Sichtguthaben von den Nichtbanken kauft und an die Zentralbank weiterverkauft. Hier entstehen in der ersten Periode bereits Sichtguthaben und Mindestreserven, während eine Kreditvergabe erst in der zweiten Periode erfolgen kann. Der Kreditschöpfungsmultiplikator ist in diesem Fall kleiner als der Geldschöpfungsmultiplikator.

und für die Mindestreserve entsprechend

$$(3.17) \qquad MR = r \cdot SE = r(M - b \cdot M) = \frac{r \cdot (1-b) \cdot Z}{1-(1-r)(1-b)} .$$

Obwohl sowohl B als auch MR endogene Größen darstellen, ist deren Summe wie erwähnt exogen. Dies kann man auch daran sehen, daß sich als Summe der rechten Seiten von (3.15) und (3.17) die Zentralbankgeldmenge Z ergibt.

Nach diesen eher formalen Überlegungen mit komparativ-statischem Charakter, die aber den Blick für die Zusammenhänge zwischen den einzelnen Größen schärfen, schauen wir uns etwas genauer an, wie der Geldschöpfungsmultiplikator eigentlich von der ökonomischen Logik her zustande kommt. Hierzu führen wir im nächsten Abschnitt eine dynamische Analyse durch, in der wir den Anpassungsprozeß, der durch die Ausweitung des Zentralbankgeldes ausgelöst wird, über mehrere Perioden betrachten.

3.2.2.3 Dynamische Betrachtung

Gehen wir zunächst davon aus, daß die Bargeldquote Null sei, so daß der Kreditschöpfungsprozeß von dieser Seite nicht eingeschränkt wird. Gleichung (3.13) zeigt, daß sich als Geldschöpfungsmultiplikator dann einfach $1/r$ ergibt, weil alle Glieder mit b wegfallen.

Dieses Resultat können wir mit einem einfachen Beispiel erklären: Nehmen wir an, daß die Geschäftsbank 1 in der Periode Null einen zusätzlichen Diskontkredit über 100 Geldeinheiten aufnimmt und auf diese Weise ihren Kreditrahmen voll ausschöpft. Im Gegenzug erhält sie von der Zentralbank Überschußreserven[19] in gleicher Höhe gutgeschrieben (linke Bilanz in Tab. 3.7). Die Bank 1 will jede Überschußreserve sofort abbauen und vergibt nun in der Periode 1 einen Kredit von 100 GE an das Wirtschaftssubjekt A (mittlere Bilanz in Tab. 3.7). Dieses verwendet den Kredit, um Schulden bei einem Wirtschaftssubjekt B zu begleichen, das ein Konto bei der Bank 2 hat. Der Kredit an Wirtschaftssubjekt 1 wird also von Bank 1 dem Wirtschaftssubjekt B bei Bank 2 als Sichtguthaben gutgeschrieben.[20] Hierfür müssen auch die Überschußreserven von Bank 1 an Bank 2 abgeführt werden. Da die Sichteinlagen bei Bank 2 um 100 GE gewachsen sind, muß die Mindestreserve bei einem Mindestreservesatz von beispielsweise 20 % um 20 GE (0,2·100) aufgestockt werden, so daß als Überschußreserve nur noch 80 GE verbleiben (rechte Bilanz in Tab. 3.7).

Bank 1 (Periode 0)		Bank 1 (Periode 1)		Bank 2 (Periode 1)	
ÜR 100	RF 100	K 100	RF 100	ÜR 80	SE 100
		ÜR 0		MR 20	

Tab. 3.7: Buchungsvorgänge in Periode 1

Bank 2 kann nun in Periode 2 einem Wirtschaftssubjekt C einen Kredit in Höhe ihrer Überschußreserve (80 GE) vergeben, der von diesem wiederum dazu ver-

---

[19] Für die Analyse ist es unerheblich, ob die Geschäftsbanken die Überschußreserven in Form von Sichtguthaben bei der Zentralbank oder direkt als Barreserve halten, da sie jederzeit ineinander umgewandelt werden können.

[20] Der Multiplikatorprozeß kommt allerdings auch zum gleichen Ergebnis, wenn Wirtschaftssubjekt B seine Sichteinlagen ebenfalls bei Bank 1 hält.

wendet wird, um Schulden bei einem Wirtschaftssubjekt D zu bezahlen, das seine Sichtguthaben bei der Bank 3 hält. Die Sichtguthaben bei Bank 3 wachsen um 80 GE, wofür zusätzliche Mindestreserven von 16 GE notwendig sind. Die Überschußreserve, die nun Bank 3 für die Kreditvergabe in Periode 3 zur Verfügung steht, beträgt nur noch 64 GE. Die entsprechenden Vorgänge sind in Tab. 3.8 dargestellt.

Bank 2 (Periode 1)		Bank 2 (Periode 2)		Bank 3 (Periode 2)	
ÜR 80	SE 100	K 80	SE 100	ÜR 64	SE 80
MR 20		ÜR 0		MR 16	
		MR 20			

Tab. 3.8: Buchungsvorgänge in Periode 2

Die nach zwei Perioden entstandene Geldmenge in Form von Sichtguthaben (SE) beträgt nun schon $M_2 = 100 + 80$ GE bzw. allgemein $M_2 = Z + (1-r)Z$. In der dritten Periode beläuft sich die Geldmenge schon auf $M_3 = 100 + 80 + 64$ GE. Wie man in Tab. 3.9 sieht führt jede Überschußreserve in Periode t zu einer entsprechenden Erhöhung der Geldmenge *und* der Kredite in Periode t+1, wobei sich die Überschußreserve von Periode zu Periode um 20 % verringert, bis sie nach unendlich vielen Perioden vollständig abgebaut bzw. zur Mindestreserve geworden ist. Insgesamt sind in unserem Beispiel zusätzliche Sichteinlagen und Kredite in Höhe von 500 GE entstanden.[21]

t	$\Delta ÜR_t$	$ÜR_t$	ΔK_t	K_t	$\Delta SE_t = \Delta M_t$	$SE_t = \Delta M_t$	ΔMR_t	MR_t
0	100	100						
1	−20	80	100	100	100	100	20	20
2	−16	64	80	180	80	180	16	36
3	−12,8	51,2	64	244	64	244	12,8	48,8
⋮	⋮	⋮	⋮	⋮	⋮	⋮	⋮	⋮
$\lim_{t \to \infty}$	0	0	0	500	0	500	0	100

Tab. 3.9: Beispielhafte Bestimmung des Geldschöpfungsmultiplikators (b = 0)

Wie der Tab. 3.9 zu entnehmen ist, folgt die Summe der Geld- bzw. Kreditzuwächse einer geometrischen Reihe, die allgemein durch folgende Formel angenähert werden kann.

---

[21] Der Geld- bzw. der Kreditschöpfungsmultiplikator funktioniert also von der Idee her ähnlich wie der Investitionsmultiplikator (vgl. Kompaktstudium Wirtschaftswissenschaften, Bd. 2: „Makroökonomie", Kapitel 3.4). Allerdings muß – wie im letzten Abschnitt bereits erwähnt – der Kreditschöpfungsmultiplikator nicht unbedingt immer dem Geldschöpfungsmultiplikator entsprechen. Dies hängt davon ab, auf welche Weise die Überschußreserve in Periode Null entstanden ist. Wenn wir beispielsweise annehmen, daß die Überschußreserve durch einen Devisenkauf von einer Nichtbank gegen Sichtguthaben bei gleichzeitigem Weiterverkauf an die Zentralbank entstanden ist, so fallen bereits in Periode Null Sichtguthaben an, für die Mindestreserven zu hinterlegen sind. Die Überschußreserve, die für die Kreditvergabe in der 1. Periode zur Verfügung steht ist daher gesunken. Daraus folgt, daß in diesem Fall der Kreditschöpfungsmultiplikator kleiner ist als der Geldschöpfungsmultiplikator.

(3.18) $\Delta M = \Delta M_1 + \Delta M_2 + \ldots + \Delta M_n = \Delta Z + (1-r)\Delta Z + (1-r)^2\Delta Z + \ldots + (1-r)^n \Delta Z$

$$\Rightarrow \Delta M = \sum_{t=1}^{n}(1-r)^{t-1} \cdot \Delta Z = \frac{1}{r} \cdot \Delta Z \qquad \text{für } n \to \infty$$

$$\Rightarrow \frac{\Delta M}{\Delta Z} = \frac{1}{r} \quad {}^{22}$$

Die dynamische Betrachtung kommt für b = 0 also zum gleichen Ergebnis wie die komparativ-statische in Formel (3.13), was uns beruhigt.

Wenn wir in der dynamischen Betrachtung nunmehr davon ausgehen, daß die Bargeldquote 50 % sei, so ändert sich die Situation wie folgt:

Der Prozeß beginnt wiederum in Periode Null damit, daß Geschäftsbank 1 einen zusätzlichen Diskontkredit über 100 Geldeinheiten aufnimmt und dafür Überschußreserven in gleicher Höhe gutgeschrieben bekommt (linke Bilanz in Tab. 3.10). Die Bank 1 vergibt nun in der Periode 1 einen Kredit von 100 GE an das Wirtschaftssubjekt A, das aber 50 GE direkt als Bargeld ausgezahlt bekommt. Dadurch sinkt die Barreserve (Überschußreserve) von Bank 1 um 50 Einheiten. Die restlichen 50 GE des Kredits werden von A verwendet, um Schulden bei B zu begleichen, der sein Konto wieder bei Bank 2 hat. Die Sichtguthaben von Bank 2 steigen daher nur um 50 GE. Die Mindestreserve von Bank 2 muß daher nur um 10 GE (0,2·50) aufgestockt werden, so daß für Bank 2 nur noch 40 GE als Überschußreserve verbleiben (rechte Bilanz in Tab. 3.10).

Bank 1 (Periode 0)		Bank 1 (Periode 1)		Bank 2 (Periode 1)	
ÜR 100	RF 100	K 100	RF 100	ÜR 40	SE 50
		ÜR 0		MR 10	

Tab. 3.10: Buchungsvorgänge in Periode 1

In der zweiten Periode wird nun von Bank 2 ein Kredit in Höhe der Überschußreserve an Wirtschaftssubjekt C vergeben, das wiederum die Hälfte in bar ausgezahlt bekommen haben möchte usw.

---

[22] Dies kann wie folgt hergeleitet werden:
Die Multiplikation von

(1) $\qquad \Delta M = \sum_{t=1}^{n}(1-r)^{t-1} \cdot \Delta Z$

mit (1-r) ergibt:

(2) $\qquad (1-r)\Delta M = \sum_{t=1}^{n}(1-r)^{t} \cdot \Delta Z$.

Subtrahiert man (2) von (1), so folgt:

(3) $\qquad r\Delta M = \Delta Z - (1-r)^n \cdot \Delta Z$.

Der Geldschöpfungsmultiplikator ist dann:

(4) $\qquad \dfrac{\Delta M}{\Delta Z} = \dfrac{1}{r} - \dfrac{(1-r)^n}{r}$

bzw. für n →∞:

(5) $\qquad \dfrac{\Delta M}{\Delta Z} = \dfrac{1}{r}$, weil der Zähler im zweiten Summanden von (4) gegen Null geht.

Der gesamte Prozeß über alle Perioden ist in Tab. 3.11 angedeutet.

t	$\Delta \text{ÜR}_t$	ÜR_t	ΔB_t	B_t	ΔK_t	K_t	ΔSE_t	ΔSE_t	ΔMR_t	MR_t
0	100	100								
1	–60	40	50	50	100	100	50,0	50	10	10
2	–24	16	20	70,0	40	140	20,0	70	4	14
3	–9,6	6,4	8,0	78,0	16,0	156,0	8,0	78,0	1,6	15,6
⋮	⋮	⋮	⋮	⋮	⋮	⋮	⋮	⋮	⋮	⋮
$\lim_{t \to \infty}$	0	0	0	83,3	0	166,7	0	83,3	0	16,7

Tab. 3.11: Beispielhafte Bestimmung des Geldschöpfungsmultiplikators (b = 0,5)

Der gesamte Geldmengenzuwachs setzt sich nun zusammen aus dem zusätzlichen Bargeldumlauf (83,3 GE) und den zusätzlichen Sichtguthaben (83,3 GE) und beträgt daher 166,7 GE. Es ergibt sich somit der gleiche Geld- bzw. Kreditschöpfungsmultiplikator (1,67) wie nach Formel (3.13).

3.2.2.4 Fazit

Die Herleitung und Erläuterung des Geldschöpfungsmultiplikators in unserem einfachen Modell zeigten, daß die Geldschöpfung von der Zentralbankgeldmenge RF, dem Mindestreservesatz r und der Bargeldquote b abhängt. Abgesehen von der Bargeldquote, die von den Wünschen der Wirtschaftssubjekte bestimmt wird, handelt es sich um Größen, die von der Zentralbank selbst vorgegeben werden können: In unserem einfachen Modell kann die Zentralbank nicht nur den Mindestreservesatz, sondern auch die Zentralbankgeldmenge beliebig festlegen.

Wenn wir nun ferner annehmen, daß die Bargeldquote von der Zentralbank aus historischen Daten gut geschätzt werden kann, so folgt daraus, daß sie über die Zentralbankgeldmenge und den Mindestreservesatz die Geldmenge nahezu perfekt steuern kann. Dieses Ergebnis darf aber nicht ohne weiteres auf die Realität übertragen werden, weil das Modell wesentliche Vereinfachungen enthält, von denen zwei an dieser Stelle hervorgehoben werden müssen (in Abschnitt 3.4.5 werden wir weitere Einflußfaktoren der Geldmenge diskutieren, die die Zentralbank nur sehr begrenzt steuern kann):

– Erstens gingen wir davon aus, daß die Geschäftsbanken alle liquiden Mittel vollständig zur Kreditvergabe nutzen können. Dies ist aber unrealistisch, weil das Kreditnachfrageverhalten der Nichtbanken von ihrer Situation und der Höhe des Zinssatzes bestimmt wird.
– Zweitens haben wir unterstellt, daß die Zentralbankgeldmenge Z bzw. RF einfach vorgegeben wird und die Geschäftsbanken keine Möglichkeit haben, sich darüber hinaus – beispielsweise durch Diskontkredite – Geld bei der Zentralbank zu beschaffen.

Das Modell kann dahingehend erweitert werden, daß man das Kreditangebotsverhalten der Geschäftsbanken und das Kreditnachfrageverhalten der Nichtbanken von der Höhe des Zinssatzes abhängig macht.[23] Dabei wird auch der elementare

---

[23] Eine solche Erweiterung wird z. B. vorgenommen von *Moritz* 1996 in: Kompaktstudium Wirtschaftswissenschaften, Bd. 13: „Geldtheorie und Geldpolitik", Abschnitt 5.4.

Zusammenhang zwischen Zinssatz und Geldmenge sichtbar, der für die praktische Geldpolitik so wichtig ist. Vom Ergebnis her ist Ihnen dieser Zusammenhang schon aus dem IS-LM-Modell bekannt: Bei gegebenem Preisniveau korrelieren die Geldmenge und der Zinssatz negativ, weil eine Erhöhung der Geldmenge eine Rechtsverschiebung der LM-Kurve bedeutet (im keynesianischen Totalmodell wird dieser Effekt allerdings durch die Erhöhung des Preisniveaus konterkariert). Machen Sie sich den Charakter der Modelle klar:

- Im keynesianischen Totalmodell wird die Geldmenge exogen vorgegeben und der Zinssatz aus dem Geldnachfrageverhalten (Transaktions- und Spekulationskasse) unter der Annahme eines Gleichgewichts von Geldangebot und Geldnachfrage hergeleitet.
- Bei der Herleitung des Geldschöpfungsmultiplikators haben wir die *Zentralbankgeldmenge* exogen vorgegeben und die Geldmenge endogen unter der Annahme hergeleitet, daß die Geschäftsbanken soviel Kredite vergeben wollen und können, wie dies bei gegebener Zentralbankgeldmenge RF und gegebenem Mindestreservesatz r möglich ist.

3.2.3 Abgrenzungen der Geldmenge

Bei den bisherigen Überlegungen zur Geldmengenbestimmung gingen wir davon aus, daß als liquide Mittel ausschließlich Bargeld und Sichteinlagen existieren. Um die praktisch verwendeten Geldmengenabgrenzungen einführen zu können, müssen wir zusätzlich zeitlich befristete (Termingelder) und unbefristet angelegte Gelder (Spareinlagen mit dreimonatiger Kündigungsfrist) der Nichtbanken betrachten. Bei Termingeldern werden lediglich solche bis zu vier Jahren berücksichtigt. Für Sichteinlagen (SE), Termingelder unter vier Jahren ($TG^{<4J}$) und Spareinlagen mit dreimonatiger Kündigungsfrist (SP) gelten unterschiedliche Mindestreservesätze, die aktuell (Stand: August 1996) bei

- 2 % für Sichteinlagen und
- 2 % für Termingelder unter vier Jahren sowie
- 1,5 % für Spareinlagen mit dreimonatiger Kündigungsfrist

liegen.

Die Schwierigkeit bei jeder Abgrenzung der Geldmenge besteht nun darin, daß diese gleichzeitig zwei miteinander konkurrierende Ziele möglichst gut erfüllen soll:

- Auf der einen Seite soll die Geldmenge das Verhalten der Bundesbank bestmöglich zum Ausdruck bringen. Diese Funktion kann man als Indikator der Geldpolitik bezeichnen. Eine Geldmengenabgrenzung erfüllt die Indikatorfunktion offensichtlich um so eher, je besser die damit beschriebene Geldmenge von der Bundesbank gesteuert werden kann.
- Auf der anderen Seite soll die Geldmenge anzeigen, ob von der monetären Seite her Inflationsgefahr besteht. Da ein wesentliches Ziel der Bundesbank die Vermeidung von Inflationstendenzen ist, spricht man davon, daß die Geldmenge in dieser Funktion ein Zwischenziel der Bundesbankpolitik ist (das Endziel wäre dann das Preisniveau). Die Funktion als Zwischenziel kann eine Geldmenge offenbar nur dann erfüllen, wenn in ihr alle liquiden Zahlungsmittel berücksichtigt werden – die dann aber, insbesondere unter Berücksichtigung der internationalen Verflechtung der Geld- und Kapitalmärkte, nur noch schlecht von der Bundesbank gesteuert werden können.

Grundsätzlich kann man wegen der verschiedenen Zielsetzungen durchaus unterschiedliche monetäre Aggregate als Indikator und als Zwischenziel verwenden. Wir werden allerdings sehen, daß die Bundesbank M3 sowohl als Indikator als auch als Zwischenziel der Geldpolitik betrachtet und nicht mehr scharf zwischen diesen beiden Funktionen unterscheidet.

Die vier wichtigsten Geldmengenbegriffe der Bundesbank sind die Zentralbankgeldmenge Z, M1, M2 und M3.

Zentralbankgeldmenge

Die Zentralbankgeldmenge wurde bereits in Abschnitt 3.2.2 ausführlich erläutert und umfaßt den Bargeldumlauf sowie die Einlagen der Geschäftsbanken bei der Zentralbank (Passivseite der Zentralbankbilanz aus Tab. 3.6):

$$(3.19) \qquad Z^w = B + MR + \ddot{U}R$$

Z^w steht dabei für die weite Abgrenzung der Zentralbankgeldmenge und wird wie erwähnt auch als monetäre Basis bezeichnet.[24] In der Praxis der Bundesbank und der geldpolitischen Diskussion wird die Zentralbankgeldmenge aber nicht weit, sondern eng abgegrenzt. Die enge Zentralbankgeldmenge erhält man, indem von der weiten Zentralbankgeldmenge die Überschußreserven abgezogen werden:

$$(3.20) \qquad Z^e = Z^w - \ddot{U}R = B + MR$$

In unserem Modell aus Abschnitt 3.2.2 gab es keinen Unterschied zwischen der weiten und der engen Zentralbankgeldmenge, weil wir ohnehin davon ausgingen, daß die Überschußreserven Null sind. Der Grund für den Ausschluß der Überschußreserven bzw. für die Favorisierung der engen Abgrenzung ist, daß die Überschußreserven einen ungenutzten Kreditvergabespielraum der Banken anzeigen und in diesem Sinne noch keine reale monetäre Expansion darstellen (von Geldern, die sich bei der Bundesbank befinden, kann keine inflationäre Tendenz ausgehen).

Zu beachten ist, daß hierbei als Mindestreserven nicht die tatsächlich bei der Bundesbank hinterlegten verwendet werden, sondern in die Berechnung gehen fiktive Mindestreserven zu Mindestreservesätzen von 1974 ein. Der Grund ist, daß beispielsweise eine Erhöhung der Mindestreservesätze andernfalls eine Erhöhung der Zentralbankgeldmenge signalisieren würde, obwohl es sich um Gelder handelt, die bei der Bundesbank liegen und daher dem Geldkreislauf entzogen sind. Bei der Berechnung von Z^e geht man daher so vor, daß für die verschiedenen Kategorien (Sichteinlagen, Termingelder unter 4 Jahren und Spareinlagen mit dreimonatiger Kündigungsfrist) jeweils die Mindestreservesätze von 1974 (16,6 %, 12,4 % und 8,1 %) zugrunde gelegt werden.

Die Zentralbankgeldmenge ist als Indikator der Geldpolitik geeignet, weil sie relativ gut von der Bundesbank kontrolliert werden kann (erinnern Sie sich an Abschnitt 3.2). Der Nachteil ist dagegen, daß sie Inflationstendenzen verzerrt widerspiegelt und insofern als Zwischenziel ungeeignet ist, weil man davon ausgehen muß, daß Bargeld und Sichteinlagen inzwischen perfekte Zahlungsmittelsubstitute sind. Erhöhen sich beispielsweise der Bargeldumlauf um 100 und die Sichteinlagen um 100, so steigt die Zentralbankgeldmenge nur um 100 + (100 · 0,166) = 116,6, während eine Erhöhung des Bargeldumlaufs um 200 auch zu einer Erhöhung der Zentralbankgeldmenge um 200 führen würde.

---

[24] Beachten sie bitte nochmals, daß wir in Abschnitt 3.2.2 von den quantitativ unbedeutenden Einlagen der Nichtbanken bei der Zentralbank abstrahiert haben.

Im Unterschied zur Theorie unterscheidet die Bundesbank – wie erwähnt – nicht exakt zwischen Indikatoren und Zwischenzielen der Geldpolitik, weil dies für die wirtschafts- und geldpolitische Diskussion wohl zu verwirrend wäre. Wegen der guten Steuerbarkeit der Zentralbankgeldmenge wurde diese von der Bundesbank bis Anfang 1988 als Indikator und Zwischenziel der Geldpolitik verwendet. Dies war insbesondere deshalb möglich, weil das Verhältnis aus Bargeldumlauf auf der einen und Sichteinlagen, Termingeldern sowie Spareinlagen auf der anderen Seite, statistisch ziemlich konstant geblieben war. Dies änderte sich allerdings 1987: Der Dollar stand unter starkem Abwertungsdruck, was die Bundesbank durch enorme Aufkäufe von Dollar am Devisenmarkt aufzufangen versuchte. Dadurch stiegen der Bargeldumlauf und die auslandsbezogenen Aktiva stark an, was zu einer großen Ausweitung der Zentralbankgeldmenge führte (Verlängerung der Bundesbankbilanz in Tab. 3.1).

Vereinfacht kann man sagen, daß die Bundesbank die Zentralbankgeldmenge heute nicht mehr als Indikator und Zwischenziel verwendet, weil deren Bargeldlastigkeit (überproportionale Berücksichtigung von Bargeld) nicht mehr zeitgemäß erscheint.

M1

Die ebenfalls schon in Abschnitt 3.2.2 eingeführte Geldmenge M1 mißt die Summe aus Bargeldumlauf und Sichteinlagen (genau genommen die Sichteinlagen inländischer Nichtbanken bei inländischen Kreditinstituten):

(3.21) $\qquad M1 = B + SE$.

M1 kann weniger gut durch die Zentralbank gesteuert werden als die Zentralbankgeldmenge, weil

– erstens der in Z^e überproportional gewichtete Bargeldumlauf von der Bundesbank besser gesteuert werden kann als die Sichteinlagen
– und zweitens Umschichtungen beispielsweise zwischen Spareinlagen mit dreimonatiger Kündigungsfrist und Sichteinlagen eine gleich große Veränderung von M1 bewirken wie eine Veränderung des Bargeldumlaufs. Solche Umschichtungen ergeben sich beispielsweise, wenn die Wirtschaftssubjekte mit Zinsänderungen rechnen: Erwarten die Wirtschaftssubjekte sehr schnell steigende Zinsen, so „parken" sie ihre liquiden Mittel als Sichteinlagen. M1 steigt, was nicht der Fall gewesen wäre, wenn das Geld in Termineinlagen geflossen wäre – obwohl die Gelder in beiden Fällen gar nicht zum unmittelbaren Konsum verwendet werden sollen.

Dies führt:

– erstens zu starken Schwankungen von M1 im Zeitablauf
– und zweitens dazu, daß die Korrelation zwischen M1 und dem Preisniveau gering ist, so daß die Bundesbank M1 nur eine untergeordnete Bedeutung zumißt.

M2

Die Geldmenge M2 entspricht M1 zuzüglich Termineinlagen (inländischer Nichtbanken bei inländischen Kreditinstituten) unter vier Jahren:

(3.22) $\qquad M2 = M1 + TG^{<4J} = B + SE + TG^{<4J}$.

Grundsätzlich stellt sich für M2 analog zu M1 das Problem einer starken Zinsreagibilität, die zu starken Schwankungen im Zeitablauf führt. Steigt beispielsweise der Zinssatz für Dreimonatsfestgelder, so schichten die Wirtschaftssubjekte ihr Geld von Spareinlagen mit dreimonatiger Kündigungsfrist in Dreimonatsgelder um, wodurch M2 ansteigt. Die nachfragewirksame Geldmenge erhöht sich indes gar nicht, weil das Geld möglicherweise vorher und nachher lediglich dazu dient, in 5 Jahren ein Auto zu kaufen. Es gelten also analoge Schwierigkeiten zu M1.

Machen Sie sich dabei klar, daß aus der Quantitätsgleichung $M \cdot v = Y^r \cdot P$ – die als Identitätsgleichung stets erfüllt ist und auf die in Abschnitt 3.3.1 noch genauer eingegangen wird – folgt, daß Schwankungen von M1 und M2 bei gleichem nominalen Sozialprodukt ($Y^n = Y^r \cdot P$) stets mit entgegengesetzten Schwankungen der Umlaufgeschwindigkeiten verbunden sind.

M3

M3 entspricht M2 zuzüglich Spareinlagen (inländischer Nichtbanken bei inländischen Kreditinstituten) mit dreimonatiger Kündigungsfrist:

(3.23) $\qquad M3 = M2 + SP = B + SE + TG^{<4J} + SP$

M3 hat seit 1988 die Rolle der Zentralbankgeldmenge als Indikator und Zwischenziel der Geldpolitik übernommen. Die Gründe sind im wesentlichen, daß

- M3 nicht auf Umschichtungen zwischen Sichteinlagen, Termingeldern und Spareinlagen reagiert und daher keinen so großen Schwankungen unterliegt wie M1 und M2
- und daher statistisch besser mit dem Preisniveau korreliert.[25]

Aufmerksamen Leser/innen wird nicht entgangen sein, daß die Zentralbankgeldmenge Z^e nichts anderes ist als ein verkleinertes Abbild von M3: Während die Sichteinlagen, Termingelder und Spareinlagen in M3 gleichberechtigt mit dem Bargeldumlauf voll erfaßt werden, gehen diese in die Zentralbankgeldmenge nur mit den konstanten Mindestreservesätzen von 1974 ein.

Neben den wichtigsten Geldmengenaggregaten M1, M2, M3 und Z^e veröffentlicht die Bundesbank seit 1990 auch die Geldmenge M3 erweitert ($M3^e$).[26]

$M3^e$ entspricht der Geldmenge M3 erweitert um

- *Einlagen inländischer Nichtbanken bei Auslandstöchtern und -filialen inländischer Banken* (sog. Euroeinlagen). Da diese Euroeinlagen ebenso schnell für Zahlungen im Inland eingesetzt werden können wie die inländischen Termineinlagen, müssen sie als ähnlich „geldnah" beurteilt werden. Seit 1986 erhöhten inländische Nichtbanken ihre Einlagen am Euromarkt kräftig (Jan. 1994: 260,7 Mrd. DM). Aufgrund dieser Entwicklung wuchs $M3^e$ bis Anfang 1994 stärker als M3. Der Unterschied in den Wachstumsraten betrug zeitweise 3 Prozentpunkte. Seit Anfang 1994 hat die Bereitschaft zur Bildung von Euroeinlagen allerdings stark abgenommen.
- *kurzfristige Bankschuldverschreibungen* (d. h. Wertpapierforderungen der Nichtbanken gegenüber Kreditinstituten) mit einer Laufzeit unter 2 Jahren. Auch sie besitzen eine ähnliche „Geldnähe" wie Termineinlagen, sind aber verglichen mit Euroeinlagen eher unbedeutend (Okt. 1994: 25,2 Mrd. DM).

---

[25] Allerdings ergeben sich auch bei der Steuerung von M3 Schwierigkeiten, worauf wir in Abschnitt 3.5.5 genauer eingehen.

[26] In ihrem Monatsbericht 1/95 hat die Bundesbank betont, daß sie der Geldmenge $M3^e$ zukünftig einen höheren Stellenwert beimessen wird als bisher.

– *Geldmarktfonds*[27]: So werden Investmentfonds bezeichnet, sofern die darin enthaltenen Titel zu 100 % aus Einlagen mit einer Fristigkeit unter 12 Monaten bestehen. Sie wurden erst mit dem Zweiten Finanzmarktförderungsgesetz im August 1994 zugelassen und werden ab dem 1.9.1994 zu $M3^e$ gerechnet. Ihr Einfluß auf $M3^e$ ist aber (noch) relativ unbedeutend (Okt. 1994: 12,9 Mrd. DM). Die Bundesbank schreibt ihnen eine Zwitterstellung zu: Einerseits sind sie hinsichtlich ihres Liquiditätsgrades durchaus mit in M3 enthaltenen Komponenten vergleichbar, andererseits sieht sie in ihnen vielfach „zinssensitive Vermögensanlagen", die eher dem Kapitalmarkt zuzurechnen sind.

Zwischen den Geldmengenaggregaten M1, M2, M3 und $M3^e$ gelten also die in Tab. 3.12 dargestellten Beziehungen:

Bargeld-umlauf (236,1)	Sichteinlagen (544,7)	Termineinlagen (428,3)	Spareinlagen (799,4)	Euroeinlagen + kurzfr. Bank-schuldverschr. + Geldmarktfonds (298,6)
	M1 (780,8)			
	M2 (1.209,1)			
M3 (2.008,5)				
$M3^e$ (2.307,1)				

Quelle: Deutsche Bundesbank.

Tab. 3.12: Zusammenhang zwischen den verschiedenen Geldmengenaggregaten (Volumen in Mrd. DM, Mai 1996)

3.3 Aufgaben der Geldpolitik

In diesem Abschnitt diskutieren wir die Aufgaben, die der Geldpolitik üblicherweise zugeordnet werden. Wir beginnen in Abschnitt 3.3.1 mit einer Erläuterung unterschiedlicher Ursachen der Inflation, da die Stabilisierung des Preisniveaus als zentrale Aufgabe der Geldpolitik gilt. Dies ist allerdings keineswegs selbsterklärend, weil eine schleichende und *gleichmäßige* Erhöhung aller Preise an *direkten* Kosten eigentlich nur das Umetikettieren von Preisschildern hervorruft. Die negativen volkswirtschaftlichen Effekte der Inflation sind daher keineswegs so selbstverständlich wie beispielsweise diejenigen hoher Arbeitslosigkeit oder niedriger Wachstumsraten des Bruttoinlandsprodukts. Wir müssen uns daher in Abschnitt 3.3.2 fragen, worin denn eigentlich die *indirekten*, negativen Konsequenzen der Inflation bestehen. Daran anschließend (3.3.3) erwähnen wir kurz die umstrittene Frage, ob die Geldpolitik auch zur konjunkturellen Stabilisierung eingesetzt werden sollte, worauf wir in Abschnitt 3.5 detailliert eingehen werden.

3.3.1 Stabilisierung des Preisniveaus

Wie Ihnen spätestens aus dem Kompaktstudium Wirtschaftswissenschaften, Bd. 2: „Makroökonomie" bekannt ist, stellt die Quantitätsgleichung für das Verständnis

---

[27] Anlagen von inländischen Nichtbanken in in- und ausländischen Geldmarktfonds abzüglich (um Doppelzählungen zu vermeiden) der Bankeinlagen inländischer Fonds im In- und Ausland sowie ihrer Bestände an kurzfristigen Bankschuldverschreibungen.

inflationärer Tendenzen einen wichtigen Ausgangspunkt dar. Die Quantitätsgleichung lautet

(3.24) $\quad M \cdot v = Y^r \cdot P$

bzw.

(3.25) $\quad P = M \cdot \dfrac{v}{Y^r}$

und beschreibt somit das Preisniveau P in Abhängigkeit von der Geldmenge M, der Umlaufgeschwindigkeit des Geldes v und des realen Sozialprodukts bzw. Bruttoinlandsprodukts Y^r. Nun versteht man unter Inflation aber nicht die *absolute* Höhe des Preisniveaus, sondern seine *Veränderung* im Zeitablauf. Es ist daher nützlich, die Quantitätsgleichung (3.25) in Wachstumsraten auszudrücken, wobei wir Wachstumsraten mit einem „^" über den einzelnen Größen symbolisieren. Dabei machen wir uns den Sachverhalt zunutze, daß beim Übergang von absoluten Größen zu Wachstumsraten aus der Multiplikation die Addition und aus der Division die Subtraktion hervorgeht.[28] Die Quantitätsgleichung lautet in Wachstumsraten daher

(3.26) $\quad \hat{P} = \hat{M} + \hat{v} - \hat{Y}^r$.

Gleichung (3.26) bedeutet, daß es beispielsweise bei einer Steigerung der Geldmenge M um 4 %, einer konstanten Umlaufgeschwindigkeit des Geldes V und einer Wachstumsrate des realen Bruttoinlandsprodukts um 1 % *zwangsläufig* zu einer Inflationsrate von 3 % kommt. Dieser definitorische Zusammenhang zwischen der Wachstumsrate der Geldmenge und der Inflationsrate ist zwar wichtig, erklärt aber nicht die tieferen *Ursachen* der Inflation. Bevor wir im nachfolgenden Abschnitt 3.3.2 die negativen Konsequenzen der Inflation analysieren, müssen wir daher unterschiedlichen Gründen der Inflation nachgehen. Dabei lassen sich vor allem zwei Fälle unterscheiden:

1. Eine erste Möglichkeit besteht darin, daß die Zentralbank die Geldmenge erhöht und sich das Preisniveau an die gestiegene Geldmenge anpaßt. Diese Auffassung von Inflationstendenzen vertreten vor allem die Quantitätstheoreti-

---

[28] Die Wachstumsraten erhält man durch Differenzieren von (3.25) nach der Zeit t und einige Umformungen, wobei beim Differenzieren die Quotientenregel verwendet wird:

$$P(t) = \dfrac{M(t) \cdot v(t)}{Y^r(t)} \Rightarrow$$

$$\dfrac{dP(t)}{dt} = \dfrac{[M'(t) \cdot v(t) + M(t) \cdot v'(t)] \cdot Y^r(t) - M(t) \cdot v(t) \cdot Y^{r\prime}(t)}{Y^r(t)^2}$$

$$= \dfrac{M'(t) \cdot v(t) + M(t) \cdot v'(t)}{Y^r(t)} - \dfrac{M(t) \cdot v(t)}{Y^r(t)} \cdot \dfrac{Y^{r\prime}(t)}{Y^r(t)}$$

Da wir die *Wachstumsrate* $\hat{P}(t)$ erhalten wollen, müssen wir die Steigung des Preisniveaus zu seinem Ausgangswert ins Verhältnis setzen:

$$\hat{P} = \dfrac{P'(t)}{P(t)} = \dfrac{M'(t) \cdot v(t) + M(t) \cdot v'(t)}{Y^r(t) \cdot P(t)} - \dfrac{M(t) \cdot v(t)}{Y^r(t)} \cdot \dfrac{Y^{r\prime}(t)}{Y^r(t) \cdot P(t)}$$

Ersetzen wir auf der rechten Seite $Y^r(t) \cdot P(t)$ durch $M(t) \cdot v(t)$, so erhalten wir nach Kürzen unmittelbar:

$$\dfrac{P'(t)}{P(t)} = \dfrac{M'(t)}{M(t)} + \dfrac{v'(t)}{v(t)} - \dfrac{Y^{r\prime}(t)}{Y^r(t)} \quad \text{bzw.} \quad \hat{P} = \hat{M} + \hat{v} - \hat{Y}^r$$

ker, die in der Quantitätsgleichung das Preisniveau als eindeutig abhängige, und die Geldmenge als eindeutig unabhängige Variable auffassen.[29] Praktisch kann man sich dies etwa so vorstellen, daß die Zentralbank durch niedrige Zinsen die Kreditvergabemöglichkeiten der Geschäftsbanken erhöht und dadurch die Geldmenge aufbläht. Die billigeren Kredite und die gestiegene Geldmenge führen dann zu einer Erhöhung der Nachfrage (dies kann sich sowohl auf die Konsum- als auch auf die Investitionsgüternachfrage beziehen), auf die die Unternehmen mit Preissteigerungen reagieren. Der entscheidende Punkt bei dieser Art von Inflation ist, daß man die Zentralbank dafür verantwortlich machen kann, weil die annahmegemäß *von ihr herbeigeführte* Erhöhung der Geldmenge als Ausgangspunkt bzw. Ursache der Inflation interpretiert wird.

2. Der gerade geschilderten ersten Inflationserklärung liegt eine ausgesprochen optimistische Beurteilung der Möglichkeiten der Geldpolitik zugrunde. Denn es wird angenommen, daß die Zentralbank die Geldmenge bestimmen kann und sich die Inflationsrate daran anpaßt. Die Praxis zeigt aber, daß die Geldmenge keineswegs eine vollständig unabhängige Variable ist, sondern ihrerseits auch von den anderen Größen beeinflußt wird, die in der Quantitätsgleichung enthalten sind. Ein besonders wichtiges Beispiel dafür ist ein Phänomen, das als *Lohn-Preis-Spirale* bezeichnet wird. Nehmen Sie beispielsweise an, daß die Gewerkschaften eine *Nominal*lohnerhöhung von 5 % durchsetzen, obwohl die Produktivitätsteigerung der Arbeit nur 2 % beträgt. Dies bedeutet, daß die Kosten der Arbeitskräfte für die Unternehmen nominal um 3 % gestiegen sind, weil die Arbeitskräfte nur um 2 % produktiver sind als zuvor, aber 5 % mehr kosten. Wenn die Gewinnerwartungen konstant bleiben sollen, müssen die Unternehmen daher die Preise um 3 % erhöhen. Sofern die Nominallohnerhöhung alle Branchen gleichermaßen betrifft, kommt es demnach zu einer Inflation von 3 %. Das psychologische Problem besteht dabei darin, daß sich die Gewerkschaften, die in diesem Beispiel der Auslöser der Inflation waren, nachträglich bestätigt sehen können: Bei einer Inflation von 3 % ist ja tatsächlich eine Nominallohnsteigerung von 5 % erforderlich, damit die Arbeitnehmer in den berechtigten Genuß einer Reallohnsteigerung von 2 % kommen, die dem Produktivitätsfortschritt entspricht. Man kann Inflation daher auch als sich selbsterfüllende Prophezeiung interpretieren – die Gewerkschaften glauben an eine hohe Inflation, fordern deswegen hohe Nominallöhne und genau deshalb kommt es tatsächlich zur Inflation. Da die Inflations*erwartungen* also von zentraler Bedeutung sind und diese Erwartungen verständlicherweise auch von den vergangenen Inflationsraten abhängen, formulierte Karl Otto Pöhl als Präsident der Bundesbank: „Inflation ist wie Zahnpasta. Sobald sie einmal aus der Tube draußen ist, ist es schwer, sie wieder hineinzubekommen."

Wie kommt es in diesem Fall unserer nominallohninduzierten Inflation aber dazu, daß die tautologisch erfüllt Quantitätsgleichung weiterhin gilt? Grundsätzlich gibt es dazu drei Möglichkeiten, weil in der Quantitätsgleichung außer dem Preisniveau ja drei weitere Variable enthalten sind:

– Die Umlaufgeschwindigkeit des Geldes kann steigen, so daß die Geldscheine schneller ihren Besitzer wechseln.

– Es kommt (beispielsweise durch eine erhöhte Kreditaufnahme oder eine geringere Kassenhaltung) zu einer Erhöhung der Geldmenge, so daß diese in diesem Fall im Unterschied zu Fall 1 nicht die unabhängige, sondern die abhängige Variable ist.

---

[29] Vgl. hierzu das Kompaktstudium Wirtschaftswissenschaften, Bd. 2: „Makroökonomie", Abschnitt 2.4.

– Schließlich ist es auch ohne weiteres möglich, daß es weder zu einer Erhöhung der Umlaufgeschwindigkeit des Geldes noch zur Steigerung der Geldmenge, sondern zu einer Verminderung des realen Bruttoinlandsprodukts kommt. Dies kann dann passieren, wenn sich die Zentralbank gegen die von ihr nicht gewünschte Erhöhung der Geldmenge wehrt, indem sie beispielsweise die Leitzinsen erhöht und dadurch die Kreditnachfrage vermindert. Die Zinserhöhung kann dann zu Reduktionen des Sozialprodukts führen, so daß die monetäre Stabilisierung zu Lasten realer Größen geht.

Der entscheidende Unterschied von Fall 2 zu Fall 1 ist also, daß die Geldmengensteigerung hier die Inflation nicht auslöst, sondern ihrerseits von dieser hervorgerufen oder durch Maßnahmen verhindert wird, die wirtschaftspolitisch durchaus problematisch sind.

Ein weiteres typisches, eingängiges Beispiel für das Entstehen von Inflation ließ sich in den vergangenen Jahren nach dem Zusammenbruch der sozialistischen Systeme in Osteuropa beobachten. In fast allen Ländern kam es zunächst zu einem dramatischen Anstieg der Inflationsraten, die mittlerweile in den meisten Ländern wieder abgeklungen sind. Der Hauptgrund für die hohen Inflationsraten war, daß in den Ländern Osteuropas *vor* dem Zusammenbruch ein Zustand bestand, den man als *zurückgestaute Inflation* bezeichnet. Darunter versteht man einen *Nachfrageüberhang*, der aus irgendwelchen Gründen nicht befriedigt werden kann. Konkret lag dies daran, daß einerseits die handelbaren Güter knapp waren, andererseits aber zur Beruhigung der Bevölkerung nominelle Einkommenssteigerungen verordnet wurden. Diese Diskrepanz hätte normalerweise zu Preiserhöhungen geführt, doch da die Preise staatlich streng administriert waren, wurde die Inflation zurückgestaut. Die Diskrepanz zwischen den hohen Nachfrage und dem geringen Angebot äußerte sich daher nicht in Form einer Erhöhung des allgemeinen Preisniveaus, sondern in Form von Warteschlangen und Korruption.

Nach der Einführung der Marktwirtschaft konnte der enorme Nachfrageüberhang grundsätzlich auf drei Arten abgebaut werden:

1. Durch eine Erhöhung des Güterangebots bzw. des Bruttoinlandsprodukts. In Osteuropa kam es jedoch genau zur gegenteiligen Entwicklung, d. h. zu einer dramatischen Verminderung der Produktionsaktivität.
2. Durch eine Entwertung der im Vergleich zum nominalen Sozialprodukt überschüssigen Gelder durch eine Währungsreform, wie sie etwa in den 20er Jahren und 1948 in der Bundesrepublik Deutschland durchgeführt wurde.
3. Da diese aber aus (verteilungs-)politischen Gründen in Osteuropa nicht durchsetzbar war, mußte es zu Preissteigerungen kommen, so daß die zurückgestaute Inflation in eine reale Inflation überging.

Wir sehen also, daß die Stabilisierung des Preisniveaus zwar (zurecht) als herausragende Aufgabe der Geldpolitik angesehen wird, aber die Geldpolitik für hohe Inflationsraten nicht immer (allein) verantwortlich sein muß.

3.3.2 Die Kosten der Inflation

Der Geldwertstabilität kommt in der Öffentlichkeit enorme Aufmerksamkeit zu. Der (relative) Erfolg der deutschen Bundesbank bei der Bekämpfung von Inflationstendenzen hat weltweit Bewunderung gefunden und die Bundesbank nimmt innerhalb der Konzeption der Europäischen Währungsunion eine Schlüsselstellung ein. Gerade in Ländern, die mit hohen Inflationsraten zu kämpfen haben, ist der Wunsch nach einer monetären Stabilisierung besonders stark. So wurde etwa in

Brasilien 1994 Fernando Cardoso nicht zuletzt deshalb zum Präsidenten gewählt, weil es ihm als Finanzminister gelungen war, durch ein konsequentes Stabilisierungsprogramm die Inflationsrate von 600 % auf unter 25 % zu senken. Worin bestehen aber nun die volkswirtschaftlichen Kosten der Inflation, die diesen hohen Stellenwert rechtfertigen? Sechs Punkte lassen sich unterscheiden:

1. Der offenkundigste Effekt besteht in erhöhten *Transaktionskosten*, die durch die ständige Variation von Preisen entstehen. Diese Kosten beziehen sich nicht nur auf die pure Auszeichnung der Waren, sondern auch auf den durch die permanenten Änderungen erschwerten Preisvergleich mit anderen Waren.

2. Der zweite Aspekt wird gerne als *Schuhsohleneffekt* bezeichnet und läßt sich folgendermaßen begründen: Nehmen Sie an, daß der *Real*zins (also die Differenz aus *Nominal*zins und Inflationsrate) 2% beträgt und ein Wirtschaftssubjekt gerne einen bestimmten Teil seines Geldes zu Hause behalten möchte, um ständig anfallende Käufe zu tätigen. Bei einer Inflationsrate von 1 % und einem Realzins von 2 % ist der Nominalzins definitionsgemäß 3 %, so daß unserem Wirtschaftssubjekt durch die Geldhaltung Opportunitätskosten von 3 % entstehen. Beträgt die Inflationsrate dagegen 10 %, so ist der Nominalzins 12 % und die Opportunitätskosten der Geldhaltung sind entsprechend höher. Unser Wirtschaftssubjekt wird daher mehr Geld auf dem Sparbuch belassen und muß häufiger zur Bank gehen, um seine Liquidität zu garantieren. Genau diese Art (unnötiger) Transaktionskosten nennt man Schuhsohleneffekt.

3. Wichtiger ist aber, daß bei hohen Inflationsraten die Inflation im Zeitablauf auch stark streut und daher schwer antizipierbar ist. Diese *Unsicherheit* führt dazu, daß die Erträge aus Investitionen schwerer kalkulierbar sind, so daß die Risikoprämie steigt und weniger Investitionen getätigt werden. Es kommt daher zur Abnahme von Investitionen und damit auch zu einer Verminderung der Wachstumsrate des Bruttoinlandsprodukts. Die Verminderung kann vor allem ausländische Direktinvestitionen betreffen, weil das mit der Inflation verbundene Wechselkursrisiko gescheut wird. In der Tat belegen empirische Studien, daß Länder mit einer hohen Inflationsrate durchschnittlich ein niedriges Wirtschaftswachstum aufweisen. Allerdings ist dies nur ein grober Indikator, weil die Kausalbeziehung natürlich kompliziert sein kann, d. h. es mögen auch andere Faktoren eine große Rolle spielen.

4. Es werden nicht nur langfristige Investitionen, sondern auch andere langfristige *Kontrakte* (denken Sie beispielsweise an Mietverträge) weniger reizvoll, wenn die *realen* Kosten nicht antizipierbar sind. Dadurch entstehen erneut Transaktionskosten in Form der Bildung von Erwartungswerten und Verhandlungskosten, die eigentlich überflüssig sind.

5. Die Inflation führt zu *Umverteilungseffekten*, die durchaus unerwünscht sein können. Das klassische Beispiel hierfür ist die sog. *kalte Steuerprogression*, worunter verstanden wird, daß sich der Grenzsteuersatz am nominalen und nicht am realen Einkommen orientiert und dieser daher bei einer Steigerung des Preisniveaus tendenziell ansteigt. Die kalte Progression führt damit zu einer Umverteilung zugunsten des Staates.

6. Besonders wichtig sind schließlich *außenwirtschaftliche* Effekte. Nehmen Sie an, daß die Inflationsrate in Land A höher ist als in Land B. Sofern sich die Wechselkurse nicht sofort – und dies ist die extreme Ausnahme – an die geänderten Preisverhältnisse anpassen, werden die Waren aus Land A im Vergleich zu denen aus Land B auf dem Weltmarkt teurer, so daß die internationale Konkurrenzfähigkeit von Land A abnimmt. Aufgrund der Exportrückgänge kann es

zu einem sinkenden Sozialprodukt und einer steigenden Arbeitslosigkeit kommen.

3.3.3 Konjunkturelle Stabilisierung

Während es somit unstrittigerweise gute Gründe dafür gibt, Preisniveaustabilität als wesentliches Ziel der Geldpolitik zu betrachten, ist die Rolle der Geldpolitik bei der Stabilisierung des allgemeinen Wirtschaftsgeschehens umstritten. Die deutsche Bundesbank betont immer wieder, daß sie sich ausschließlich als Hüterin der Währung sehe und weder bereit sei, Inflationstendenzen durch zu hohe Nominallohnforderungen hinzunehmen noch durch niedrige Zinsen die Konjunktur anzukurbeln. Diese klare Position erweist sich in der Realität aber gerade im internationalen Zusammenhang oft als schwer durchhaltbar. So beschwerte sich die französische Wirtschaftspolitik vor einigen Jahren massiv bei der deutschen Bundesbank, daß diese durch ihre Hochzinspolitik eine wesentliche Mitschuld an der geringen Investitionstätigkeit innerhalb der Europäischen Union trage. Auch in der Bundesrepublik Deutschland gibt es nicht wenige Ökonomen, die der Meinung sind, die Bundesbank solle in der Rezession die Investitionsgüternachfrage durch niedrige Zinsen anregen. Auf die damit verbundenen Schwierigkeiten werden wir in Abschnitt 3.5 eingehen.

3.4 Instrumente der Geldpolitik

Nach der Darstellung des Geldschöpfungsprozesses und unterschiedlicher Abgrenzungen der Geldmenge können wir uns nun der Frage zuwenden, welche Instrumente der Bundesbank zur Steuerung der Geldmenge eigentlich zur Verfügung stehen. In erster Näherung kann man dabei zwischen zins- und liquiditätspolitischen Instrumenten unterscheiden, wobei die Abgrenzung allerdings nicht trennscharf ist. Dies liegt wie erläutert daran, daß Zins- und Geldmengeneffekte interdependent sind. Setzt die Bundesbank beispielsweise bei den Zinsen an, indem sie die Leitzinsen Diskont- und Lombardsatz reduziert, so verbilligt dies die Refinanzierung der Geschäftsbanken und damit ceteris paribus die Kreditzinsen, was zu einer Erhöhung der Kredit- und Geldmenge führt. Setzt sie dagegen bei der Bankenliquidität an, indem sie beispielsweise die Mindestreservesätze reduziert, so erhöht dies den Kreditspielraum der Geschäftsbanken und führt ebenfalls zu einer Senkung der Kreditzinsen.

Eine zweite, von der Bundesbank in den letzten Jahren häufig vorgenommene Abgrenzung ist die zwischen Grob- und Feinsteuerungsinstrumenten. Grobsteuerungsinstrumente dienen dazu, die Geldmenge längerfristig (beispielsweise über die Variation der Leitzinsen) zu steuern. Feinsteuerungsinstrumente werden dagegen eingesetzt, um kurzfristigen Änderungen in der Bankenliquidität schnell entgegenzusteuern, ohne damit die Geldversorgung langfristig zu beeinflussen. Sinkt die Bankenliquidität beispielsweise dadurch, daß viele Selbständige im gleichen Zeitraum ihre Steuern entrichten, so kann die Bundesbank Wertpapiere kurzfristig ankaufen, die sie zu einem festgelegten Zeitpunkt wieder verkauft (sog. Wertpapierpensionsgeschäfte).

Die Abgrenzung zwischen Grob- und Feinsteuerungsinstrumenten ist letztlich nicht trennscharf (bis zu welcher Laufzeit sollen beispielsweise Wertpapierpensionsgeschäfte der Fein- und wann der Grobsteuerung zugerechnet werden), liefert jedoch eine brauchbare intuitive Vorstellung von den Zielsetzungen, die mit den einzelnen Instrumenten verbunden werden. Tab. 3.13 gibt einen Überblick über die geldpolitischen Instrumente, die im folgenden erläutert werden.

	Grobsteuerung	Feinsteuerung
Refinanzierungspolitik		
– Diskontpolitik	– Diskontsatzänderung Aktueller Diskontsatz: 2,5 % (August 1996) – Änderung der Rediskontkontingente Aktuelle Rediskontkontingente für westdeutsche Banken: 65,6 Mrd. DM (August 1996) – Änderung der qualitativen Mindestanforderungen	
– Lombardpolitik	– Lombardsatzänderung Aktueller Lombardsatz: 4,5 % (August 1996) – Änderung der qualitativen Mindestanforderungen	
Offenmarktpolitik (Wertpapierpensionsgeschäfte)	Aktueller Monatsdurchschnittszins: – Mengentender: 3,0 % (August 1996) – Zinstender: 3,4 % (letztes Geschäft im Februar 1996)	
Mindestreservepolitik	Mindestreservesatzänderung Aktuelle Mindestreservesätze: – Sichteinlagen: 2 % – Termineinlagen: 2 % – Spareinlagen: 1,5 % (August 1996)	
Devisenpensions- und Devisenswapgeschäfte		Volumen (Dez. 1993): – Devisenpensionsgeschäfte: 3,9 Mrd. DM – Devisenswapgeschäfte: 40,2 Mrd. DM

Tab. 3.13: Geldpolitische Instrumente der Bundesbank

3.4.1 Refinanzierungspolitik

Unter Refinanzierung versteht man die Möglichkeit der Kreditinstitute, sich durch den Verkauf von Wechseln (Rediskontkredit) und die Beleihung von Wertpapieren (Lombardkredit) bei der Bundesbank Zentralbankgeld zu beschaffen. Sowohl bei der Diskont- als auch bei der Lombardpolitik stehen der Bundesbank drei Teilinstrumente zur Beeinflussung der Refinanzierungsbedingungen zur Verfügung:

– erstens die Festlegung der qualitativen Anforderungen an Wechsel (Diskontpolitik) und Wertpapiere (Lombardpolitik),

– zweitens die Festlegung der maximalen Höhe, in der Diskont- und Lombardkredite vergeben werden

– und schließlich drittens – und am wichtigsten – die Höhe des Diskont- und Lombardsatzes, zu der die entsprechenden Kredite vergeben werden.

Wir beginnen mit der Diskontpolitik.

3.4.1.1 Diskontpolitik

Gemäß § 19 Abs. 1 Nr. 1 und 2 BBankG hat die Bundesbank die Möglichkeit, von den Kreditinstituten Handelswechsel, Schecks sowie Schatzwechsel des Bundes und der Sondervermögen des Bundes anzukaufen. Da die Wechsel erst nach ihrer Fälligkeit von der Bundesbank eingelöst werden können, handelt es sich um eine Kreditvergabe. Dem wird dadurch Rechnung getragen, daß die Bundesbank den Kreditinstituten nur einen Teil des Wertes der Wechsel auszahlt. Die Differenz zwischen dem Wert des Wechsels und dem Auszahlungsbetrag wird als Diskont bezeichnet. Der Diskontsatz ist das Verhältnis von Diskont zum Wert des Wechsels und wird vom Zentralbankrat festgelegt. Angenommen, die Bundesbank kauft am 1.4.1995 einen Wechsel über 10.000,- DM, der zum 1.7.1995 fällig wird. Bei einem Diskontsatz von 10 % p. a. errechnet sich ein Diskont von

$$(3.27) \qquad DK = i^{DK} \cdot W^W \cdot \frac{t}{360} = 0{,}1 \cdot 10.000 \cdot \frac{90}{360} = 250$$

DK = Diskont;
i^{DK} = Diskontsatz;
W^W = Wert des Wechsels.

Die Bundesbank zahlt somit nur 9.750,- DM für diesen Wechsel aus.

Qualitative Anforderungen

Das Bundesbankgesetz schreibt als qualitative Mindestanforderungen für diskontfähige Wechsel unter anderem vor, daß die Wechsel eine maximale Restlaufzeit von drei Monaten haben müssen und mindestens drei als zahlungsfähig bekannte Personen unterzeichnen. Weiterhin sollen sie „gute Handelswechsel" sein, d. h. ihnen muß ein reales Handelsgeschäft zugrunde liegen. Darüber hinaus sind die Allgemeinen Geschäftsbedingungen der Bundesbank maßgebend, auf die wir hier nicht näher eingehen.

Rediskontkontingente

Neben den qualitativen Anforderungen findet eine Beschränkung der Diskontkredite über Refinanzierungskontingente statt, mit denen die Bundesbank erstens den Gesamtrahmen für Diskontkredite in der Bundesrepublik Deutschland und zweitens ihre Aufteilung auf die verschiedenen Kreditinstitute regelt. Im August 1996 lag das gesamte Rediskontkontingent bei 65,6 Mrd. DM. Für die Aufteilung der Rediskontkontingente auf die einzelnen Kreditinstitute hat die Bundesbank bereits 1974 ein einheitliches Bemessungsverfahren festgelegt. Hierbei ist zwischen Normkontingenten und tatsächlichen Kontingenten zu unterscheiden. Die Aufteilung der Normkontingente orientiert sich im wesentlichen

- an den haftenden Mitteln der Kreditinstitute (je höher diese sind, desto größer das Normkontingent), wobei allerdings haftende Mittel über 250 Mio. DM mit abnehmendem Gewicht eingehen,
- an der Beteiligung an anderen Kreditinstituten, die Diskontkredite in Anspruch nehmen (Beteiligungen von 25 % und mehr führen zu einer entsprechenden Kürzung des Normkontingents, weil sonst Doppelzählungen zu stark ins Gewicht fallen würden),
- sowie an einer sog. Strukturkomponente, die im wesentlichen den Anteil der kurz- und mittelfristigen Kredite an Nichtbanken am gesamten Geschäftsvolumen mißt (je höher dieser Anteil, desto größer das Normkontingent).

Schließlich kommt zur Bestimmung der Normkontingente ein für alle Kreditinstitute einheitlicher Multiplikator zur Anwendung, dessen Höhe sich nach dem festgelegten Gesamtbetrag der Rediskontkontingente richtet. Wenn der Zentralbankrat eine Kürzung der gesamten Rediskontkontingente beschließt, äußert sich dies in einem kleineren Multiplikator.

Es bleibt den Landeszentralbanken aber vorbehalten, bei der Festlegung der tatsächlichen Kontingente von den Normkontingenten nach unten abzuweichen. Dies wird z. B. als Disziplinierungsmaßnahme praktiziert, wenn ein Kreditinstitut die Grundsätze des Bundesaufsichtsamtes für das Kreditwesen über das Eigenkapital und die Liquidität der Kreditinstitute mißachtet oder das Geschäftsgebaren bedenklich ist. Die festgesetzten Kontingente gelten in der Regel für ein Jahr.

Eine Erhöhung der Rediskontkontingente vergrößert den Spielraum der Kreditinstitute zur Aufnahme von Diskontkrediten und damit ceteris paribus auch die Geldmenge. Allerdings darf nicht jede Ausweitung der Rediskontkontingente ohne weiteres als expansive geldpolitische Maßnahme der Bundesbank gewertet werden. Zum einen kann diese Ausweitung lediglich dazu dienen, anderweitig begründete Geldabflüsse zu kompensieren. Beispielsweise kam es Ende der siebziger/Anfang der achtziger Jahre zu einer Passivierung der deutschen Leistungsbilanz.[30] Die damit verbundene Vernichtung von Zentralbankgeld durch den Devisenabfluß wurde von der Bundesbank durch starke Erhöhungen der Rediskontkontingente kompensiert. Zum anderen impliziert die Quantitätsgleichung $M \cdot v = Y^r \cdot P$, daß bei steigendem realen Sozialprodukt (Y^r), konstanter Umlaufgeschwindigkeit des Geldes (v) und konstantem Preisniveau (P) die Geldmenge (M) steigt. Steigen dann die Rediskontkontingente im gleichen Ausmaß wie die Geldmenge, so bedeutet dies lediglich, daß der Anteil der Rediskontkontingente an der Geldmenge konstant bleibt.

Diskontsatz

Die entscheidende geldpolitische Variable der Diskontpolitik ist allerdings der Diskontsatz, der von der Bundesbank beliebig festgesetzt werden kann und je nach geldpolitischen Erfordernissen stark variiert wird. Beispielsweise betrug der Diskontsatz zwischen Dezember 1987 und Juni 1988 2,5 % und von Mitte Juli bis Mitte September 1992 8,75 %; inzwischen (August 1996) ist er wieder auf 2,5 % gesunken (vgl. Abb. 3.1).

Neben der psychologischen Bedeutung als Signal für die gesamte Bundesbankpolitik ist der Diskontsatz vor allem deshalb wichtig, weil er als Untergrenze für

---

[30] Die Leistungsbilanz ist Teil der Zahlungsbilanz, die im folgenden kurz erläutert wird. Die Zahlungsbilanz erfaßt alle Transaktionen, die in einer bestimmten Periode zwischen inländischen und ausländischen Wirtschaftssubjekten stattgefunden haben. Sie ist im strengen Sinne also eigentlich keine Bilanz, da sie Strom- und nicht Bestandsgrößen abbildet. Die Zahlungsbilanz gliedert sich in verschiedene Teilbilanzen, deren wichtigste die Leistungsbilanz und die Kapitalbilanz sind. In der Leistungsbilanz werden hierbei die güterwirtschaftlichen Vorgänge, die den Handel mit Waren und Dienstleistungen betreffen sowie Erwerbs- und Vermögenseinkommen und laufende Übertragungen erfaßt. Die kurz- und langfristigen Forderungen und Verbindlichkeiten gegenüber dem Ausland sind in der Kapitalbilanz ausgewiesen. Da jede Teilbilanz auf der Aktivseite (Passivseite) diejenigen Transaktionen erfaßt, die zu Devisenzuflüssen (-abflüssen) führen, bedeutet ein Leistungsbilanzdefizit (sofern alle anderen Teilbilanzen ausgeglichen sind), daß Devisenabflüsse stattgefunden haben, die sich in Form von Geldabflüssen der inländischen Währung niederschlagen: Wenn sich z. B. ein Importeur zur Finanzierung seiner Importe Devisen beschaffen muß, so wird dem Wirtschaftskreislauf DM im entsprechenden Umfang entzogen.

den Geldmarktzins für Monats- und Dreimonatsgeld fungiert. Diese Untergrenze erklärt sich daraus, daß die Kreditinstitute im allgemeinen keine günstigere Möglichkeit zur Beschaffung von Zentralbankgeld haben als die Aufnahme von Diskontkrediten. Sie sind daher nicht bereit, Kredite unterhalb des Diskontsatzes zu vergeben, weil ihnen die dazu notwendige Diskontierung von Wechseln zu teuer ist. Dieser Mechanismus setzt allerdings voraus, daß die Kreditinstitute die Diskontierung von Wechseln jederzeit rückgängig machen können, was aber erst nach Ablauf der Restlaufzeiten (die wie erwähnt maximal drei Monate betragen) möglich ist. Deshalb ist der Diskontsatz zwar die Untergrenze für Monats- und Dreimonatsgeld, aber nicht notwendigerweise für den Tagesgeldsatz: Verfügt ein Kreditinstitut über überschüssige Diskontkredite mit einer Laufzeit von 2 Wochen zu einem Diskontsatz von 8 % und liegt der Tagesgeldsatz bei 6 %, so kann es immer noch sinnvoll sein, kurzfristige Kredite zu 6 % zu vergeben.

Abb. 3.1 zeigt, daß zwischen dem Diskontsatz, dem Satz für Dreimonatsgelder am Geldmarkt und den Überziehungszinsen auf Girokonten (Kontokorrentkredite) eine sehr enge Beziehung besteht und der Diskontsatz daher seine Funktion als Leitzinssatz für die Geldmarktzinsen nach wie vor wahrnimmt.

Wir können festhalten, daß eine Senkung des Diskontsatzes ceteris paribus die Geldmarktzinsen reduziert und die Geldmenge erhöht.

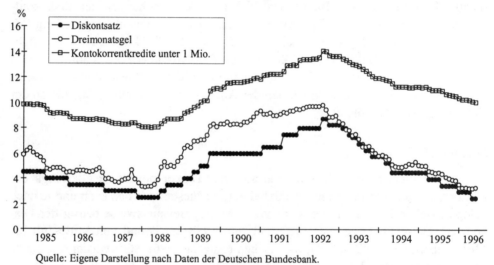

Quelle: Eigene Darstellung nach Daten der Deutschen Bundesbank.

Abb. 3.1: Diskontsatz, Zinssatz für Dreimonatsgeld und Zinssatz für Kontokorrentkredite

3.4.1.2 Lombardpolitik

Lombardkredite vergibt die Bundesbank wie erwähnt gegen die Verpfändung von Wertpapieren und Schuldbuchforderungen, wobei die Laufzeit des Kredits wie bei Diskontkrediten maximal drei Monate beträgt. Da die Bundesbank den Lombardsatz zwischen einem und drei Prozentpunkten über dem Diskontsatz festlegt, werden Lombardkredite nur dann in Anspruch genommen, wenn die Rediskontkontingente ausgeschöpft sind. Die zugelassenen Wertpapiere werden im § 19 Abs. 1 Nr. 3 BBankG genannt und im Lombardverzeichnis näher bestimmt. Die Beleihung erfolgt in voller Höhe zum Kurs- bzw. Zeitwert.

In der Realität kommt es heute sehr selten vor, daß die beleihbaren Wertpapiere einen Engpaß darstellen, so daß die Lombardkredite in der Regel nicht ausgeschöpft sind. Da Lombardkredite auch mit kurzer Laufzeit aufgenommen werden können, folgt daraus, daß der Lombardzins eine wirksame Obergrenze für den Tagesgeldsatz darstellt. Dies liegt daran, daß keine Geschäftsbank bereit ist, auf dem Tagesgeldmarkt einen Zinssatz über dem Lombardsatz zu zahlen, sofern sie die Alternative hat, statt dessen auf weitere Lombardkredite zurückzugreifen. Beachten Sie also, daß bei der Begründung einer Untergrenze (Diskontsatz) über das Verhalten der Kredit*geber* und bei der Begründung einer Obergrenze (Lombardsatz) über das Verhalten der Kredit*nehmer* argumentiert werden muß. Dies setzt voraus, daß Diskontkredite ein Engpaß sind und Lombardkredite nicht.

Die Funktion als Obergrenze für den Geldmarktzins übernahm der Lombardsatz allerdings nur bis etwa 1985, als die Lombardkredite zwar nicht ausgeschöpft, aber doch in relevantem Umfang in Anspruch genommen wurden. Heute ist der Umfang der Lombardkredite mit ca. 0,3 Mrd. DM pro Monat (Juni 1996) verschwindend gering, weil die Bundesbank die Kreditinstitute weitgehend über sog. Wertpapierpensionsgeschäfte mit Liquidität versorgt (vgl. Abb. 3.3). Wir gehen daher nicht weiter auf die Lombardpolitik ein und wenden uns direkt der Offenmarktpolitik zu.

3.4.2 Offenmarktpolitik

3.4.2.1 Grundgedanken der Offenmarktpolitik

Unter Offenmarktpolitik versteht man den Kauf und Verkauf von Wertpapieren durch die Zentralbank auf eigene Rechnung am offenen Markt zu Marktsätzen. Im Kern handelt es sich dabei um lombardfähige Wertpapiere. Der Begriff „offener Markt" bringt zum Ausdruck, daß die Bundesbank die Schuldtitel nicht direkt von den Emittenten (z. B. dem Staat) selbst übernehmen darf. Dies ist einsichtig, weil die direkte Übernahme eines Schuldtitels kein Offenmarktgeschäft, sondern eine der Diskont- oder Lombardpolitik zuzurechnende Kreditvergabe wäre. Grundsätzlich kann die Bundesbank Offenmarktgeschäfte auf dem Geld- oder dem Kapitalmarkt durchführen.[31] Dabei dominiert allerdings eindeutig der Geldmarkt, was auch darauf zurückzuführen ist, daß gemäß § 21 BBankG mit der Offenmarktpolitik nicht der *langfristige Zinssatz*, sondern die *Bankenliquidität* reguliert werden soll.

Die Art der Offenmarktpolitik hat sich in den letzten 20 Jahren stark verändert und wird heute eindeutig von Wertpapierpensionsgeschäften dominiert. Darunter versteht man, daß die Bundesbank Wertpapiere ankauft, die zu einem ex ante festgelegten Termin zurückgekauft werden. Bevor wir uns dieser Form der Offenmarktpolitik genauer zuwenden (Abschnitt 3.4.2.2) sei allerdings die allgemeine Wirkungsweise der Offenmarktpolitik am Beispiel festverzinslicher Wertpapiere verdeutlicht.

Abb. 3.2 zeigt zunächst, daß das Wertpapierangebot positiv und die Wertpapiernachfrage negativ mit dem Kurs korreliert ist. Dies ist einsichtig, da der Kurs und die Effektivverzinsung bei gegebener Nominalverzinsung umgekehrt proportional sind (vgl. hierzu ausführlich das Kompaktstudium Wirtschaftswissenschaften, Bd. 2: „Makroökonomie"). Im Ausgangszustand sei das Volumen an Wertpapieren W_0 und der Kurs K_0. Wir nehmen nun an, daß die Bundesbank sich zu einem zusätzlichen Ankauf von Wertpapieren in Höhe von ΔW entschließt, die sie unabhängig vom Kurs tätigen möchte. Graphisch wird dies durch eine Rechtsverschiebung der Wertpapiernachfragefunktion um ΔW dargestellt. Das Volumen an

---

[31] Die Abgrenzung zwischen Geld- und Kapitalmarkt ist fließend und richtet sich nach der Fristigkeit der Papiere.

Wertpapieren steigt auf W_1 und der Kurs auf K_1, was eine Senkung der effektiven Zinsen impliziert.

Zur Bestimmung des Geldmengeneffekts ist nun zu bedenken, daß die private Wertpapiernachfrage beim neuen Kurs nur noch W_2 statt W_0 ist und der Wertpapierankauf der Bundesbank – wie geplant – $W_1 - W_2 = \Delta W$ beträgt. Da die Bundesbank diese Wertpapiere zum Kurs K_1 ankauft und dafür mit Zentralbankgeld bezahlt, beträgt die Ausweitung der Zentralbankgeldmenge $\Delta W \cdot K_1$ (graue Fläche). Offenmarktgeschäfte führen also simultan zu einer Zins- und einer Geldmengenänderung. Dabei ist allerdings zu beachten, daß $\Delta W \cdot K_1$ ausschließlich die primäre Änderung der Zentralbankgeldmenge mißt, während die sekundären Effekte auf die Geldmengenaggregate noch nicht erfaßt sind.

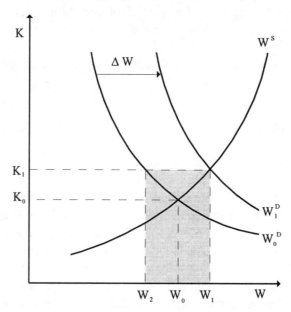

Abb. 3.2: Wirkungsweise der traditionellen Offenmarktpolitik

3.4.2.2 Wertpapierpensionsgeschäfte

Während die traditionelle Offenmarktpolitik praktisch keine Rolle mehr spielt, wird die Liquiditätsversorgung der Kreditinstitute heute primär durch Wertpapierpensionsgeschäfte gesteuert, die mittlerweile etwa den zweieinhalbfachen Umfang der Diskontkredite haben (vgl. Abb. 3.3). Unter Wertpapierpensionsgeschäften versteht man wie erwähnt den Ankauf von Wertpapieren durch die Bundesbank bei gleichzeitiger Festlegung des Rückkauftermins.

Abb. 3.4 verdeutlicht, daß der Tagesgeldsatz praktisch vollständig mit dem Satz für Wertpapierpensionsgeschäfte übereinstimmt. Ferner ist der *reale* Tagesgeldsatz abgebildet, um zu zeigen, daß seine Schwankung geringer ist als die Schwankung des *nominalen* Tagesgeldsatzes. Zur Bestimmung des *realen* Tagesgeldsatzes haben wir einfach den nominalen Tagesgeldsatz mit dem Preisindex für das Bruttoinlandsprodukt deflationiert.

Wertpapierpensionsgeschäfte haben für die Bundesbank den Vorteil, daß sie mit beliebigen Laufzeiten abgeschlossen werden können und somit hervorragend kurzfristige Schwankungen der Bankenliquidität auffangen können. Wertpapierpensionsgeschäfte sind daher – je nach Laufzeit – gleichermaßen zur Grob- und zur Feinsteuerung geeignet.

3.4 Instrumente der Geldpolitik

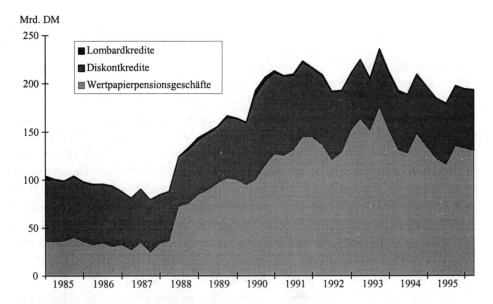

Quelle: Eigene Darstellung nach Daten der Deutschen Bundesbank.

Abb. 3.3: Volumen wichtiger geldpolitischen Instrumente

Um möglichst schnell auf Veränderungen reagieren zu können, vergibt die Bundesbank derzeit Wertpapierpensionsgeschäfte mit einer Laufzeit von rund zwei Wochen; in – meist außenwirtschaftlich begründeten – Ausnahmesituationen werden darüber hinaus auch Schnelltender mit kürzeren Laufzeiten (zwei bis zehn Tage) abgeschlossen.

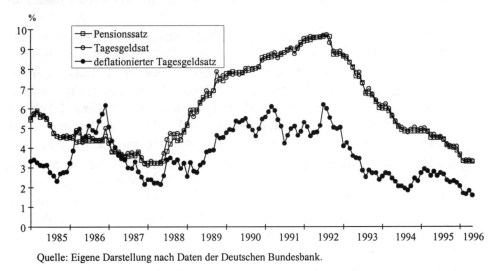

Quelle: Eigene Darstellung nach Daten der Deutschen Bundesbank.

Abb. 3.4: Pensionssatz und Tagesgeldsatz

Außenwirtschaftliche Einflüsse waren es auch, die beispielsweise im September 1992 zu einer deutlichen Reduzierung der Wertpapierpensionsgeschäfte führten. Wegen der Interventionsverpflichtung im Europäischen Währungssystem (EWS) mußte die Bundesbank Devisen ankaufen, wodurch sich die Zentralbankgeldmenge erhöhte.[32] Den unerwünschten Geldmengeneffekt verminderte die Bundesbank, indem sie den Ankauf von Wertpapieren reduzierte und damit die Herausgabe von Zentralbankgeld einschränkte. Zu klären bleibt schließlich noch die Frage, wie die Bundesbank darüber entscheidet, mit welchen Kreditinstituten wieviele Wertpapierpensionsgeschäfte zu welchen Zinssätzen abgeschlossen wer-

---

[32] Vgl. ausführlich Abschnitt 3.5.

den. Dazu gibt es grundsätzlich zwei Verfahren, den sog. Mengentender und den Zinstender:

1. Beim *Mengentender* fixiert die Bundesbank autonom den Zinssatz und das Gesamtvolumen an Wertpapierpensionsgeschäften, das sie anbieten will. Die Kreditinstitute geben dann an, welches Volumen an Wertpapierpensionsgeschäften (mindestens 1 Mio. DM) sie zu dem vorgegebenen Zinssatz abzuschließen bereit sind. Übersteigt die von den Kreditinstituten insgesamt gewünschte Menge die Mengenvorgabe der Bundesbank, so erfolgt eine Aufteilung gemäß den Mengenangeboten (d. h., wenn die gewünschte Gesamtmenge beispielsweise dreimal so hoch ist wie die vorgegebene Menge, so erhält jedes Kreditinstitut ein Drittel der gewünschten Menge). Dies liefert für die Kreditinstitute zwar einerseits einen Anreiz, ihre Gebote zu überziehen, doch müssen sie dann andererseits damit rechnen, daß sie zuviel Zentralbankgeld erhalten, sofern die von allen Kreditinstituten zusammen geäußerte Menge unter der von der Bundesbank vorgegebenen Maximalmenge liegt.

   In der Praxis wird der Mengentender dann angewendet, wenn die Bundesbank einen eindeutigen Zinseffekt realisieren möchte. Dies wurde beispielsweise um den Jahreswechsel 1993/94 durchgeführt, wobei sich eine interessante Ausnahmesituation ergab: Da die meisten Kreditinstitute mit recht schnell eintretenden Zinssenkungen rechneten, erschien ihnen der von der Bundesbank vorgegebene Zins zu hoch. In der Hoffnung auf sinkende Zinsen verzichteten sie daher auf Gebote, was zu einem allgemeinen Liquiditätsengpaß führte. Da die Bundesbank diesen nicht durch Feinsteuerungsmaßnahmen (d. h. sehr kurzfristige neue Wertpapierpensionsgeschäfte) abbaute, mußten viele Kreditinstitute am Monatsende ihre Mindestreserven durch die Aufnahme teurer Lombardkredite abdecken.

2. Beim *Zinstender* gibt die Bundesbank lediglich das maximale Gesamtvolumen der Wertpapierpensionsgeschäfte sowie einen Mindestzinssatz als Orientierungshilfe vor und nimmt Gebote der Kreditinstitute entgegen, welche Mengen an Wertpapierpensionsgeschäften sie zu welchen Zinsen abschließen wollen. Dabei sind Staffelungen bis zu 0,01 Prozentpunkten möglich. Hinsichtlich der Zuteilung der festgelegten Gesamtmenge auf die Kreditinstitute lassen sich das sog. holländische und das amerikanische Zuteilungsverfahren unterscheiden:

   a) Bis Herbst 1988 wurde beim Zinstender ausschließlich das *holländische* Zuteilungsverfahren angewendet. Dabei werden die Wertpapierpensionsgeschäfte den Kreditinstituten in der Reihenfolge ihrer Gebote zugeteilt, der zugrunde gelegte Zinssatz ist aber – unabhängig von den jeweiligen Zinsgeboten – für alle Kreditinstitute identisch.

   b) Seit Ende 1988 verwendet die Bundesbank das *amerikanische* Zuteilungsverfahren. Wie immer beim Zinstender werden die Wertpapierpensionsgeschäfte mit den Kreditinstituten in der Reihenfolge ihrer Gebote abgeschlossen, doch entspricht der Zinssatz nun auch den jeweiligen, individuellen Geboten. Das amerikanische Verfahren liefert demnach größere Anreize, die Gebote nicht zu überziehen, da beim holländischen Verfahren die Möglichkeit besteht, trotz hoher Zinsgebote nur einen niedrigen Zins entrichten zu müssen.

Den Vorteil des Zinstenders gegenüber dem Mengentender sieht die Bundesbank darin, daß sie Informationen über die Zinserwartungen der Kreditinstitute erhält (beispielsweise bedeuten niedrige Gebote, daß die Kreditinstitute mit Zinssenkungen rechnen und deshalb erst einmal keine Wertpapierpensionsgeschäfte abschließen möchten). Dies kann allerdings auch Probleme aufwerfen: Liegen die

Zinsgebote beispielsweise weit unter den Vorstellungen der Bundesbank, so reduziert diese die Menge nachträglich, um eine „konzertierte Aktion" der Kreditinstitute zur Senkung der Zinssätze zu unterbinden.

Machen Sie sich abschließend klar, daß Wertpapierpensionsgeschäfte im Unterschied zur traditionellen Offenmarktpolitik folgende, für die Bundesbank günstige Eigenschaften aufweisen:

– Der Geldmengeneffekt (präziser: der Zentralbankgeldmengeneffekt) und der primäre Zinseffekt können beliebig miteinander kombiniert werden. Beispielsweise kann die Bundesbank das Volumen der Wertpapierpensionsgeschäfte zwecks Abschöpfung von Liquidität reduzieren, ohne gleichzeitig eine Zinserhöhung durchführen zu müssen.

– Die Zufuhr und der Entzug von Liquidität sind genau steuerbar, so daß Wertpapierpensionsgeschäfte gut als Grob- und Feinsteuerungsinstrumente einsetzbar sind.

3.4.3 Mindestreservepolitik

Die grundsätzliche Wirkungsweise der Mindestreservepolitik wurde bereits in Abschnitt 3.4.2 bei der Ableitung des Geldschöpfungsmultiplikators dargestellt. Eine Erhöhung der Mindestreservesätze reduziert die Geldmenge auf zweifache Weise:

– Die direkte Wirkung besteht darin, daß die Mindestreserve dem Geldkreislauf entzogen ist und die Kreditvergabemöglichkeiten der Kreditinstitute vermindert (vgl. ausführlich Abschnitt 3.2.2).

– Darüber hinaus ergibt sich eine indirekte Wirkung, weil die Mindestreserven nicht verzinst werden und daher jede Erhöhung der Mindestreservesätze ceteris paribus die Kosten der Kreditinstitute erhöht, die auf die Kreditzinsen überwälzt werden.

Tab. 3.14 zeigt, daß die Mindestreservesätze für Sichteinlagen, Termingelder und Spareinlagen lange unterschiedlich waren und darüber hinaus innerhalb der drei Kategorien unterschiedlich hohe Mindestreservesätze für die ersten 10 Millionen, die Beträge zwischen 10 und 100 Millionen und über 100 Millionen galten. Die unterschiedlich hohen Sätze für die drei unterschiedlichen Geldanlagen sollten dabei den unterschiedlichen Liquiditätsgrad zum Ausdruck bringen.

Nachdem 1986 zunächst die Progressionsstufen bei Termineinlagen und Spareinlagen mit gesetzlicher Kündigungsfrist abgeschafft wurden, nahm die Bundesbank im März 1993, im März 1994 und im August 1995 weitere drastische Änderungen der Mindestreservesätze vor: Die Sätze für Termingelder und Spareinlagen wurden auf 2 % bzw. 1,5 % herabgesetzt und der Mindestreservesatz für Sichteinlagen – nun ebenfalls unter Abschaffung der Progression – auf 2 % reduziert.

Der Grund für die enormen Mindestreservesenkungen ist, für Wettbewerbsgleichheit mit Euroanlagen inländischer Nichtbanken zu sorgen, die in den letzten Jahren stark angestiegen sind. Da solche Anlagen nicht der Mindestreservepflicht unterliegen, entsteht durch diese Mindestreservesenkung für die Banken eine Kostenersparnis, die in Form höherer Haben- oder niedrigerer Sollzinsen an die Kunden weitergegeben werden kann.[33]

---

[33] Nach Schätzungen der Bundesbank ermäßigt sich das Reservesoll der Banken durch die jüngste Mindestreservesenkung um 7 Mrd. DM auf 36 Mrd. DM. Bei einem Refinanzierungszinssatz von 5 % beträgt die Kostenersparnis 7·0,05 = 0,35 Mrd. DM.

	Sichteinlagen			Termineinlagen			Spareinlagen		
	Progressionsstufe[b]			Progressionsstufe[b]			Progressionsstufe[b]		
	1	2	3	1	2	3	1	2	3
	bis 10. Mio. DM	über 10 bis 100 Mio. DM	über 100 Mio. DM	bis 10. Mio. DM	über 10 bis 100 Mio. DM	über 100 Mio. DM	bis 10. Mio. DM	über 10 bis 100 Mio. DM	über 100 Mio. DM
1. Mai 1980	8,45	11,45	13,45	6,00	8,00	9,45	5,60	5,80	6,00
1. Sept. 1980	7,65	10,30	12,10	5,40	7,20	8,50	5,00	5,20	5,40
1. Febr. 1981	7,10	9,60	11,25	5,00	6,70	7,95	4,65	4,85	5,00
1. Okt. 1982	6,40	8,65	10,15	4,50	6,00	7,15	4,20	4,35	4,50
1. Mai 1986	6,00	9,00	11,00		4,50			3,75	
1. Febr. 1987	6,60	9,90	12,10		4,95			4,15	
1. März 1993	6,60	9,90	12,10		2,00			2,00	
1. März 1994		5,00			2,00			2,00	
1. Aug. 1995		2,00			2,00			1,50	

[a] Angaben in % der reservepflichtigen Verbindlichkeiten gegenüber Gebietsansässigen.
[b] Für die ersten 10. Mio. DM gilt der Satz der Progressionsstufe 1; für die nächsten 90 Mio. DM der Satz der Progressionsstufe 2 usw.

Quelle: Deutsche Bundesbank.

Tab. 3.14: Die Entwicklung der Mindestreservesätze[a] ab 1980

Einschränkend muß allerdings hinzugefügt werden, daß sich der Effekt dadurch abschwächt, daß die Anrechenbarkeit der Kassenbestände der Kreditinstitute auf die Mindestreserve zunächst von 50 % auf 25 % reduziert und schließlich im August 1995 ganz abgeschafft wurde. Mit „Anrechenbarkeit der Kassenbestände" ist gemeint, daß beispielsweise 200 DM in der Kasse eines Kreditinstituts bei einem Anrechnungssatz von beispielsweise 25 % die Mindestreserve bisher um 50 DM reduzierte, was nun nicht mehr möglich ist. Ursprünglich zur Verringerung des Geldtransportrisikos eingeführt, soll die Abschaffung der Anrechnung nun als Anreiz dazu dienen, die Kassenhaltung der Banken effizienter zu gestalten. Einigen Leser/innen wird vielleicht schon aufgefallen sein, daß die Kreditinstitute in jüngster Zeit verstärkt darum bitten, größere Abhebungen vorher anzukündigen, weil sie ihre Kassenbestände infolge der gesunkenen Anrechnungsmöglichkeit reduziert haben.

Abschließend sei darauf hingewiesen, daß die Mindestreservepolitik früher eindeutig der geldpolitischen Grobsteuerung zugerechnet wurde, weil die Mindestreservesätze aus Gründen der Planungssicherheit nicht ständig variiert werden sollten. Allerdings hat sich diese Einordnung mit der wachsenden Bedeutung der Offenmarktpolitik geändert, so daß mit der Mindestreservepolitik heute eigentlich weniger eine Liquiditätssteuerung angestrebt wird, sondern sie soll eher den Einsatz der übrigen geldpolitischen Instrumente durch eine Stabilisierung der Zentralbankgeldnachfrage unterstützen. Dies ist durch die jüngsten Mindestreservesenkungen bekräftigt worden.

3.4.4 Liquiditätssteuerung über den Devisenmarkt

Ähnlich wie mit Wertpapierpensionsgeschäften kann die Bundesbank die Liquidität der Kreditinstitute auch über sog. Devisenpensionsgeschäfte und Devisenswapgeschäfte sehr kurzfristig steuern. Beide Instrumente sind daher der geldpolitischen Feinsteuerung zuzurechnen.

Devisenpensionsgeschäfte

Unter einem Devisenpensionsgeschäft versteht man, daß die Bundesbank den Herausgabeanspruch auf Auslandsaktiva (z. B. festverzinsliche Wertpapiere) gegen Zentralbankgeld befristet an Kreditinstitute abtritt, indem sie diese zu einem Kassakurs verkauft und zu einem vornherein vereinbarten Terminkurs später wieder kauft, der höher ist als der Kassakurs (ansonsten hätten die Kreditinstitute keinen Anreiz, ein solches Geschäft abzuschließen). Der Ausdruck „befristet" bringt dabei zum Ausdruck, daß das betreffende Wertpapier im Eigentum der Bundesbank bleibt und sie auch die Zinsen daraus erhält. Da die Kreditinstitute also weder Dollar noch sonst irgendwelche liquidisierbaren Aktiva von der Bundesbank erhalten, handelt es sich im Kern – wie bei Wertpapierpensionsgeschäften – um einen Kredit von Kreditinstituten an die Zentralbank, mit der die Zentralbank Liquidität auf genau festgelegte Zeit entziehen kann. Nach Ablauf der vereinbarten Zeit geht der Herausgabeanspruch wieder auf die Bundesbank über, und die Differenz zwischen der Zahlung der Kreditinstitute im Zeitpunkt t_0 und der Bundesbank im Zeitpunkt t_1 ist der Zinssatz.

Devisenswapgeschäfte

Bei expansiven Devisenswapgeschäften kauft die Bundesbank z. B. Dollar per Kasse und verkauft sie gleichzeitig per Termin; die am Kassakurs gemessene prozentuale Differenz zwischen Kassa- (w_K) und Terminkurs (w_T) bezeichnet man als Swapsatz (s):[34]

$$(3.28) \qquad s = \frac{w_K - w_T}{w_K} \ .$$

Machen Sie sich klar, daß die Höhe des Swapsatzes am Devisenmarkt im Gleichgewicht der Zinsdifferenz zwischen Auslandszins (i_A) und Inlandszins (i_I) entsprechen muß, weil am Ende jeder der Beteiligten wieder die gleiche Währung in den Händen hat wie zu Beginn. Lassen Sie uns diesen Punkt noch etwas ausführlicher erläutern. Dazu nehmen wir beispielsweise an, daß der Zinssatz in der BRD 5 % und in den USA 10 % beträgt, die heute gekauften Dollar in einem Jahr wieder verkauft werden sollen und der aktuelle Wechselkurs 2 DM : 1 $ beträgt ($w_K = 2$). Somit besteht nur dann ein Anreiz zum Kauf von Dollar heute und Verkauf in einem Jahr, wenn der Terminkurs mindestens (wie weiter unten noch bestimmt wird) 105/55 ≈ 1,91 beträgt. Für $w_K = w_T = 2$ ließe sich z. B. über eine Anlage von 100 DM in Dollar ein um 5 DM höherer Zinsgewinn erzielen. Umgekehrt bestünde ein Anreiz zum Verkauf und Rückkauf der Dollar, wenn der Terminkurs z. B. 1,8 beträgt, denn dann ließe sich bei 50 $ auf diese Weise ein Zinsgewinn von 3,33 $ erzielen. Der gleichgewichtige Terminkurs, d. h. der Terminkurs, bei welchem weder durch Kauf noch Verkauf von US-$ höhere Zinseinnahmen erzielt werden können, kann auf einfache Weise hergeleitet werden. Im Gleichgewicht muß gelten:[35]

$$(3.29) \qquad \underbrace{A_0(1+i_I)}_{\text{DM in } t_1} = \underbrace{\underbrace{A_0 \cdot \underbrace{\frac{1}{w_K}}_{\text{\$ in } t_0} \cdot (1+i_A)}_{\text{\$ in } t_1} \cdot w_T}_{\text{DM in } t_1},$$

d. h. der Gewinn in Periode 1 muß immer der gleiche sein, unabhängig davon, wo die Geldanlage erfolgt. Auflösen von (3.29) nach w_T ergibt:

$$(3.30) \qquad w_T^* = \frac{(1+i_I) w_K}{1+i_A} \ .$$

Für unser Beispiel ergibt sich ein gleichgewichtiger Terminkurs von

$$(3.31) \qquad w_T^* = \frac{(1+0,05) \cdot 2}{1+0,1} \approx 1,91 \ .$$

Da der Terminkurs bereits heute vereinbart wird, spielen auch unterschiedliche Erwartungsbildungen keine Rolle, da das Risiko bei Devisenswapgeschäften Null ist. Weil mit dem Terminkurs ja auch der Swapsatz feststeht (vgl. Gleichung (3.31)), ist der Swapsatz eindeutig von den Zinsdifferenzen abhängig.

---

[34] Hierbei wird implizit angenommen, daß die Laufzeit des Termingeschäfts genau ein Jahr beträgt. Für kürzere Laufzeiten ist die Formel (3.28) mit 360/n zu gewichten (n = Laufzeit in Tagen).

[35] Diese Gleichgewichtsbedingung ist für den Fall "Kauf und Verkauf von $" formuliert. Den spiegelbildlichen Fall "Verkauf und Rückkauf von $" erhält man durch Multiplikation von (3.28) mit w_K und Division durch w_T, so daß (3.28) auch das Marktgleichgewicht beschreibt.

Auch Devisenswapgeschäfte wirken im Prinzip wie Wertpapierpensionsgeschäfte, da sie – beim Ankauf von Dollar – eine zeitlich begrenzte Zuführung von Zentralbankgeld implizieren.

Der Unterschied zu Wertpapier- wie zu Devisenpensionsgeschäften ist allerdings, daß sich bei Devisenswapgeschäften die Netto-Auslandsaktiva der Bundesbank verändern.[36] Dadurch können unbeabsichtigte Nebenwirkungen entstehen: Wenn die Bundesbank beispielsweise im großen Umfang US-Schatzwechsel-Anlagen, in denen sie ihre Dollarguthaben normalerweise hält, in den USA auflöst, um ein restriktives Devisenswapgeschäft durchzuführen, kann dies einen unerwünschten Anstieg der Rendite von US-Schatzwechseln bewirken.

Sowohl Devisenpensions- als auch Devisenswapgeschäfte können mit beliebig kurzer Laufzeit abgeschlossen werden und sind daher wie erwähnt als Feinsteuerungsinstrumente geeignet. In der Praxis werden Devisenswapgeschäfte von der Bundesbank derzeit fast nur zur verstärkten Versorgung der Kreditinstitute mit Liquidität eingesetzt, d. h. es werden z. B. Dollar per Kasse gekauft und per Termin verkauft. Umgekehrt werden Devisenpensionsgeschäfte zum Entzug von Liquidität eingesetzt.

3.5 Konzeptionen und Kontroversen der Geldpolitik

Nach der grundlegendsten Erläuterung der Geldschöpfung und der Einführung elementarer Geldmengenkonzepte in Abschnitt 3.2 sowie der Darstellung der Wirkungsweise der wichtigsten geldpolitischen Instrumente in Abschnitt 3.4 können wir uns nun mit geldpolitischen Konzeptionen beschäftigen. Dabei geht es in erster Linie um zwei zusammenhängende Fragen:

– erstens, welche Ziele mit der Geldpolitik verfolgt werden sollen und welches Gewicht den einzelnen Zielen zukommt, d. h. beispielsweise, ob die geldpolitischen Instrumente in erster Linie zur Stabilisierung des Preisniveaus oder zur Beeinflussung des Zinssatzes eingesetzt werden sollen

– und zweitens, welche Beziehungen zwischen monetären (z. B. Zentralbankgeldmenge, Preisniveau und Zinssatz) und realen Variablen (z. B. Sozialprodukt und Beschäftigung) bestehen.

In den Abschnitten 3.2 und 3.4 wurde an verschiedenen Stellen bereits darauf hingewiesen, daß die Bundesbank als Zwischenziel ihrer Geldpolitik ein Geldmengenziel verwendet, wobei dies bis 1987 durch die Zentralbankgeldmenge und seither durch M3 konkretisiert wird.[37] Dahinter stehen als Grundgedanken

– daß das Hauptziel der Geldpolitik die Wahrung eines stabilen Preisniveaus und nicht die – konjunkturabhängige – Beeinflussung realer Größen ist

– und eine mittelfristig stabile Beziehung zwischen den verwendeten Geldmengenaggregaten und dem Preisniveau besteht.

Dabei handelt es sich zwar um die international dominierende Sichtweise, die auch der Auffassung anderer Zentralbanken entspricht, doch ist sie keineswegs unumstritten. Lange Zeit operierte man sowohl in den USA als auch in Deutschland nicht mit Geldmengenaggregaten, sondern mit anderen Zwischenzielen der

---

[36] Bilanztechnisch formuliert, führen Devisenswapgeschäfte – je nach Richtung – zu einer Bilanzverkürzung bzw. -verlängerung. Wertpapier- und Devisenpensionsgeschäfte stellen demgegenüber einen Passivtausch dar, weil die Verbindlichkeiten gegenüber Kreditinstituten zunehmen.

[37] Wie erwähnt, verzichtet die Bundesbank auf die Unterscheidung von Indikatoren und Zwischenzielen der Geldpolitik.

Geldpolitik. In den USA wurde bis Ende der siebziger Jahre der Zinssatz und in Europa die Bankenliquidität als Zwischenziel verwendet.

Dies war in den USA hauptsächlich darauf zurückzuführen, daß die Staatsverschuldung mit über 100 % des Bruttoinlandsprodukts nach dem zweiten Weltkrieg sehr hoch war, so daß die Zinshöhe für die Rückzahlung der öffentlichen Schulden von großer Bedeutung war. Die Ablösung des Zinsziels durch das Geldmengenziel hatte sowohl theoretische als auch praktische Gründe: Unter theoretischen Gesichtspunkten setzte sich mit dem Monetarismus in den siebziger Jahren eine Richtung durch, die sich eindeutig für die Geld- und gegen die Zinssteuerung aussprach. Unter praktischen Gesichtspunkten mußte die hohe Inflationsrate durch eine restriktive Geldpolitik bekämpft werden. Da eine restriktive Geldpolitik aber normalerweise zu hohen Zinsen führt und die Zentralbank als Zwischenziel nicht einen hohen zweistelligen Zins formulieren konnte, ohne scharf in die Kritik zu geraten, wurde das Zinsziel durch das Geldmengenziel abgelöst.

Auch in der Bundesrepublik Deutschland spielte der Siegeszug des Monetarismus in der Wirtschaftstheorie eine wichtige Rolle, während unter praktischen Gesichtspunkten hinzukam, daß die Banken durch die Internationalisierung der Kapitalmärkte die Möglichkeit hatten, Liquiditätsüberschüsse und -defizite über internationale Geldmärkte auszugleichen. Die Zentralbankgeldmenge und später M3 erschienen daher als geeignetere Zwischenziele der Geldpolitik.

Abschnitt 3.5 ist folgendermaßen aufgebaut: Wir skizzieren zunächst unterschiedliche Auffassungen hinsichtlich der Frage, ob die Geld- und besonders die Zinspolitik zur Beeinflussung realer Größen im Konjunkturauf- und -abschwung geeignet ist (Abschnitt 3.5.1). Eine expansive Geldpolitik im Konjunkturabschwung wird von den Anhängern einer solchen Strategie aber nicht nur mit der Hoffnung auf sinkende Zinsen, sondern auch mit der Annahme begründet, daß eine hohe Inflationsrate über sinkende Reallöhne die Beschäftigung direkt anregen und damit aus der Krise hinaus führen könne. Dies ist der Grundgedanke der berühmten *Phillips*-Kurve, die in Abschnitt 3.5.2 ausführlich diskutiert wird. Da die Kontroverse um die *Phillips*-Kurve direkt in den Monetarismus führt, werden dessen geldpolitische Vorstellungen in Abschnitt 3.5.3 skizziert. Daran anschließend werden die schon mehrfach angerissenen geldpolitischen Konzepte der Bundesbank und des Sachverständigenrates erläutert (Abschnitt 3.5.4). Da – wie gerade erwähnt – sowohl die Monetaristen als auch die pragmatischeren Konzepte von Bundesbank und Sachverständigenrat auf die Geldmengensteuerung setzen, muß abschließend zu Abschnitt 3.5 überlegt werden, welche praktischen Probleme sich bei der Geldmengensteuerung ergeben (Abschnitt 3.5.5).

Im Kern greifen wir also die bereits im Kompaktstudium Wirtschaftswissenschaften, Bd. 2: „Makroökonomie" anhand verschiedener Modelle diskutierte Frage wieder auf, welche Beziehung nach unterschiedlichen Auffassungen zwischen monetären und realen Größen besteht und welche Schlußfolgerungen sich daraus für die Geldpolitik ergeben.

3.5.1 Grundgedanken und Schwierigkeiten der diskretionären Geldpolitik

3.5.1.1 Grundsätzliche Überlegungen

Unter einer diskretionären Wirtschaftspolitik wird – wie in Abschnitt 2.1 ausführlich erläutert – der fallweise Einsatz wirtschaftspolitischer Instrumente zur Dämpfung konjunktureller Schwankungen verstanden. Die entscheidende Größe ist dabei die Beschäftigung, allerdings kann ein Ziel auch darin bestehen, Inflationstendenzen im Boom durch eine restriktive Politik abzuschwächen. Der Grundgedanke einer diskretionären Geldpolitik besteht darin, über Veränderungen des Zinssatzes die Investitionen und damit die gesamtwirtschaftliche Nachfrage zu beeinflussen. Dabei kann – beispielsweise über eine Reduktion der Leitzinsen oder der Zinsvorgabe beim Mengentender bei Wertpapierpensionsgeschäften – direkt am Zins selbst angesetzt oder eine indirekte Zinsverminderung über eine Geldmengenausweitung angestrebt werden.

Die zweite Vorgehensweise kann man sich am einfachsten verdeutlichen, indem man im IS-LM-Modell (ohne keynesianisches Totalmodell!) argumentiert (vgl. Abb. 3.5): Eine Erhöhung der Geldmenge (beispielsweise über eine Verminderung der Mindestreservesätze oder einen verstärkten Einsatz von Wertpapierpensionsgeschäften) führt zu einer Rechtsverschiebung der LM-Kurve, wodurch bei gegebener IS-Funktion die Zinsen sinken und die Investitionen sowie Sozialprodukt und Beschäftigung steigen.

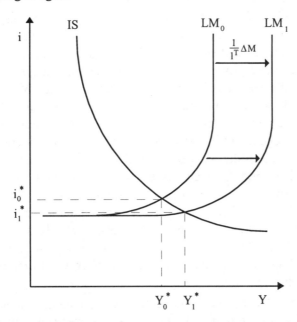

Abb. 3.5: Geldmengenausweitung im IS-LM-Modell

Nun ist dieses „schöne" Ergebnis im IS-LM-Modell allerdings mit größter Skepsis zu beurteilen. Erinnern Sie sich zunächst daran (oder schlagen Sie dies bitte im Kompaktstudium Wirtschaftswissenschaften, Bd. 2: „Makroökonomie" nach), daß im reinen IS-LM-Modell das Preisniveau als konstant betrachtet wird und daher die gestiegene Liquidität zu sinkenden Zinsen führt. Verwendet man dagegen die etwas längerfristige Betrachtung, die dem zurecht als neoklassische Synthese bezeichneten keynesianischen Totalmodell zugrunde liegt, so ergeben sich zwei wesentliche Argumente gegen den Einsatz der Geldpolitik zur Konjunktursteuerung:

- Im „Normalfall" – d. h. außerhalb der Investitions- und der Liquiditätsfalle – gibt es gar keinen Grund zu geldpolitischen Eingriffen, weil die Marktmechanismen nach einer exogenen Störung ohnehin zurück zum Vollbeschäftigungsgleichgewicht führen. Außerdem wäre eine Erhöhung der Geldmenge auch ganz sinnlos, weil diese lediglich zu einem proportionalen Anstieg des Preisniveaus führt, ohne daß sich reale Effekte für das Sozialprodukt und die Beschäftigung ergeben.
- Unterbeschäftigungsgleichgewichte entstehen im keynesianischen Totalmodell aber genau dadurch, daß der Zinsmechanismus – und damit der Transmissi-

onsmechanismus von der monetären zur realen Sphäre – an einer entscheidenden Stelle unterbrochen ist (auf den dritten *Keynes*-Fall starrer Nominallöhne kommen wir erst im Abschnitt 3.5.2 zurück): In der Investitionsfalle führt die Geldmengenausweitung zwar zu sinkenden Zinsen, aber die Investitionen sind definitionsgemäß zinsunelastisch. In der Liquiditätsfalle können die Zinsen nicht weiter gesenkt werden, weil alle Anleger mit steigenden Zinsen rechnen und das Geld daher in der *Keynes*schen „Spekulationskasse" verschwindet. Bei direkten zinspolitischen Maßnahmen könnte man sich dies auch so vorstellen, daß beispielsweise Diskontsatzsenkungen zu keiner weiteren Verminderung der Geld- und Kapitalmarktzinsen führen.

Während diese Punkte kritisch gegen das IS-LM-Modell eingewendet werden können, ist andererseits zu bedenken, daß die grundsätzliche Bedeutungslosigkeit der Geldpolitik im keynesianischen Totalmodell ihrerseits auf sehr strengen Prämissen beruht, die ihre umstandslose Übertragung auf die Realität verbieten:

- Das IS-LM-Modell kommt zu seinem Recht, wenn davon ausgegangen wird, daß Geldmengenänderungen zunächst zu Zinsänderungen und erst mit erheblicher Zeitverzögerung zu Preisniveauveränderungen führen. Genau dies ist aber sowohl theoretisch selbstverständlich als auch empirisch gut abgesichert, weil beispielsweise die Geschäftsbanken auf Änderungen der Mindestreservesätze oder gar der Leitzinsen normalerweise sehr schnell mit Änderungen der Kreditzinsen reagieren. Preisniveauänderungen stellen sich dagegen erst als Folge einer gestiegenen effektiven Nachfrage ein, die zu einem erhöhten Sozialprodukt führt, sofern die Kapazitäten nicht bereits im Ausgangszustand vollständig ausgelastet sind. Letzteres wäre aber eine Situation, in der ohnehin kein Grund für expansive geldpolitische Maßnahmen besteht. Bleibt man in der Modellogik, so ist es daher keineswegs selbstverständlich, bei der Beurteilung der diskretionären Geldpolitik über das keynesianische Totalmodell statt lediglich über das IS-LM-Modell zu argumentieren. Im reinen, kurzfristiger orientierten IS-LM-Modell schneidet die Geldpolitik aber wesentlich besser ab als im keynesianischen Totalmodell.

- Die Vorstellung, daß stabile Unterbeschäftigungsgleichgewichte lediglich bei zinsunelastischen Investitionen (Investitionsfalle) oder einer völlig zinsunelastischen Geldnachfrage (Liquiditätsfalle) entstehen können, ist sehr restriktiv. So mag es auch exogene Störungen, wie beispielsweise eine Erhöhung der Ölpreise geben, die über einen so langen Zeitraum zur Unterbeschäftigung führen, daß man diese nicht einfach hinnehmen kann. Außerdem besteht kein Grund zu der Annahme, daß die im keynesianischen Totalmodell exogen gegebenen Größen, wie die Umlaufgeschwindigkeit des Geldes oder die Gewinnerwartungen (diese bestimmen die Investitions- und damit auch die IS-Funktion), im Anpassungsprozeß nach exogenen Störungen wirklich konstant sind. Schwanken sie, so kann dies die Ungleichgewichte verschärfen.

- Schließlich zeigt ein schlichter Blick auf die Realität, daß konjunkturelle Schwankungen der Normalfall sind (vgl. Abschnitt 2.2), wofür es auch gute theoretische Argumente gibt.

Diese Überlegungen zeigen, daß die Möglichkeiten der Geldpolitik zur Beeinflussung realer Größen nicht von vornherein so negativ eingeschätzt werden müssen, wie dies auf Grundlage des keynesianischen Totalmodells der Fall ist. Doch geht es beim Einsatz der Geldpolitik zur Konjunktursteuerung nicht um *irgendeine*, sondern um eine gezielte Variation von Sozialprodukt und Beschäftigung, da die diskretionäre Geldpolitik im Boom kontraktiv und in der Rezession expansiv wirken soll.

3.5 Konzeptionen und Kontroversen der Geldpolitik 69

Die weit verbreitete Skepsis gegenüber der diskretionären Geldpolitik richtet sich daher in erster Linie auf praktische Schwierigkeiten bei der Dosierung der Geldpolitik, auf Unsicherheiten über ihre exakte Wirkungsweise und auf die Bestimmung ihres richtigen Zeitpunkts. Der letzte Punkt wird unter dem Stichwort der Lag-Problematik diskutiert und wird uns bei der Einschätzung der Fiskalpolitik erneut begegnen. Wir werden ihm daher im folgenden recht ausführlich nachgehen.

3.5.1.2 Die Lag-Problematik

Unter der Lag-Problematik wird verstanden, daß sich von der Wahrnehmung eines konjunkturellen Problems bis zur realen Wirkung konjunktureller Maßnahmen verschiedene *time lags* einstellen, die im Extremfall dazu führen können, daß die Maßnahmen gar nicht anti-, sondern prozyklisch wirken. Üblicherweise werden der Erkenntnislag, der Handlungslag und der Wirkungslag voneinander unterschieden:

1. Der *Erkenntnislag* bezeichnet die Zeitspanne von der wirklichen Veränderung der Konjunkturlage bis zu ihrer Feststellung durch die relevanten Entscheidungsträger. Der Erkenntnislag ist weitgehend unabhängig davon, welche wirtschaftspolitischen Eingriffe (z. B. geld- oder fiskalpolitischer Art) durchgeführt werden sollen. Die erste Schwierigkeit besteht darin, daß vollständig verläßliche Konjunkturindikatoren nicht zur Verfügung stehen. Zweitens werden diskretionäre Maßnahmen meist erst dann für erforderlich gehalten, wenn Beschäftigungseinbrüche zu verzeichnen sind. Eine abnehmende Beschäftigung ist als Folge einer schlechten Konjunktur aber ein typischer Spätindikator, so daß der Erkenntnislag bei Verwendung dieses Indikators entsprechend hoch ist. Insgesamt mag der Erkenntnislag bei geldpolitischen Maßnahmen aber kürzer sein als bei fiskalpolitischen, weil kaum jemand besser über wirtschaftliche Entwicklungen und deren statistische Erfassung informiert ist als die Bundesbank.
2. Unter dem *Handlungslag* versteht man die Dauer von der Erkenntnis über die Notwendigkeit wirtschaftspolitischer Maßnahmen bis zu ihrer Umsetzung. Unter diesem Gesichtspunkt schneidet die Geldpolitik eindeutig besser ab als die Fiskalpolitik, weil der Zentralbankrat der Bundesbank alleine über entsprechende geldpolitische Maßnahmen entscheiden kann und die einzelnen Vertreter des Zentralbankrats traditionell ähnliche Positionen vertreten. Den Handlungslag kann man bei der Beurteilung der Geldpolitik daher vernachlässigen.
3. Im Mittelpunkt der Problematik steht der *Wirkungslag*, worunter die Zeitspanne zwischen der Durchführung geldpolitischer Maßnahmen und den Auswirkungen auf die zu beeinflussenden realen Größen – insbesondere die Beschäftigung – verstanden wird. Innerhalb des Wirkungslags findet man häufig noch die Unterscheidung in den intermediate lag, den outside lag und den target lag:
   – Unter dem *intermediate lag* versteht man die Zeit von der geldpolitischen Maßnahme bis zur Auswirkung auf andere monetäre Größen, über die man die realen Größen steuern möchte. Beispielsweise mag die Geldpolitik am Diskontsatz ansetzen, während Investitionen eher vom langfristigen Kapitalmarktzins abhängen. Der intermediate lag wäre in diesem Fall die Zeitspanne von der Diskontsatzänderung bis zur Änderung der langfristigen Zinsen. Dabei ist zu beachten, daß eine große Unsicherheit hinsichtlich des Zusammenhangs zwischen expansiven geldpolitischen Maßnahmen und den langfristigen Zinsen besteht. Expansive geldpolitische Maßnahmen bergen nämlich stets die Gefahr zukünftiger Inflation, so daß die langfristigen

*Nominal*zinsen sogar steigen können. Dies wäre zwar belanglos, sofern sich die Unternehmen bei ihren Investitionsentscheidungen an den Realzinsen orientieren, worüber aber ebenfalls keine vollständige Information besteht.

- Mit dem *outside lag* ist die Zeit von der Änderung der gewünschten monetären Variablen (in unserem Fall den langfristigen Zinsen) bis zur Änderung einer realen Größe (in unserem Beispiel den Investitionen) gemeint. Dabei besteht natürlich – wie bei allen drei Bereichen des Wirkungslags – nicht nur ein Zeit-, sondern auch ein Unsicherheitsproblem. Erinnern Sie sich hierzu beispielsweise an die Investitionsfalle im keynesianischen Totalmodell, wo gerade für Krisenzeiten prognostiziert wird, daß die Zinselastizität der Investition vernachlässigenswert gering ist;

- der *target lag* schließlich mißt die Zeitspanne zwischen der Veränderung der realen Größe (d. h. in unserem Fall der Investitionen), die zunächst auf monetäre Änderungen reagiert bzw. reagieren soll und der realen Zielgröße (d. h. beispielsweise der Beschäftigung oder des Sozialprodukts). Das Problem besteht hier darin, daß die Beschäftigung als typischer konjunktureller Spätindikator der konjunkturellen Entwicklung hinterherhinkt. Gelingt es beispielsweise, über eine zinspolitisch induzierte Investitionssteigerung die Konjunktur zu beleben, so führt dies in vielen Unternehmen zunächst zu keiner verstärkten Arbeitsnachfrage. Dies kann erstens daran liegen, daß Arbeitsplätze im konjunkturellen Tief nur langsam abgebaut werden, so daß das erhöhte Auftragsvolumen mit dem vorhandenen Arbeitskräftebestand ohne weiteres bewältigt werden kann. Zweitens besteht seitens der Unternehmen Unsicherheit über die Dauerhaftigkeit des Aufschwungs, so daß die gestiegene Nachfrage eher durch Überstunden u. ä. als durch Neueinstellungen befriedigt wird.

Tabellarisch können wir die time lags am Beispiel einer konjunkturellen Unterauslastung und einer Diskontsatzsenkung gemäß Übersicht 3.12 darstellen.

3.5.1.3 Schlußfolgerungen

Insgesamt führen die Lag-Problematik und die Unsicherheit über die exakten Wirkungszusammenhänge dazu, daß die ganz überwiegende Mehrzahl der Ökonomen einer diskretionären Geldpolitik eher skeptisch gegenübersteht. Vereinfachend kann man allerdings sagen, daß diese Skepsis bei *Keynes*ianern und Monetaristen unterschiedlich begründet ist.

Monetaristen sind der Meinung, daß geldpolitische Maßnahmen – zumindest kurzfristig – grundsätzlich wichtige reale Auswirkungen haben (vgl. hierzu auch Abschnitt 3.5.3), daß sich die Lag- und Unsicherheitsproblematik aber nicht hinreichend in den Griff bekommen läßt. Die Lags sind vom Prinzip her bekannt, so daß man diese bei der zeitlichen Festlegung geldpolitischer Maßnahmen berücksichtigen könnte. Dies würde aber im Extremfall bedeuten, daß expansive geldpolitische Maßnahmen bereits in der Endphase des Booms durchgeführt werden müßten, weil man vermutet, daß in einigen Jahren die Rezession folgen wird und diese Zeitspanne ungefähr den time lags entspricht. Allerdings setzt dies eine präzise Kenntnis der Konjunkturzyklen, die zeitlichen Stabilität der Lags und die Konstanz der Wirkungsweisen geldpolitischer Maßnahmen voraus, was in der Realität nicht gegeben ist. Monetaristen schätzen die Wahrscheinlichkeit dafür, daß geldpolitische Maßnahmen eher pro- denn antizyklisch wirken, daher sehr hoch ein.

3.5 Konzeptionen und Kontroversen der Geldpolitik

Ereignis	Unterauslastung der Kapazitäten	Diagnose der Unterauslastung	Bundesbank senkt Diskontsatz	Langfristige Zinsen sinken	Investitionen steigen	Sozialprodukt/ Beschäftigung steigt
Zeitpunkt	t_0	t_1	t_2	t_3	t_4	t_5 → Zeit
Verzögerung		Erkenntnislag	Handlungslag	intermediate lag	outside lag	target lag
				Wirkungslag		
Sektor		Bundesbank		Geschäftsbanken	Nichtbanken	
Ursache		Positiver Erkenntnislag als Verzögerung, die mit der statistischen Erhebung und Veröffentlichung von Konjunkturdaten entsteht. Negativer Erkenntnislag bei Betrachtung von Frühindikatoren (Auftragseingang etc.) möglich.	1. Entscheidungsverzögerung wegen Diskussionsprozeß um die Einschätzung der Lage und die Auswahl der richtigen Instrumente (hier Diskontsatzsenkung). 2. Durchführungslag als Zeitspanne zwischen Entscheidung und Durchführung (bei Bundesbank gering).	Zeitspanne bis die Geschäftsbanken die gesunkenen Refinanzierungskosten an ihre Kunden in Form geringerer langfristiger Zinsen weitergegeben haben. Bei starker Konkurrenz im Bankensystem ist der intermediate lag eher klein.	Zeitspanne bis die Investoren auf gesunkene Zinsen (monetäre Größe) mit steigender Investitionsnachfrage (reale Größe) reagieren. Je höher die (kurzfristige) Zinselastizität, desto kleiner der outside lag.	Zeitspanne von der Erhöhung der Investitionen zur Erhöhung der Endzielvariablen (Sozialprodukt, Beschäftigung). Im Konjunkturaufschwung steigt z.B. die Beschäftigung erst sehr spät.

Tab. 3.15: Zeitliche Verzögerungen in der Geldpolitik

Achten Sie also darauf, daß Monetaristen einer diskretionären Geldpolitik nicht deswegen skeptisch gegenüberstehen, weil sie die Auswirkungen monetärer auf reale Größen ohnehin für gering halten! Sie glauben vielmehr, daß geldpolitische Maßnahmen wichtige realwirtschaftliche Änderungen nach sich ziehen, diese aber tendenziell zum falschen Zeitpunkt kommen. *Keynes*ianer haben meist größeres Vertrauen in öffentliche Entscheidungsträger und glauben daher eher, daß die Lag-Problematik in den Griff zu bekommen sei. Ihre Skepsis richtet sich vor allem auf die Wirksamkeit der Geldpolitik überhaupt, wobei die gering veranschlagte Zinselastizität der Investitionen in Krisenzeiten der entscheidende Punkt ist. Da der „Transmissionsmechanismus" zwischen der monetären und der realen Sphäre aber genau der Zins-Investitions-Mechanismus ist, verpuffen monetäre Versuche der Konjunkturbelebung. Diese Skepsis gegenüber den realen Auswirkungen monetärer Änderungen in Krisenzeiten begründet die wohlbekannte Bevorzugung fiskalpolitischer Maßnahmen innerhalb der keynesianischen Tradition, ohne daß allerdings positive Wirkungen einer expansiven Geldpolitik – begründet über das IS-LM-Modell – generell abgelehnt werden.

Als Ergebnis halten wir eine verbreitete, durchaus gut begründete Skepsis gegenüber einer diskretionären Geldpolitik fest, die auch vom Sachverständigenrat und der Bundesbank geteilt wird.

3.5.2 Die Kontroverse um die *Phillips*-Kurve

Bisher haben wir als möglichen „Transmissionsmechanismus" zwischen monetären und realen Größen ausschließlich den Zinssatz in Betracht gezogen. Bereits im keynesianischen Totalmodell haben wir mit dem Fall langsam reagierender Nominallöhne aber einen zweiten Mechanismus kennengelernt, der bei einer monetären Expansion zu einer Erhöhung der Beschäftigung führen kann.[38] Die Diskussion um die Bedeutung dieses Mechanismus steht im Zentrum der Kontroverse um die sog. *Phillips*-Kurve, die lange Zeit die Auseinandersetzung zwischen *Keynes*ianern und Monetaristen bestimmt hat.

3.5.2.1 Die Untersuchung von *Phillips*

Der an der London School of Economics lehrende englische Ökonom A.W. *Phillips* veröffentlichte 1958 eine Studie, in der er den Zusammenhang zwischen der Steigerung der Nominallöhne und der Arbeitslosigkeit in Großbritannien für die Zeit von 1861 – 1957 empirisch untersuchte. Dabei ergab sich der in Abb. 3.6 dargestellte Zusammenhang.

Die als *ursprüngliche Phillips-Kurve* bezeichnete Funktion hat eine negative Steigung, verläuft hyperbelförmig und schneidet die Abszisse bei einer Arbeitslosigkeit von rund 6 %. Auf den ersten Blick mag die negative Steigung der Funktion überraschen, weil diese ja bedeutet, daß die Arbeitslosigkeit um so geringer ist, je schneller die Nominallöhne wachsen. Plausibel wird der Verlauf der *Phillips*-Kurve allerdings, wenn man die kausale Interpretation zwischen der Nominallohnsteigerung und der Arbeitslosigkeit umkehrt, also nicht die Arbeitslosigkeit als Funktion der Nominallohnsteigerung, sondern die Nominallohnsteigerung als Funktion der Arbeitslosigkeit betrachtet. Es ist dann sofort einleuchtend, daß die Nominallöhne um so schneller steigen, je niedriger die Arbeitslosigkeit ist, weil

---
[38] Vgl. hierzu das Kompaktstudium Wirtschaftswissenschaften, Bd. 2: „Makroökonomie", Abschnitt 6.2.4.

sich die Verhandlungsposition der Gewerkschaften verbessert. In Zeiten hoher Arbeitslosigkeit werden sich die Gewerkschaften dagegen mit niedrigen Nominallohnsteigerungen zufriedengeben.

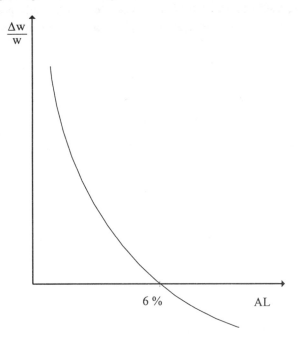

Abb. 3.6: *Die ursprüngliche Phillips-Kurve*

Der hyperbelförmige Verlauf erklärt sich dadurch, daß die Zunahme der Arbeitslosigkeit zu immer langsameren Abnahmen der Nominallohnsteigerungen führt, weil die Gewerkschaften ihre Forderungen nur unterproportional reduzieren. Die ursprüngliche *Phillips*-Kurve beschreibt in dieser Interpretation also einen naheliegenden, wenig spektakulären und insbesondere geldpolitisch bedeutungslosen Zusammenhang.

3.5.2.2 Die Modifikation von *Samuelson* und *Solow*

Anknüpfend an *Phillips*, veröffentlichen *Samuelson* und *Solow* 1960 eine empirische Untersuchung für die USA, in der sie den Zusammenhang zwischen der Arbeitslosigkeit und der *Inflationsrate* untersuchten. Gegenüber *Phillips* ersetzten sie also die Steigerung der Nominallöhne durch die Inflationsrate. Diese als modifizierte *Phillips*-Kurve bezeichnete Funktion weist gemäß Abb. 3.7 einen sehr ähnlichen Verlauf wie die ursprüngliche *Phillips*-Kurve auf.

Die Bedeutung der Ersetzung der Steigerung der Nominallöhne durch die Inflationsrate liegt darin, daß *Samuelson* und *Solow* damit gleichzeitig die kausale Interpretation umkehrten: Während *Phillips* die Nominallohnsteigerung als Funktion der Arbeitslosigkeit betrachtete, interpretierten *Samuelson* und *Solow* die Arbeitslosigkeit als Funktion der Inflationsrate. Dahinter steht die aus dem keynesianischen Totalmodell bekannte Überlegung, daß die Lohnforderungen der Gewerkschaften nur zu einem Teil real, zu einem anderen Teil aber nominal seien. Da man heutzutage aber kaum noch annehmen kann, daß die Gewerkschaften tatsächlich einer Nominallohnillusion unterliegen, besteht die Hypothese im Kern einfach darin, daß die Inflationsrate in Zeiten hoher Inflation von den Gewerkschaften systematisch unterschätzt wird. Rechnen die Gewerkschaften beispielsweise mit einer Inflationsrate von 2 % und streben sie Reallohnsteigerungen von

3 % an, so werden sie Nominallohnsteigerungen von 5 % durchzusetzen versuchen. Steigt dann die Inflationsrate auf 4 %, so sind die Reallöhne entgegen den Erwartungen der Gewerkschaften nur um 1 % gestiegen. Dies erhöht die Arbeitsnachfrage, sofern die Unternehmen die Preisniveausteigerung richtig antizipieren oder die Tarifverhandlungen die Löhne für einen längeren Zeitraum festschreiben.

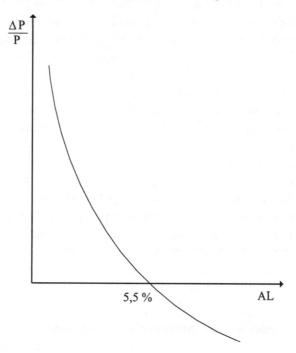

Abb. 3.7: Die modifizierte Phillips-Kurve

Eine solche Interpretation der *Phillips*-Kurve ist natürlich geldpolitisch von großem Interesse, weil sie die Möglichkeit nahelegt, die Beschäftigung im konjunkturellen Abschwung durch eine Steigerung der Geldmenge anzuregen. Der Transmissionsmechanismus verläuft von der Geldmengensteigerung (M) über die Steigerung des Preisniveaus (P) zur Senkung der Reallöhne (w/P) und zur Steigerung der Beschäftigung (A^D):

(3.32) $\qquad M\uparrow \to P\uparrow \to \dfrac{w}{P}\downarrow \to A^D\uparrow$.

In den sechziger Jahren wurde die *Phillips*-Kurve als ein sehr wichtiger Zusammenhang eingestuft, der es der Wirtschaftspolitik (insbesondere der Geldpolitik) erlaubt, auf einer „Menükarte" zwischen hohen Inflationsraten und niedriger Arbeitslosigkeit bzw. niedrigen Inflationsraten und hoher Arbeitslosigkeit auszuwählen. Der in dieser Zeit durchaus vorhandene Optimismus einer geldpolitischen Beeinflussung der Konjunktur richtete sich daher neben dem Zins- auch auf den Reallohnmechanismus.

Schon an dieser Stelle sei allerdings hinzugefügt, daß die Ersetzung der Wachstumsrate der Nominallöhne durch die Inflationsrate keineswegs die Umkehrung der Kausalität *erzwingt*. Die einfachste Erklärung der modifizierten *Phillips*-Kurve besteht nämlich darin, daß der Zusammenhang von der (geringen) Arbeitslosigkeit zur (hohen) Nominallohnsteigerung läuft und die hohen Nominallohnsteigerungen von den Unternehmen mit hohen Preissteigerungen beantwortet werden. Die Geldpolitik nimmt in dieser Sichtweise eine wesentlich passivere Rolle ein als im keynesianischen „Optimismus" der 60er Jahre, denn die Arbeitslosigkeit kann dann nicht einfach durch eine bewußt herbeigeführte Erhöhung der Inflationsrate reduziert werden.

3.5.2.3 Die monetaristische Kritik von *Phelps* und *Friedman*

Im Kern beruhte die Argumentation von *Samuelson* und *Solow* darauf, daß die Gewerkschaften hohe Inflationsraten systematisch unterschätzen. Diese Einschätzung wurde aus dem monetaristischen Lager, insbesondere von *Phelps* und *Friedman*, Ende der sechziger Jahre kritisiert. *Phelps* und *Friedman* vertraten die Auffassung, daß die Gewerkschaften adaptive (d. h. anpassende) Erwartungen über die Inflationsrate haben. Unterschätzen sie die Inflationsrate in der Periode Eins, so werden sie ihre Inflationserwartungen in der Periode Zwei nach oben korrigieren. Ein langfristiger *Phillips*-Kurven-Effekt kann sich daher nur ergeben, wenn die Inflationsrate ständig steigt: Gehen die Gewerkschaften in der Periode Eins beispielsweise von einer 2prozentigen Inflationsrate aus und stellen sie dann fest, daß diese 4 % betrug, so werden sie in der Periode Zwei bei ihren Lohnforderungen eine Inflationsrate von 4 % einkalkulieren. Ein *Phillips*-Kurven-Effekt in der Periode Zwei ergibt sich also nur, wenn die Inflationsrate über 4 % liegt. Hat sich die Inflationsrate dann in der Periode n auf beispielsweise 10 % eingependelt, so führt jede Inflationsrate über 10 % zu sinkenden und jede Inflationsrate unter 10 % zu steigenden Reallöhnen in der Periode n+1.

Diese Überlegungen könnte man auch weiterführen, indem die adaptiven Erwartungen auf die Zunahme der Inflationsraten ausgedehnt werden: Beträgt die Inflationsrate zunächst 2, dann 4 und schließlich 6 %, so erwarten die Gewerkschaften für die nächste Periode eine Inflationsrate von 8 %, so daß jede Inflation unter 8 % die Reallohnforderungen erhöht und die Beschäftigung ceteris paribus senkt. Der Kern der Argumentation von *Phelps* und *Friedman* ist also, daß nicht die Inflationsrate selbst, sondern nur nicht antizipierte *Veränderungen* der Inflationsrate den Reallohn und die Beschäftigung beeinflussen können. Eine diskretionäre, über den *Phillips*-Kurven-Effekt begründete Geldpolitik lehnen sie ab, weil bei adaptiven Erwartungen hohe Inflationsraten nur schwer abbaubar sind und der *Phillips*-Kurven-Effekt auf ständige, unvorhersehbare Steigerungen der Inflationsrate angewiesen ist.

Anfang der siebziger Jahre setzte sich die Auffassung von *Phelps* und *Friedman* zunehmend durch, was zum einen auf den allgemeinen Siegeszug des Monetarismus und zum anderen auf das empirische Phänomen der Stagflation zurückzuführen war. Während die *Phillips*-Kurve eine inverse Beziehung von Arbeitslosigkeit und Inflation ausdrückt, kam es Anfang der siebziger Jahre in der Bundesrepublik Deutschland zu einer starken Inflation bei gleichzeitig langsam steigender Arbeitslosigkeit (sog. Stagflation). Dies entsprach genau der Auffassung der Monetaristen, daß die Gewöhnung an die Inflation zu einer Rechtsverschiebung der *Phillips*-Kurve führt, weil die Inflation von den Gewerkschaften antizipiert wird.

Einschränkend ist allerdings darauf hinzuweisen, daß die Anfang und Ende der siebziger Jahre (vergleichsweise) senkrecht verlaufende *Phillips*-Kurve nicht nur mit adaptiven Erwartungen, sondern auch dann gut begründet werden kann, wenn man die Arbeitslosigkeit als die exogene und die Nominallöhne bzw. die Inflationsrate als die endogene Variable betrachtet. Denn die Interpretation der Inflationsrate als Funktion der Arbeitslosigkeit ist nur dann sinnvoll, wenn das Preissetzungsverhalten der Unternehmen sehr wesentlich von den Tarifabschlüssen bestimmt wird. Anfang und Ende der siebziger Jahre kam es aber zu den beiden Ölpreisschocks, so daß die Kosten der Unternehmen auch ohne starke

Nominallohnsteigerungen drastisch anstiegen. Die Arbeitslosigkeit und die Tarifabschlüsse sind daher nur eine erklärende Variable unter mehrern.

3.5.2.4 Das Konzept rationaler Erwartungen

Während im Konzept adaptiver Erwartungen wenigstens kurzfristige Effekte nicht ausgeschlossen werden, wird von den Anhängern der Theorie rationaler Erwartungen radikaler argumentiert. In der einfachsten Variante der Theorie rationaler Erwartungen wird angenommen, daß die Gewerkschaften (und die Unternehmen) die Inflationsrate perfekt antizipieren, so daß diese überhaupt keinen Einfluß auf die Reallöhne hat. Innerhalb der Theorie rationaler Erwartungen wird daher auch kurzfristig von einer senkrechten *Phillips*-Kurve ausgegangen, was zum Ausdruck bringt, daß die Arbeitslosigkeit völlig unabhängig von der Inflationsrate ist.

Zwar ist es sicherlich eine heroische und in dieser Form unhaltbare Annahme, daß alle in den Tarifverhandlungen Beteiligten die Inflationsrate exakt vorausberechnen können. Dies ergibt sich schon daraus, daß selbst die Bundesbank die Geldmenge und die Inflationsrate alles andere als perfekt steuern kann (vgl. ausführlich Abschnitt 3.5.5). Der entscheidende Punkt der Theorie rationaler Erwartungen läßt sich jedoch auch wesentlich weicher formulieren und besteht in der Kritik an der einfachen Vorstellung, daß hohe Inflationsraten von den Gewerkschaften systematisch unter- und niedrige Inflationsraten systematisch überschätzt werden. Realistischer scheint der Theorie rationaler Erwartungen, daß die volkswirtschaftlichen Abteilungen der Gewerkschaften aus den vorhandenen ökonomischen Rahmendaten (beispielsweise der monetären Entwicklung, der Veränderung der Importpreise und der effektiven Nachfrage) Erwartungen über die Inflationsrate bilden, so daß auch hohe Inflationsraten über- und niedrige Inflationsraten unterschätzt werden können. Deuten die ökonomischen Rahmendaten nach Auffassung der Gewerkschaften beispielsweise auf eine Inflationsrate von 10 % und beträgt diese dann „nur" 8 %, so steigen die Reallohnforderungen bei einer hohen Inflationsrate. Es gibt dann keinen Grund mehr zu der Annahme, daß ausgerechnet hohe Inflationsraten systematisch unter- und niedrige systematisch überschätzt werden. Das Grundkonzept rationaler Erwartungen setzt in unserem Zusammenhang demnach nicht vollständige Antizipation, sondern nur eine erwartungstreue Schätzung voraus. Im Ergebnis wird der kausale Zusammenhang, der von der Inflationsrate zu den Reallöhnen führen soll, also auch kurzfristig abgelehnt.

3.5.2.5 Zusammenfassende Beurteilung

Eine zusammenfassende Beurteilung der Diskussion um die *Phillips*-Kurve und ihrer geldpolitischen Schlußfolgerungen bedarf einiger differenzierender Überlegungen. Ein Blick auf Abb. 3.8 zeigt zunächst, daß eine negative Korrelation von Arbeitslosigkeit und Inflationsrate in der langfristigen Betrachtung tatsächlich gegeben ist.

Daraus lassen sich aber noch keine geldpolitischen Konsequenzen ziehen, weil der Zusammenhang einfach – wie von *Phillips* angenommen – von der Arbeitslosigkeit über die Nominallöhne zur Inflationsrate gehen kann. Die Arbeitslosigkeit als exogene Variable wäre dann – genau wie von der Theorie rationaler Erwartungen behauptet – anderweitig zu erklären und von der Inflationsrate unabhängig.

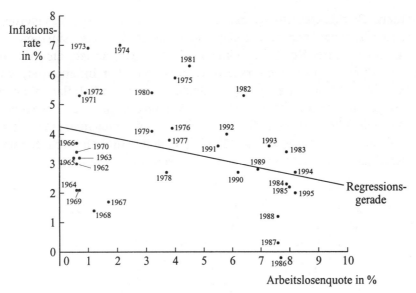

Korrelationskoeffizient: r = –0,34
Regressionsgerade: y = 4,26 – 0,20 x
Quelle: Eigene Darstellung nach Daten der Bundesanstalt für Arbeit und des Sachverständigenrates.

Abb. 3.8: Linearisierte Phillips-Kurve für Westdeutschland für den Zeitraum von 1962 bis 1995

Zeitliche Differenzierungen innerhalb der *Phillips*-Kurve (vgl. Abb. 3.9) zeigen, daß die von Monetaristen prognostizierte Rechtsverschiebung in den siebziger und (frühen) achtziger Jahren tatsächlich eingetreten ist. Dies läßt sich aber keineswegs nur mit adaptiven Erwartungen, sondern auch damit erklären, daß die Bedeutung der Nominallöhne für die Gesamtkosten der Unternehmen durch die Folgen der Ölpreisschocks abgenommen hat. Unseres Erachtens zeigen die Überlegungen, daß bei der *Phillips*-Kurve weder die Arbeitslosigkeit noch die Inflationsrate die eindeutig exogene oder endogene Variable ist: Auf der einen Seite ist klar, daß die Inflationsrate – ganz im Sinne der Lohn-Preis-Spirale – erheblich vom Verhalten der Tarifparteien bestimmt wird, das wiederum von der Höhe der Arbeitslosigkeit beeinflußt wird. Die derzeit niedrigen Inflationsraten sind daher sicher auch auf die hohe Arbeitslosigkeit (und die entsprechend eher niedrigen Nominallohnsteigerungen) zurückzuführen, und keineswegs nur auf den „konsequenten" Kurs der Bundesbank. Auf der anderen Seite ist aber klar, daß die Gewerkschaften ihre Nominallohnforderungen an den antizipierte Inflationsraten (und damit an den, durch Zusatzfaktoren modifizierten, Inflationsraten der Vergangenheit) orientieren, was das Konzept der adaptiven Erwartungen zum Ausdruck bringt. Die Linksverlagerung Ende der achtziger und Anfang der neunziger Jahre kann dann auf den Anti-Inflationskurs der Bundesbank zurückgeführt werden, der auch die Inflationserwartungen nach unten korrigierte.

Eine genauere Betrachtung des Konzepts adaptiver Erwartungen zeigt unseres Erachtens, daß dies ergänzt werden muß, um wirklich starke Argumente gegen die auf dem *Phillips*-Kurven-Effekt aufbauende diskretionäre Geldpolitik liefern zu können. Denn die Theorie adaptiver Erwartungen bestreitet im Unterschied zur Theorie rationaler Erwartungen lediglich die langfristige, aber nicht die kurzfristige Gültigkeit der *Phillips*-Kurve. Man könnte nun entgegenhalten, daß es der diskretionären Geldpolitik gerade auf kurzfristige Wirkungen ankomme: Gehen wir hierzu beispielhaft von einem konjunkturellen Tief aus und nehmen wir an, daß die Gewerkschaften bei einer erwarteten Inflationsrate von 2 % und einer gewünschten Reallohnsteigerung von ebenfalls 2 % eine Nominallohnerhöhung von

4 % fordern. Beträgt die Inflationsrate nun 4 %, so ist die Reallohnsteigerung Null, was die Beschäftigung annahmegemäß erhöht. Dauert die Krisensituation an, so ist es zur Erzielung eines Reallohneffektes in der Tat erforderlich, die Inflationsrate weiter zu erhöhen, da die Gewerkschaften nun von einer Inflationsrate von 4 % ausgehen. Dies könnte man jedoch hinnehmen, weil die Inflation umgekehrt wieder abgebaut werden kann, wenn das konjunkturelle Tief überwunden ist: Wenn die Geldpolitik im Boom für eine von den Gewerkschaften nicht antizipierte Inflationsrate sorgt, so ergeben sich überhöhte Nominallohnforderungen und steigende Reallöhne, was den konjunkturellen Aufschwung dämpft.

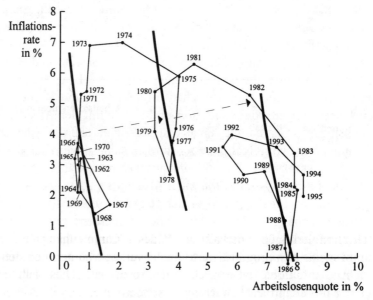

Quelle: Eigene Darstellung nach Daten der Bundesanstalt für Arbeit und des Sachverständigenrates.

Abb. 3.9: Verschiebungen der Phillips-Kurve in Westdeutschland

Die Argumentation zeigte, daß man mit der Theorie adaptiver Erwartungen alleine – im Unterschied zur Theorie rationaler Erwartungen – eine schlagende Kritik der Konjunktursteuerung über die *Phillips*-Kurve nicht begründen kann. Ergänzend lassen sich aber ähnliche Argumente ins Feld führen, mit denen schon die diskretionäre Zinspolitik abgelehnt wird. Im Kern beruhen alle Einwände darauf, daß die Wirkungszusammenhänge im einzelnen nicht hinreichend bekannt sind, um auf der *Phillips*-Kurve eine Konjunktursteuerung aufbauen zu können. Im einzelnen betrifft dies

– die Art der Erwartungsbildung: Handelt es sich um adaptive oder vielleicht doch um rationale Erwartungen, so daß der Zusammenhang auch kurzfristig nicht gilt?

– den Zusammenhang von Reallohn und Arbeitsnachfrage: Führen sinkende Reallöhne in Krisensituationen wirklich zu einer steigenden Arbeitsnachfrage oder wird diese – wie von *Keynes*ianern behauptet – gerade im konjunkturellen Abschwung viel eher von der erwarteten effektiven Nachfrage bestimmt?

– die Möglichkeit zur Steuerung der Inflationsrate. Dies ist der wichtigste Punkt, weil die Bundesbank die Inflationsrate nicht ausrufen, sondern nur indirekt über die Geldmengen- und Zinspolitik steuern kann. Dabei ergeben sich aber mindestens drei zentrale Probleme: Erstens ist der Zusammenhang zwischen Geldmenge (gemessen durch M3) und Preisniveau zwar langfristig, aber nicht kurzfristig stabil. Beim *Phillips*-Kurven-Effekt kommt es aber – wie bei der diskretionären Geldpolitik überhaupt – gerade auf die schnelle, kurzfristige Reaktion an. Zweitens kann die Bundesbank die Geldmenge keineswegs perfekt steuern, weil diese auch vom Geldnachfrageverhalten der Wirtschaftssubjekte beeinflußt wird (vgl. schon oben, Abschnitt 3.2.3 sowie unten, Abschnitt 3.5.5). Und drittens muß die Bundesbank bei ihren geldpolitischen Maßnahmen auch andere, insbesondere außenwirtschaftliche Gesichtspunkte beachten, die es ihr unmöglich machen, eine diskretionäre Inflationspolitik durchzuführen.

Obwohl somit also auch die *Phillips*-Kurve nach heute klar dominierender Auffassung eine diskretionäre Geldpolitik nicht begründen kann, ist die Frage interessant, ob denn die letztlich zentrale Behauptung einer inversen Beziehung von Inflationsrate und *Real*lohn statistisch überhaupt belegt ist. Denn genau dies war das Argument von *Samuelson* und *Solow*, das die *Phillips*-Kurve überhaupt erst in den Blickpunkt geldtheoretischer und -politischer Fragen rückte. Abb. 3.10 zeigt zwar einen negativen Zusammenhang zwischen Inflationsrate und Reallohn, der allerdings bei einem Korrelationskoeffizienten von r = –0,1 nur äußerst gering ist. Möchte man den Zusammenhang zwischen Inflationsrate und Reallohnwachstum gemäß den Überlegungen von *Samuelson* und *Solow* mit der Arbeitslosigkeit in Verbindung bringen, so ist darüber hinaus zu bedenken, daß die Arbeitsnachfrage der Unternehmen nicht vom Reallohnwachstum an sich, sondern von der Differenz aus Reallohnwachstum und Produktivitätswachstum abhängt, weil diese die Lohnstückkosten bestimmt (vgl. ausführlich Abschnitt 5.2.2). Abb. 3.11 zeigt, daß die Berücksichtigung des Produktivitätsfortschritts ebenfalls nur zu einem geringen Zusammenhang mit r = –0,08 führt. Außerdem sagt die Korrelation selbstverständlich nichts über die Kausalität des Zusammenhangs aus. So ist die Aussage keineswegs abwegig, daß die Bundesbank überhöhten Lohnsteigerungen durch einen Anti-Inflationskurs entgegenwirkt, so daß die Inflationsrate als Folge der Bundesbankpolitik auf Lohnänderungen reagiert.

Trotz aller Vorsicht scheint die Schlußfolgerung gerechtfertigt zu sein, daß die Überlegungen von *Samuelson* und *Solow* weder theoretisch noch empirisch besonders überzeugend sind. Die Entwicklung der *Phillips*-Kurve verdeutlicht lediglich den komplexen Zusammenhang zwischen Arbeitslosigkeit, Nominallohnsteigerungen, Inflationsraten und exogenen Kostenentwicklungen, wie sie in den Ölpreisschocks zum Ausdruck kamen.

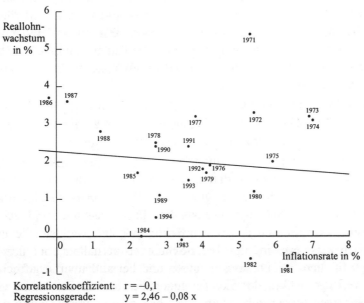

Abb. 3.10: Zusammenhang zwischen Inflationsrate und Reallohnwachstum

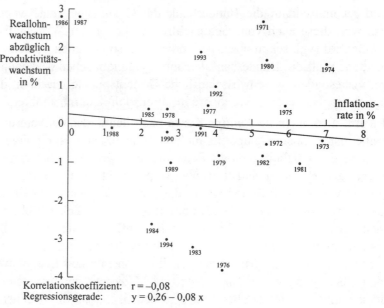

Abb. 3.11: *Zusammenhang zwischen Inflationsrate und Reallohnwachstum (abzüglich Produktivitätswachstum)*

3.5.3 Das monetaristische Konzept der potentialorientierten Geldpolitik

3.5.3.1 Das Grundkonzept

Die bisherigen Überlegungen zeigten deutlich, daß Monetaristen jeder Form der diskretionären Geldpolitik ablehnend gegenüberstehen. Diese Ablehnung erklärt sich wie erwähnt nicht aus der Annahme, daß die Geldpolitik keine realen Auswirkungen hat:

– Kurzfristig wird vielmehr angenommen, daß die Geldpolitik über die Beeinflussung der Zinsen (möglicherweise auch der Reallöhne wie im Konzept adaptiver Erwartungen) durchaus reale Auswirkungen hat, die allerdings wegen der zahlreichen und schwer prognostizierbaren zeitlichen Verzögerungen und der Unsicherheit über die Wirkungszusammenhänge kaum abschätzbar sind. Die Gefahr, daß eine diskretionäre Geldpolitik konjunkturverstärkend statt dämpfend wirkt, ist daher sehr groß.

– Langfristig gilt die Quantitätsgleichung in der ursprünglichen kausalen Interpretation, daß Erhöhungen der Geldmenge lediglich zu gleich starken Erhöhungen des Preisniveaus, aber zu keinen realen Effekten führen.

Der Sachverhalt, daß alle geldpolitischen Eingriffe über die Veränderung der Geldmenge letztlich auch die Inflationsrate beeinflussen, liefert den Monetaristen ein weiteres wichtiges Argument gegen die diskretionäre Geldpolitik. Diskretionäre Eingriffe führen zu schwankenden Inflationsraten, und schwankende Inflationsraten beeinflussen den realen Sektor negativ, weil sie die Planungssicherheit (beispielsweise im Gläubiger-Schuldner-Verhältnis, bei der Wahl des Zeitpunktes für Investitionsentscheidungen und bei außenwirtschaftlichen Transaktionen) verringern. Aus der Skepsis gegenüber der diskretionären Geldpolitik und den negativen Folgen der Inflation ergibt sich fast zwangsläufig die Schlußfolgerung, daß die wesentliche Aufgabe der Geldpolitik nur darin bestehen kann, die Inflationsrate langfristig niedrig und konstant zu halten.

Ausgehend von der Quantitätsgleichung

(3.24) $\qquad M \cdot v = Y^r \cdot P$

leiten Monetaristen daraus das Konzept einer potentialorientierten Geldpolitik ab. Darunter wird verstanden, daß die Geldmenge mit der gleichen Rate wachsen soll wie das Produktionspotential (zur Definition des Produktionspotentials vgl. oben, Abschnitt 2.2.2.2). Schreibt man die Quantitätsgleichung in Wachstumsraten, so lautet diese

(3.25) $\qquad \hat{M} + \hat{v} = \hat{Y}^r + \hat{P} \quad \text{bzw.} \quad \hat{P} = \hat{M} + \hat{v} - \hat{Y}^r$.

Gleichung (3.25) zeigt, daß die Inflationsrate (d. h. die Wachstumsrate des Preisniveaus) bei gegebener Umlaufgeschwindigkeit des Geldes Null ist, wenn die Geldmenge mit der gleichen Rate wächst wie das Sozialprodukt. Die Orientierung am Produktionspotential statt am Sozialprodukt kann man vereinfachend dahingehend interpretieren, daß die Geldmengenentwicklung langfristig ausgelegt und daher nicht durch konjunkturelle Schwankungen, die sich in einer Unterauslastung des Produktionspotentials zeigen, überlagert sein soll (wir werden darauf bei der Beschreibung des Bundesbankkonzepts in Abschnitt 3.5.4 noch genauer zurückkommen). Da negative Inflationsraten wegen der dann rationalen Verschiebung von Güterkäufen und der damit verbundenen Verringerung der effektiven Nachfrage zu realwirtschaftlichen Problemen führen, kann eine monetaristische Geldmengenregel beispielsweise darin bestehen, die Geldmenge jedes Jahr um zwei Prozentpunkte mehr als die Steigerungsrate des Produktionspotentials wachsen zu lassen, was dann zu einer konstanten Inflationsrate von zwei Prozent führen würde.

Nun zeigt Gleichung (3.25) wie erwähnt, daß der stabile Zusammenhang zwischen $\hat{P}$ einerseits und der Differenz aus $\hat{M}$ und $\hat{Y}^r$ andererseits nur dann gilt, wenn die Umlaufgeschwindigkeit des Geldes (v) konstant ist. Der monetaristischen Interpretation der Umlaufgeschwindigkeit des Geldes müssen wir daher im folgenden noch etwas genauer nachgehen.

3.5.3.2 Die Geldnachfragefunktion *Friedmans*

Wenn wir vom Monetarismus sprechen, so meinen wir hier stets nur den Monetarismus *Friedman*scher Prägung.[39] Wir behandeln daher auch nur die *Friedman*sche Geldnachfragefunktion, die wir folgendermaßen darstellen können:

(3.33) $\qquad \dfrac{L}{P} = \dfrac{L}{P}(\underset{-}{i}, \underset{-}{r}, \underset{+}{Y^P}, \underset{-}{\hat{P}})$.

L/P ist die *reale* Geldnachfrage, d. h. sie gibt an, welche Kaufkraft die Wirtschaftssubjekte durchschnittlich halten wollen. Da die Wirtschaftssubjekte keine nominale, sondern eine reale Geldhaltung anstreben, ist L/P unabhängig vom Preisniveau (wir könnten selbstverständlich auch eine nominale Geldnachfragefunktion formulieren, die positiv auf Erhöhungen des Preisniveaus reagiert).

Die negativen Vorzeichen innerhalb der Geldnachfragefunktion stehen für eine negative und das positive Vorzeichen für eine positive Korrelation der jeweiligen Variablen mit der Geldnachfrage. Im einzelnen gelten nach *Friedman* folgende Zusammenhänge:

---

[39] Für eine detaillierte Beschäftigung mit monetaristischen Konzepten vgl. das Kompaktstudium Wirtschaftswissenschaften, Bd. 13: „Geldtheorie und -politik", Abschnitt 9.6.

- i ist ein durchschnittlicher Zinssatz für festverzinsliche Wertpapiere. Da ein hoher Zinssatz die Opportunitätskosten der Geldhaltung erhöht, nimmt die Geldnachfrage bei steigenden Zinsen ab. Dieses Element entspricht der aus dem Kompaktstudium Wirtschaftswissenschaften, Bd. 2: „Makroökonomie" wohlbekannten keynesianischen Geldnachfragefunktion.

- Im Unterschied zu *Keynes* berücksichtigt *Friedman* auch Aktien als Anlagemöglichkeit, wobei r deren durchschnittliche Rendite darstellt. Da auch eine Erhöhung der Rendite von Aktien als einer möglichen Anlageform die Opportunitätskosten der Geldhaltung steigert, sind auch r und die Geldnachfrage L/P negativ korreliert.

- Y^p ist das permanente Einkommen. Da *Friedman* in seiner Einkommenshypothese davon ausgeht, daß der Konsum nicht vom laufenden, sondern vom langfristigen Einkommen abhängt[40], gilt dies auch für die Geldnachfrage. Im Kern entspricht die positive Korrelation von Y^p und L/P also dem *Keynes*schen Transaktionsmotiv der Geldnachfrage, wobei allerdings das laufende durch das permanente Einkommen ersetzt wird.

- Ein wichtiger Punkt betrifft die Abhängigkeit der Geldnachfrage von der Inflationsrate. Zwar reagiert die reale Geldnachfrage nicht auf das Preisniveau selbst, aber nach *Friedman*scher Überzeugung sehr wohl auf die Veränderung des Preisniveaus, also die Inflationsrate. Der Grund ist, daß bei hohen Inflationsraten die Opportunitätskosten der Geldhaltung zunehmen, weil die Kaufkraft des gehaltenen Geldes ja abnimmt.

Betrachten wir nun als nächstes den Zusammenhang zwischen der Geldnachfrage und der Umlaufgeschwindigkeit des Geldes, der einfach aus der Quantitätsgleichung abgeleitet werden kann, wenn man die Geldmenge durch die Geldnachfrage (L) ersetzt:

$$(3.34) \qquad L \cdot v = P \cdot Y^r \Rightarrow$$

$$(3.35) \qquad v = Y^r \cdot \frac{P}{L} = \frac{Y^r}{\frac{L}{P}} (\underset{+}{i}, \underset{+}{r}, \underset{-}{Y^p}, \underset{+}{\hat{P}}) \ .$$

Gleichung (3.35) zeigt, daß die Umlaufgeschwindigkeit des Geldes – selbstverständlich – von den gleichen Faktoren abhängt wie die Geldnachfrage, da sie definitorisch mit dieser verknüpft ist. Im Unterschied zur alten Quantitätstheorie behauptet *Friedman* also nicht, daß die Umlaufgeschwindigkeit des Geldes konstant, sondern daß sie eine stabile Funktion der aufgeführten Einflußfaktoren ist. Dabei sind drei Punkte zentral:

- Erstens kommt *Friedman* in empirischen Studien zu dem Ergebnis, daß die Zinselastizität der Geldnachfrage mit –0,15 gering ist. Das *Keynes*sche Spekulationsmotiv spielt demnach nach seiner Überzeugung keine große Rolle.

- Da zweitens die Geldnachfrage nicht vom laufenden, sondern vom permanenten Einkommen abhängt, ist die Veränderung der Geldnachfrage im Konjunkturzyklus sehr viel geringer als bei *Keynes* (denn das permanente Einkommen verändert sich im Konjunkturzyklus ja nicht).

- Da drittens die Umlaufgeschwindigkeit des Geldes positiv von der Inflationsrate abhängt (eine sinkende Geldnachfrage bedeutet umgekehrt eine steigende Umlaufgeschwindigkeit des Geldes), führen Geldmengenerhöhungen kurzfristig

---

[40] Vgl. hierzu das Kompaktstudium Wirtschaftswissenschaften, Bd. 2: „Makroökonomie", Abschnitt 3.7.5.

zu Inflationsraten, die über die Geldmengensteigerung hinausgehen: Nehmen wir an, daß die Geldmenge um 5 % steigt, so würden die Wirtschaftssubjekte bei ihrem Streben nach einer konstanten realen Geldnachfrage bei konstanter Umlaufgeschwindigkeit des Geldes soviel Geldhaltung abbauen, bis das Preisniveau ebenfalls um 5 % gestiegen ist. Da die Inflationsrate jedoch auch die Umlaufgeschwindigkeit des Geldes erhöht, steigt bei konstantem realen Sozialprodukt das Preisniveau um mehr als 5 %. Da das Preisniveau sich der Geldmengensteigerung anpaßt, nimmt die Inflationsrate und mit ihr die Umlaufgeschwindigkeit des Geldes wieder ab, so daß eine einmalige Geldmengensteigerung zunächst zu einer überschießenden Inflation und dann zu einer Deflation führen würde.

Denken wir noch kurz über die Konsequenzen der *Friedman*schen Geldnachfragefunktion nach. Die geringe Zinselastizität der Geldnachfrage und die Abhängigkeit vom permanenten Einkommen führen dazu, daß die Umlaufgeschwindigkeit des Geldes kein großer Störfaktor bei der potentialorientierten Geldpolitik ist. Eine potentialorientierte Geldpolitik kann daher effektiv durchgeführt werden. Gleichzeitig wird gegen eine diskretionäre Geldpolitik ein weiterer Einwand formuliert, indem die Umlaufgeschwindigkeit des Geldes von der Inflationsrate abhängig gemacht wird. Dies bedeutet, daß Geldmengenerhöhungen, die über das Wachstum des Produktionspotentials hinausgehen, zu starken Schwankungen der Inflationsrate führen, was aus den oben genannten Gründen abzulehnen ist.

Nach der heute in etwas eingeschränkter Form (vgl. hierzu den nächsten Abschnitt) eindeutig dominierenden monetaristischen Position spricht daher alles für eine potentialorientierte Geldpolitik.

3.5.4 Die Konzepte von Bundesbank und Sachverständigenrat

Besonders in den Abschnitten 3.2 und 3.4 haben wir uns bereits mit den Geldmengenabgrenzungen und den geldpolitischen Instrumenten der Deutschen Bundesbank beschäftigt. Da wir dabei auf die – erst in Abschnitt 3.4 behandelten – grundlegenden geldpolitischen Ansätze aber noch nicht zurückgreifen konnten, möchten wir das geldpolitische Konzept der Bundesbank nun kurz zusammenhängend darstellen. Dabei gehen wir ergänzend auch auf die – im Kern übereinstimmenden, im Detail aber teils abweichenden – Vorstellungen des Sachverständigenrates ein. Hinsichtlich der Instrumente der Bundesbankpolitik und ihrer jeweiligen Bedeutung sei an Abschnitt 3.4 erinnert, so daß wir diese hier nicht mehr wiederholen müssen.

3.5.4.1 Potentialorientierung

Den Kern des Bundesbankkonzepts liefert eine auf monetaristischen Überlegungen aufbauende potentialorientierte Geldmengensteuerung, die von der Bundesbank seit 1975 betrieben wird.[41] Hierfür legt die Bundesbank jährlich ein Geldmengenziel (als Punktziel oder als Zielkorridor) fest, das sie am Jahresanfang im Monatsbericht der Bundesbank veröffentlicht. Als Geldmengenabgrenzung wurde dabei bis 1987 die Zentralbankgeldmenge und seitdem M3 verwendet, weil M3 die

---

[41] Eine Geldmengensteuerung ist überhaupt erst durch den Zusammenbruch des festen Wechselkurssystems von Bretton Woods im Jahre 1973 und dem Übergang zu flexiblen Wechselkursen möglich geworden. Dadurch war die Bundesbank von der strengen Interventions*pflicht* auf dem Devisenmarkt entbunden und hatte die Kontrolle über die heimische Geldmenge gewonnen.

Sichteinlagen, Termingelder unter 4 Jahren und Spareinlagen mit dreimonatiger Kündigungsfrist mit dem Bargeld gleich gewichtet und daher der mittelfristigen Liquidisierbarkeit dieser Aktiva besser Rechnung trägt. Hinzu kommt, daß M3 von allen bekannten Geldmengenabgrenzungen am besten mit der Entwicklung des Preisniveaus korreliert.

Die Verwendung von M3 und die Ersetzung des realen Sozialprodukts Y^r durch das reale Produktionspotential Y^p in der Quantitätsgleichung führen zu

(3.36a) $\quad\quad M3 \cdot v = Y^p \cdot P \quad$ bzw. $\quad$ (3.36b) $\quad\quad M3 = Y^p \cdot P \cdot k$,

wobei $k = 1/v$ der Kassenhaltungskoeffizient ist. In dieser Form der Quantitätsgleichung mit M3 bezieht sich selbstverständlich auch der Kassenhaltungskoeffizient k bzw. die Umlaufgeschwindigkeit des Geldes v auf M3, da k und v rechnerische Größen sind, die sich aus M, Y und P bestimmen lassen (dies heißt nicht, daß sie keine ökonomische Bedeutung haben, denn hinter dem Kassenhaltungskoeffizienten verbergen sich die Motive der Kassenhaltung bzw. der Geldnachfrage, die wir schon verschiedentlich diskutiert haben). Schreibt man Gleichung (3.36b) in Wachstumsraten, so ergibt sich

(3.37) $\quad\quad \hat{M}3 = \hat{Y}^p + \hat{P} + \hat{k}$.

Gleichung (3.37) wird von der Bundesbank verwendet, um die gewünschte Expansion der Geldmenge zu bestimmen. Die Zielsetzung besteht hierbei darin, die Inflationsrate langfristig auf einem konstant niedrigen Niveau zu stabilisieren, um die negativen Folgen schwankender Inflationsraten zu vermeiden. Die maximale Inflationsrate, die von der Bundesbank in der mittleren Frist toleriert wird, ohne geldpolitischen Handlungsbedarf zu begründen, wird als Preisnorm bezeichnet. Seit Mitte der 80er Jahre schätzt die Bundesbank diese Preisnorm stets auf 2 %. Damit wird den statistischen Ungenauigkeiten bei der Inflationsmessung ebenso Rechnung getragen wie Zufallseinflüssen und kurzfristige Störungen in der Preisentwicklung, die man nicht zur Inflation rechnen sollte.

Ferner wird bei der Festlegung des M3-Zieles berücksichtigt, daß die Umlaufgeschwindigkeit des Geldes im zeitlichen Entwicklungstrend ab- bzw. der Kassenhaltungskoeffizient zunimmt. Seit 1994 rechnet die Bundesbank mit einer jährlichen Erhöhung des Kassenhaltungskoeffizienten um 1 %. Dieser recht hohe Zuschlag wird mit der immer noch hohen Geldnachfrage (bzw. einem hohen Kassenhaltungskoeffizienten) in den neuen Bundesländern begründet.

Das Wachstum des Produktionspotentials für 1996 wurde auf 2,5 % geschätzt, wobei sowohl Bundesbank als auch Sachverständigenrat darauf hinweisen, daß die Schätzung des Produktionspotentials wegen den nach wie vor zu geringen Kenntnissen über die Situation in den neuen Bundesländern mit großen Unsicherheiten behaftet sei (vgl. Abschnitt 2.2.2).

Aus den Überlegungen für die Entwicklung des gewünschten Preisniveaus, des Kassenhaltungskoeffizienten und des Produktionspotentials ergab sich für 1996 ein gewünschtes Geldmengenwachstum von 5,5 %:

(3.38) $\quad\quad \hat{M}3 = \hat{Y}^p + \hat{P} + \hat{k} = 2,5\% + 2\% + 1\% = 5,5\%$.

Dieses gewünschte Wachstum der Geldmenge wird von der Bundesbank allerdings nicht in Form einer exakten Festlegung von 5,5 %, sondern in Form eines *Zielkorridors* vorgegeben, der für 1996 von 4 % bis 7 % angegeben wird. Erstmals seit 1988 wird damit ein breiterer Zielkorridor von drei und nicht – wie sonst üblich –

3.5 Konzeptionen und Kontroversen der Geldpolitik

von zwei Prozentpunkten festgelegt.[42] Für die Bevorzugung des Zielkorridors gegenüber eines Punktziels sprechen im wesentlichen zwei Gründe:

- Erstens hängt die Entwicklung von M3 auch von Faktoren ab, die von der Bundesbank nur sehr schwer gesteuert werden können. Die Vorgabe in Form eines Korridors hat den Vorteil, daß der Bundesbank weniger leicht vorgeworfen werden kann, sie könne ihre Zielvorgabe nicht einhalten. Die Praxis zeigt allerdings, daß selbst recht weit gefaßte Korridore oft überschritten werden (vgl. ausführlicher Abschnitt 3.5.5).
- Zweitens bietet eine gröbere Spezifizierung der Bundesbank die Möglichkeit, auf andere (z. B. außenwirtschaftliche) Erfordernisse reagieren zu können, ohne ihre eigene Zielsetzung unmittelbar zu verletzen.

Interessant ist, daß die Orientierung der Geldmengenausweitung am Produktionspotential statt am Sozialprodukt einen *eingebauten Stabilisator* (vgl. Abschnitt 4.2) darstellt, worunter verstanden wird, daß eine Maßnahme im Boom rezessiv und in der Rezession expansiv wirkt: Ein konjunkturelles Tief ist ja dadurch charakterisiert, daß die Kapazitätsauslastung niedrig und das Sozialprodukt daher deutlich geringer als das Produktionspotential ist. Beispielhaft können wir annehmen, daß in der Rezession das reale Produktionspotential – wie von der Bundesbank für 1996 prognostiziert – um 2,5 %, das reale Sozialprodukt aber nur um 1 % wächst. Da sich die Geldmengenänderung am realen Produktionspotential orientiert, wächst die Geldmenge schneller als das reale Sozialprodukt, was einer monetären Expansion entspricht (M/Y^r steigt).

Diese Orientierung am Produktionspotential wird als *konjunkturneutrale Geldmengenpolitik* bezeichnet, weil das Produktionspotential weniger stark auf konjunkturelle Schwankungen reagiert als das Sozialprodukt, und daher konjunkturelle Schwankungen bei der Festlegung des M3-Wachstums ausgeschaltet werden. Die Verwendung des Produktionspotentials statt des Sozialprodukts hat zwei Vorteile:

- Erstens impliziert sie keine kurz-, sondern eine mittelfristige Ausrichtung, da das Produktionspotential stabiler ist als das Sozialprodukt.
- Zweitens sorgt der eingebaute Stabilisator dafür, daß die Geldmengenpolitik auch ohne aktive Konjunktursteuerung seitens der Bundesbank konjunkturell dämpfend wirkt.

Grundsätzlich befürwortet der Sachverständigenrat die Potentialorientierung der Bundesbank, allerdings mit zwei Einschränkungen:

1. Der Sachverständigenrat stützt seine Beurteilung des geldpolitischen Kurses der Bundesbank nicht auf M3, sondern auf die *bereinigte* Zentralbankgeldmenge. Die bereinigte Zentralbankgeldmenge in der Abgrenzung und Berechnung des Sachverständigenrates enthält den Bargeldumlauf, die Mindestreserven und die Überschußreserven der Kreditinstitute bei der Bundesbank, wobei analog zum Bundesbankkonzept von konstanten Mindestreservesätzen ausgegangen wird. Von der Zentralbankgeldmenge in der Abgrenzung der Bundesbank unterscheidet sich die bereinigte Zentralbankgeldmenge des Sachverständigenrates im wesentlichen dadurch, daß nicht nur der Bargeldumlauf und die Mindestreserven auf Inlandsverbindlichkeiten, sondern auch die Überschußreserven und

---

[42] Obwohl sich die Geldmenge 1995 deutlich unterhalb des damaligen Zielkorridors (4 % bis 6 %) bewegte, hat die Bundesbank das Geldmengenziel für 1996 nicht höher angesetzt, weil trotz der geringeren Geldmengensteigerung von 1995 keine Liquiditätsengpässe zu befürchten sind. Statt dessen wird das geringere Geldmengenwachstum 1995 als Ausgleich für die Zielverfehlung nach oben in den Jahren 1993 und 1994 interpretiert.

die Mindestreserven auf Auslandsverbindlichkeiten berücksichtigt werden.[43] Dies geschieht deshalb, weil auch diese von den Geschäftsbanken mittelfristig zur monetären Expansion genutzt werden.

Die Orientierung an der bereinigten Zentralbankgeldmenge statt an M3 rückt das Konzept des Sachverständigenrates noch näher an die monetaristische Position heran. Denn Monetaristen betonen die Verantwortung der Zentralbank für die Geldmengensteuerung, und die Zentralbankgeldmenge hat wegen der starken Bargeldlastigkeit gegenüber M3 in der Tat den Vorteil, daß sie besser von der Bundesbank gesteuert werden kann. Der vom Sachverständigenrat eingeräumte Nachteil ist allerdings, daß die Zentralbankgeldmenge die Liquidität der Wirtschaft wesentlich schlechter mißt als M3, weil insbesondere Sichteinlagen den gleichen Liquiditätsgrad aufweisen wie Bargeld.

2. Weiterhin schlägt der Sachverständigenrat vor, in Zeiten hoher Geldwertstabilität ein mehrjähriges statt einem einjährigen Geldmengenziel zu formulieren, um den *mittelfristigen* Charakter der Zielvorgabe deutlicher herauszustellen.

3.5.4.2 Die Berücksichtigung konjunktureller Aspekte

In der Diskussion der diskretionären Geldpolitik haben wir bereits darauf hingewiesen, daß diese von der Bundesbank und dem Sachverständigenrat grundsätzlich abgelehnt wird. Diese streng monetaristische Auffassung ist in der gegenwärtigen Rezession allerdings zu relativieren. Zwar wird eine geldpolitische Konjunktursteuerung nach wie vor kritisch beurteilt, doch betonen Bundesbank wie Sachverständigenrat inzwischen, daß das schwere gegenwärtige Tief eigentlich eine forcierte Niedrigzinspolitik erforderlich mache. So heißt es beispielsweise im Sachverständigenratgutachten 1993/94:

„Auch wenn sich die Bundesbank auf eine bewußt antizyklische Geldpolitik nicht einlassen kann – um die Chancen einer konjunkturpolitischen Feinsteuerung ist es ohnehin schlecht bestellt –, kann sie kaum das Risiko eingehen, in dem Ausnahmefall einer Rezession eine vorher betriebene Hochzinspolitik unbeirrt fortzusetzen. Die deutsche Wirtschaft geriet im Jahre 1993 in eine Rezession unerwarteter Schärfe. Eine solche Entwicklung – keine konjunkturelle Delle, sondern ein massiver Einbruch bei Produktion und Beschäftigung – erzeugt für die Geldpolitik Handlungsbedarf. Die Rezession gab somit die Richtung bei der Zinspolitik an: Die Geldmarktzinsen mußten gesenkt werden. Im Spiegel der konjunkturellen Entwicklung finden die Zinssenkungen, die die Bundesbank im Jahre 1993 vorgenommen hat, eine Rechtfertigung."[44]

---

[43] Die Berechnungsmethode hinsichtlich der Mindestreservesätze ist daher komplizierter. Das Verfahren der Bundesbank berücksichtigt nicht, daß durch eine Senkung (Erhöhung) der Reservesätze bisher gebundenes (freies) Zentralbankgeld freigesetzt (gebunden) und die Fähigkeit der Geschäftsbanken zur Geldschöpfung dadurch erhöht (vermindert) wird. Im Verfahren des Sachverständigenrates wird zwar auch von konstanten Mindestreservesätzen eines Basisjahres ausgegangen. Für jede Änderung der Mindestreservesätze, die nach dem Basisjahr eingetreten ist, werden für die entsprechenden Jahre Korrekturfaktoren ermittelt und mit der unbereinigten Zentralbankgeldmenge des Berichtsjahrs multipliziert. Da die Korrekturfaktoren bei gesunkenen (gestiegenen) Reservesätzen größer (kleiner) Eins sind, wird der expansive (kontraktive) Effekt auf die Liquidität der Geschäftsbanken erfaßt. Das genaue Berechnungsverfahren ist im methodischen Anhang des Gutachten des Sachverständigenrates dokumentiert.

[44] Sachverständigenratgutachten 1993/94, Ziffer 323.

Der Sachverständigenrat hält eine Niedrigzinspolitik aus konjunkturellen Gründen also dann für angebracht, wenn das Tief besonders ausgeprägt ist. Dies läßt sich unter anderem damit begründen, daß bei solchen Tiefs die Wahrscheinlichkeit einer schnellen Belebung – und damit der prozyklischen Wirkung geldpolitischer Maßnahmen – sehr gering ist. Dennoch ist die Abgrenzung zwischen „gewöhnlichen Tiefs" und „schweren Rezessionen" nicht gerade trennscharf, so daß schon eine gewisse Trendwende weg von streng monetaristischen Positionen zu beobachten ist.

Die Bundesbank befand sich in den letzten Jahren damit in einer schwierigen Situation: Auf der einen Seite stieg M3 ständig schneller als geplant, so daß gemäß ihrer Hauptaufgabe der Geldmengensteuerung und der Vermeidung hoher Inflationsraten eigentlich eine restriktive Politik angezeigt ist. Auf der anderen Seite führen der Wunsch, das Tief durch hohe Zinsen nicht auch noch zu verfestigen, sowie außenwirtschaftliche Erwägungen (hierzu später in Abschnitt 3.6) zu einer expansiven Geld- und Zinspolitik. Die schon in Abschnitt 3.4 dargestellten Entwicklungen von Diskont- und Lombardsatz sowie dem Satz für Wertpapierpensionsgeschäfte zeigen, daß sich die Bundesbank in jüngster Zeit zunehmend für eine expansive Politik entschieden hat.

3.5.5 Zur Steuerbarkeit der Geldmenge

Jede potentialorientierte Geldpolitik bedarf zwangsläufig der Vorstellung, daß die Geldmenge von der Zentralbank auch tatsächlich gesteuert werden kann. Während dies für die Zentralbankgeldmenge wegen der starken Bargeldlastigkeit in recht hohem Maße gegeben ist, weicht M3 als Indikator und Zwischenziel der Bundesbankpolitik immer wieder – meist nach oben – vom Zielkorridor ab. Dies führt wie erwähnt den Sachverständigenrat im Jahresgutachten 1993/94 sogar dazu, der Bundesbank einen Verzicht auf die Vorgabe eines Zielkorridors zu empfehlen.

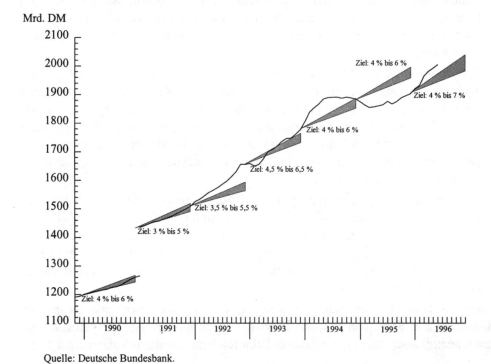

Quelle: Deutsche Bundesbank.

Abb. 3.12: Zielkorridore und wirkliche Entwicklungen von M3 von 1990–1994

Abbildung 3.12 zeigt, daß der Zielkorridor der monetären Expansion 1992 besonders weit überschritten wurde. Während der Zielkorridor zwischen 3,5 % und 5,5 % lag, betrug die Steigerung von M3 durchschnittlich 9,4 % (im Oktober 1992 lag sie gar bei 10,3 %). 1992 ist daher besonders geeignet, um mögliche Gründe für das starke Wachstum von M3 und deren Konsequenzen beispielhaft darzustellen.[45] Folgende Gründe lassen sich nennen:

1. Der Kapitalmarkt war 1992 durch eine inverse Zinsstruktur gekennzeichnet, worunter verstanden wird, daß die langfristigen Zinsen unter den kurzfristigen liegen. Überlegen wir nun, welche Auswirkungen eine inverse Zinsstruktur für die Entwicklung von M3 hat. Wenn viele Wirtschaftssubjekte angesichts der niedrigen langfristigen Zinsen eine Steigerung dieser erwarten, so werden sie ihr Geld in Termingeldern oder Spareinlagen mit dreimonatiger Kündigungsfrist parken, um sie erst nach der Zinssteigerung längerfristig anzulegen. Da diese Aktiva aber im Unterschied zu Wertpapieren in M3 enthalten sind, steigt M3 an, obwohl die geparkten Gelder gar nicht in Zahlungsmittel verwandelt werden, sondern später längerfristig angelegt werden sollen. Machen Sie sich klar, daß solche Umschichtungen einfach den Kassenhaltungskoeffizienten für M3 erhöhen ($M = P \cdot Y^r \cdot k$), ohne an der effektiven Nachfrage – und über diese vollziehen sich die Preisniveausteigerungen letztlich – irgend etwas zu ändern: M3 steigt also, ohne daß dadurch mit einer Inflationsgefahr gerechnet werden muß ($M3/k$ bzw. $M3 \cdot v$ bleibt gleich). Derartige Überlegungen erklären, warum das Wachstum des Preisniveaus 1992 so deutlich unter dem Wachstum von M3 lag.

2. Die langfristigen Bankkredite an Privatpersonen und vor allem an Unternehmen nahmen 1992 stark zu. Dies lag allerdings nicht an einer Niedrigzinspolitik der Bundesbank, die für 1992 gar nicht gegeben war, sondern am expandierenden Wohnungsbau und an Unternehmensgründungen in den neuen Bundesländern. Subventionen im Wohnungsbau sowie Zins- und Kredithilfen beim Aufbau Ost verhinderten dabei eine starke Zinselastizität der Kreditnachfrage, so daß die Bundesbank diesen Teil der Kreditnachfrage kaum beeinflussen konnte. Im Unterschied zu den gerade skizzierten Umschichtungen handelt es sich dabei allerdings um eine monetäre Expansion, die sich auch in der effektiven Nachfrage niederschlägt.

3. Die Notwendigkeit zur massiven Unterstützung der neuen Bundesländer führte auch zu einer starken Ausdehnung der öffentlichen Kreditaufnahme, wodurch die Geldmenge selbstverständlich unmittelbar betroffen ist (vgl. den in Abschnitt 3.2.2 erläuterten Zusammenhang zwischen der Kredit- und der Geldmenge). Auch diesem Faktor konnte und wollte die Bundesbank nicht entgegensteuern, da die weitere Verschuldung zwar bedauerlich, aber angesichts der Situation im Osten kaum vermeidbar ist.

4. Ein besonders wichtiger Aspekt betraf 1992 indes die Situation im Europäischen Währungssystem (EWS). Dabei lassen sich spekulative Geldimporte und die Interventionsverpflichtungen zur Stützung von Fremdwährungen unterscheiden. Beides erhöht die Geldmenge, was wir im folgenden Abschnitt über den Zusammenhang der Geldpolitik mit außenwirtschaftlichen Gegebenheiten genauer erklären werden.

Zusammenfassend kann man daher sagen, daß die Geldmengensteuerung der Bundesbank in Form von M3 immer wieder durch Faktoren gestört wird, die sie kaum beeinflussen kann. Einige dieser Faktoren sind allerdings kurzfristiger Natur

---

[45] Zur jeweiligen Aktualisierung sollten Sie, sofern für Ihre Zwecke erforderlich, auf das entsprechende Sachverständigenratgutachten oder die aktuellen Monatsberichte der Deutschen Bundesbank zurückgreifen.

(wie die Interventionsverpflichtungen im EWS) oder bewirken trotz einer steigenden Geldmenge M3 keine Inflationstendenzen (Umschichtungen von langfristigen Anlagen in Termingeldern). Die langfristige Beziehung zwischen Geldmengenentwicklung und Preisniveauentwicklung ist trotz der jüngsten kurzfristigen Schwankungen der Geldmenge nach Ansicht der Bundesbank immer noch hinreichend stabil. Aus diesem Grund geht es bei der potentialorientierten Geldpolitik weniger um eine genaue Steuerung irgendeines Geldmengenaggregates, als vielmehr darum, den Wirtschaftssubjekten zu zeigen, daß die Bundesbank inflationäre Entwicklungen nicht dulden wird. Dies richtet sich vor allem an die Adresse der Tarifpartner, denen damit geringe nominale Lohnzuwächse „empfohlen" werden, sowie an die öffentliche Hand als Kreditnehmer. Wir können demnach festhalten, daß die Bundesbank ihrer Funktion als „Währungshüter" trotz ungewollter Schwankungen der Geldmenge nach allgemeiner Auffassung gut nachkommen kann (und nachkommt).

3.6 Einige außenwirtschaftliche Aspekte der Geldpolitik

Angesichts der jüngsten Entwicklungen im Europäischen Währungssystem (EWS) sowie der für 1999 vorgesehenen Einführung einer gemeinsamen europäischen Währung wollen wir uns abschließend zum Kapitel „Geldpolitik" wenigstens kurz mit außenwirtschaftlichen Einflußfaktoren der Geldpolitik beschäftigen. Wir beginnen mit einer kurzen Unterscheidung fixer und flexibler Wechselkurssysteme (Abschnitt 3.6.1), schildern anschließend die Konzeption sowie die 1992 und 1993 aufgetretenen Probleme des EWS (3.6.2) und wenden uns schließlich den Schwierigkeiten bei der Verwirklichung einer gemeinsamen europäischen Währung zu (3.5.3). Ausdrücklich sei darauf hingewiesen, daß unsere Überlegungen nicht die gegebenenfalls erforderlichen Anforderungen der monetären oder gar der realen Außenhandelstheorie abdecken können – hierzu müssen Sie auf die einschlägigen Lehrbücher zur Außenhandelstheorie zurückgreifen – sondern lediglich die wichtigsten aktuellen Fragen zum Verhältnis von Geldpolitik und Außenwirtschaft aufgreifen.

3.6.1 Wechselkurssysteme

Bevor wir uns mit den Unterschieden fixer und flexibler Wechselkurssysteme beschäftigen und in den Abschnitten 3.6.2 und 3.6.3 konkret auf die währungspolitische Situation in Europa eingehen, müssen wir zunächst den gewöhnlichen Anpassungsprozeß auf den Devisenmärkten betrachten, wie er sich ohne Eingriffe der Zentralbanken vollzieht. Dabei unterscheidet man den Kaufkraft- und den Zinsmechanismus.

Kaufkraftmechanismus

Beginnen wir mit dem *Kaufkraftmechanismus* und betrachten dabei beispielhaft die Bundesrepublik Deutschland und die USA. Die reale Kaufkraft des Dollars in der BRD wird offensichtlich von zwei Faktoren bestimmt, nämlich vom Wechselkurs und von den Inflationsraten. Nehmen wir willkürlich an, daß in der Bundesrepublik Deutschland die Inflationsrate geringer sei als in den USA. Bei gegebenem Austauschverhältnis zwischen DM und Dollar (also bei gegebenem Wechselkurs) bedeutet dies, daß sowohl Deutsche als auch Amerikaner nun im Vergleich zum Ausgangszustand in der Bundesrepublik Deutschland billiger kaufen können als in den Vereinigten Staaten. Es kommt daher zu einer Übernachfrage nach deutschen Produkten und damit auch zu einer Übernachfrage nach DM, die man benötigt, um die Produkte in Deutschland zu kaufen. Diese Übernachfrage sorgt dafür, daß die DM gegenüber dem Dollar aufgewertet wird. Der Anpassungsprozeß kommt zum Stillstand, wenn der Wechselkurs dafür gesorgt hat, daß deutsche und amerikanische Produkte im Durchschnitt gleich teuer sind. Man spricht daher auch davon, daß sich der Wechselkurs an den Kaufkraftparitäten orientiert. Sofern die Änderung des Wechselkurses genau der Differenz der Inflationsraten entspricht, kann man sagen, daß der *reale Wechselkurs* konstant geblieben ist. Denn wenn die Inflationsrate in der Bundesrepublik Deutschland 0 % und in den USA 2 % beträgt und man dadurch für einen Dollar jetzt 2 % weniger DM erhält, dann ist die Kaufkraft eines Dollars in der BRD gleich geblieben.

Beachten Sie, daß der Wechselkursmechanismus damit im Idealfall für eine ausgeglichene Leistungsbilanz zwischen den beteiligten Ländern sorgt und damit bewirkt, daß ein Land A auch dann in ein Land B exportieren kann, wenn es in der Herstellung aller Produkte *absolute* Kostennachteile hat. Diesen von *Ricardo* schon Anfang des 19. Jahrhunderts erkannten Sachverhalt können wir mit folgendem einfachen Beispiel illustrieren:

Angenommen, zwei Länder, Portugal und Deutschland, produzieren nur zwei Güter, Autos und Computer. Für die Produktion beider Güter wird nur ein Produktionsfaktor, Arbeit, eingesetzt. Die Arbeitsstunde in Portugal kostet 1.000 Escudos, die deutsche Arbeitsstunde 10 DM. Die Anzahl der Arbeitsstunden für die Produktion sowie die Lohnkosten pro Stück seien:

	Autos		Computer	
	Arbeitsstunden pro Stück	Lohnkosten pro Stück	Arbeitsstunden pro Stück	Lohnkosten pro Stück
Portugal	20	20.000 Esc.	15	15.000 Esc.
Deutschland	10	100 DM	3	30 DM

Deutschland besitzt also sowohl bei der Produktion von Autos als auch bei der Produktion von Computern absolute Vorteile, weil beide Güter mit dem geringeren Arbeitseinsatz produziert werden können. Würde in beiden Ländern eine einheitliche Währung existieren, wäre die Produktion beider Güter in Deutschland effizienter, weil die Lohnkosten für beide Güter dort am niedrigsten wären. Ein Handel könnte nicht stattfinden, weil in Portugal (abgesehen von Transportkosten) *gar nichts* gekauft werden würde. Anders sieht es aus, wenn unterschiedliche Währungen existieren. Nehmen wir willkürlich an, der Wechselkurs zwischen Escudo und DM sei 100 : 1. Dann ergeben sich folgende in Escudo ausgedrückte Lohnkosten:

	Autos	Computer
Portugal	20.000 Esc.	15.000 Esc.
Deutschland	10.000 Esc.	3.000 Esc.

Ein Wechselkurs von 100:1 würde dafür sorgen, daß es sowohl für portugiesische als auch für deutsche Konsumenten billiger wäre, Autos *und* Computer in Deutschland zu kaufen. Damit käme es zu einer starken Übernachfrage nach DM, weil keiner mit Escudos in Portugal kaufen möchte. Führt die damit verbundene

Aufwertung der DM beispielsweise zu einem Wechselkurs von 300 : 1, so lauten die in Escudos ausgedrückten Lohnkosten:

	Autos	Computer
Portugal	20.000 Esc.	15.000 Esc.
Deutschland	30.000 Esc.	9.000 Esc.

Offensichtlich ist es jetzt für deutsche und portugiesische Konsumenten billiger, Autos in Portugal und Computer in Deutschland zu kaufen. Dies ist gleichzeitig auch für beide Länder wohlfahrtssteigernd, weil es bei einem Wechselkurs von 100 : 1 zu einem Zusammenbruch der Produktion in Portugal käme, so daß Ressourcen brach liegen würden. Günstiger ist es dagegen, daß sich Portugal auf die Autoproduktion und Deutschland auf die Computerproduktion beschränkt und die Überschüsse ausgetauscht werden. Der interessante Punkt ist, daß beim Wechselkurs von 300 : 1 die deutsche Automobilproduktion nicht konkurrenzfähig ist, obwohl die *absoluten* Kosten (hier vereinfacht dargestellt durch die Anzahl der Arbeitsstunden) niedriger sind als in Portugal. Dies liegt daran, daß sich das Austauschverhältnis auf dem Weltmarkt nicht nach den absoluten, sondern nach den *komparativen* Kostenvorteilen richtet, sofern der Wechselkursmechanismus für Kaufkraftparitäten sorgt. Unter den komparativen Kosten versteht man dabei das Verhältnis der Kosten von Autos zu Computern in Deutschland im Verhältnis zu den Kosten von Autos zu Computern in Portugal. Ausgedrückt in Arbeitsstunden liegt dieses Verhältnis in Deutschland bei 10/3 und in Portugal bei 4/3, so daß die Autoproduktion *relativ* zur Computerproduktion in Deutschland teurer ist als in Portugal. Dies ist das berühmte *Theorem der komparativen Kosten* von *David Ricardo*.

Das Theorem der komparativen Kosten hat einige faszinierende Implikationen: Nehmen wir beispielsweise an, daß in Deutschland eine Steuer auf CO_2 erhoben wird. Die dadurch bei CO_2-intensiven Produkten hervorgerufene Kostensteigerung sorgt im Idealfall dafür, daß andere *deutsche* Produkte *relativ* zu diesen billiger werden, so daß ihre Konkurrenzfähigkeit zunimmt. Bei solchen – zweifelsfrei interessanten und wichtigen – Überlegungen ist allerdings zu bedenken, daß das Theorem der komparativen Kosten auf zwei kritischen Prämissen aufbaut, die seine Gültigkeit in der Realität stark einschränken: Erstens wird angenommen, daß sich die Wechselkurse an Kaufkraftparitäten orientieren und zweitens wird unterstellt, daß die Faktorausstattungen der Länder gegeben sind, was in der heutigen Zeit liberalisierter Kapitalmärkte nicht mehr realistisch ist. Das Theorem komparativer Kosten ist daher mit Vorsicht zu genießen.

Bei der Darstellung des Theorems der komparativen Kosten gingen wir wie erwähnt davon aus, daß die Wechselkurse durch Kaufkraftparitäten bestimmt werden und die realen Wechselkurse daher konstant bleiben. Während dieser Anpassungsprozeß langfristig empirisch gut nachweisbar ist, zeigt Abb. 3.13, daß beispielsweise der reale Wechselkurs der DM zum Dollar im Zeitablauf sehr starken Veränderungen unterworfen ist.

In Abb. 3.13 wird die Entwicklung des Wechselkurses durch die Entwicklung des nominalen Außenwerts wiedergegeben. Je höher der Wechselkurs von DM zu Dollar, desto mehr DM bekommt man für einen Dollar, desto niedriger ist der nominale Außenwert der DM zum Dollar. Die abgetragenen Indexwerte bezeichnen den Anteil am durchschnittlichen Außenwert in diesem Zeitraum in Prozent. Wie man sieht, stieg der Außenwert bis 1979 zunächst deutlich. Die Ursache hierfür war, daß sich einerseits das Preisgefälle (die Relation aus Preisindex USA zu

Preisindex BRD) deutlich erhöhte, d. h. die Inflationsraten waren in den USA fast durchgängig höher als in der BRD. Dies führt zu einer Aufwertung bzw. zu einer Zunahme des nominalen Außenwerts der DM. Andererseits lag aber auch das Zinsgefälle (die Relation aus langfristigen Zinsen USA zu langfristigen Zinsen BRD) in diesem Zeitraum meist unter 100 %, so daß die Zinsen in der BRD höher waren als in den USA. Von 1980 bis 1985 fiel der Außenwert dann rapide. Zwar stieg das Preisgefälle noch leicht an, aber dieser positive Effekt auf den Außenwert wurde durch die Hochzinspolitik in den USA (das Zinsgefälle war deutlich größer als 100 %) überkompensiert. Als sich dann Mitte der 80er Jahre ein Ende der US-amerikanischen Hochzinspolitik abzeichnete (das Zinsgefälle sank seit 1988 kontinuierlich) und gleichzeitig das Preisgefälle wieder steiler wurde, kam es zu einem erneuten Anstieg des Außenwerts.

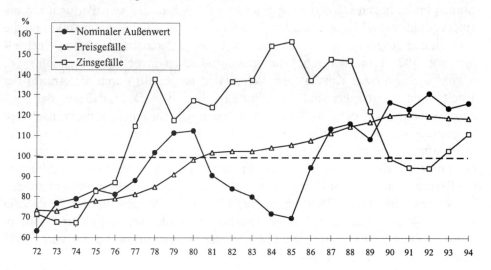

Quelle: Eigene Darstellung mit Daten der Deutschen Bundesbank und des Sachverständigenrates.

Abb. 3.13: Entwicklung von Preisgefälle, Zinsgefälle und nominalem Außenwert[46]

Der Grund für die starken Abweichungen erschließt sich also, wenn man neben der Kaufkraftentwicklung mit der Zinsentwicklung den zweiten großen Einflußfaktor der Wechselkurse mit einbezieht. Wenn beispielsweise der Realzins als Differenz aus Nominalzins und Inflationsrate in der Bundesrepublik Deutschland höher ist als in den USA, so ist es auch für amerikanische Anleger sinnvoller, ihr Geld in Deutschland anzulegen. Die dadurch induzierte Nachfrage nach DM kommt im Idealfall erst dann zum Stillstand, wenn der Realzins in beiden Ländern identisch ist, so daß man – analog zu Kaufkraftparitäten – von *Zinsparitäten* spricht, die kurzfristig die größere Bedeutung als Kaufkraftparitäten haben. Dies verdeutlicht auch den internationalen Zusammenhang der Geldpolitik: erhöht beispielsweise die Bundesbank die Zinsen, um die Geldmenge über die Kreditnachfrage zu senken, so kann es durch zinsbedingte Geld- und Kapitalzuflüsse auch zu Geldmengenerhöhungen kommen.

Bisher haben wir den Kaufkraft- und den Zinsmechanismus ohne Bezug auf das jeweilige Wechselkurssystem erläutert. Dies liegt daran, daß sich die beiden Mechanismen auf den Devisenmärkten zunächst unabhängig vom Wechselkurssystem durchsetzen und der Unterschied lediglich darin besteht, daß bei fixen Wechselkursen von den Zentralbanken gegengesteuert werden *muß*, um dem unerwünschten Marktwechselkurs entgegenzuwirken. Bei *flexiblen Wechselkursen* kommen der Kaufkraft- und der Zinsmechanismus weitgehend ungehindert zur

---

[46] Der nominale Außenwert entspricht dem Kehrwert des Wechselkurses.

3.6 Einige außenwirtschaftliche Aspekte der Geldpolitik

Geltung, weil die Zentralbanken keine Interventions*pflicht* haben. Der Wechselkurs wird daher im Prinzip vom Markt festgelegt. Allerdings heißt der Ausschluß einer Interventionspflicht keineswegs, daß die Zentralbanken keine Interventions*möglichkeiten* haben, d. h. sie können durchaus versuchen, den Wechselkurs zu beeinflussen. Dabei kann die Zielsetzung unterschiedlich sein: Will man die Exportchancen der heimischen Industrie durch eine Abwertung verbessern – dies heißt, daß die inländischen Produkte im Ausland billiger werden – so wird beispielsweise durch Zinssenkungen die Nachfrage nach der Inlandswährung verringert. Strebt man dagegen eine Aufwertung an, so wird versucht, ausländisches Kapital anzuziehen.

Auch bei fixen Wechselkursen kommen der Kaufkraft- und der Zinsmechanismus durchaus zum Tragen, weil sich das Verhalten der Wirtschaftssubjekte an diesen beiden Kriterien – und nicht an einem „verordneten" Wechselkurs orientiert. Der entscheidende Punkt in fixen Wechselkurssystemen ist aber, daß die durch die Devisenbewegungen hervorgerufenen Abweichungen des Wechselkurses vom festgelegten Wechselkurs nicht geduldet werden. Ein solches fixes Wechselkurssystem wurde nach dem Zweiten Weltkrieg durch ein im Sommer 1944 in Bretton Woods unterzeichnetes Abkommen eingeführt (man spricht deshalb auch vom „Bretton Woods-System"). Dieses System zeichnete sich hauptsächlich durch folgende Eigenschaften aus:

– Für jede im Internationalen Währungsfonds – dieser umfaßte die unterzeichnenden Länder – enthaltene Währung wurde ein festes Austauschverhältnis zu Gold festgelegt. Dadurch handelte es sich um ein System fixer Wechselkurse.

– Abweichungen von diesen vereinbarten Kursen waren nur bis zu einem Prozent nach oben oder nach unten zugelassen. Andernfalls mußten die Zentralbanken auf den Devisenmärkten intervenieren.

– Änderungen der Wechselkurse sollten nur bei extremen Zahlungsbilanzungleichgewichten vorgenommen werden, was allerdings nicht näher spezifiziert wurde.

– Eine besondere Funktion als Leitwährung kam schließlich dem Dollar zu, weil der internationale Zahlungsverkehr weitgehend in Dollar abgewickelt wurde und Dollar neben Gold als Währungsreserven fungierten.

Als entscheidende Vorteile fixer Wechselkurssysteme werden die Planungssicherheit bei internationalen Geschäftsbeziehungen und die niedrigen Transaktionskosten gesehen; ferner sind die Anforderungen an die Zentralbanken durch die Interventionsverpflichtungen bei Abweichungen vom vorgegebenen Wechselkurs klar festgelegt.

Die zentrale Schwäche fixer Wechselkurssysteme ist, daß die einmal vorgegebenen Wechselkurse durch die Interventionsverpflichtungen oftmals zu lange aufrechterhalten werden. Dies bedeutet beispielsweise, daß die Währung eines Landes mit niedrigen Inflationsraten über einen langen Zeitraum hinweg nicht aufgewertet wird, obwohl die Märkte den Aufwertungsdruck deutlich signalisieren (dieser wird ja durch die Interventionen der Zentralbanken wieder gemildert). Eine solche Situation ist zwar erfreulich für die Exportchancen des betreffenden Landes – der reale Außenwert der Währung nimmt bei geringeren Inflationsraten und fixem Wechselkurs ab, so daß die Produkte im Ausland billiger werden –, verzerrt aber die internationalen Handelsströme und führt zu großen Problemen in Ländern mit hohen Inflationsraten.

Zwar waren administrierte Wechselkursänderungen im Bretton Woods-System wie geschildert vorgesehen, doch war immer wieder zu beobachten, daß sich sowohl die Länder mit Auf- als auch die mit Abwertungsdruck gegenüber Veränderungen sträubten: Die Länder mit Aufwertungsdruck wollten ihre Exportvorteile nicht verlieren, und die Länder mit Abwertungsdruck wollten die Schwäche ihrer Währung nicht eingestehen. Konkret führte dies vor allem Anfang der siebziger Jahre zu starken spekulativen Kapitalimporten in die Bundesrepublik Deutschland, weil die ausländischen Anleger damit rechneten, daß eine Aufwertung der DM nicht mehr zu verhindern sei. Im Frühjahr 1973 kam es dann zum endgültigen Zusammenbruch des Bretton Woods-Systems.

Im Kern besteht der Nachteil fixer Wechselkurssysteme also darin, daß der Markt-Gleichgewichtskurs von der Kaufkraft- und der Zinsentwicklung abhängt und daher bei unterschiedlichen wirtschaftlichen Entwicklungen immer wieder künstlich geschützt oder eben doch geändert werden muß. Wir können also festhalten, daß die Funktionsfähigkeit fixer Wechselkurssysteme damit steht und fällt, ob sich die beteiligten Länder wirtschaftlich gleichgerichtet entwickeln. Wenn dies der Fall ist, dann haben fixe Wechselkurse allerdings den Vorteil, daß sich die Marktteilnehmer darauf verlassen können, daß der vorgegebene Wechselkurs über einen langen Zeitraum hinweg stabil bleibt.

3.6.2 Probleme des Europäischen Währungssystems (EWS)

Trotz der Schwierigkeiten und dem endgültigen Scheitern des Bretton Woods-Systems wurde mit dem EWS im Frühjahr 1979 ein System fixer Wechselkurse auf europäischer Ebene in Kraft gesetzt. Dies ist verständlich, weil die Europäische Union (EU) bzw. die vorhergehende Europäische Gemeinschaft eine gemeinsame wirtschaftliche und wirtschaftspolitische Entwicklung in Europa anstrebt, die durch fixe Wechselkurse einerseits erleichtert wird, andererseits für deren Funktionsfähigkeit aus den genannten Gründen aber auch unerläßlich ist.

Beim EWS handelte es sich bis zum Sommer 1993 um ein Fixkurssystem, das analog zum Bretton Woods-System mit 2,25 % nach oben und nach unten eine geringe Schwankungsbreite aufwies (für Portugal und Spanien galten 6 % als Bandbreite). Die Jahre 1992 und 1993 haben indes die Schwierigkeiten fixer Wechselkurssysteme sehr klar zum Ausdruck gebracht. Obwohl die Inflationsraten der beteiligten Länder keineswegs identisch waren, wurden seit 1987 keine Kursveränderungen mehr vorgenommen. Zwar kam es über einige Jahre hinweg dennoch zu keinen starken Abweichungen der Marktkurse von den festgelegten Kursen, doch änderte sich dies 1992 radikal. Da viele Anleger mit künftigen Aufwertungen (besonders der DM) und Abwertungen (Pfund Sterling und südeuropäische Währungen) rechneten, kam es zu spekulativen Devisenbewegungen. Dies führte im September 1992 schließlich dazu, daß das englische Pfund und die italienische Lira aus dem EWS ausschieden und an den Devisenmärkten anschließend kräftig abgewertet wurden. Im Mai 1993 wurden mit der spanischen Peseta und dem portugiesischen Escudo zwei Währungen aus Ländern mit hohen Inflationsraten abgewertet, so daß die Kaufkraftparitäten wieder besser zu ihrem Recht kamen. Der entscheidende Punkt ist also, daß spekulative Kapitalbewegungen die Auf- und Abwertungstendenzen verstärken und dadurch die Kaufkraftparitäten „durchsetzen". Wir sehen also auch hier sehr deutlich, daß fixe Wechselkurse nur durchgehalten werden können, wenn die Inflationsraten und Zinsentwicklungen in den beteiligten Ländern ähnlich sind.

Die Spannungen im Europäischen Währungssystem haben für die Bundesbankpolitik einige Konsequenzen, die sowohl die Steuerung der Geldmenge als auch die Zinspolitik betreffen. Die Geldmengensteuerung ist vor allem durch die obligatorischen Interventionen betroffen, die dann entstehen, wenn die Wechselkurse zwischen zwei Ländern an die vereinbarte Bandbreite stoßen. Konkret führte die EWS-Krise im September 1992 dazu, daß die Bundesbank an ausländische Zentralbanken Kredite in Höhe von 92 Milliarden DM vergab, die von diesen für Stützungskäufe ihrer jeweiligen Währungen am Devisenmarkt eingesetzt wurden. Bankenliquidität und Geldmenge stiegen dadurch sehr stark an, so daß die Bundesbank mit einer Verringerung von Wertpapier- und Devisenpensionsgeschäften gegensteuerte. Obwohl die Kredite an ausländische Zentralbanken inzwischen getilgt wurden, ist die Geldmenge durch die Kreditvergabe stark angestiegen. Dies liegt daran, daß die Kredite zwar in DM gewährt, zu einem erheblichen Teil aber in anderen Währungen (Dollar und ECU) zurückgezahlt wurden.

Der internationale Zusammenhang der Zinspolitik zeigte sich am deutlichsten im Sommer 1993, als nach einer erwarteten, aber nicht eingetretenen Senkung der Leitzinsen durch die Bundesbank die Devisenbewegungen stark anstiegen. Dies wird von Bundesbank und Sachverständigenrat darauf zurückgeführt, daß die Anleger damit rechneten, daß die ohne deutsche Zinssenkung und ohne Wechselkursanpassung weiterhin verletzte Zinsparität eine Anpassung schließlich erforderlich machen würde. Dies erklärt auch, warum ausländische Wirtschaftspolitiker stets massiv eine Zinssenkung der Bundesbank forderten: angesichts der Rezession wollten viele ausländische Zentralbanken ihre Zinsen senken, was über die Verflechtung der Kapitalmärkte aber einen steigenden Kapitalexport und damit eine Abwertung der Währungen zur Folge gehabt hätte.

Die Erfahrungen der Jahre 1992 und 1993 sowie die Einsicht, daß unterschiedliche Inflationsraten Wechselkursanpassungen letztlich immer wieder unvermeidlich machen, führte im August 1993 schließlich dazu, daß die Bandbreiten auf +/-15 % festgelegt und damit so drastisch erweitert wurden, daß es sich faktisch um den Übergang zu flexiblen Wechselkursen handelte. Die Wechselkurse der am Wechselkursverbund beteiligten Länder blieben bis Dezember 1994 zunächst stabil, wodurch die Devisenmarktinterventionen im Vergleich zu 1992 deutlich zurückgegangen sind. Danach gerieten allerdings einige Währungen wieder unter Druck, so daß im März 1995 die spanische Peseta um 7 % und der portugiesische Escudo um 3,5 % abgewertet werden mußten. Auch die Währungen der aus dem Wechselkursmechanismus ausgeschiedenen Länder, Großbritannien und Italien, sind bis Mitte 1995 deutlich schwächer geworden. Die Erweiterung der Bandbreiten wird zwar häufig bedauert, war aber eine logische Konsequenz der Entwicklungen, die auch den ehrgeizigen Plan einer einheitlichen europäischen Währung zumindest hinsichtlich des Zeithorizonts in Frage stellt. Diesem Problem ist der folgende Abschnitt gewidmet.

3.6.3 Die Europäische Wirtschafts- und Währungsunion (WWU)

Im November 1993 trat der Vertrag über die Europäische Union (EU) in Kraft, der im Februar 1992 in Maastricht von den damaligen EG-Staaten unterzeichnet worden war. Der Grundgedanke der EU besteht darin, durch eine Liberalisierung des Güterverkehrs (Abschaffung von Zollschranken) und eine Vereinheitlichung von Vorgaben (dies reicht von umfassenden Maßnahmen wie der Harmonisierung der Mehrwertsteuersätze bis zu Produktnormen wie dem Reinheitsgebot für Bier) die Effizienz des Handels innerhalb Europas zu steigern.

Obwohl der einheitliche Binnenmarkt im Waren- und Dienstleistungsverkehr schon weitgehend erreicht ist und auch zahlreiche Hemmnisse im Kapitalverkehr abgeschafft wurden, gibt es auch hier noch Defizite, von denen besonders die noch nicht erreichte Harmonisierung der Mehrwertsteuersätze hervorzuheben ist. Tatsächlich liegen die Mehrwertsteuersätze in der EU weit auseinander. Am unteren Ende rangiert Deutschland mit 15 Prozent, am oberen Ende befinden sich Schweden und Dänemark mit jeweils 25 Prozent. Zum Verständnis der Bedeutung unterschiedlicher Mehrwertsteuersätze für einen gemeinsamen Binnenmarkt müssen wir das Bestimmungs- und das Ursprungslandprinzip unterscheiden. Das derzeit angewandte *Bestimmungslandprinzip* besagt, daß beispielsweise jede in der Bundesrepublik Deutschland verkaufte Ware mit dem deutschen Mehrwertsteuersatz belastet wird. Der Vorteil des Bestimmungslandprinzips ist, daß alle in einem Land verkauften Produkte unabhängig vom Herstellungsland dem gleichen Steuersatz unterliegen und es daher ceteris paribus zu keiner Wettbewerbsverzerrung kommt.[47] Der Nachteil ist allerdings die Notwendigkeit der grenzüberschreitenden Steuererhebung bzw. -rückzahlung, was zu Grenzkontrollen zwingt. Die Abschaffung von Grenzkontrollen ist mit dem Bestimmungslandprinzip deshalb nicht zu vereinbaren.

Im gemeinsamen Markt wird daher das *Ursprungslandprinzip* angestrebt, bei dem für jedes Produkt der Mehrwertsteuersatz des erzeugenden Landes gilt, so daß die Notwendigkeit der grenzüberschreitenden Steuererhebung entfällt. Das Ursprungslandprinzip hat aber den Nachteil, daß unterschiedliche Mehrwertsteuersätze für z. B. italienische und deutsche Produkte dazu führen würden, daß diese Produkte in Deutschland auch dann unterschiedlich teuer sind, wenn die Preise ohne Steuern übereinstimmen. Aus diesem Grund führt das zur Minderung von Transaktionskosten angestrebte Ursprungslandprinzip bei unterschiedlichen Steuersätzen zu einer ineffizienten Allokation der Ressourcen. Deshalb bleibt es derzeit noch beim Bestimmungslandprinzip.

Besondere Bedeutung bei der Vollendung der Wirtschafts- und Währungsunion kommt der monetären Integration zu, die 1999 in der Einführung einer gemeinsamen europäischen Währung gipfeln soll. Hierzu ist am 1.1.1994 die zweite Stufe auf dem Weg zur Wirtschafts- und Währungsunion in Gang gesetzt worden.[48] Die wichtigste Maßnahme war die Gründung des Europäischen Währungsinstituts (EWI) mit Sitz in Frankfurt/Main, das dazu beitragen soll, die erforderlichen Bedingungen für den Übergang zur dritten Stufe zu schaffen. Hierbei sind dem EWI folgende Aufgaben übertragen worden:

– Verstärkung der Zusammenarbeit zwischen den nationalen Zentralbanken und Koordinierung der Geldpolitik,

– Durchführung wichtiger Vorarbeiten, die der Errichtung des Europäischen Systems der Zentralbanken (ESZB), der Durchführung einer einheitlichen Geldpolitik und der Schaffung einer gemeinsamen Währung dienen sollen.

Im einzelnen soll das EWI beispielsweise

– als Kooperationsorgan der (weiterhin unabhängig bleibenden) Notenbanken zur Koordinierung der Geld- und Währungspolitik dienen[49],

– die Verwendung des ECU erleichtern,

– die geldpolitischen Strategien und Instrumente harmonisieren,

– für eine Angleichung der Statistiken und des Zahlungsverkehrs sorgen

– und die Haushaltsdisziplin der Mitgliedsstaaten prüfen und beurteilen.

---

[47] Der Zusatz ceteris paribus ist wichtig, weil das eine Land möglicherweise niedrigere Mehrwertsteuer- und dafür höhere andere Steuersätze hat, so daß gerade die Berücksichtigung gleicher Mehrwertsteuersätze insgesamt eine Verzerrung darstellt.

[48] Die erste Stufe begann mit der Liberalisierung des Kapitalverkehrs im Juli 1990.

[49] Bisher wurde diese Funktion vom Ausschuß der EU-Zentralbankpräsidenten und dem Europäischen Fonds für währungspolitische Zusammenarbeit übernommen.

Im Dezember 1995 hat der Europäische Rat beschlossen, die gemeinsame Währung „Euro" zu nennen und sprach sich dafür aus, mit der dritten Stufe der Währungsunion am 1.1.1999 zu beginnen. Über die Auswahl der daran beteiligten Länder sollen die Staats- bzw. Regierungschefs so früh wie möglich im Jahre 1998 entscheiden. Die Richtschnur für diese Entscheidungen bilden die im Maastricht-Vertrag formulierten Konvergenzkriterien, die weiter unten ausführlich behandelt werden.

Die dritte Stufe als Vollendung der WWU sieht neben der Umwandlung der Korbwährung ECU zur EU-einheitlichen Währung die Errichtung einer gemeinsamen Europäischen Zentralbank (EZB) vor, der die Mitgliedsstaaten ihre geldpolitische Verantwortung übertragen.

Zunächst sollen die Wechselkurse der teilnehmenden Währungen unwiderruflich fixiert und spätestens am 1.1.2002 durch die gemeinsame Währung ersetzt werden. Im Grunde kann man eine gemeinsame Währung als ein fixes Wechselkurssystem interpretieren, bei dem Wechselkursanpassungen ausgeschlossen sind. Nach den Erfahrungen mit dem Bretton Woods-System und den jüngsten Krisen des EWS ist klar, daß es sich dabei um ein äußerst ehrgeiziges Unterfangen handelt. Eine gemeinsame Währung bedeutet nämlich, daß

– die Produkte aller beteiligten Staaten der europäischen Konkurrenz ausgesetzt sind. Was dies für unproduktivere Länder bedeuten kann, sieht man derzeit sehr deutlich an den Schwierigkeiten der neuen Bundesländer, ihre Produkte auf dem deutschen Markt zu plazieren,

– unterschiedliche Inflationsraten die internationale Konkurrenzfähigkeit direkt reduzieren

– und unterschiedliche Zinssätze nicht aufrechterhalten werden können (stellen Sie sich einfach vor, eine Bank in München hätte einen um zwei Prozentpunkte höheren Zinssatz als eine Bank in Frankfurt).

Da fixe Wechselkurssysteme oder gar eine gemeinsame Währung ohne ein hohes Maß an wirtschaftlichem Gleichklang somit nicht funktionieren können – dies wurde durch den faktischen Zusammenbruch des EWS deutlich vor Augen geführt –, die Verantwortung für die Finanzpolitik grundsätzlich aber bei den einzelnen Mitgliedsstaaten verbleibt, wurden im Vertrag von Maastricht Konvergenzkriterien formuliert, deren Einhaltung Voraussetzung für den Eintritt in die gemeinsame Währung zum vorgesehenen Zeitpunkt ist. Andere Länder, die die Voraussetzungen nicht erreichen, können dem Währungsverbund später beitreten, wenn sie die Bedingungen erfüllen.

Die Konvergenzkriterien betreffen die Inflationsrate, die Rendite öffentlicher Anleihen, die Wechselkursstabilität (monetäre Kriterien) und die öffentliche Verschuldung (fiskalische Kriterien). Sie lauten im einzelnen:

– Die *Inflationsrate* eines Landes darf die der – höchstens drei – preisstabilsten Länder nur um maximal 1,5 Prozentpunkte überschreiten.[50] Die Verwendung der Inflationsrate als Konvergenzkriterium ist angesichts der oben erläuterten Zusammenhänge im europäischen Handel unmittelbar einsichtig.

– Die *Rendite öffentlicher Anleihen* darf diejenige der – höchstens drei – preisstabilsten Länder nur um maximal zwei Prozentpunkte übersteigen. Auch die Verwendung der Zinsen als Konvergenzkriterium ist angesichts der oben durchge-

---

[50] Die Formulierung "höchstens drei" drückt aus, daß als Maßstab entweder das Land mit der niedrigsten, der zweitniedrigsten oder der drittniedrigsten Inflationsrate genommen werden kann.

führten Überlegungen über die Auswirkungen unterschiedlicher Zinsen bei einer gemeinsamen Währung leicht nachvollziehbar.

- Die normalen Bandbreiten des *Wechselkursmechanismus* des EWI müssen seit mindestens zwei Jahren ohne Abwertung gegenüber der Währung eines anderen Mitgliedsstaates eingehalten worden sein.

- Schließlich wird das Ausmaß der öffentliche Verschuldung anhand von zwei Kennziffern beurteilt: Erstens darf die Verschuldungsquote (d. h. Schuldenstand im Verhältnis zu Bruttoinlandsprodukt)[51] 60 % nicht übersteigen und zweitens muß die Defizitquote (d. h. der Finanzierungssaldo im Verhältnis zum Bruttoinlandsprodukt) unterhalb von 3 % bleiben. Wird mindestens eine der beiden Quoten verletzt, so kommt es zu einer genaueren Prüfung, in der beispielsweise auch der Anteil der investiven Ausgaben an den gesamten Staatsausgaben berücksichtigt wird. Die Verwendung der öffentlichen Verschuldung als Konvergenzkriterium erklärt sich daraus, daß die Verantwortung für die Finanzpolitik – im Unterschied zur Geldpolitik – weiterhin bei den einzelnen Mitgliedsstaaten verbleibt, gleichzeitig von der öffentlichen Kreditaufnahme aber die schon mehrfach erläuterten Inflationsgefahren und damit Rückwirkungen auf die gemeinsame Geldpolitik ausgehen.

Vor der Gründung der Währungsunion entscheidet der Ministerrat, welche Länder die Konvergenzkriterien erfüllt haben und demnach teilnehmen dürfen.

Die Konvergenzkriterien sind – insbesondere durch die Formulierung „höchstens drei Länder" – zum Teil recht vage verfaßt, so daß ein großer Auslegungsspielraum besteht. Die Bundesbank empfiehlt eine strenge Auslegung des Inflations- und Zinskriteriums, in dem nur das preisstabilste Land zur Bestimmung des Referenzwertes herangezogen wird. Ein weiteres Problem besteht in der Auslegung des Wechselkurskriteriums nach der Erweiterung der Bandbreiten. Es ist nicht angemessen, die Schwankungsbreite von ±15 % als „normale Bandbreite" im Sinne des Wechselkurskriteriums zu interpretieren. Schließlich sind auch die fiskalischen Kriterien wenig eindeutig, denn in Art. 2 des Zusatzprotokolls des Maastrichter Vertrages heißt es, daß die Defizitquote von 3 % nicht dauerhaft und deutlich überschritten werden darf bzw. sich die Schuldenquote lediglich „erkennbar" auf 60 % zubewegen muß.

Bei Nichteinhaltung der Haushaltsdisziplin können für in die Währungsunion aufgenommene Länder Sanktionen beschlossen werden. Allerdings erfordert die Verhängung von Sanktionen eine Ministerratsentscheidung mit qualifizierter Mehrheit darüber, ob ein übermäßiges Defizit in einem Land existiert. Danach werden zunächst Empfehlungen zum Abbau des Defizits an den Staat gerichtet, die – wenn sich keine Besserung einstellt – auch veröffentlicht werden können. Bleibt auch die Veröffentlichung wirkungslos, so kann dem Mitgliedsstaat eine Frist zum Defizitabbau gesetzt werden. Erst wenn diese Frist verstrichen ist, kann der Ministerrat Sanktionen beschließen. Sanktionsmaßnahmen sind beispielsweise die Kürzung von Darlehen durch die Europäische Investitionsbank, unverzinsliche Strafeinlagen bei der Gemeinschaft sowie Geldbußen. Der Sanktionsmechanismus funktioniert somit nur sehr langsam und auch die Sanktionsmaßnahmen sind nicht besonders abschreckend. Wirksamer wären direkte Eingriffe in die Haushaltspolitik des Mitgliedsstaates, was aber eine Einschränkung der Finanzautonomie implizieren würde, die von den einzelnen Nationalstaaten nicht akzeptiert wird.

Die folgende Tab. 3.16, in der die erfüllten Kriterien grau unterlegt sind, zeigt, daß besonders bei der öffentlichen Verschuldung viele Staaten noch recht weit von der

---

[51] Zur Bedeutung dieser Maßzahlen der Staatsverschuldung vgl. ausführlich unten, Abschnitt 4.4.1.

Einhaltung der Konvergenzkriterien entfernt sind. 1995 gab es nur ein Land (Luxemburg), das alle vier Kriterien erfüllte. Drei Kriterien wurden immerhin noch von vier Ländern erreicht (Dänemark, Deutschland, Frankreich und Irland). Allerdings gab es auch vier Länder, die gar kein Kriterium erfüllten (Griechenland, Italien, Portugal und Spanien).

Schwellenwert	Inflationsrate		Rendite langfristiger öffentlicher Anleihen		Finanzierungssaldo des Staates in % des BIP	Bruttoschuldenstand des Staates
	bestes Land	drittbestes Land	bestes Land	drittbestes Land		
	2,5	3,2	10,8	9,2	–3	60
Belgien	1,5	1,5	7,5	7,5	–4,5	134,4
Dänemark	2,1	2,1	8,3	8,3	–2,0	73,6
Deutschland	1,8	1,8	6,9	6,9	–3,5	58,1
Finnland	1,0	1,0	8,8	8,8	–5,4	63,2
Frankreich	1,7	1,7	7,5	7,5	–5,0	51,5
Griechenland	9,3	9,3	17,3	17,3	–9,3	114,4
Großbritannien	3,5	3,5	8,3	8,3	–5,1	52,5
Irland	2,5	2,5	8,3	8,3	–2,7	85,9
Italien	5,2	5,2	12,2	12,2	–7,4	124,9
Luxemburg	2,0	2,0	7,6	7,6	+0,4	6,3
Niederlande	2,0	2,0	6,9	6,9	–3,1	78,4
Österreich	2,2	2,2	7,1	7,1	–5,5	68,0
Portugal	4,1	4,1	11,4	11,4	–5,4	70,5
Schweden	2,9	2,9	10,2	10,2	–7,0	81,4
Spanien	4,6	4,6	11,3	11,3	–5,9	64,8

Konvergenzkriterien (ohne das Wechselkurskriterium):

1. Die Inflationsrate darf diejenige der – höchstens drei – preisstabilsten Länder um nicht mehr als 1,5 Prozentpunkte übersteigen.
2. Die Rendite öffentlicher Anleihen darf diejenige der – höchstens drei – preisstabilsten Länder um nicht mehr als 2 Prozentpunkte übersteigen.
3. Der Finanzierungssaldo der öffentlichen Haushalte darf 3 % des Bruttoinlandsprodukt nicht übersteigen.
4. Der Bruttoschuldenstand der öffentlichen Haushalte darf 60 % nicht übersteigen.

Quelle: Deutsche Bundesbank.

Tab. 3.16: Konvergenzkriterien und ihr Zielerreichungsgrad in den EU-Ländern (1995)[52]

Ein kritischer Punkt besteht u. E. darin, daß die absolute Höhe oder die Steigerungsrate des *Bruttoinlandsprodukts* nicht als Konvergenzkriterium auftaucht. Unterschiedliche Wachstumsraten des Bruttoinlandsprodukts und unterschiedliche Produktivitätsfortschritte werden nämlich dazu führen, daß die Produkte aus Ländern mit niedrigeren Produktivitätsentwicklungen teurer werden, sofern die niedrigere Produktivität nicht vollständig durch niedrigere Arbeitskosten kompensiert werden. Letzteres erscheint angesichts der freien Wahl des Arbeitsplatzes in einem vereinten Europa schwer durchsetzbar, wie nicht zuletzt die Erfahrungen mit den

---

[52] Das Inflations- und das Zinskriterium werden hier jeweils in zweifacher Auslegung dargestellt. Bei der Konstruktion der Referenzwerte werden sowohl das preisstabilste (bestes Land) als auch das Land mit der drittniedrigsten Inflationsrate (drittbestes Land) herangezogen.

neuen Bundesländern zeigen, in denen die Löhne gemessen an der Produktivität zu hoch sind (vgl. hierzu Abschnitt 5.4.1.2). Es besteht daher kein Zweifel daran, daß die Ausgaben für Strukturhilfen und ähnliches innerhalb der EU noch um ein Vielfaches ansteigen müssen, wenn man die wirtschaftlichen Probleme in den weniger entwickelten Regionen in den Griff bekommen möchte. Insgesamt ist aus den genannten Gründen zu vermuten, daß eine gemeinsame Währung in diesem Jahrtausend nur die wirtschaftlich stabilsten Staaten in Mittel- und Nordeuropa umfassen wird.

3.6.4 Zusammenfassende Überlegungen

Theoretische Überlegungen sowie die Auswertung der Erfahrungen mit dem Bretton Woods-System und dem EWS führen uns zu folgenden zusammenfassenden Schlußfolgerungen:

1. Unterschiedliche Inflationsraten und Zinssätze führen in einem System fixer Wechselkurse wegen der Kaufkraft- und Zinsparitäten zwangsläufig zu Abweichungen des Marktkurses vom festgelegten Kurs und zwingen damit zu Interventionen der Zentralbanken am Devisenmarkt. Diese Interventionen stellen die nationalen Geldpolitiken vor Probleme. Beispielsweise muß die unter Aufwertungsdruck stehende Bundesbank Devisen ankaufen, was die Geldmenge aufbläht. Gehen die Wirtschaftssubjekte davon aus, daß die Spannungen in absehbarer Zeit eine Kurskorrektur erfordern, so kommt es – wie im EWS 1992 und 1993 – zu spekulativen Kapitalbewegungen, die die Spannungen verstärken und eine Kurskorrektur schließlich unvermeidlich machen. Fixe Wechselkurse können daher bei unterschiedlichen wirtschaftlichen Entwicklungen der beteiligten Länder nur schwer aufrechterhalten werden.

2. Die unmittelbaren Vorteile fixer Wechselkurssysteme und einer gemeinsamen europäischen Währung werden in der größeren Planungssicherheit und den geringeren Transaktionskosten gesehen. Die größere Planungssicherheit impliziert, daß eine gemeinsame Währung einen gemeinsamen Güter- und Dienstleistungsmarkt stark erleichtert. An den Vorteilen eines gemeinsamen Güter- und Dienstleistungsmarkts gibt es aber nach allgemeiner Auffassung keinen Zweifel, weil in vielen wichtigen Branchen steigende Skalenerträge in der Produktion vorliegen und die Ausweitung der Absatzmärkte daher zu Kostendegressionen führt. Darüber hinaus hat die Außenhandelstheorie nachgewiesen, daß die Abschaffung von Handelshemmnissen aller Art zumindest auf Märkten mit hohem Wettbewerb zu einer besseren Allokation der Ressourcen führt.

3. Das Ziel einer gemeinsamen europäischen Währung ist daher weitgehend unstrittig. Offen sind dagegen der Zeitpunkt und die Reihenfolge zwischen der realen und der monetären Einheit. So vertritt beispielsweise der Sachverständigenrat die Auffassung, daß die Bandbreitenerweiterung im EWS angesichts der enormen Spannungen zwar gerechtfertigt, grundsätzlich aber eine Rückkehr zu engen Bandbreiten schnell anzustreben sei. Ein Vorteil fixer Wechselkurssysteme wird dabei auch darin gesehen, daß diese die beteiligten Länder gerade deshalb zu einer einheitlichen Wirtschaftspolitik zwingen, weil der Schutz flexibler Wechselkurse nicht gegeben ist. Ein Mitglied des Sachverständigenrates, *Horst Siebert*, vertritt dagegen die Minderheitenposition, daß eine größere realwirtschaftliche Konvergenz der beteiligten Länder eine notwendige Bedingung für ein Wechselkurssystem mit engen Bandbreiten sei.

4. Da die Funktionsfähigkeit einer gemeinsamen Währung von der wirtschaftlichen und der wirtschaftspolitischen Übereinstimmung abhängt, wurden im

Vertrag von Maastricht Konvergenzkriterien formuliert, die die an der gemeinsamen Währung teilnehmenden Länder einhalten müssen. Abgesehen davon, daß die Kriterien bislang nur unzureichend erfüllt sind, werden darüber hinaus auch unterschiedliche Produktivitäten zu großen Problemen der schwächeren Länder und daher zu hohen Transferzahlungen führen.

5. Häufig wird vermutet, daß der Übergang zu einer gemeinsamen Währung die Schwierigkeiten „armer" Staaten drastisch erhöhe, weil der „Schutz" flexibler Wechselkurse verschwindet. Um dieses Argument zu verstehen und zu würdigen, müssen wir uns abschließend nochmals präzise vor Augen führen, welchen Schutz flexible Wechselkurse eigentlich bieten und welchen nicht. Bei der Darstellung des Theorems der komparativen Kosten haben wir gezeigt, daß es durch die Wechselkursanpassung auch dann zu einer ausgeglichenen Handelsbilanz kommt, wenn ein Land in allen Produktionsprozessen über absolute Kostennachteile verfügt. Diese Möglichkeit entfällt in einer gemeinsamen Währung, so daß flexible Wechselkurse in der Tat einen gewissen Schutz bieten. Diesen Aspekt sollte man aber nicht überinterpretieren, wie folgende Überlegung zeigt: Absolute Kostennachteile bedeuten, daß die niedrigere Arbeitsproduktivität nicht vollständig durch niedrigere Löhne ausgeglichen wird (andernfalls käme es nicht zu den absoluten Kostennachteilen). Wenn die niedrigeren Produktivitäten aber nicht durch niedrigere Löhne ausgeglichen werden, so muß dies (mittelfristig) zu Lasten der Gewinne gehen. Dies ist der Grund, warum flexible Wechselkurse und das Theorem der komparativen Kosten ihre Schutzwirkung nur bei gegebenen Faktorausstattungen bzw. unter Vernachlässigung von Kapitalwanderungen entfalten können. Denn bei niedrigeren Gewinnen wird das Kapital ins Ausland transferiert, so daß sich die Probleme für das Land mit den absoluten Kostennachteilen bei vollständig flexiblen Wechselkurse zwar nicht beim (zurückgehenden) Güterexport, aber beim (zunehmenden) Kapitalexport niederschlagen. Wir können daher als wichtiges Fazit festhalten, daß unterschiedliche Produktivitäten in *allen* Wechselkurssystemen letztlich durch unterschiedliche Löhne ausgeglichen werden müssen.

4. Finanzpolitik

4.1 Überblick

Unter Finanzpolitik versteht man ganz allgemein den Einsatz der öffentlichen Finanzen zur besseren Erreichung wirtschaftlicher Ziele. Dabei unterscheidet man wie erwähnt zwischen der Allokations-, der Distributions- und der Stabilisierungsfunktion der Finanzpolitik (vgl. Abschnitt 1.2). Unter Fiskalpolitik verstehen wir dagegen ausschließlich den Teilbereich der Finanzpolitik, der zur Verringerung konjunktureller Schwankungen dient. Die Fiskalpolitik kann man als Kern der keynesianischen Stabilitätspolitik bezeichnen, die vor allem auf eine fallweise Veränderung der Staatsausgaben im Konjunkturzyklus setzte.[53]

Lassen Sie uns zur Vermeidung von Mißverständnissen kurz einige terminologische Klärungen vornehmen. In den sechziger Jahren galt die Fiskalpolitik wegen der Dominanz des *Keynes*ianismus als Stabilisierungspolitik par excellence, so daß die Begriffe Fiskal-, Stabilitäts- und Stabilisierungspolitik weitgehend synonym verwendet wurden. Inzwischen ist der Optimismus gegenüber fiskalpolitischen Maßnahmen allerdings einer eher ablehnenden Haltung gewichen, die sich in erster Linie auf deren praktische Funktionsprobleme sowie die mit Steuererhöhungen verbundenen negativen Anreizeffekte und die stetig steigende Staatsverschuldung stützt. Die theoretisch vom Monetarismus beeinflußte angebotsorientierte Wirtschaftspolitik behauptet daher, daß der Versuch der Nachfragesteuerung über die Fiskalpolitik durch die Störung der Angebotsseite letztlich nicht stabilisierend, sondern destabilisierend wirkt. Da unter Stabilisierung in dieser Sichtweise keineswegs nur die Stabilisierung der Nachfrage-, sondern stärker noch der Angebotsseite verstanden wird, gibt es auch keinerlei Grund zur Gleichsetzung von Fiskal- und Stabilisierungspolitik. Daher haben wir das Kapitel mit Finanz- und nicht mit Fiskalpolitik überschrieben, obwohl wir auf allokative und distributive Fragen nur am Rande eingehen. Eine ausführlichere Überschrift hätte also etwa „Finanzpolitik zum Zwecke der Stabilisierung von Nachfrage und Angebot" heißen müssen.

Das Kapitel ist folgendermaßen aufgebaut: In Abschnitt 4.2 beginnen wir mit eingebauten Stabilisatoren, die automatisch dafür sorgen, daß von öffentlichen Einnahmen und Ausgaben eine stabilisierende Wirkung ausgeht. Anschließend wenden wir uns in Abschnitt 4.3 mit der diskretionären Fiskalpolitik dem umstrittenen Kern der keynesianischen Stabilisierungspolitik zu. Der Grundgedanke besteht darin, durch eine Erhöhung der öffentlichen Ausgaben in der Rezession bzw. eine Senkung im Boom zur Glättung der effektiven Nachfrage und des Konjunkturzyklus beizutragen. Nach der Diskussion der Staatsverschuldungsproblematik in Abschnitt 4.4 beschließen wir das Kapitel mit einer Skizze der angebotsorientierten Finanzpolitik, die neben allokationstheoretischen Aspekten

---

[53] Verschiedentlich wird diese Verwendung des Begriffs Fiskalpolitik kritisiert, weil sie auf einer undifferenzierten Übersetzung von "fiscal policy" beruhe. Vorgeschlagen wird, den Begriff "Fiskalpolitik" für die Finanzierung der öffentlichen Haushalte zu verwenden und fiscal policy mit "antizyklischer Finanzpolitik" gleichzusetzen. Wir folgen allerdings der verbreiteten Methode, indem wir Finanzpolitik als Überbegriff und Fiskalpolitik für die (keynesianische) Stabilitätspolitik verwenden.

(beispielsweise durch Deregulierungs- und Privatisierungsmaßnahmen) vor allem auf eine konsequente Konsolidierung der öffentlichen Finanzen zielt und die keynesianische Fiskalpolitik als Paradigma der Wirtschaftspolitik weitgehend verdrängt hat (Abschnitt 4.5).

4.2 Eingebaute Stabilisatoren

4.2.1 Grundgedanke

Die Bemessungsgrundlagen und -sätze für zahlreiche Einnahmen und Ausgaben öffentlicher Haushalte sind so festgelegt, daß sich die Einnahmen und Ausgaben automatisch mit dem Sozialprodukt verändern. Sofern diese Veränderungen konjunkturdämpfend wirken, spricht man von eingebauten Stabilisatoren. Ein „klassischer" Stabilisator, der sowohl auf der Einnahmen- als auch auf der Ausgabenseite wirkt, ist die Arbeitslosenversicherung. Im Boom steigen die Zahlungen in die Arbeitslosenversicherung durch die zunehmende Beschäftigung an, so daß die öffentlichen Einnahmen wachsen und den privaten Wirtschaftssubjekten Kaufkraft entzogen wird. Gleichzeitig gehen die Zahlungen der Bundesanstalt für Arbeit zurück, weil die Arbeitslosigkeit abnimmt. Wir werden in diesem Abschnitt unter Verweis auf einige empirische Berechnungen allerdings zeigen, daß es mit dem Konzept eingebauter Stabilisatoren erhebliche Probleme gibt.

4.2.2 Eingebaute Stabilisatoren auf der Einnahmenseite

Die wichtigsten eingebauten Stabilisatoren auf der Einnahmenseite sind Steuern, da diese grundsätzlich mit dem Sozialprodukt zunehmen. Als Maßzahlen zur Beurteilung eingebauter Stabilisatoren werden meist Elastizitäten herangezogen, die definitionsgemäß die prozentuale Änderung einer abhängigen im Verhältnis zur ebenfalls prozentualen Änderung einer unabhängigen Variablen messen. Entsprechend ist die Steuerelastizität einer Steuer i mit T_i als Steueraufkommen und Y als Sozialprodukt als

$$(4.1) \qquad E_{T_i} = \frac{\frac{dT_i}{T_i}}{\frac{dY}{Y}}$$

definiert.

Bereits eine Steuerelastizität größer Null ist eine hinreichende Bedingung für die Wirkung der betreffenden Steuer als eingebauter Stabilisator, weil den Wirtschaftssubjekten um so mehr Kaufkraft entzogen wird, je stärker das Sozialprodukt zunimmt (d. h., je größer der Nenner ist). Besonders deutlich wird dies, wenn wir von einer langfristig stationären Wirtschaft ausgehen, bei der das Sozialprodukt lediglich im Boom zu-, in der Rezession aber abnimmt. In diesem Fall impliziert eine positive Steuerelastizität, daß das Steueraufkommen im Boom zu- und in der Rezession abnimmt, so daß die Steuer offensichtlich antizyklisch wirkt. Im Kern gilt das gleiche aber auch in einer ständig wachsenden Wirtschaft, weil die Steuern bei einer hohen Sozialproduktssteigerung im Boom absolut gesehen stärker zunehmen als bei einer geringen Sozialproduktssteigerung in der Rezession (bedenken Sie einfach, daß $E_{T_i} > 0$ impliziert, daß dT_i/dY ebenfalls größer Null ist). Die Kaufkraftunterschiede zwischen Boom und Rezession wären also ohne Steuern größer.

4.2 Eingebaute Stabilisatoren

Eine lediglich positive Steuerelastizität impliziert demnach zwar einen bei steigendem Sozialprodukt zunehmenden Kaufkraftentzug, sagt aber nichts darüber aus, wie sich das Verhältnis von Steuern und Sozialprodukt entwickelt. Beispielsweise bedeutet eine Steuerelastizität von 0,8, daß eine einprozentige Erhöhung des Sozialprodukts zu einer Steuererhöhung um 0,8 Prozent führt, so daß der Quotient aus Steuern und Sozialprodukt abnimmt. Eine strengere Anforderung an eingebaute Stabilisatoren auf der Einnahmenseite läßt sich so formulieren, daß das Steueraufkommen im Boom nicht nur absolut gesehen, sondern auch im Verhältnis zum Sozialprodukt steigen muß ($E_{Ti} > 1$). Zur Vermeidung sprachlicher Mißverständnisse sprechen wir daher

- von einem *weichen* eingebauten Stabilisator, wenn im Boom zwar T_i größer als in der Rezession, T_i/Y aber geringer ist ($0 < E_{Ti} < 1$)
- und von einem *strengen* eingebauten Stabilisator dann, wenn auch T_i/Y im Boom wächst ($E_{Ti} > 1$).

Empirische Schätzungen über Steuerelastizitäten (SE) kommen nicht zu exakt identischen Ergebnissen, weil sie sich hinsichtlich der Definitionen von Y (Volkseinkommen oder Bruttosozialprodukt), der Untersuchungszeiträume und der Bereinigung von Steuerrechtsänderungen unterscheiden. Die Ergebnisse eigener Berechnungen für die Lohn- und Einkommensteuer sind in Tab. 4.1 dargestellt, weil die Lohn- und Einkommensteuer besonders häufig als Beispiel für eingebaute Stabilisatoren herangezogen wird.

	$\dfrac{\Delta T^n}{T^n}$	$\dfrac{\Delta T^r}{T^r}$	$\dfrac{\Delta Y^n}{Y^n}$	$\dfrac{\Delta Y^r}{Y^r}$	$\dfrac{\Delta Y^r}{Y^r} - 2,4\%$	$\dfrac{\Delta T^n}{T^n} / \dfrac{\Delta Y^n}{Y^n}$ (nominale SE)	$\dfrac{\Delta T^r}{T^r} / \dfrac{\Delta Y^r}{Y^r}$ (reale SE)	$\dfrac{\Delta T^r}{T^r} / \left(\dfrac{\Delta Y^r}{Y^r} - 2,4\%\right)$ (bereinigte reale SE)
1	2	3	4	5	6	7 = 2/4	8 = 3/5	9 = 3/6
1971	19,7	11,3	11,0	3,1	0,7	1,8	3,7	17,2
1972	19,2	13,2	9,8	4,3	1,9	2,0	3,1	7,2
1973	20,3	13,0	11,4	4,8	2,4	1,8	2,7	5,5
1974	12,6	5,2	7,3	0,2	−2,2	1,7	26,7	−2,4
1975	0,4	−4,9	4,3	−1,3	−3,7	0,1	3,9	1,4
1976	12,4	8,4	9,1	5,3	2,9	1,4	1,6	2,9
1977	13,3	9,2	6,7	2,8	0,4	2,0	3,2	20,7
1978	2,5	−1,6	7,4	3,0	0,6	0,3	−0,5	−2,7
1979	4,0	0,1	8,2	4,2	1,8	0,5	0,0	0,1
1980	10,2	5,1	6,0	1,0	−1,4	1,7	5,2	−3,6
1981	0,8	−3,3	4,3	0,1	−2,3	0,2	−33,8	1,5
1982	3,0	−1,4	3,5	−0,9	−3,3	0,9	1,5	0,4
1983	2,0	−1,1	5,1	1,8	−0,6	0,4	−0,6	1,7
1984	3,5	1,4	4,9	2,8	0,4	0,7	0,5	3,5
1985	8,3	6,0	4,1	2,0	−0,4	2,0	3,0	−16,2
1986	3,4	0,2	5,6	2,3	−0,1	0,6	0,1	−3,5
1987	7,0	5,1	3,4	1,5	−0,9	2,1	3,4	−5,5
1988	3,0	1,4	5,3	3,7	1,3	0,6	0,4	1,1
1989	8,9	6,4	6,1	3,6	1,2	1,5	1,8	5,2
1990	−2,1	−5,1	9,1	5,7	3,3	−0,2	−0,9	−1,5
1991	19,4	14,9	9,1	5,0	2,6	2,1	3,0	5,7
1992	13,0	8,2	6,2	1,8	−0,6	2,1	4,6	−12,9
1993	0,8	−2,2	1,2	−1,8	−4,2	0,7	1,2	0,5
1994	0,3	−1,7	4,5	2,4	0,0	0,1	−0,7	39,2

Quelle: Eigene Darstellung nach Daten des Sachverständigenrates.

Tab. 4.1: Verschiedene Aufkommenselastizitäten der Lohn- und Einkommensteuer (SE) – ohne Bereinigung von Steuerrechtsänderungen

Tab. 4.1 zeigt in Spalte 2 die prozentuale Veränderung der *nominalen* Lohn- und Einkommensteuer ($\Delta T^n/T^n$) im Zeitablauf. Spalte 3 zeigt die prozentuale Veränderung der *realen* Lohn- und Einkommensteuer ($\Delta T^r/T^r$).[54] Die nominalen und realen Veränderungsraten für das Bruttoinlandsprodukt ($\Delta Y^n/Y^n$ bzw. $\Delta Y^r/Y^r$) sind in den Spalten 4 und 5 dargestellt. Weil die *nominellen* Steuerelastizitäten in Spalte 7 abgesehen von 1990[55] alle positiv sind, kann die Einkommensteuer nach unserer Definition als weicher Stabilisator angesehen werden. Das Steueraufkommen nimmt bei steigendem Sozialprodukt ebenfalls zu.

Weiterhin ist zu erkennen, daß die Steuerelastizität in der Hälfte der Jahre größer als Eins war. Wenn man bedenkt, daß in Jahren mit einer Elastizität unter Eins oftmals umfangreiche Steuersenkungen wirksam wurden (z. B. 1986, 1988 und 1990), so kann die Einkommensteuer auch als *strenger* automatischer Stabilisator bezeichnet werden. Die hohen Einkommensteuerelastizitäten sind darauf zurückzuführen, daß die Löhne seit den fünfziger Jahren stark stiegen und wegen der Steuerprogression deshalb nicht nur absolut gesehen, sondern auch relativ zum Einkommen mehr Steuern bezahlt werden müssen.

Die bisherige Betrachtung *nomineller* Größen ist allerdings ausgesprochen problematisch. Nehmen wir zum Verständnis des Problems beispielsweise an, daß das Steueraufkommen in einem beliebigen Jahr um 1 % gestiegen ist. Die konjunkturpolitische Interpretation dieser Änderung des Steueraufkommens hängt offensichtlich auch von der Inflationsrate ab. Wenn die Inflationsrate Null war, so entspricht die nominale Zunahme des Steueraufkommens um 1 % auch einer realen Zunahme des Steueraufkommens um 1 %. Sofern wir uns im Boom befinden und die Zunahme des Steueraufkommens demnach konjunkturpolitisch gewünscht ist, wirkt sie als automatischer Stabilisator. Beträgt die Inflationsrate dagegen 7 %, so impliziert die nominale Zunahme des Steueraufkommens um nur 1 %, daß das Steueraufkommen real um 6 % gesunken ist. Weil die Aussagekraft nominaler Elastizitäten demnach sehr eingeschränkt ist, haben wir in Tab. 4.1 auch die realen Steuerelastizitäten aufgenommen.

Betrachten wir nun die Entwicklung der realen Steuerelastizität in Spalte 8, so ergeben sich für vier weitere Jahre (1978, 1981, 1983 und 1994) negative Steuerelastizitäten, weil das *reale* Steueraufkommen in diesen Jahren gesunken ist. Doch selbst die Verwendung realer Elastizitäten beantwortet noch nicht die Frage, wann denn nun eigentlich wirklich von einem eingebauten Stabilisator gesprochen werden kann. Denn eine negative reale Steuerelastizität impliziert selbstverständlich nur dann, daß es sich um einen *De*stabilisator handelt, wenn aus konjunkturellen Gründen eine *Zunahme* des Steueraufkommens gewünscht ist. Befinden wir uns dagegen in der Rezession, so ist eine *Abnahme* der Steuereinnahmen gerade gewünscht.

Lassen Sie uns weiter verdeutlichen, wodurch die Schwierigkeiten eigentlich entstehen: Wenn wir es mit einer stationären Wirtschaft zu tun hätten, so könnten wir konjunkturelle Auf- und Abschwünge einfach über positive und negative Wachstumsraten definieren. Dann müßte die Steuerelastizität *immer* größer Null sein, damit sie als (weicher) Stabilisator wirkt. Denn bei einer positiven (negativen) Wachstumsrate müßten die Steuereinnahmen zunehmen (abnehmen). In einer „normalerweise" wachsenden Wirtschaft aber kann eine geringe Wachstumsrate ohne weiteres einen rezessiven Zustand ausdrücken. Beispielsweise waren Anfang der 80er Jahre die realen Wachstumsraten zwar positiv, sie lagen aber deutlich

---

[54] Der zugrundeliegende Deflator ist der Preisindex für das Bruttoinlandsprodukt.
[55] Der abweichende Wert für 1990 erklärt sich daraus, daß am 1.1.1990 ein Steuerreformgesetz in Kraft trat, das umfangreiche Steuersenkungen vorsah.

unter dem Durchschnitt von 2,4 %. Also wirkte das sinkende reale Steueraufkommen von 1981 und 1983 keineswegs destabilisierend: Eine Abnahme der Steuereinnahmen in der Rezession ist ja durchaus erwünscht. Dieses Problem impliziert, daß eine *negative reale* Steuerelastizität in einer wachsenden Wirtschaft keineswegs einen destabilisierenden Effekt haben *muß*.

Um dieses Problem in den Griff zu kriegen und den konjunkturellen Effekt der Einkommensteuer deutlicher zu machen, haben wir in Spalte 9 die prozentuale Veränderung des Einkommensteueraufkommens zur *Abweichung des realen Wachstums vom Durchschnittswachstum* über diesen Zeitraum (2,4 %) ins Verhältnis gesetzt. Dies definieren wir als *bereinigte reale* Steuerelastizität. Dadurch betrachten wir quasi eine stationäre Wirtschaft, wenn wir die Steuerelastizität berechnen. Ein Blick auf Spalte 9 zeigt, daß die Beurteilung des Einkommensteuersystems als weicher automatischer Stabilisator dann keineswegs so eindeutig ausfällt, wie dies in der Literatur fast stets dargestellt wird. Immerhin ergeben sich für insgesamt 8 Jahre *negative* Steuerelastizitäten, die anzeigen, daß das Steueraufkommen im Boom ab- bzw. in der Rezession zugenommen hat. Auch dieses Ergebnis ist allerdings mit Vorsicht zu genießen: Die offensichtlich prozyklische Wirkung des Steuersystems ist nämlich oftmals auf *diskretionäre* Eingriffe in das Steuersystem (Steuerreformen, Einführung von Solidaritätszuschlägen) zurückzuführen, so daß die inhärent stabilisierende Wirkung des Steuersystems möglicherweise dadurch verdeckt wird.

Unsere Überlegungen haben gezeigt, daß sich die allgemeine Überzeugung vom Steuersystem als eingebautem Stabilisator bei einer genaueren Betrachtung als durchaus problematisch erweist. Eine *langfristige*, durchschnittliche Elastizität gibt keine wirklich wichtigen Hinweise, weil es gerade um die *Änderungen* der Steuerelastizitäten im Boom bzw. in der Rezession geht. Betrachtet man die Entwicklung im Zeitablauf – wie in Tab. 4.1 geschehen – so stellen sich indes vor allem zwei Schwierigkeiten: Erstens müssen nicht nominale, sondern reale Steuerelastizitäten betrachtet werden, und zweitens wird die Interpretation durch das Wirtschaftswachstum erschwert. Dadurch wurde hier im Nenner die Abweichung vom durchschnittlichen Wachstum zugrundegelegt, was zu dem überraschenden Ergebnis führt, daß die so berechneten Elastizitäten für einige Jahre eine Destabilisierung durch das Steuersystem (bzw. durch Steuerrechtsänderungen) zu implizieren scheinen.

4.2.3 Eingebaute Stabilisatoren auf der Ausgabenseite

Grundsätzlich ist die Anforderung an einen eingebauten Stabilisator auf der Ausgabenseite, daß die Ausgaben im Boom geringer sind als in der Rezession. Bei der Argumentation mit Elastizitäten ergibt sich gegenüber der Einnahmenseite nun allerdings das zusätzliche Problem, daß die Interpretation der Vorzeichen davon abhängt, ob das Sozialprodukt steigt oder fällt. Betrachten wir als Beispiel die Arbeitslosenunterstützung (Arbeitslosengeld, Arbeitslosenhilfe und sonstige Lohnersatzleistungen[56]) und definieren deren Ausgabenelastizität – analog zur Steuerelastizität – als

$$(4.2) \qquad E_{AU} = \frac{\frac{dAU}{AU}}{\frac{dY}{Y}}$$

---

[56] Kurzarbeitergeld, Schlechtwettergeld, Wintergeld, Konkursausfallgeld und Mehrkostenzuschuß.

Im Boom ist die Ausgabenelastizität zweifelsfrei negativ, weil eine hohe Steigerung des Sozialprodukts dazu führt, daß die Arbeitslosenunterstützung (AU) wegen der zurückgehenden Arbeitslosigkeit abnimmt.

Bei der Interpretation der Ausgabenelastizität ergeben sich nun aber vergleichbare Schwierigkeiten zur Steuerelastizität, weil das Vorzeichen in der Rezession davon abhängt, ob das Sozialprodukt wächst oder sinkt. Steigt das Sozialprodukt in der Rezession beispielsweise um 0,2 %, so kann dies zu einer starken Erhöhung der Arbeitslosigkeit von 4 % auf 5 % und einer entsprechend hohen Zunahme der Arbeitslosenunterstützung um vielleicht 25 % führen (diese 25 % entsprechen der prozentualen Zunahme der Arbeitslosigkeit selbst), was einen sehr starken eingebauten Stabilisator implizieren würde. Die Elastizität wäre dann mit $E_{AU} = 25/0,2 = 125$ enorm hoch, so daß man in diesem Fall aus einer sehr hohen Elastizität einen antizyklischen Effekt ablesen könnte.

Sinkt das Sozialprodukt in der Rezession dagegen um 0,2 % und ergeben sich die gleichen Auswirkungen auf die Arbeitslosigkeit sowie die Ausgaben für Arbeitslosenunterstützung wie im Beispiel zuvor, so wäre die Elastizität in der gleichen Höhe negativ, weil die Ausgaben bei einem sinkenden Sozialprodukt gestiegen sind. Es ergäbe sich der gleiche antizyklische Effekt, der dieses Mal allerdings von einer negativen Elastizität angezeigt werden würde. Sofern die Rezession zu geringen (negativen) Wachstumssteigerungen führt, ist also eine positive (negative) Ausgabenelastizität ein eingebauter Stabilisator.

	$\frac{\Delta AU^n}{AU^n}$	$\frac{\Delta AU^r}{AU^r}$	$\frac{\Delta Y^n}{Y^n}$	$\frac{\Delta Y^r}{Y^r}$	$\frac{\Delta Y^r}{Y^r} - 2,4\%$	$\frac{\Delta AU^n}{AU^n} / \frac{\Delta Y^n}{Y^n}$ (nominale AE)	$\frac{\Delta AU^r}{AU^r} / \frac{\Delta Y^r}{Y^r}$ (reale AE)	$\frac{\Delta AU^r}{AU^r} / \left(\frac{\Delta Y^r}{Y^r} - 2,4\%\right)$ (bereinigte reale AE)
1	2	3	4	5	6	7 = 2/4	8 = 3/5	9 = 3/6
1971	−3,5	−10,3	11,0	3,1	0,7	−0,3	−3,4	−15,4
1972	21,7	15,6	9,8	4,3	1,9	2,2	3,7	8,4
1973	26,8	19,1	11,4	4,8	2,4	2,3	4,0	8,0
1974	97,5	84,5	7,3	0,2	−2,2	13,4	431,8	−38,5
1975	105,9	94,9	4,3	−1,3	−3,6	24,4	−75,8	−26,1
1976	−11,1	−14,2	9,1	5,3	2,9	−1,2	−2,7	−4,0
1977	−7,8	−11,1	6,7	2,8	0,4	−1,2	−3,9	−24,3
1978	1,2	−2,9	7,4	3,0	0,6	0,2	−1,0	−4,8
1979	19,2	14,7	8,2	4,2	1,8	2,3	3,5	8,0
1980	3,9	−1,0	6,0	1,0	−1,4	0,6	−1,0	0,7
1981	60,5	53,9	4,3	0,1	−2,3	14,1	544,1	−23,5
1982	37,9	32,0	3,5	−0,9	−3,3	11,0	−34,0	−9,6
1983	4,6	1,4	5,1	1,8	−0,6	0,9	0,8	−2,3
1984	−8,6	−10,5	4,9	2,8	0,4	−1,7	−3,7	−24,7
1985	−1,4	−3,4	4,1	2,0	−0,4	−0,3	−1,7	9,6
1986	−1,8	−4,8	5,6	2,3	−0,1	−0,3	−2,0	109,7
1987	5,1	3,2	3,4	1,5	−0,9	1,5	2,2	−3,6
1988	5,7	4,0	5,3	3,7	1,3	1,1	1,1	3,0
1989	−4,9	−7,2	6,1	3,6	1,2	−0,8	−2,0	−5,8
1990	−4,6	−7,6	9,1	5,7	3,3	−0,5	−1,3	−2,3
1991	65,4	59,3	9,1	5,0	2,6	7,2	11,8	22,3
1992	7,8	3,3	6,2	1,8	−0,6	1,3	1,9	−5,3
1993	37,1	33,0	1,2	−1,8	−4,2	31,3	−17,9	−7,8
1994	7,2	5,1	4,5	2,4	0,0	1,6	2,2	−151,7

Quelle: Eigene Darstellung nach Daten des Sachverständigenrates und des Statistischen Bundesamtes.

Tab. 4.2: Verschiedene Aufkommenselastizitäten der Ausgaben (AE) für Lohnersatzleistungen – ohne Bereinigung von diskretionären Änderungen

Das Problem läßt sich schön anhand von Tab. 4.2 illustrieren, in der in den Spalten 2 und 3 das nominelle bzw. reale prozentuale Wachstum der Ausgaben für Arbeitslosenunterstützung und in den Spalten 4 bzw. 5 das nominale bzw. reale Wachstum des Bruttoinlandsprodukt angegeben ist. Bei Betrachtung der *nominalen* Ausgabenelastizitäten (Spalte 7) zeigt sich zunächst, daß die Analyse nominaler Größen wiederum wenig aussagekräftig ist. Die Mehrzahl der Werte ist nun positiv und *scheint* eher auf eine prozyklische als antizyklische Wirkung hinzudeuten. Die positiven Werte ergeben sich aber vielfach allein daraus, daß das Wirtschaftswachstum zwar nominal gestiegen, aber real gesunken ist. Sofern man die reale Ausgabenelastizität zur Interpretation heranzieht (Spalte 8), sind die meisten Werte negativ, was eine antizyklische Wirkung signalisiert.

Analog zu Steuerelastizitäten stellt sich aber auch hier das Problem, daß ein geringes positives Wachstum durchaus eine Rezession zum Ausdruck bringen kann, so daß die Ausgabenelastizität dann *positiv* sein müßte, um antizyklisch zu wirken. Um dieses Problem zu bewältigen, kann man analog zu den Steuerelastizitäten ein bestimmtes (durchschnittliches) Wachstum von 2,4 % als konjunkturneutral definieren und dann im Nenner der Elastizität als ΔY nicht die absolute Änderung des Sozialprodukts, sondern die Abweichung von der 2,4 %-Norm ausweisen. Dies hat den Vorteil, daß die ausgewiesene Sozialproduktsänderung im Nenner dann – genau wie in einer stationären Wirtschaft – im Boom automatisch positiv und in der Rezession automatisch negativ ist. Dies ist in Spalte 9 geschehen. Die Beurteilung der Ausgaben für Arbeitslosenunterstützung fällt dadurch eindeutiger aus als bei Betrachtung der nominalen und der unbereinigten realen Ausgabenelastizität. Die wenigen verbleibenden positiven Werte lassen sich meistens durch diskretionäre Eingriffe des Staates in die Arbeitslosenunterstützung erklären. Wir können durch diese Methode also recht zufriedenstellend sagen, daß eine negative Ausgabenelastizität einen eingebauten Stabilisator darstellt, weil die betreffende Ausgabe im Boom ab- und in der Rezession zunimmt.

4.3 Diskretionäre Fiskalpolitik

4.3.1 Überblick

Während eingebaute Stabilisatoren automatisch zu einer Dämpfung konjunktureller Schwankungen führen, sollen bei der diskretionären Fiskalpolitik je nach Situation entsprechende Maßnahmen ergriffen werden, um die Nachfrage in der Rezession zu erhöhen bzw. im Boom zu reduzieren. Ansatzpunkte dafür sind die Ausgaben- (4.3.2) und die Einnahmenseite (4.3.3). Abschließend bemühen wir uns um eine zusammenfassende Beurteilung der Möglichkeiten und Grenzen der diskretionären Fiskalpolitik (4.3.4).

Hinsichtlich der Abgrenzung von Abschnitt 4.3 sei schließlich noch erwähnt, daß wir alle Maßnahmen, die *direkt* auf eine Erhöhung der Arbeitsnachfrage (und nicht *indirekt*, vermittelt über eine Steigerung der Güternachfrage) zielen, erst in Kapitel 5 behandeln.

4.3.2 Öffentliche Ausgaben

Auf der Ausgabenseite kommen öffentliche Investitionen, Sach- und Personalausgaben, Transferzahlungen und Subventionen in Frage. Die Rechtsgrundlage der antizyklischen Ausgabenpolitik ist § 6 des Stabilitäts- und Wachstumsgesetzes

(StabG), welcher der Bundesregierung zur Bekämpfung einer Rezession die Möglichkeit einräumt, abweichend von der Finanzplanung zusätzliche Mittel aus der Konjunkturausgleichsrücklage (sofern vorhanden) einzusetzen und darüber hinaus Kredite bis zu 5 Mrd. DM in Anspruch zu nehmen (z. B. durch die Ausgabe von Geldmarktpapieren). Normalerweise darf nach Artikel 115 Abs. 1 GG der im Bundeshaushalt veranschlagte Kreditrahmen das Volumen der dort angesetzten Investitionen nicht überschreiten. Eine Überschreitung dieser Obergrenze ist nur zulässig, um Störungen des gesamtwirtschaftlichen Gleichgewichts zu bekämpfen. Entsprechend wurde beispielsweise die umfangreiche Kreditaufnahme nach der Wiedervereinigung mit der Ausnahmeregelung des Art. 115 GG begründet. Wir betrachten nun die Möglichkeiten und Grenzen verschiedener Ausgabenvariationen bei der antizyklischen Fiskalpolitik.

4.3.2.1 Öffentliche Investitionen

Bei der Darstellung der Fiskalpolitik in den traditionellen makroökonomischen Modellen (IS-LM-Modell und keynesianisches Totalmodell) geht man meist von einer Erhöhung der autonomen öffentlichen Investitionen aus, weil diese erstens besonders leicht dargestellt werden können und zweitens die Multiplikatorwirkung voll zum Tragen kommt. In der Praxis ist eine Ausgabenvariation über öffentliche Investitionen aber nur sehr eingeschränkt möglich. Tab. 4.3 zeigt, daß insgesamt nur 8,4 % der öffentlichen Ausgaben auf Sachinvestitionen entfallen, von denen darüber hinaus wiederum nur 12,9 % (12,0/93,3) vom Bund getätigt werden. Dies bedeutet, daß nur 1,1 % (12,0/1106,0) der gesamten öffentlichen Ausgaben Bundesinvestitionen sind.

Im einzelnen ergeben sich aus der Struktur der öffentlichen Investitionen, ihrer Konzentration bei den Gemeinden und ihrer geringen Quantität beim Bund hauptsächlich folgende praktische Probleme, die eine antizyklische Finanzpolitik nur schwer möglich machen:[57]

1. Da sich die Sachinvestitionen des Bundes hauptsächlich auf die Bereiche Hoch- und Tiefbau beschränken (1994: 83,7 %), führen antizyklische Veränderungen nicht nur zu Veränderungen hinsichtlich des Investitions*niveaus*, sondern auch hinsichtlich der *Struktur*. So haben sich die privaten Bauinvestitionen in den letzten Jahren besonders wegen der finanziellen Förderung des Wohnungsbaus und der anhaltend starken Mieterhöhungen – abweichend von der gewohnten Entwicklung in anderen konjunkturellen Tiefs – stabilisierend auf die Gesamtnachfrage ausgewirkt, obwohl die Investitionen in öffentliche Bauten seit 1993 sogar zurückgegangen sind. Diese Überlegungen implizieren, daß die öffentlichen Investitionen zur konjunkturellen Stabilisierung der Wirtschaft möglicherweise gerade dort vorgenommen werden, wo *abweichend* von der gesamtwirtschaftlichen Situation bereits eine hohe Kapazitätsauslastung besteht. Es existiert also ein Zielkonflikt zwischen gesamtwirtschaftlicher Niveaupolitik und allokativer Strukturpolitik. Entscheidet man sich in solchen Situationen für die konjunkturelle (Niveau-)Politik, so kann dies langfristig durchaus negative Auswirkungen auf das Wachstum und die Beschäftigung haben. Darüber hinaus ist eine Verschiebung von Projekten im Baubereich problematisch, weil diese häufig mit Anschlußprojekten gekoppelt sind und die Bauträger eine bestimmte Planungssicherheit benötigen.

---

[57] Einschränkend muß darauf hingewiesen werden, daß wir uns hier auf *Sach*investitionen beschränken. Andere Posten mit „Investitionscharakter", wie beispielsweise verbilligte Darlehen und Investitionszuschüsse, behandeln wir in Abschnitt 4.3.2.3.

4.3 Diskretionäre Fiskalpolitik

	Bund		Länder		Gemeinden		Sondervermögen[1]		Öffentliche Haushalte gesamt	
	Mrd. DM	%	Mrd. DM	%	Mrd. DM	%	Mrd. DM	%	Mrd. DM	%
Ausgaben der laufenden Rechnung										
Personalausgaben	52,7	11,0	182,8	38,8	102,6	31,0	–	–	338,0	30,6
Laufender Sachaufwand	39,1	8,2	53,2	11,3	63,5	19,2	0,1	0,2	155,9	14,1
Zinsausgaben	53,1	11,1	30,0	6,4	11,5	3,5	14,9	24,3	109,4	9,9
Laufende Zuweisungen und Zuschüsse	270,9	56,6	135,7	28,8	134,0	40,4	35,3	57,6	576,0	52,1
./. Zahlungen von gleicher Ebene	–	–	7,7	1,6	53,2	16,0	–	–	253,1	22,9
insgesamt	415,8	86,9	394,0	83,7	258,4	78,0	50,3	82,2	926,3	83,8
Ausgaben der Kapitalrechnung										
Sachinvestitionen	12,0	2,5	18,1	3,8	63,2	19,1	–	–	93,3	8,8
darunter Bauinvestitionen	10,0	2,1	11,6	2,5	50,5	15,2	–	–	72,1	6,5
Vermögensübertragungen (Zuweisungen und Zuschüsse für Investitionen)	30,9	6,5	51,5	10,9	7,3	2,2	–	–	89,6	8,1
Sonstige Vermögensübertragungen	0,9	0,2	0,5	0,1	0,1	0,0	0,1	0,2	1,6	0,1
Darlehensgewährung, Erwerb von Beteiligungen, Kapitalanlagen	18,9	4,0	7,5	1,6	3,6	1,1	10,8	17,6	40,8	3,7
Darlehensrückzahlungen an Verwaltungen	–	–	0,8	0,2	1,2	0,4	–	–	2,0	0,2
./. Zahlungen von gleicher Ebene	–	–	1,5	0,3	2,3	0,7	–	–	47,6	4,3
insgesamt	62,7	13,1	76,8	16,3	73,1	22,0	10,9	17,8	179,7	16,2
darunter: investive Ausgaben	61,9	12,9	76,3	16,2	72,9	22,0	10,8	17,6	178,1	16,1
Ausgaben insgesamt	478,5	100,0	470,9	100,0	331,4	100,0	61,2	100,0	1.106,0	100,0

1 Lastenausgleichsfonds (LAF), European Recovery Program (ERP)[58], Fonds „Deutsche Einheit", Kreditabwicklungsfonds.

Quelle: Bundesministerium der Finanzen

Tab. 4.3: Die öffentlichen Ausgaben 1994 (in Mrd. DM)

---

[58] Das ERP-Programm ist ein Sondervermögen des Bundes, das auf DM-Beträge zurückgeht die von Deutschen für amerikanische Lieferungen im Rahmen des Marshallplans an deutsche Stellen geleistet worden sind. Seine Mittel setzen sich aus Kreditrückzahlungen und Zinsen für gewährte Kredite zusammen und werden überwiegend für Wirtschaftsförderungsmaßnahmen aber auch für Entwicklungshilfe eingesetzt.

2. Angesichts des geringen Anteils der Bundesinvestitionen an den gesamten öffentlichen Investitionen kann ein Ausgabenprogramm nur dann erfolgreich sein, wenn sich die Gemeinden – auf diese entfielen 1994 67,8 % der öffentlichen Investitionen – an diesem beteiligen. In Abb. 4.1 ist indes deutlich zu erkennen, daß das Investitionsverhalten der Gemeinden prozyklisch ist. Zwischen der Wachstumsrate des Sozialprodukts und der Wachstumsrate der realen Sachinvestitionen besteht ein eindeutig positiver Zusammenhang. Dies liegt vor allem daran, daß die Einnahmen der Gemeinden in der Rezession besonders stark zurückgehen, so daß sie bereits Kredite aufnehmen müssen, um ihre laufenden Ausgaben zu decken – geschweige denn antizyklisch zu investieren. Die kommunalen Kredite werden von den Aufsichtsbehörden nach traditionellen Gesichtspunkten in Abhängigkeit von der Leistungsfähigkeit genehmigt, die in der Rezession selbstverständlich abnimmt. Dies führt dazu, daß die Gemeinden sich selbst dann nicht antizyklisch verhalten *könnten*, wenn sie wollten. Die praktischen Möglichkeiten einer antizyklischen Fiskalpolitik mit Hilfe öffentlicher Investitionen sind also äußerst skeptisch zu beurteilen.

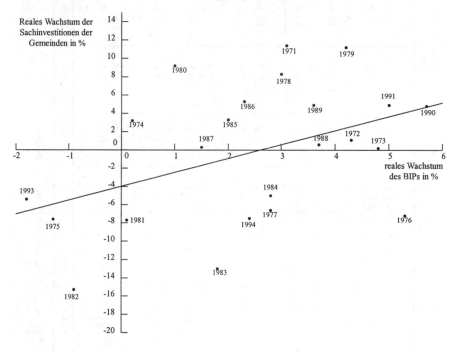

Korrelationskoeffizient: r = +0,43
Regressionsgerade: y = –3,97 + 1,52 x
Quelle: Eigene Darstellung nach Daten des Sachverständigenrates.

Abb. 4.1: Reales Wachstum der Sachinvestitionen der Gemeinden im Vergleich zum realem Wachstum des BIP

4.3.2.2 Staatliche Sach-, Personal,- und Transferausgaben

Im Unterschied zu den Bundesinvestitionen sind die Sach- und Personalausgaben grundsätzlich hoch genug, um bei einer starken Variation Wirkung zu erzielen. In der Praxis kann man sich aber leicht vorstellen, daß dies nicht realisierbar ist: Bei den Sachausgaben wollen wir heroisch hoffen, daß diese – auch in ihrer zeitlichen Struktur – in einer sinnvollen Beziehung zu den Aufgaben stehen, so daß sie nicht aus konjunkturellen Gründen vorverlegt oder verschoben werden sollten. Eine diskretionäre Variation der Gehälter, die grundsätzlich einfach wäre (beispielsweise könnte man einen bestimmten Prozentsatz der Gehälter an den Auslastungsgrad des Produktionspotentials koppeln) ist politisch selbstverständlich nicht durchsetzbar. Außerdem ist zu bedenken, daß die Wirtschaftssubjekte dann – gemäß der *Friedman*schen Konsumhypothese – ihre Ausgaben möglicherweise nicht am laufenden, sondern am längerfristigen Einkommen orientieren, das sich dadurch nicht verändern würde.

Transferausgaben wie Sozialhilfe und Arbeitslosengeld schließlich haben eine soziale Funktion, die nach allgemeiner und unseres Erachtens berechtigter Auffassung nicht von konjunkturellen Überlegungen abhängig gemacht werden sollte. Transferausgaben sollten daher hauptsächlich eine eingebaute, aber keine diskretionäre Stabilisierungswirkung haben (vgl. Abschnitt 4.2).

4.3.2.3 Subventionen und Zinsverbilligungen

Während die gerade beschriebenen Maßnahmen auf die Variation des privaten Konsums zielen, dienen antizyklische Subventionen zur Beeinflussung der privaten Investitionen. § 26a StabG ermöglicht in der Rezession eine maximal 7,5 %ige Investitionsprämie, die in der ersten Hälfte des Jahres 1975 eingesetzt wurde. Flankierend kam es zur Förderung energiesparender Investitionen (Ölkrise!) und zu Investitionszuschüssen beim sozialen Wohnungsbau.

Diese Investitionsprämie wird in Form eines Abzugs von der Körperschaftsteuer gewährt, so daß Unternehmen, die (möglicherweise konjunkturbedingt) in der Verlustzone produzieren, sie nicht in Anspruch nehmen können. Konjunkturpolitisch wirksamer wäre es, diese Art der Investitionsprämie durch eine gewinnunabhängige Investitionszulage auf die Anschaffungs- und Herstellkosten zu ersetzen.

Insgesamt wird die Förderung privater Investitionen in der Literatur relativ skeptisch beurteilt, weil befürchtet wird, daß damit in erster Linie nicht neue Investitionen angeregt, sondern lediglich ohnehin geplante vorverlegt werden und es daher zu hohen Mitnahmeeffekten kommt. Dies kann unseres Erachtens allerdings auch positiv interpretiert werden, weil die Konjunktursteuerung gerade den Zweck hat, die Investitionsgüternachfrage in der Rezession zu erhöhen und im Boom zu reduzieren, so daß der Vorzieheffekt gerade gewünscht ist, sofern die Maßnahmen wirklich zum richtigen Zeitpunkt kommen.

4.3.3 Öffentliche Einnahmen

Auch die antizyklische Einnahmenpolitik ist im Stabilitäts- und Wachstumsgesetz verankert, das gemäß § 26 die Möglichkeit einräumt, die Einkommens- und Körperschaftsteuersätze für ein Jahr um bis zu 10 % zu erhöhen oder zu reduzieren. Wir unterscheiden dabei zwischen privaten Investitions- und Konsumausgaben. Neben der Variation der Körperschaftsteuersätze bietet der bereits erwähnte § 26 StabG – analog zu den Investitionszulagen in der Rezession – im Boom die Möglichkeit, die Inanspruchnahme von Sonderabschreibungen und degressiven Abschreibungen auszusetzen. Da die Wirkungsweise dabei im Kern derjenigen von Zinsverbilligungen und Subventionen entspricht, konzentrieren wir uns auf der Einnahmenseite auf die Beeinflussung des privaten Konsums.

Zwar wurden Variationen der Einkommensteuersätze nach § 26 StabG noch nicht vorgenommen, doch wurde von August 1970 bis Juni 1971 ein 10 %iger Konjunkturzuschlag erhoben, dessen Rückzahlung bis 1973 zugesichert wurde und Mitte 1972 erfolgte. Dabei ergaben sich zwei Schwierigkeiten: Erstens wird der

Nachfrageeffekt durch das Rückzahlungsversprechen stark gedämpft, weil kaum angenommen werden kann, daß sich die Wirtschaftssubjekte auch dann vollständig am laufenden Einkommen orientieren, wenn sie ihr zukünftiges Einkommen bereits kennen. Sollte es entgegen dieser Vermutung doch zu einem Rückgang des privaten Konsums kommen, so besteht die Gefahr, daß die Rückzahlung in die Hochkonjunktur fällt und der Konsum dann schlagartig erhöht wird. Da dies tatsächlich der Fall war, riet die Bundesregierung dazu, die frei werdenden Gelder für Urlaubsreisen zu nutzen.

Die verschiedenen Maßnahmen des Stabilitäts- und Wachstumsgesetzes sind in der folgenden Übersicht noch einmal zusammenfassend dargestellt.

	expansiv	kontraktiv
Ausgabenseite		
Wirkung auf den Konsum	– Zusätzliche Ausgaben durch Auflösung der Konjunkturausgleichsrücklagen (§ 5 Abs. 3 und § 6 Abs. 2) – Zusätzliche Ausgaben durch außergewöhnliche Kreditaufnahme bis 5 Mrd. DM, sofern Konjunkturausgleichsrücklagen aufgebraucht sind (§ 6 Abs. 2 und 3)	– Zuführung an die Konjunkturausgleichsrücklage und Tilgung von Schulden bei der Bundesbank (§ 5 Abs. 2 und § 15) – Zeitliches Vorziehen der ESt-Vorauszahlung (§ 26 Nr. 1 und 2)
Wirkung auf die Investitionen	– Investitionsprämie in Form einer Absetzung von der ESt- bzw. KSt-Schuld bis zu 7,5 % der Anschaffungs- und Herstellkosten (§ 26a) – Zeitliches Hinausschieben der Steuervorauszahlung für die KSt und die GewSt zusammen mit der ESt (§ 26 Nr. 1 und 2 sowie §§ 27 und 28)	– Zeitliches Vorziehen der Steuervorauszahlung für die KSt und die GewSt zusammen mit der ESt (§ 26 Nr. 1 und 2 sowie §§ 27 und 28)
Einnahmenseite		
Wirkung auf den Konsum	Senkung der ESt um maximal 10 % (§ 26 Nr. 3b (3))	Erhöhung der ESt um maximal 10 % (§ 26 Nr. 3b (3))
Wirkung auf die Investitionen	Senkung der KSt zusammen mit der ESt um maximal 10 % (§ 26 Nr. 3b (3) und § 27 Nr. 1)	– Erhöhung der KSt zusammen mit der ESt um maximal 10 % (§ 26 Nr. 3b (3) und § 27 Nr. 1) – Einschränkung von Sonderabschreibungen, erhöhten und degressiven Abschreibungen (§ 26 Nr. 3b)

Anmerkung: ESt = Einkommensteuer; GewSt = Gewerbesteuer; KSt = Körperschaftsteuer.
Quelle: Eigene Darstellung nach Daten des Sachverständigenrates.

Tab. 4.4: Die wichtigsten Maßnahmen des StabG im Überblick

Das Stabilitäts- und Wachstumsgesetz ist in den letzten Jahren von verschiedener Seite kritisiert worden, weil sich die wirtschaftlichen und gesellschaftlichen Verhältnisse in Deutschland geändert haben. So sind beispielsweise von der SPD und den Grünen Anfang der 90er Jahre Novellierungen des Gesetzes vorgeschlagen worden, um es an die neuen ökologischen, sozialen und wirtschaftlichen Anforderungen anzupassen. Eine vernichtende Kritik kommt allerdings von rechtlicher Seite: Durch die Errichtung des Binnenmarktes am 1.1.1993 ist das Stabilitäts- und Wachstumsgesetz praktisch völlig außer Kraft gesetzt worden. Dies wird vorrangig damit begründet, daß der Geltungsbereich dieses Gesetzes „Wirtschaft der Bundesrepublik" im Sinne einer abgrenzbaren Volkswirtschaft nicht mehr existiere, sondern in die Wirtschaftseinheit des Binnenmarktes aufgegangen sei. Ebenso ergehe es dem größten Teil der „Außenwirtschaft", der nun zur Binnenwirtschaft gerechnet werde. Weiterhin seien die im StabG geregelten Instrumente durch das neue EU-Wirtschaftsrecht für alle Bereiche des Personen-, Waren-, Dienstleistungs- und Kapitalverkehrs rechtlich unanwendbar geworden. Schließlich habe der Maastrichter Vertrag mit seinen Konvergenzkriterien und seiner Ausrichtung auf eine Wirtschafts- und Währungsunion auch eine Änderung oder Neufassung unmöglich gemacht. Damit sei das StabG nur noch eine inhaltlich leere Rechtsform, dessen praktische Bedeutung heute vernachlässigt werden könne.

4.3.4 Probleme der diskretionären Fiskalpolitik im Überblick

Eine zusammenfassende Beurteilung der Möglichkeiten und Grenzen der Fiskalpolitik ist sowohl hinsichtlich der durchgeführten Programme als auch hinsichtlich theoretischer Gesichtspunkte recht schwierig. Im folgenden beschränken wir uns daher darauf, einige Diskussionspunkte zu systematisieren. Diese sollten Ihnen die Möglichkeit zur Strukturierung der Kontroversen um die antizyklische Fiskalpolitik geben.

1. Der fundamentalste Einwand gegen eine expansive Fiskalpolitik in der Rezession besteht darin, daß die Staatsausgaben private Investitionen verdrängen (Crowding-Out) und damit zur Destabilisierung der Wirtschaft beitragen.[59] Begründet wird der Verdrängungseffekt über steigende Zinsen, die ihrerseits entweder direkt durch eine zusätzliche Wertpapieremission der öffentlichen Hand oder – wie im keynesianischen Totalmodell – indirekt über ein steigendes Preisniveau erklärt werden. Eine empirische Überprüfung dieser beiden Effekte ist angesichts der zahlreichen „Störvariablen" bisher so gut wie gar nicht möglich. Selbst wenn man die Kapitalmarktbelastung der öffentlichen Nettokreditaufnahme kennt, kann nicht gesagt werden, welche Zinssteigerungen dadurch wirklich ausgelöst wurden. Inflationsgefahren durch eine Überhitzung der Nachfrage scheinen uns zumindest bei zeitlich und quantitativ richtig dimensionierten Maßnahmen unwahrscheinlich, weil eine expansive Fiskalpolitik nur dann durchgeführt werden soll, wenn die Kapazitäten nicht ausgelastet sind. Es ist dann plausibel, daß die Unternehmen mit Mengen- und nicht mit Preiseffekten reagieren.

2. In verschiedenen ökonometrischen Modellen wurde versucht, die Crowding-Out-Effekte staatlicher Konjunkturprogramme zu schätzen. Da man selbstverständlich nicht weiß, wie sich das Sozialprodukt ohne die durchgeführten Maßnahmen entwickelt hätte, und die Modelle auf zahlreiche Nebenbedingungen angewiesen sind, verwundert es kaum, daß sie zu völlig unterschiedlichen Ergebnissen kommen. Diese reichen von negativen Multiplikatoren bis zu Werten deutlich über Eins. Negative Werte bedeuten, daß der Verdrängungseffekt größer war als die Ausgaben selbst, so daß die Maßnahmen zu einer Verminderung des Sozialprodukts geführt hätten. Werte über Eins implizieren dagegen entsprechend dem ursprünglichen Multiplikatorgedanken, daß die öffentlichen Investitionen wegen ihres Nachfrageeffekts zu einer Erhöhung von privaten Investitionen geführt hätten. Werte zwischen Null und Eins implizieren

---

[59] Vgl. Kompaktstudium Wirtschaftswissenschaften, Bd. 2: „Makroökonomie", Abschnitt 4.4.

ein partielles Crowding-Out, bei dem die Bundesausgaben eine Erhöhung des Sozialprodukts bewirken. Ob sie dadurch gerechtfertigt werden können, ist damit allerdings noch nicht beantwortet, weil dabei auch allokative Überlegungen mitberücksichtigt werden müssen. Unter diesem Gesichtspunkt kann eine Strukturverschiebung von privaten zu öffentlichen Investitionen aber durchaus unerwünscht sein.

3. Ähnlich wie bei der diskretionären Geldpolitik stellen sich auch bei der Fiskalpolitik verschiedene Lag-Probleme, deren relative Bedeutung allerdings anders einzuschätzen ist als bei der Geldpolitik (vgl. Abschnitt 3.5.1.2): Während in der Geldpolitik ein Hauptproblem im Wirkungslag zu sehen ist, stellt sich bei der Fiskalpolitik vor allem das Problem der Entscheidungsverzögerung. Beispielsweise stieg die Arbeitslosigkeit im Juni 1974 stark an, aber erst im September und Dezember des gleichen Jahres wurden von der Bundesregierung entsprechende Konjunkturprogramme beschlossen. Hinzukommt das Diagnose- und Prognoseproblem, d. h. die Schwierigkeit, aus den vorhandenen Daten die wirtschaftliche Entwicklung halbwegs korrekt zu antizipieren. Es sind vor allem diese praktischen Probleme, die die Gegner der antizyklischen Fiskalpolitik zu der Auffassung bringen, daß die Gefahr der prozyklischen Wirkung genauso groß sei wie die Hoffnung auf eine konjunkturelle Beruhigung.

Hinsichtlich der großen Konjunkturprogramme 1967/68 besteht zwar weitgehend Einigkeit darüber, daß diese zur schnellen konjunkturellen Belebung beigetragen haben, doch werden dabei häufig zwei wesentliche Einschränkungen getroffen: Erstens seien die Rahmenbedingungen damals äußerst günstig gewesen, so daß schwer einzuschätzen sei, welche Rolle die expansiven Konjunkturprogramme tatsächlich gespielt haben. Die günstigen Rahmenbedingungen betrafen dabei geringe Lohnsteigerungen, die expansive Geldpolitik der Bundesbank, geringe Inflationsraten und gute Exportbedingungen. Zweitens gilt mittlerweile als gesichert, daß das zweite große Konjunkturprogramm vom August 1967 *prozyklisch* wirkte, da sich der Vollzug der beschlossenen Maßnahmen bis Anfang 1968 hinzog, als die Inflationsraten und die Wachstumsraten des Sozialprodukts bereits wieder anstiegen. Von Mitte der siebziger bis Anfang der achtziger Jahre schließlich lassen sich über 20 Konjunkturprogramme ausmachen, die allgemein als eher wirkungslos eingeschätzt werden, woraus man je nach Auffassung auf das Versagen der Fiskalpolitik oder darauf schließen kann, daß die vorhandenen Möglichkeiten (besonders bei der Variation der Steuersätze) nicht konsequent genug eingesetzt wurden.

4. Von angebotsorientierter Seite wird hervorgehoben, daß Konjunkturkrisen neben ihren negativen Begleiterscheinungen (sinkende Wachstumsraten und zunehmende Arbeitslosigkeit) auch die positive Funktion wahrnehmen, die Marktkräfte wieder ins Gleichgewicht zu bringen. Unseres Erachtens sind dabei vor allem zwei Punkte wichtig:

 – Erstens treffen Konjunktureinbrüche die verschiedenen Branchen immer in unterschiedlichen Weisen, so daß damit auch ein Strukturwandel einhergeht (momentan sind beispielsweise frühere Wachstumsbranchen wie die Elektro- und die Automobilindustrie betroffen). Zwar wirken allgemeine Konjunkturprogramme nicht strukturell, doch besteht die Praxis öffentlicher Ausgaben zu einem wichtigen Teil immer auch in Erhaltungssubventionen, die den Strukturwandel hemmen (vgl. ausführlicher Abschnitt 4.5.3.1.2).

 – Aufschwungphasen sind immer auch mit Lohnerhöhungen verbunden, die den Gewinnen zwar im Boom hinterherhinken, aber über den durchschnittlichen Erhöhungen liegen und in Rezessionen nicht mehr ohne weiteres rückgängig gemacht werden können. Die Annahme, der Staat werde Konjunktureinbrüche auffangen, verhindert dann möglicherweise die für einen dauerhaften Aufschwung erforderlichen Reallohnanpassungen. Eine solche, für die aktuelle Situation unseres Erachtens keineswegs abwegige Argumentation, setzt selbstverständlich voraus, daß die in der Rezession geringen Investitionen zumindest auch mit zu hohen Kosten begründet werden.

5. Ein besonders wichtiger Einwand lautet schließlich, daß der Staat seine Ausgaben in der Rezession zwar recht leicht erhöhen, aus politischen Gründen im Boom aber sehr schwer wieder einschränken könne (wer akzeptiert schon geringere öffentliche Ausgaben in Zeiten, in denen die Steuereinnahmen konjunkturbedingt ansteigen?). Die Folge ist, daß die Staatsverschuldung nicht – wie in der Konzeption der diskretionären Fiskalpolitik vorgesehen – in der Rezession zu- und im Boom abnimmt, sondern in der Rezession schnell und im Boom langsam ansteigt. Diesem Problem widmen wir uns im folgenden Abschnitt angesichts seiner aktuellen Bedeutung etwas ausführlicher.

4.4 Staatsverschuldung

Im Unterschied zur Arbeitslosigkeit und geringen Kapazitätsauslastung, die eine offensichtliche Ressourcenvergeudung darstellen, hat die Staatsverschuldung – ähnlich wie die Inflation – keine *direkten* negativen Konsequenzen. Sofern es sich um ausschließlich inländische Verschuldung handelt, tritt ein Teil der Bevölkerung als Gläubiger gegenüber der Gesamtheit der Bürger („dem Staat") auf. Die Zinszahlungen bleiben im Land, so daß für die Gesamtheit der Bürger keine Belastungen entstehen.[60] Die aktuelle Sorge um die massiv angewachsene Staatsverschuldung dreht sich also um die *indirekten* Effekte, die damit verbunden sein können. In Abschnitt 4.4.1 stellen wir zunächst die zeitliche Entwicklung wichtiger Maßzahlen zur Beurteilung der Staatsverschuldung dar, um anschließend mit dem *konjunkturellen Impuls* und dem *strukturellen Defizit* Konzepte des Sachverständigenrates zu erläutern, die eine wichtige, allerdings umstrittene Rolle bei der Einschätzung von Haushaltsdefiziten spielen (4.4.2).

Nach der Frage, ob eine Staatsverschuldung in beliebiger Höhe überhaupt möglich ist und welche Auswirkungen stetig steigende Staatsschulden haben (4.4.3), kommen wir zu den indirekten Konsequenzen der Staatsverschuldung (4.4.4).

4.4.1 Maßzahlen und aktuelle Entwicklung der Staatsverschuldung

Eine Beurteilung des Ausmaßes der Staatsverschuldung kann sich selbstverständlich kaum an der absoluten Höhe orientieren, da 200 Mrd. DM Staatsverschuldung unterschiedliche Konsequenzen haben, wenn das Sozialprodukt 400 Mrd. DM oder 4.000 Mrd. DM beträgt. Die wichtigste Maßzahl ist daher die Schuldenquote, die als Verhältnis von Schuldenstand und Bruttoinlandsprodukt (früher: Bruttosozialprodukt) definiert ist.

Abb. 4.2 zeigt, daß die Schulden- und Staatsquote seit den sechziger Jahren erheblich – wenn auch keineswegs stetig – zugenommen haben. Die Zeit ab Mitte der

---

[60] Allerdings ist der prozentuale Anteil der Auslandsverschuldung seit 1989 von 5 % auf ca. 23 % angestiegen; 1991 wurden sogar 50 % der Neuverschuldung von ausländischen Gläubigern gezeichnet. Dies sollte angesichts der Liberalisierung der Kapitalmärkte indes nicht überbewertet werden und hat zur Entlastung der inländischen Kapitalmärkte (und damit zur Verringerung inländischer Zinseffekte) beigetragen.

achtziger Jahre kann allerdings als Phase der Konsolidierung bezeichnet werden (die Schuldenquote blieb annähernd konstant), was durch eine langanhaltende Hochkonjunktur und die hohe Zuführung von Bundesbankgewinnen begünstigt wurde. Mit den Kosten der deutschen Einheit und dem anschließenden massiven Konjunktureinbruch in den alten Bundesländern hat die Schuldenquote allerdings wieder deutlich zugenommen.

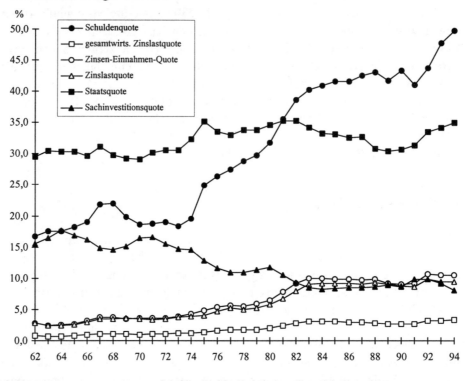

Schuldenquote = Schuldenstand im Verhältnis zu Bruttoinlandsprodukt
Staatsquote = Staatsausgaben im Verhältnis zu Bruttoinlandsprodukt
Zinslastquote = Zinsen im Verhältnis zu Staatsausgaben
gesamtwirtschaftliche Zinslastquote = Zinsen im Verhältnis zu Bruttoinlandsprodukt
Zinsen-Einnahmen-Quote = Zinsen im Verhältnis zu Staatseinnahmen
Sachinvestitionsquote: = Sachinvestitionen im Verhältnis zu Staatsausgaben

Quelle: Eigene Darstellung nach Daten des Sachverständigenrates.

Abb. 4.2: Die Entwicklung einiger Maßzahlen zur Verschuldung der öffentlichen Haushalte

Neben der Schuldenquote als wichtiger Maßzahl zur Beurteilung der Staatsverschuldung sind folgende, in den Abb. 4.2 und 4.3 aufgeführte Quoten interessant (die Zahlen beziehen sich stets auf den Vergleich von 1962 und 1994):

– Das Verhältnis aus Zinszahlungen und Einnahmen (Zinsen-Einnahmen-Quote) gibt an, welcher Prozentsatz der Einnahmen für Zinszahlungen aufgewendet werden muß, sofern keine Neuverschuldung vorgenommen werden soll (d. h. der Schuldenstand gleich bleiben soll). Diese Quote ist von 2,8 % auf ca. 10,5 % gestiegen, so daß die Einnahmen die Ausgaben ohne Zinszahlungen schon ganz erheblich übersteigen müssen, um eine Neuverschuldung zu vermeiden.

– Entsprechend ist das Verhältnis aus Zinszahlungen zu Gesamtausgaben (Zinslastquote) im Zeitraum 1962 bis 1994 von 2,8 % auf 9,4 % angestiegen.

– Der Anteil der Zinszahlungen am gesamten Sozialprodukt (gesamtwirtschaftliche Zinslastquote) ist im gleichen Zeitraum von 0,8 % auf 3,3 % gestiegen. Die Bedeutung dieses Verhältnisses aus Zinszahlungen und Sozialprodukt kann man sich leicht verdeutlichen, wenn man annimmt, daß es 100 % beträgt: Da der Staat dann das ganze Sozialprodukt für seine Zinszahlungen verwenden muß, sieht es schlecht für Haushalte aus, die keine Staatsanleihen haben.

- Das Verhältnis der Sachinvestitionen zu den gesamten Staatsausgaben (Sachinvestitionsquote) ist von ca. 15,5 % (1962) auf 8,4 % (1994) gesunken, so daß der produktive Beitrag zum Sozialprodukt, der durch die Ausgaben entsteht, deutlich zurückgegangen ist. Gestiegen sind neben den Zinszahlungen vor allem die Einkommensübertragungen, während der Anteil des Staatsverbrauchs (laufende Sach- und Personalausgaben) im gleichen Zeitraum von 39,4 % auf 44,7 % gestiegen ist. Seit 1990 überstieg die Nettokreditaufnahme in jedem Jahr zum Teil recht deutlich die Sachinvestitionen (1993 um 41,3 Mrd. DM). Vor der Wiedervereinigung war dies zuletzt 1984 der Fall.

- Unter dem Primärdefizit schließlich versteht man die Differenz aus den öffentlichen Ausgaben ohne Zinszahlungen und den Einnahmen. Das Primärdefizit gibt also an, wie sich die Schulden entwickelt hätten, wenn die öffentliche Hand keine Zinszahlungen leisten müßte. Abb. 4.3 zeigt, daß das Primärdefizit seit 1984 durchgehend negativ war, so daß die Staatsverschuldung sogar absolut zurückgegangen wäre, wenn die öffentliche Hand keine Zinszahlungen hätte leisten müssen. Seit 1990 ist allerdings auch das primäre Defizit, hervorgerufen durch die Kosten der Einheit, den konjunkturbedingten Rückgang der Einnahmen und die Erhöhung der Ausgaben, deutlich positiv.

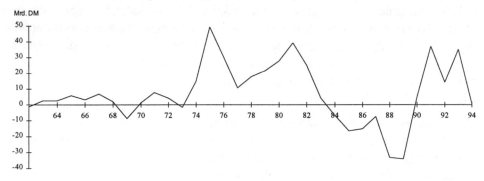

Quelle: Eigene Darstellung nach Daten des Sachverständigenrates.

Abb. 4.3: Primärdefizit (Ausgaben (ohne Zinszahlungen) – Einnahmen der öffentlichen Haushalte) von 1962 bis 1994

4.4.2 Das Konzept des Sachverständigenrates zur Beurteilung der Haushaltspolitik: konjunktureller Impuls und strukturelles Defizit

4.4.2.1 Fragestellung und Vorgehensweise

Ausgehend von der Darstellung verschiedener Maßzahlen zur Entwicklung der Staatsverschuldung lautet eine zentrale Fragestellung selbstverständlich, wie sich die Politik öffentlicher Haushalte wirtschaftspolitisch beurteilen läßt. Dabei geht es insbesondere um eine möglichst präzise Beschreibung und Bewertung von Haushaltsdefiziten. Analytisch lassen sich zwei – allerdings miteinander verbundene – Zielsetzungen bei der Beurteilung öffentlicher Defizite unterscheiden:

- Erstens ist von Interesse, wie sich die *konjunkturellen Auswirkungen* der Politik öffentlicher Haushalte beschreiben und bewerten lassen. Dabei geht es beispielsweise um die Frage, ob sich ein bestimmtes Haushaltsdefizit in einem Jahr eher als konjunkturneutral, expansiv oder kontraktiv charakterisieren läßt. Die erste Frage zielt also vorrangig auf eine Beurteilung der *konjunkturellen Aus-*

wirkungen der Haushaltspolitik. In gewisser Hinsicht kann man sagen, daß die erste Frage nachfrageorientiert ist, weil es um die Nachfragewirkungen konjunktureller Defizite geht.

- Zweitens möchte man gerne Auskunft darüber geben können, ob von einem Haushaltsdefizit möglicherweise *langfristig* negative Konsequenzen auf das Wachstum (und damit auch auf die Beschäftigung) ausgehen können. Das zweite Kriterium zur Beurteilung öffentlicher Defizite zielt also nicht auf die konjunkturellen (Nachfrage-)wirkungen, sondern eher auf die langfristigen (und in diesem Sinne *strukturellen*) Probleme von Haushaltsdefiziten. Die zweite Frage betrifft also die *angebotsorientierten* Auswirkungen von Haushaltsdefiziten.

Der *Sachverständigenrat* verwendet zur Diskussion dieser beiden Fragen die Konzepte des *konjunkturellen Impulses* bzw. des *strukturellen Defizits*. Angesichts der verschiedenen Zielsetzungen weisen beide Konzepte notwendigerweise Unterschiede auf, doch haben sie auch durchaus (methodische) Gemeinsamkeiten. Die wichtigste Gemeinsamkeit besteht darin, daß sowohl für die Berechnung des konjunkturellen Impulses als auch für die Berechnung des strukturellen Defizits das sog. *konjunkturneutrale Defizit* eine zentrale Rolle spielt. Aus diesem Grund beginnen wir unsere Darstellung der Konzepte des Sachverständigenrates zur Beurteilung der Politik öffentlicher Haushalte im folgenden Abschnitt 4.4.2.2 mit der Erläuterung des konjunkturneutralen Defizits.[61] Anschließend widmen wir uns mit dem Konzept des konjunkturellen Impulses der oben angesprochenen ersten Fragestellung nach den kurzfristigen konjunkturellen Auswirkungen der Finanzpolitik (4.4.2.3). Es folgt die Erörterung des strukturellen Defizits, das wie erwähnt eher die langfristigen Gefahren öffentlicher Defizite zu erfassen sucht (4.4.2.4).

Mit der umfassenden Diskussion der Konzepte im Sachverständigenratgutachten 1994/95 ist eine starke (und in den Jahren zuvor schon eingeleitete) Verlagerung der Prioritäten vom konjunkturellen Impuls zum strukturellen Defizit verbunden, was angesichts der aktuellen Dominanz der Konsolidierungsbemühungen gegenüber der Konjunktursteuerung nicht weiter verwunderlich ist. Wir müssen daher der Modifikation des Konzepts durch den Sachverständigenrat selbst und deren Begründung breiten Raum einräumen (4.4.2.5).

---

[61] Zur Vermeidung von Mißverständnissen beim Griff zur Sekundärliteratur sei darauf hingewiesen, daß in der Literatur der konjunkturelle Impuls überwiegend *nicht* über das *konjunkturneutrale Defizit*, sondern über den sogenannten *konjunkturneutralen Haushalt* ermittelt wird. Hierbei wird der konjunkturelle Impuls als Differenz aus dem aktuellen Haushalt und dem konjunkturneutralen Haushalt ermittelt. Der konjunkturneutrale Haushalt gibt, analog zum konjunkturneutralen Defizit, das Ausgabenvolumen an, *von dem keine Wirkungen auf die Konjunktur ausgehen*. Beide Methoden sind logisch äquivalent, doch ermöglicht die Ermittlung über das konjunkturneutrale Defizit einen besseren Vergleich von konjunkturellem Impuls und strukturellem Defizit sowie ein einfacheres Verständnis der Modifikationen im Sachverständigenratgutachten von 1994/95. Aus diesem Grund verzichten wir auf die Darstellung des konjunkturneutralen Haushalts und operieren statt dessen durchgehend mit dem konjunkturneutralen Defizit. Wir werden auf den in früheren Sachverständigenratgutachen sehr wichtigen Begriff des konjunkturneutralen Haushalts im folgenden daher auch nicht mehr zurückkommen.

4.4.2.2 Die Bestimmung des konjunkturneutralen Defizits

Wie erwähnt spielt sowohl für die Berechnung des konjunkturellen Impulses als auch für die des strukturellen Defizits das konjunkturneutrale Defizit eine wesentliche Rolle. Allgemein gesprochen versteht der Sachverständigenrat unter einem konjunkturneutralen Defizit ein Defizit, das „für sich genommen" keine Auswirkungen auf die Konjunktur hat. Da es für seine Bestimmung keine zwingenden Anhaltspunkte gibt, orientiert sich der Sachverständigenrat einfach an einem Basisjahr mit normaler Konjunkturlage und bezeichnet das Verhältnis aus dem (um konjunkturelle Einflüsse bereinigten) Defizit und dem Produktionspotential dieses Basisjahres, die sog. potentialorientierte Kreditfinanzierungsquote, als konjunkturneutral. Um es den geänderten Gegebenheiten anzupassen, wird das Basisjahr hin und wieder modifiziert. Aktuelles Basisjahr ist 1985. Da die Konzeption des konjunkturneutralen Defizits einige interessante und viel diskutierte Implikationen hat, möchten wir sie etwas genauer erläutern. Formal ist das konjunkturneutrale Defizit (D_t^n) folgendermaßen definiert:

$$(4.3) \qquad D_t^n = k_0 \cdot P_t^n + t_t(Y_t^v - Y_t^n) - t_t(Y_t^i - Y_t^n) - b_t \ .$$

Dieser nur auf den ersten Blick etwas komplizierte Ausdruck kann letztlich recht leicht erklärt werden:

1. Der erste Summand ist die *potentialorientierte Kreditaufnahme* und bildet den Kern des Konzepts. k_0 ist die potentialorientierte Kreditfinanzierungsquote. Mit K_0 als konjunkturbereinigtem Defizit[62] in der Basisperiode Null und P_0 als Produktionspotential in der Periode Null ist k_0 als $k_0 = K_0/P_0$ definiert. Von der Defizitquote des Basisjahres (K_0/Y_0) unterscheidet sich dieses Verhältnis neben der Konjunkturbereinigung dadurch, daß im Nenner nicht das Bruttoinlandsprodukt, sondern das Produktionspotential steht. Diese Quote bildet den Maßstab für die Beurteilung des aktuellen Defizits. P_t^n ist das Produktionspotential der jeweiligen Periode t zu *konjunkturneutralem* Preisniveau. Das Produktionspotential wird deshalb zu konjunkturneutralem Preisniveau angesetzt, weil gerade das um Konjunkturschwankungen bereinigte Defizitvolumen berechnet werden soll.[63] Dies ist auch der Grund dafür, warum nicht das im Konjunkturzyklus schwankende Sozialprodukt, sondern das Produktionspotential verwendet wird. Vernachlässigen wir zunächst die übrigen Komponenten, so gilt ein Haushalt also dann als konjunkturneutral, wenn der Anteil des konjunkturbereinigten Defizits am Produktionspotential dem Anteil des Basisjahres entspricht. Als Kreditfinanzierungsquote für das Basisjahr 1985 hat der Sachverständigenrat 1,5 % errechnet, so daß sich beispielsweise für 1993 eine potentialorientierte Kreditaufnahme von 43,5 Mrd. ergibt. Mit der potentialorientierten Kreditaufnahme soll ein Niveau der Kreditaufnahme festgelegt werden, an das sich die Privaten „gewöhnt haben" und das sie daher als akzeptabel ansehen (Normalverschuldung).

Die restlichen drei Komponenten dienen der Bereinigung der potentialorientierten Kreditaufnahme um konjunkturbedingte und andere Einflüsse, weil der Sachver-

---

[62] Der Finanzierungssaldo des Basisjahres wird hierbei um die auslastungsbedingten Steuermehr- bzw. -mindereinnahmen, die inflationsbedingten Steuermehreinnahmen und den anomalen Teil der Gewinnabführung der Bundesbank bereinigt. Auf das Bereinigungsverfahren wird in den Punkten 2. – 4. noch genauer eingegangen.

[63] Sofern das aktuelle Preisniveau unter dem konjunkturneutralen Preisniveau liegt (wenn die Inflationsrate also unterdurchschnittlich ist), verwendet der Sachverständigenrat allerdings nicht das konjunkturneutrale, sondern das niedrigere aktuelle Preisniveau, um nicht im Sinne einer sich selbst erfüllenden Prophezeiung zur Inflation beizutragen.

ständigenrat die Ansicht vertritt, daß der Einfluß der Konjunktur auf den Haushalt herausgerechnet werden muß, bevor man den Einfluß des öffentlichen Haushalts auf die Konjunktur vernünftig ermitteln kann.

2. Die zweite Komponente bilden die *auslastungsbedingten Steuermehr- bzw. -mindereinnahmen*: t_t ist hierbei die Steuerquote des Jahres t, die als Verhältnis aus Steuereinnahmen (T_t) und Bruttoinlandsprodukt (Y_t), definiert ist (also $t_t = T_t / Y_t$). Die Steuerquote wird mit der Differenz aus Bruttoinlandsprodukt bei Normalauslastung des Produktionspotentials (Y_t^v) und Bruttosozialprodukt des laufenden Jahres (Y_t^n) – jeweils zu konjunkturneutralen Preisen – multipliziert.[64] In der Rezession (bei niedriger Auslastung) wird diese Differenz positiv, so daß die auslastungsbedingten Steuermindereinnahmen zur potentialorientierten Kreditaufnahme hinzugerechnet werden. Eine durch Steuermindereinnahmen ausgelöste zusätzliche Kreditaufnahme wird also damit gerechtfertigt, daß im Boom Steuermehreinnahmen entstehen, die einen geringeren Kreditbedarf erfordern. Die Steuermehr- bzw. -mindereinnahmen sind bei gleicher Konjunkturlage um so größer, je höher die Steuerquote ist. In der Tat ist die Steuerquote von 1985 bis 1994 von 24,0 % auf 26,4 % angestiegen. Wenn der Staat also die Steuern massiv erhöht, steigt in der Rezession auch das konjunkturneutrale Defizit, weil die Konjunkturbereinigung bei gleicher Konjunkturlage höher ausfällt.

3. Die dritte Komponente sind die *inflationsbedingten Steuermehreinnahmen*: Hierbei wird die Steuerquote des laufenden Jahres (t_t) mit der Differenz aus dem Bruttosozialprodukt des laufenden Jahres zu jeweiligen Preisen (Y_t^i) und dem Bruttosozialprodukt des laufenden Jahres zu konjunkturneutralen Preisen (Y_t^n) multipliziert. Ein Anstieg des Preisniveaus gilt dann nicht als konjunkturneutral, wenn er durch wirtschaftspolitische Maßnahmen ohne unzumutbare Risiken für die Beschäftigung kurzfristig niedriger gehalten werden kann. Wenn also das Preisniveau stärker steigt als es der konjunkturneutralen Preisniveausteigerung entspricht, ergeben sich inflationsbedingte Steuermehreinnahmen, die ohne große Störungen der gesamtwirtschaftlichen Nachfrage hätten vermieden werden können. Auch hier dominiert wieder die Vorstellung, daß solche Steuermehreinnahmen nur vorübergehender Natur sind.[65]

4. Der letzten Term in Gleichung (4.3) beinhaltet den *anomalen Teil der Gewinnabführung der Bundesbank* (b_t). Da der Bundesbankgewinn starken Schwankungen unterliegt, wird – ähnlich wie bei den Steuereinnahmen – der Teil, der jährlich an den Bund abzuführen ist, einer Verstetigungsprozedur unterzogen. Hierzu wird in einem komplizierten Verfahren ein dauerhaft zu erwartender Teil des Bundesbankgewinns ermittelt. Die Differenz zwischen aktueller Gewinnabführung und dauerhafter Gewinnabführung wird als anomale Gewinnabführung bezeichnet. Ist sie positiv, so kommt es zu einer vorübergehenden Haushaltsentlastung. Eine positive anomale Gewinnabführung muß daher von der potentialorientierten Kreditaufnahme abgezogen werden, um diese überdurchschnittliche Haushaltsentlastung herauszurechnen.

Die Bedeutung des konjunkturneutralen Defizits kann man sich nun am leichtesten klar machen, wenn man davon ausgeht, daß das Produktionspotential und die Steuerquote im Zeitablauf konstant bleiben, keine inflationsbedingten Steuerein-

---

[64] Die Verwendung von Y_t^v und Y_t^n – also konjunkturneutrale Sozialproduktsgrößen – statt dem Produktionspotential erklärt sich daraus, daß auch in die Steuerquoten das Sozialprodukt und nicht das Produktionspotential eingeht.

[65] Seit 1985 hat der Sachverständigenrat die konjunkturneutrale Steigerungsrate des Preisniveaus der tatsächlichen gleichgesetzt, so daß keine inflationsbedingten Steuereinnahmen entstanden sind.

nahmen und kein anomaler Bundesbankgewinn entstehen und sich lediglich die Auslastung – und damit auch das Sozialprodukt – aus konjunkturellen Gründen ändert. Daraus folgt unmittelbar, daß die letzten beiden Terme Null sind und wir uns auf die ersten beiden konzentrieren können: Gleichung (4.3) vereinfacht sich zu

$$(4.4) \qquad D_t^n = k_0 \cdot \overline{P_t^n} + \overline{t_t}(Y_t^v - Y_t^n) \; .$$

Da wir ein konstantes Produktionspotential unterstellen, muß das konjunkturneutrale Defizit im Jahr t einfach dem Defizit im Basisjahr entsprechen, sofern sich die Auslastung nicht verändert hat. Da das potentialorientierte Defizit den gleichen Prozentsatz des Produktionspotentials ausmacht wie im Basisjahr, gehen von ihm auch keine konjunkturellen Impulse aus (vorausgesetzt, das Defizit im Basisjahr war wirklich konjunkturneutral). Um die Konsequenzen eines konjunkturneutralen Defizits im Konjunkturzyklus zu verdeutlichen, betrachten wir beispielhaft den Fall einer Rezession (im Boom gilt alles spiegelbildlich): In der Rezession liegt die Kapazitätsauslastung definitionsgemäß unter dem Durchschnitt, so daß die Steuereinnahmen zurückgehen. Der Staat kann dies aber durch eine zusätzliche Kreditaufnahme im gleichen Umfang kompensieren und damit seine Ausgaben (in Relation zum Produktionspotential) in der Rezession konstant halten, ohne daß davon eine konjunkturelle Wirkung ausgeht. Das konjunkturneutrale Defizit hat damit auch eine gewisse normative Funktion, da sich der Teil des Produktionspotentials, den der Staat verwendet, primär nicht an konjunkturellen, sondern an allokativen Überlegungen (öffentliche Güter und externe Effekte) orientieren sollte. Achten Sie also darauf, daß ein Defizit, welches bei geringeren Steuereinnahmen einfach durch die Konstanz der Ausgaben entsteht, nicht als expansiv, sondern als konjunkturneutral bezeichnet wird.

4.4.2.3 Die Bestimmung des konjunkturellen Impulses

Der Übergang vom konjunkturneutralen Defizit zum konjunkturellen Impuls ist nun ausgesprochen einfach, so daß das Konzept des konjunkturellen Impulses mit der Definition des konjunkturneutralen Defizits steht und fällt. Gemäß Gleichung (4.5) definiert der Sachverständigenrat als konjunkturellen Impuls (bzw. konjunkturelles Defizit) des Jahres t (D_t^i) einfach die Differenz zwischen dem *wirklichen* Defizit im Jahr t (D_t) und dem konjunkturneutralen Defizit (D_t^n).

$$(4.5) \qquad D_t^i = D_t - D_t^n \; .$$

Diese Definition ist im Rahmen des Konzepts selbstverständlich: Wenn D_t^n annahmegemäß *keine* konjunkturellen Auswirkungen hat, so wirkt jede Erhöhung des Defizits über diesen Wert hinaus konjunkturell belebend und jede Verminderung des Defizits konjunkturell dämpfend.

Der entscheidende Punkt am konjunkturellen Impuls ist demnach, daß ein Haushaltsdefizit dann und nur dann als expansiv bezeichnet wird, wenn es auf eine Veränderung der *Ausgaben* zurückzuführen ist, nicht aber, wenn es konjunkturbedingt durch eine Verminderung der Einnahmen entsteht. Bezüglich der ökonomischen Logik müssen dabei nach unserer Einschätzung zwei Aspekte hervorgehoben werden:

1. Die Bereinigung des konjunkturellen Impulses um konjunkturbedingte Veränderungen der Einnahmenseite ist überzeugend. Andernfalls müßte man ein Haushaltsdefizit einfach deshalb als expansiv bezeichnen, weil bei zurückgehenden

Steuereinnahmen die Ausgaben konstant gehalten werden. Der Grundgedanke des konjunkturellen Impulses ist es also, ein Defizit dann als neutral anzusehen, wenn die Orientierung der Ausgaben am Produktionspotential beibehalten wird – unabhängig von konjunkturbedingten Änderungen der Einnahmenseite. Ökonomisch steht dahinter der Gedanke, daß es keine Gründe gibt, sinkende Steuereinnahmen durch sinkende Ausgaben auszugleichen, um ein Defizit zu vermeiden. Dies würde nämlich dazu führen, daß die öffentliche Hand genau dann ihre Ausgaben reduziert, wenn die Privaten dies auch tun (nämlich in der Rezession), was offensichtlich nicht sinnvoll wäre.

2. Zweitens ist aber zu bedenken, daß ein *über* das konjunkturneutrale Defizit *hinausgehendes* (und in diesem Sinne expansives) Defizit in der Rezession entsteht, wenn der Staat sein Ausgaben*verhalten* bezüglich Sach-, Personal- und investiven Ausgaben. Dies liegt daran, daß einige Transferausgaben – vor allem wegen der zunehmenden Arbeitslosigkeit – als automatischer Stabilisator[66] wirken, die in der Rezession ceteris paribus zunehmen. Bei gegebenen Ausgabenbemessungsgrundlagen steigen die Ausgaben selbst in der Rezession bei einigen Ausgabentypen, so daß es in der Definition des Sachverständigenrates zu nicht konjunkturneutralen Defiziten kommt. Dies liegt einfach daran, daß wegen der Existenz eingebauter Stabilisatoren das Verhältnis aus Staatsausgaben und Produktionspotential in der Rezession ansteigt. Es ist in der Sekundärliteratur daher vielfach kritisiert worden, daß der Sachverständigenrat die Konjunkturbereinigung nicht auf die Ausgabenseite ausgedehnt hat. Dieser Kritik wird mittlerweile Rechnung getragen (vgl. Abschnitt 4.4.2.5).

4.4.2.4 Die Bestimmung des strukturellen Defizits

Mit der dramatischen Entwicklung der Staatsverschuldung ab Mitte der siebziger Jahre stellte sich immer mehr die Frage nach einem Konsolidierungsbedarf. Es verwundert daher nicht, daß das Konzept des strukturellen Defizits gegenüber dem konjunkturellen Impuls immer stärker in den Vordergrund trat, weil letzteres die konjunkturellen, aber nicht die langfristig-strukturellen Auswirkungen von Defiziten thematisiert. Allgemein formuliert, versteht der Sachverständigenrat unter einem strukturellen Defizit ein Defizit, das über die Normalverschuldung und das konjunkturell verursachte Defizit hinausgeht.

In gewisser Hinsicht läßt sich das strukturelle Defizit daher als *Restgröße* auffassen: Der Teil des Defizits, der weder „normal" noch konjunkturneutral im Sinne von Abschnitt 4.4.2.2 verursacht wurde, kann als strukturelles Defizit bezeichnet werden. Verständlicherweise wurde dabei der Begriff einer *Normalverschuldung* nicht selten kritisiert, weil nicht recht einzusehen ist, welcher Teil der Verschuldung denn nun normal sei, und ob der Begriff „normal" dabei eher im normativen oder im empirischen Sinne verwendet werden soll. Der Sachverständigenrat jedenfalls verstand unter der Normalverschuldung bis zu seinem Jahresgutachten von 1994/95 einfach eine Verschuldung, an die sich die Wirtschaftssubjekte gewöhnt haben und von der keine langfristigen Störungen von Produktion und Beschäftigung ausgehen.[67]

Betrachten wir nun etwas genauer die Berechnung des strukturellen Defizits und die Beziehung zum konjunkturellen Impuls. Ähnlich wie der konjunkturelle Impuls kann auch das strukturelle Defizit als Differenz des wirklichen Finanzie-

---

[66] Vgl. ausführlich oben, Abschnitt 4.2.3.
[67] Auf den Konkretisierungs- bzw. Operationalisierungsversuch im Sachverständigenratgutachten von 1994/95 kommen wir in Abschnitt 4.4.2.5 zurück.

rungsdefizits und einer Normgröße berechnet werden. Der formale Unterschied zwischen dem strukturellen Defizit und dem konjunkturellen Impuls besteht damit lediglich darin, wie diese Normgröße formuliert ist. Im konjunkturellen Impuls ist die Normgröße das konjunkturneutrale Defizit, so daß der konjunkturelle Impuls – wie oben ausführlich erläutert – die Differenz aus aktuellem und konjunkturneutralem Defizit ist.

Formal gesehen besteht der Unterschied zwischen strukturellem Defizit und konjunkturellem Impuls einfach darin, daß beim strukturellen Defizit *zusätzlich* zum konjunkturneutralen Defizit noch *weitere* Komponenten vom aktuellen, realen Defizit abgezogen werden. Dies verdeutlicht das folgende Schema zur Berechnung des strukturellen Defizits.

```
Finanzierungsdefizit
– konjunkturneutrales Defizit[68]
– konjunkturbedingter Teil des Bundeszuschusses an die
  Bundesanstalt für Arbeit
– Ausgaben und Mindereinnahmen aufgrund von Kon-
  junkturprogrammen
= strukturelles Defizit
```

Tab. 4.5: Bestimmung des strukturellen Defizits

Da beim strukturellen Defizit gegenüber dem konjunkturellen Impuls mehr Größen vom aktuellen Defizit abgezogen werden, ist das so definierte strukturelle Defizit stets *kleiner* als der konjunkturelle Impuls. Da sich die formalen Unterschiede demnach sehr leicht ermitteln lassen, muß es uns im folgenden um eine Erläuterung der konzeptionellen Gründe für die unterschiedlichen Berechnungsmethoden gehen. Die mit dem strukturellen Defizit verfolgte Zielsetzung ist es, jenen Teil des Defizits kenntlich zu machen, von dem langfristige, strukturelle Gefahren für die Wirtschaft wegen der öffentlichen Verschuldung ausgehen. Aus diesem Grund ist es klar, daß die als normal angesehene Verschuldung und der lediglich durch Mindereinnahmen im Abschwung hervorgerufene Teil des Defizits vom aktuellen Finanzierungsdefizit abgezogen werden müssen, was genau dem konjunkturneutralen Defizit entspricht.

Im Unterschied zum Konzept des konjunkturellen Impulses wird das aktuelle Defizit allerdings um zwei weitere Komponenten bereinigt, die konjunkturbedingt und daher eher *kurzfristiger* Natur sind. Diese beiden Komponenten sind:

1. Der *konjunkturbedingte Teil des Bundeszuschusses an die Bundesanstalt für Arbeit*. Hierzu wird von der Arbeitsmarktlage der letzten Jahre mit Normalauslastung (1989) als Vergleichsmaßstab ausgegangen. Die auslastungsbedingte Unterbeschäftigung wird als Differenz der aktuellen Arbeitslosigkeit zu der Arbeitslosigkeit ermittelt, die sich bei Fortschreibung der Unterbeschäftigung von 1989 mit einem konjunkturunabhängigen Arbeitskoeffizienten ergibt. Zusätzlich werden die Ausgaben für Kurzarbeitergeld in voller Höhe angesetzt. Weiterhin werden (analog zum Verfahren bei den Steuereinnahmen) auch auf

---

[68] Auf die vom Sachverständigenrat vorgenommene Unterscheidung zwischen der Normalverschuldung – wie sie im konjunkturneutralen Defizit enthalten ist – und einer potentialorientierten Kreditaufnahme als begriffliches Pendant bei der Ableitung des strukturellen Defizits wird hier nicht eingegangen, weil beide Konzepte in den Berechnungen des Sachverständigenrates quantitativ stets identisch waren.

der Beitragsseite konjunkturabhängige Effekte herausgerechnet. Auf der Grundlage dieser fiktiven Ausgaben und Einnahmen der Bundesanstalt für Arbeit wird der Zuschußbedarf des Bundes berechnet. Neuerdings werden auch die konjunkturbedingten Ausgaben für Arbeitslosenhilfe, die aus dem Bundeshaushalt finanziert wird, addiert. Auch hier kommt ein Bereinigungsverfahren zur Anwendung, das dem zur Behandlung der Aufwendungen für Arbeitslosengeld gleicht.

2. Die *Ausgaben und Mindereinnahmen aufgrund von Konjunkturprogrammen*. Hierzu gehören Mehrausgaben für Beschäftigungsprogramme sowie Steuerausfälle für konjunkturpolitisch motivierte Maßnahmen, sofern sie befristet sind und daher im Zeitablauf automatisch auslaufen. Einen Konsolidierungsbedarf begründen sie daher nicht.

Die Erläuterung dieser beiden Komponenten verdeutlicht, daß im Unterschied zum konjunkturellen Impuls beim strukturellen Defizit auch eine Bereinigung auf der Ausgabenseite erfolgt. Die Begründung ist, daß sich konjunkturbedingte Ausgabenschwankungen ebenso wie Einnahmeschwankungen im Konjunkturzyklus definitionsgemäß ausgleichen, und daher bei der Analyse der *langfristigen*, strukturellen Auswirkungen von Defiziten nicht berücksichtigt werden müssen. Wir können daher zusammenfassend festhalten

– daß sowohl der konjunkturelle Impuls als auch das strukturelle Defizit rechnerisch auf dem konjunkturneutralen Defizit aufbauen,

– daß der konjunkturelle Impuls die Auswirkungen von Defiziten auf die Konjunktur bestimmen will. Dies liefert ein mögliches Argument zum Verzicht auf die Bereinigung auf der Ausgabenseite, weil eine Erhöhung der Transferausgaben ceteris paribus die Kaufkraft erhöht – egal wie sie zustandegekommen ist

– und das strukturelle Defizit die strukturellen Gefahren eines Defizits erfassen möchte, so daß alle Komponenten – auch auf der Ausgabenseite – nicht berücksichtigt werden sollen, die sich im Konjunkturzyklus ausgleichen.

4.4.2.5 Die Neuinterpretation der Konzepte

In seinem Jahresgutachten 1994/95 stellt der Sachverständigenrat einige Änderungen in den Konzepten des konjunkturellen Impulses und des strukturellen Defizits vor, die in der Sekundärliteratur schnell intensiv diskutiert wurden. Den wichtigsten Änderungen wenden wir uns im folgenden zu.

1. *Ausgangsgröße*: Wie in den ursprünglichen Konzepten werden der konjunkturelle Impuls und das strukturelle Defizit als Differenz einer realen Ausgangsgröße und einer vorgegebenen Norm berechnet. Bisher war in *beiden* Konzepten das Finanzierungsdefizit inklusive des ERP-Sondervermögens[69] die relevante Ausgangsgröße (siehe hierzu Gleichung (4.4) zur Bestimmung des konjunkturellen Impulses bzw. Tab. 4.5 zur Bestimmung des strukturellen Defizits). Die Ausgangsgröße ist nun für den konjunkturellen Impuls beibehalten, aber für das strukturelle Defizit modifiziert worden. Die Wahl einer neuen Ausgangsgröße für das strukturelle Defizit steht in einem engen Zusammenhang mit den Konsequenzen der Wiedervereinigung. Nach der Wiedervereinigung wurde das Darlehensvolumen des ERP-Sondervermögens, das zur Investitionsförderung in den neuen Bundesländern eingesetzt wird, kräftig erhöht, so daß sich selbstverständlich auch das Defizit entsprechend erhöhte. Damit stellte sich die Frage, ob das Defizit dieses Sonderhaushalts in die Ausgangsgröße einfließen

---

[69] Vgl. Fußnote 58.

soll. Dabei muß zwischen den *Zielsetzungen* des konjunkturellen Impulses und des strukturellen Defizits unterschieden werden:

- Für die Bestimmung des strukturellen Defizits hat sich der Sachverständigenrat in seinem Gutachten 1994/95 dafür entschieden, das ERP-Sondervermögen aus der Ausgangsgröße auszuklammern, weil dieses einen sich selbst konsolidierenden Haushalt[70] darstellt. Außerdem schwanken die Finanzierungsdefizite dieses Sondervermögens seit der Wiedervereinigung beträchtlich, so daß sich erhebliche Verzerrungen in der Bestimmung des strukturellen Defizits ergeben würden, wenn der im ERP-Sondervermögen enthaltene Teil des Defizits mit in die Berechnung eingehen würde[71].

- Bei der Ermittlung des konjunkturellen Impulses geht es aber um die kurzfristigen, konjunkturellen Wirkungen von Defiziten. Daher scheint dem Sachverständigenrat die Berücksichtigung des ERP-Sondervermögens in diesem Konzept sinnvoll, weil die öffentlichen Haushalte auch mit der Vergabe von Darlehen konjunkturelle Wirkungen auslösen können.

2. *Konjunkturbereinigung*: Eine zweite wichtige Änderung bezieht sich auf die Konjunkturbereinigung bei der Berechnung der Normgröße im konjunkturellen Impuls. Wie ausführlich erklärt, war diese Normgröße bisher das konjunkturneutrale Defizit. Charakteristisch für das konjunkturneutrale Defizit war, daß zwar eine Konjunkturbereinigung auf der Einnahmen-, aber nicht auf der Ausgabenseite stattfand. Mittlerweile hat sich der Sachverständigenrat nun doch entschlossen, die Konjunkturbereinigung bei der Ermittlung des konjunkturellen Impulses auch auf die Ausgabenseite auszudehnen und zwar mit dem gleichen Verfahren, das auch beim strukturellen Defizit angewendet wird. Die Konjunkturbereinigung beschränkt sich allerdings auf den Bundeszuschuß an die Bundesanstalt für Arbeit sowie die (im Bundeshaushalt enthaltenen) Ausgaben für Arbeitslosenhilfe. Die Bereinigung von anderen Ausgabearten wie Sozialhilfe und Wohngeld wird vom Sachverständigenrat mit dem Argument abgelehnt, daß sich ein Zusammenhang zwischen Konjunktur und Ausgabenniveau bisher nicht empirisch nachweisen läßt.

3. *Ersetzung der „Normalverschuldung"*: Die Ersetzung dieser für beide Konzepte zentralen Größe stellt das Herzstück der Revision dar. Bisher hat der Sachverständigenrat unter „Normalverschuldung" ein Niveau der Kreditfinanzierung verstanden, an das die Privaten gewöhnt sind (bzw. werden sollen) und das daher als dauerhaft akzeptabel anzusehen ist. Operationalisiert wurde diese Vorstellung in beiden Konzepten in Form der potentialorientierten Kreditfinanzierung für ein Basisjahr (zuletzt 1985). Formal ist die Normalverschuldung in der Berechnung des konjunkturneutralen Defizits *implizit* darin enthalten, daß ein bestimmter Prozentsatz der Inanspruchnahme des Produktionspotentials (k_0 in Gleichung (4.3)) als „normal" angesehen wird.

Die Schwierigkeit mit einer solchen Definition der Normalverschuldung besteht nun darin, daß die mit der Zeit notwendigen Aktualisierungen des Basisjahres eine Veränderung von k_0 – und damit auch eine Veränderung der Normalverschuldung – implizieren. Dies würde – infolge der einigungsbedingten massiven Erhöhung der Staatsverschuldung – im Zeitablauf zu einem enormen Anstieg der Normalverschuldung führen, ohne daß davon auszugehen ist, daß dieses

---

[70] Der Darlehensrückfluß reicht wahrscheinlich bereits 1998 fast aus, um das dann rückläufige neue Darlehensvolumen zu finanzieren.

[71] 1993 blieb das Darlehensvolumen unter dem Soll, weil infolge der günstigen Marktzinsen andere Finanzierungsmöglichkeiten und eine vorzeitige Tilgung der bisherigen Darlehen teilweise attraktiver waren. Dies als Konsolidierungserfolg zu verbuchen, erscheint unangemessen (keine Eigenleistung des Staates).

hohe Niveau der Normalverschuldung wirklich akzeptiert wird. Der Sachverständigenrat macht daher den Versuch, die dauerhaft akzeptierte Kreditfinanzierung auf eine objektivere Basis zu stellen. Dies geschieht in den Konzepten des konjunkturellen Impulses und des strukturellen Defizits in leicht unterschiedlicher Weise:

a) *Investitionsorientierte Verschuldung*: Für das *strukturelle Defizit* ist die Obergrenze des dauerhaft hinnehmbaren Defizits künftig an die Höhe der jährlichen Nettoausgaben für Bauinvestitionen gekoppelt. Dies wird damit begründet, daß dann die fiskalische Handlungsfähigkeit des Staates gesichert ist. Dahinter steht die Vorstellung, durch dieses Kreditvolumen die Staatstätigkeit nur in dem Umfang auszudehnen, daß eine *positive* Wirkung auf das gesamtwirtschaftliche Wachstum entsteht. Die Folge davon ist, daß die künftigen Steuermehreinnahmen die Finanzierung der Investitionen decken. Dieser Gedanke liegt Artikel 115 Abs. 1 GG zugrunde, wonach – außer im Falle einer Störung des gesamtwirtschaftlichen Gleichgewichts – die im Haushalt angesetzten Investitionsausgaben die Obergrenze für die Kreditaufnahme des Bundes bilden. Der Investitionsbegriff ist sehr eng gewählt, denn er umfaßt nicht alle Sachinvestitionen sowie keine Ausgaben für Investitionsförderung und Humankapital, weil nur solche Investitionsausgaben berücksichtigt werden sollen, deren Kapazitätseffekt einigermaßen gesichert ist. Die alleinige Beschränkung auf Baumaßnahmen erfolgt mit dem Argument, daß hier das Schwergewicht der Investitionen im Bereich der Infrastruktur liege, wodurch die Wahrscheinlichkeit für einen Kapazitätseffekt am größten sei. Da von Ersatzinvestitionen keine Wachstumseffekte ausgehen, werden nur die Nettoinvestitionen in Betracht gezogen. Diese „investitionsorientierte Verschuldung" ist aber nicht das alleinige, sondern nur das „Primärkriterium", das nur so lange relevant ist, wie die Neuverschuldung nicht zu einer Erhöhung der Schuldenquote führt (Sekundärkriterium). Die zusätzliche Orientierung an diesem „Tragfähigkeitskriterium" ist auch im Zusammenhang mit dem Konvergenzkriterium, daß die Schuldenquote 60 % nicht überschreiten darf, zu sehen. Wie wir in Abschnitt 3.6.3 gesehen haben, ist Deutschland noch immer gefährdet, dieses Kriterium zu verfehlen.

b) *Konjunkturneutrale Verschuldung*: Auch bei der Ermittlung des *konjunkturellen Impulses* wird die dauerhaft akzeptable Verschuldung über die Nettoausgaben für Bauinvestitionen operationalisiert. Allerdings werden – abweichend von der Vorgehensweise beim strukturellen Defizit – nicht die tatsächlichen Investitionsausgaben *im jeweiligen Jahr* herangezogen, sondern zur Bestimmung des relevanten Investitionsniveaus wird zunächst der *durchschnittliche* Anteil aus dem laufenden und den letzten vier Jahren bestimmt und mit dem Bruttoinlandsprodukt des laufenden Jahres multipliziert. Dahinter steht die Vorstellung, daß der Gewöhnungsprozeß der Privaten sich nur allmählich vollzieht und daher auch die vergangenen Investitionsentscheidungen des Staates relevant sind. Der Umfang dieser Neuverschuldung wird als konjunkturneutrale Verschuldung bezeichnet. Investitionsorientierte und konjunkturneutrale Verschuldung sind daher immer dann gleich, wenn der Anteil der staatlichen Bauinvestitionen am Bruttoinlandsprodukt über die Zeit konstant bleibt.

Die sich nach dieser Revision ergebende *neue* Berechnungsweise für beide Konzepte ist in der folgenden Tab. 4.6 abschließend noch einmal zusammenfassend dargestellt.

Die entscheidende Änderung ist also der Übergang von der Normalverschuldung zur investitionsorientierten (bzw. konjunkturneutralen) Verschuldung. Ein wichtiges Merkmal der Normalverschuldung nach dem alten Konzept war, daß höhere Staatsausgaben nur dann für unbedenklich gehalten werden, wenn ihnen gleichzeitig höhere Einnahmen gegenüberstehen (Kompensationsregel). Diese Kompensationsregel ist im neuen Konzept außer Kraft gesetzt, denn eine zusätzliche Verschuldung läßt sich nun nur mit zusätzlichen Bauinvestitionen rechtfertigen, ohne daß dem höhere Einnahmen entgegenstehen müssen.

Gestatten Sie uns an dieser Stelle die Bemerkung, daß uns die Neufassung der Bestimmung des strukturellen Defizits und des konjunkturellen Impulses nur partiell einleuchtet. Zunächst ist hervorzuheben, daß der Versuch zur Operationalisierung der schillernden Größe „Normalverschuldung" über die Bauinvestitionen sicher vernünftig ist. Ferner ist dazu die Verwendung der Bauinvestitionen innerhalb des strukturellen Defizits ebenfalls sinnvoll, weil davon langfristig Kapazitätseffekte zu erwarten sind, die zu Steuereinnahmen und damit zur Verminderung des Defizits führen. *Nicht* einzuleuchten vermag uns dagegen die sehr ähnliche Bestimmung des konjunkturellen Impulses, die ja letztlich ebenfalls auf den Bauinvestitionen beruht. Wenn Sie Tab. 4.6 zur Bestimmung des konjunkturellen Impulses nochmals betrachten, so werden Sie feststellen, daß dieser ceteris paribus um so geringer ist, je größer der Anteil der Bauinvestitionen an den Gesamtinvestitionen des Staates ist (denn nur die (bereinigten) Bauinvestitionen werden vom Finanzierungsdefizit abgezogen). Etwas polemisch formuliert folgt daraus, daß im Konzept des Sachverständigenrates der konjunkturelle Impuls ceteris paribus um so größer ist, je unsinniger die getätigten Investitionen sind. Es gibt unseres Erachtens aber keinen Grund für diese Annahme: Erstens sind die konjunkturellen *Primär*wirkungen öffentlicher Ausgaben unabhängig von der Sinnhaftigkeit der Ausgaben. Zweitens hängen die *Sekundär*wirkungen der öffentlichen Defizite davon ab, ob die privaten Wirtschaftssubjekte ihre Ausgaben als Reaktion tendenziell erhöhen oder reduzieren. Hier scheint aber eher die Annahme plausibel zu sein, daß die Wirtschaftssubjekte auf staatliche Ausgaben *ohne* Kapazitätseffekt mit einer Verminderung ihrer Ausgaben reagieren, so daß der konjunkturelle Impuls von Bauinvestitionen eher hoch als niedrig sein dürfte.

Der tiefere Grund für dieses Problem ist unseres Erachtens, daß die vom Sachverständigenrat verwendeten Konzepte des strukturellen Defizits und des konjunkturellen Impulses zu eng beieinander liegen (und entsprechend auch quantitativ sehr ähnlich sind). Während beim strukturellen Defizit in der Tat „besonders sinnvolle" Investitionen herausgerechnet werden müssen, sehen wir hierfür beim konjunkturellen Impuls keine Begründung.

Herleitung des konjunkturellen Impulses	Mrd. DM	Herleitung des strukturellen Defizits	Mrd. DM
Finanzierungsdefizit *mit* ERP-Sonderverm.	116,0	Finanzierungsdefizit *ohne* ERP-Sonderverm.	113,9
+ Konjunkturbereinigung der Einnahmenseite	−21,6	+ Konjunkturbereinigung der Einnahmenseite	−21,6
− Konjunkturbereinigung der Ausgabenseite	15,3	− Konjunkturbereinigung der Ausgabenseite	15,3
		− Belastungen durch Konjunkturprogramme	0,0
− Bereinigung der Gewinnabführung der Buba	1,2	− Bereinigung der Gewinnabführung der Buba	1,2
− „Konjunkturneutrale Verschuldung"	47,0	− „Investitionsorientierte Verschuldung"	43,4
= Konjunktureller Impuls	30,9	= Strukturelles Defizit	32,4

Quelle: Sachverständigenrat.

Tab. 4.6: Neues Ermittlungsverfahren von konjunkturellem Impuls und strukturellem Defizit (Werte für 1994)

Abschließend wollen wir die Haushaltspolitik der vergangenen 20 Jahre anhand der Entwicklung des strukturellen Defizits analysieren, d. h. wir betrachten den Konsolidierungsbedarf im Zeitablauf.

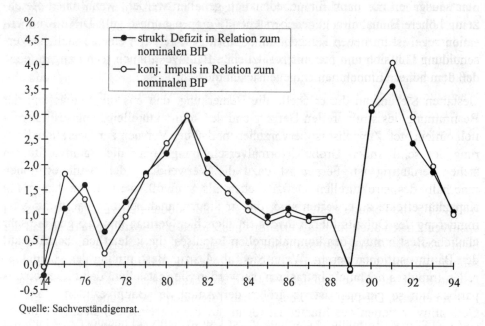

Quelle: Sachverständigenrat.

Abb. 4.4: Strukturelles Defizit und konjunktureller Impuls

Abb. 4.4 gibt die Entwicklung von strukturellem Defizit und konjunkturellem Impuls in Relation zum nominalen Bruttoinlandsprodukt wieder. Es zeigt sich, daß die Notwendigkeit zur Konsolidierung in den 70er und Anfang der 80er Jahre mit der Rezession zusammenfiel (1975 bzw. 1981). Während das strukturelle Defizit jedoch 1976 noch anstieg, als die Rezession bereits überwunden war, sank es 1982 bereits, obwohl genau dort der konjunkturelle Tiefpunkt lag. Dies zeigt, daß sich offensichtlich die Einschätzung des Staates gewandelt hat. Zwar wurde in früheren Rezessionen auch ein Konsolidierungsbedarf festgestellt, die Konsolidierung sollte aber erst nach der Rezession beginnen. Im Jahre 1981 wurde dagegen eine andere Richtung eingeschlagen. Dies lag zum einen daran, daß der Staat keinen so großen finanzpolitischen Spielraum mehr hatte, da im Boom das Defizit nicht abgebaut wurde. Zum anderen ist – damit verbunden – die Auffassung entstanden, daß eine Politik, die bereits in der Rezession die Konsolidierung beginnt, die Erwartungen (vor allem an den internationalen Finanzmärkten) stabilisiert und die gesamtwirtschaftliche Entwicklung positiv beeinflußt. Der Anfang der 80er Jahre begonnene Konsolidierungsprozeß führte schließlich dazu, daß 1989 das strukturelle Defizit völlig abgebaut wurde. Mit der Wiedervereinigung und der damit verbundenen enormen Kreditaufnahme kam es allerdings wieder zu einem explosionsartigen Anstieg des strukturellen Defizits. Seit 1992 schien sich der Staat wieder auf einem sichtbaren Konsolidierungskurs zu befinden, obwohl der Tiefpunkt der Rezession (1993) damals noch gar nicht erreicht war. Die Konsolidierungsbemühungen führten immerhin schon dazu, daß die Defizitquote 1994 mit 1,0 % das Niveau vor der Vereinigung im Jahre 1988 wieder erreicht hat. Allerdings konnte 1995 kein weiterer Konsolidierungsfortschritt erzielt werden, denn das strukturelle Defizit stagnierte bei rund 32 Mrd. DM. Zudem bemängelte der Sachverständigenrat zurecht, daß die bisherigen Erfolge überwiegend durch anreizhemmende Steuererhöhungen statt durch Ausgabenkürzungen erreicht worden seien.

4.4.3 Einige schuldenarithmetische Zusammenhänge

Nach der Beschäftigung mit den Konzepten des Sachverständigenrates wollen wir nun wieder auf die in Abschnitt 4.4.1 eingeführten Maßzahlen zur Messung der Staatsverschuldung zurückkommen. Dabei geht es uns vor allem darum, durch einige einfache arithmetische Zusammenhänge deutlich zu machen, in welch bedenklicher Weise die Entwicklung der *Schuldenquote* als wichtigster Maßzahl der Staatsverschuldung von den Zinszahlungen öffentlicher Haushalte und der Wachstumsrate des Sozialprodukts bestimmt wird. Ausgangspunkt unserer Überlegungen ist daher die Schuldenquote s, die als das Verhältnis aus Schuldenstand (S) und Sozialprodukt (Y) definiert ist:

$$(4.6) \quad s(t) = \frac{S(t)}{Y(t)},$$

wobei t für die Periode steht. Wächst die Schuldenquote stetig an, so gilt dies bei positiven Zinsen auch für das Verhältnis aus Zinsen und Sozialprodukt, so daß der Staat – wie in den hochverschuldeten Ländern Lateinamerikas – irgendwann zahlungsunfähig wird. Es ist daher wichtig, ein dauerhaftes Ansteigen der Schuldenquote auf die verschiedenen Faktoren zurückzuführen, aus denen sich diese zusammensetzt. Dies ist der Zweck der nachfolgenden Überlegungen.

Dazu leiten wir (4.6) unter Verwendung der Quotientenregel nach der Zeit t ab und erhalten:

$$(4.7) \quad \frac{ds(t)}{dt} = \frac{\frac{dS(t)}{dt}Y(t) - S(t)\frac{dY(t)}{dt}}{(Y(t))^2}.$$

Wir wollen nun die Veränderung der Schulden in der Periode t (also dS(t)/dt) etwas detaillierter betrachten. dS(t)/dt setzt sich offensichtlich aus drei Komponenten zusammen: den Staatsausgaben G(t), den Steuereinnahmen T(t) und den Zinszahlungen Z(t) auf den bestehenden Schuldenstand. Dabei lassen sich die Zinszahlungen Z(t) mit i als Zinssatz und S(t) als Schuldenstand der Periode t auch als Z = i·S darstellen. Dies bedeutet, daß wir die Veränderung der Schulden in der Periode t folgendermaßen ausdrücken können:

$$(4.8) \quad \frac{dS(t)}{dt} = G(t) + i \cdot S(t) - T(t).$$

Liegen die Staatsausgaben G und die Zinszahlungen i·S(t) über den Steuereinnahmen T(t), so ist das Defizit dS(t)/dt in der Periode t positiv und umgekehrt. Setzen wir (4.8) in (4.7) ein, so ergibt sich

$$(4.9) \quad \frac{ds(t)}{dt} = \frac{[G(t) + i \cdot S(t) - T(t)]Y(t) - S(t)\frac{dY(t)}{dt}}{(Y(t))^2}.$$

Gleichung (4.9) unterscheidet sich von Gleichung (4.7) also nur dadurch, daß wir die Veränderung der Schulden ausführlicher (über Gleichung (4.8)) dargestellt haben. Nach einigen Umformungen ergibt sich

$$(4.10) \quad \frac{ds(t)}{dt} = \frac{G(t) - T(t)}{Y(t)} + \frac{S(t)}{Y(t)} \cdot (i - g),$$

wobei g die Wachstumsrate des Sozialprodukts, also g = (dY(t)/dt)/Y(t) ist.

Gleichung (4.10) ist nun aufschlußreich, weil sie den zentralen Zusammenhang zwischen der Entwicklung der Schuldenquote, dem bestehenden Schuldenstand, dem Zinssatz i und der Wachstumsrate des Sozialprodukts verdeutlicht: (G–T)/Y wird als *Primärdefizitquote* bezeichnet, weil sie angibt, wie hoch das Verhältnis aus Defizit (G–T) und Sozialprodukt in der betreffenden Periode wäre, wenn der Staat *keinerlei Zinszahlungen leisten müßte*. Wie in Abschnitt 4.4.1 erläutert, war diese Größe in den achtziger Jahre – erfreulicherweise – häufig negativ, d. h. die Einnahmen T lagen über den Staatsausgaben G.

Dennoch stieg die Schuldenquote S/Y aber an, was vom zweiten Summanden in Gleichung (4.10) eindrucksvoll verdeutlicht wird: Dieser zeigt, daß die Schuldenquote ceteris paribus (d. h. für T = G) zunimmt, sofern der Zinssatz über der Wachstumsrate des Sozialprodukts liegt. Hierzu ein einfaches Zahlenbeispiel: Nehmen wir an, daß in der Periode 10 die Schulden 20 und das Sozialprodukt 60 betragen, so daß

$$(4.11) \qquad s_{10} = \frac{20}{60} = 33{,}3\,\%$$

ist. Beträgt der Zinssatz 10 % und die Wachstumsrate des Sozialprodukts 5 %, so steigen die Schulden allein durch die zur Schuldentilgung erforderliche Kreditaufnahme (annahmegemäß gilt ja G = T) von 20 auf 20 + (20·0,1) = 22. Das Sozialprodukt steigt dagegen nur auf 60 + 60·0,05 = 63, so daß die neue Schuldenquote in der Periode 11 bei

$$(4.12) \qquad s_{11} = \frac{22}{63} = 34{,}9\,\%$$

liegt. Ein Hauptproblem der Konsolidierung liegt aktuell in der Bundesrepublik Deutschland also nicht nur darin, daß die Ausgaben die Einnahmen in manchen Jahren bei weitem überschreiten (G > T) und die Primärdefizitquote demnach positiv ist, sondern vor allem darin, daß die Zinszahlungen erheblich über der Wachstumsrate des Sozialprodukts liegen (der Realzins für langfristige Staatsanleihen lag 1993 beispielsweise bei 6,3 %, während die reale Wachstumsrate des Sozialprodukts negativ war). Das strukturelle Defizit ist nach allgemeiner Auffassung so hoch, daß eine Konsolidierung über die Primärdefizitquote daher selbst in einer Phase für erforderlich gehalten wird, in der ein konjunktureller Impuls von Null zu erheblichen – konjunkturell bedingten und demnach definitionsgemäß konjunkturneutralen[72] – Defiziten führen würde. Eine Konsolidierung scheint daher ohne erhebliche Einsparungen nicht erreichbar zu sein (vgl. hierzu auch Abschnitt 4.5.4 über die aktuellen Konsolidierungsbemühungen der Bundesregierung).

4.4.4 Folgen der Staatsverschuldung

Einleitend zu Abschnitt 4.4 wurde darauf hingewiesen, daß die Staatsverschuldung ähnlich wie die Inflation keine direkten, sondern „nur" indirekte negative Konsequenzen hat, sofern die Zahlungsfähigkeit des Staates noch gegeben ist. Dabei

---

[72] Hierzu sei daran erinnert, daß sich der Begriff "konjunkturneutral" im Konzept des konjunkturellen Impulses nicht auf die *Entstehung*, sondern auf die *Auswirkungen* eines Defizits bezieht. Machen Sie sich zur Tragweite der Überlegungen im Text auch klar, daß ein konjunktureller Impuls von Null bereits erhebliche Konsolidierungsanstengungen erfordern würde, weil die Transferausgaben konjunkturell bedingt schneller wachsen als das Produktionspotential.

lassen sich leicht vereinfacht die Belastung der Kapitalmärkte, die Steuerbelastung und die Folgen einer allgemeinen Verunsicherung unterscheiden:

1. Kapitalmarktbelastung: Die Notwendigkeit zur Kreditfinanzierung der öffentlichen Defizite führt in der einfachsten Modellwelt dazu, daß sich die Kreditnachfragefunktion nach rechts verschiebt und die Zinsen daher ansteigen. Welche Zinssteigerungen sich dadurch wirklich ergeben haben, ist allerdings ebenso wenig einschätzbar wie der dadurch induzierte Rückgang der Investitionen. Der Sachverständigenrat vermutet eine erhebliche Zinssteigerung, die neben dem reinen Crowding-Out weitere negative reale Effekte habe. Dabei wird genannt, daß

   - die Zinsen auf die Preise überwälzt werden und daher bei gegebenen Wechselkursen die Exportchancen sinken

   - und die hohen Zinsen einen Kapitalimport bewirken, der den ohnehin auf der DM liegenden Aufwertungsdruck verschärft und daher zu weiteren Exportrückgängen führt.

   Die derzeit noch niedrigen Zinsen bei Auslandsschulden werden vom Sachverständigenrat damit erklärt, daß das Ausland keinen Zweifel an den Konsolidierungsbemühungen habe und das Vertrauen in die DM daher auch nicht geschwächt sei.

2. Mittelfristig besteht keine andere Möglichkeit, als die Schuldenquote durch Senkung der Ausgaben und Erhöhung der Einnahmen wieder zu reduzieren. Der Sachverständigenrat kritisiert dabei, daß die aktuellen Ansatzpunkte der Konsolidierung stärker bei den Ein- als bei den Ausgaben liegen, so daß negative Anreizeffekte von der Reduktion der Leistungsbereitschaft bis zur Steuerhinterziehung[73] befürchtet werden. Die Schwierigkeit besteht also darin, daß die Schuldenquote in konjunkturellen Normallagen ohne echte Rechtfertigung erhöht und nun – angesichts des oben skizzierten Zusammenhangs von Wachstumsrate des Sozialprodukts und Zinssatz – wieder reduziert werden muß, obwohl wegen der konjunkturellen Situation und der Situation in den neuen Ländern eigentlich hohe Staatsausgaben angezeigt wären.

3. Schwer faßbar, aber offensichtlich nicht bedeutungslos, ist die vom Sachverständigenrat immer wieder hervorgehobene Verunsicherung der Wirtschaft durch Staatsverschuldung, die aber offensichtlich auch betont wird, um keinen Zweifel an der Notwendigkeit der Konsolidierung aufkommen zu lassen. Den genaueren Ansatzpunkten wenden wir uns im Rahmen der angebotsorientierten Wirtschaftspolitik zu, da der Abbau der Staatsverschuldung dort einen wesentlichen Programmpunkt darstellt.

4.5 Angebotsorientierte Finanzpolitik

4.5.1 Überblick

Vor allem bei der Beschreibung der haushaltspolitischen Konzepte des Sachverständigenrates haben wir darauf hingewiesen, daß sich der Schwerpunkt immer

---

[73] Untersuchungen über die USA zeigen, daß die dort vorgenommenen radikalen Steuersatzsenkungen die Steuermoral erheblich gesteigert haben. Dies ist offenbar nicht nur auf den geringeren Anreiz zum Steuerbetrug, sondern auch darauf zurückzuführen, daß die verbleibende Steuerlast als moralisch gerechtfertigt empfunden wird. In der Bundesrepublik hat man angesichts der hohen Abgabenbelastung dagegen den Eindruck, daß Steuerhinterziehung nicht als Betrug, sondern als Gesellschaftsspiel interpretiert wird.

stärker von der stabilisierungs- bzw. nachfragepolitischen Betrachtung (konjunktureller Impuls) in Richtung Angebotsorientierung (strukturelles Defizit) verschoben hat. Es ist daher nun an der Zeit, die angebotsorientierte Konzeption genauer zu erörtern. Die Kernpunkte der angebotsorientierten Finanzpolitik haben wir bereits in Abschnitt 2.4.2 recht ausführlich erläutert. Diese bestehen erstens und vor allem in tiefen, sowohl theoretisch als auch praktisch begründeten Zweifeln gegenüber der Wirksamkeit der nachfrageorientierten Wirtschaftspolitik. Der zweite Kernpunkt ist die Überzeugung, daß die Investitionen als strategische Variable des Wirtschaftsgeschehens vor allem von der Kostensituation der Unternehmen bestimmt werden, und daher Kostensenkungen (beispielsweise durch Steuerentlastungen) die oberste Aufgabe der Wirtschaftspolitik sind.

Wirtschaftspolitische Bedeutung hat die Angebotsorientierung vor allem in den USA und in Großbritannien erlangt, wo diese unter den Stichworten „Reaganomics" und „Thatcherism" berühmt wurden. Diese skizzieren wir daher in Abschnitt 4.5.2. Auf die Vorstellungen des Sachverständigenrates sind wir schon an verschiedenen Stellen eingegangen, besonders innerhalb der potentialorientierten Geldpolitik und der Erläuterung der haushaltspolitischen Konzepte. Das finanzpolitische Konzept des Sachverständigenrates erschöpft sich aber nicht in den Konzepten des konjunkturellen Impulses und des strukturellen Defizits, sondern umfaßt darüber hinaus auch weitergehendere Vorstellungen über die „angemessene" Politik öffentlicher Haushalte. Diese erläutern wir in Abschnitt 4.5.3. Angesichts der mittlerweile ebenfalls eindeutigen wirtschaftspolitischen Bekenntnisse zur Angebotsorientierung in der Bundesrepublik Deutschland stellt sich schließlich die Frage, welche konkreten Maßnahmen zum Abbau der (einigungsbedingten) Defizite eigentlich ergriffen werden und wie diese zu beurteilen sind. Dieser Frage widmen wir uns in Abschnitt 4.5.4 bezugnehmend auf das „Spar-, Konsolidierungs- und Wachstumsprogramm" (SKWP), das „Föderale Konsolidierungsprogramm" und das „Programm für mehr Wachstum und Beschäftigung".

4.5.2 Angebotsorientierte Wirtschaftspolitik in den USA und Großbritannien

Nachdem die US-amerikanische Wirtschaft (wie die meisten westlichen Volkswirtschaften) in den 70er Jahren durch die beiden Ölpreisschocks nachhaltig erschüttert worden war, geriet auch die in vielen westlichen Industrieländern zuvor einigermaßen erfolgreich praktizierte (keynesianische) Nachfragepolitik endgültig in die Kritik. Die Hauptprobleme der westlichen Volkswirtschaften in dieser Zeit waren ein zu geringes oder gar negatives Produktivitätswachstum sowie das Phänomen der Stagflation, d. h. ein stagnierendes reales Inlandsprodukt bei hoher Inflation.

Vor diesem Hintergrund konnte der angebotsorientierte Ansatz in verschiedenen Ländern an Einfluß gewinnen und dominiert mittlerweile auch die Wirtschaftspolitik in der Bundesrepublik Deutschland. Vor allem in den USA nach der Wahl Ronald Reagans zum amerikanischen Präsidenten und in Großbritannien nach der Wahl Margaret Thatchers zur Premierministerin wurden die Ideen der angebotsseitigen Wirtschaftspolitik besonders konsequent umgesetzt, so daß es sich lohnt, die dort praktizierte Wirtschaftspolitik hier zu skizzieren.

4.5.2.1 Reaganomics

Die US-Wirtschaft befand sich Anfang 1981 in einer kurzen, aber heftigen Rezession. Die Inflationsrate und die Arbeitslosenquote waren 1980 mit 12,4 % bzw. 7,2 % recht hoch. Das durchschnittliche jährliche reale Wachstum von 1973 bis 1980 betrug zwar 2,7 %, aber die durchschnittliche jährliche Produktivität wuchs im gleichen Zeitraum nur um 0,6 %.

Vor diesem Hintergrund hatte sich die Regierung Reagan zum Ziel gesetzt, durch konkrete Verbesserungen der Rahmenbedingungen zusätzliche Anreize für Arbeit, Ersparnis und Investitionen zu schaffen. So sollte innerhalb der ersten Amtsperiode (1981–1985) das reale Inlandsprodukt um 20 % steigen, wodurch zusätzlich drei Millionen Arbeitsplätze geschaffen werden sollten. Gleichzeitig sollte die hohe Inflation völlig abgebaut werden. Im einzelnen wurden angebotsorientierte Wirtschaftsmaßnahmen auf folgenden Gebieten durchgeführt:

- **Finanzpolitik**: Das Herzstück dieses angebotsorientierten Maßnahmenpakets bildeten umfangreiche Steuersenkungen. In der ersten Amtsperiode der Regierung Reagan wurden die Einkommensteuersätze zunächst auf allen Stufen gesenkt, so daß der maximale Grenzsteuersatz nur noch 50 % (gegenüber 70 % vor der Reform) betrug. In der zweiten Amtsperiode folgte dann eine grundlegende Reform des Steuersystems. Diese Reform bestand in einer Vereinfachung des ganzen Systems. Einerseits wurde die Zahl der Steuerklassen von 14 auf 3 reduziert, wobei die Steuersätze nochmals deutlich sanken. Der maximale Steuersatz betrug Ende der 80er Jahre nur noch 33 %. Weiterhin wurden viele Sonderregelungen abgeschafft und die Steuerbemessungsgrundlage erheblich verbreitert. Auch bei der Körperschaftsteuer sind Steuersenkungen und -vereinfachungen umgesetzt worden.

Mit diesen umfangreichen Steuerreformen war die Hoffnung verbunden, die Wachstumskräfte der Wirtschaft so stark anzukurbeln, daß das Steueraufkommen trotz gesunkener Steuersätze letztlich sogar steigen werde. Diese Vorstellung läßt sich leicht mit Hilfe der sogenannten Laffer-Kurve (Abb. 4.5) nachvollziehen.

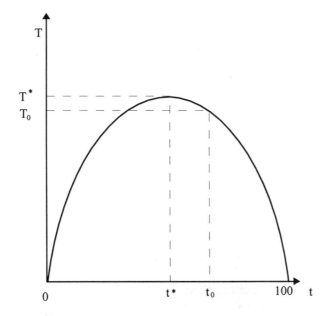

Abb. 4.5: Die Laffer-Kurve

Die Laffer-Kurve zeigt zunächst die Selbstverständlichkeit, daß der Staat nicht nur bei einem sehr niedrigen, sondern auch bei einem sehr hohen Steuersatz wenig einnimmt. Dies ist deswegen trivial, weil spätestens bei einem Steuersatz von 100 % niemand einen Anreiz besitzt, einer steuerpflichtigen Tätigkeit nachzugehen. Die ungeklärte Frage ist allerdings der Verlauf dazwischen. Laffer nahm an, daß zwischen den beiden Extrempunkten ein durchschnittlicher Steuersatz (t^*) liegt, bei dem das Steuer*aufkommen* ein *eindeutiges* Maximum hat (T^*). Eine Besteuerung über t^* hinaus führt zu einem Sinken des Steueraufkommens, weil der mit der Erhöhung des Steuersatzes entstehende Steuergewinn durch den mit der Lähmung der Wachstumskräfte entstehenden Steuerverlust überkompensiert wird. Die Regierung Reagan glaubte nun, die US-Wirtschaft hätte sich zu Beginn der 80er Jahre in einem Punkt (t_0, T_0) befunden, so daß eine Senkung der Steuersätze sowohl im Interesse der Steuerzahler als auch des Staates gelegen hätte.

Tatsächlich blieb das Steueraufkommen nach den Steuerreformen allerdings weit hinter den (Laffer-)Erwartungen zurück. Offensichtlich lag der durchschnittliche Steuersatz nicht rechts, sondern links vom aufkommensmaximalen Steuersatz, wie dies bei der in Abb. 4.6 dargestellten rechtssteilen Laffer-Kurve der Fall ist, so daß das Steueraufkommen mit sinkendem Steuersatz ebenfalls sinkt. Empirische Untersuchungen für Länder mit hohen Einkommensteuersätzen (wie z. B. Schweden) geben Hinweise darauf, daß die „wahre" Laffer-Kurve in der Tat stark rechtssteil verläuft und der aufkommensmaximale Steuersatz auch in diesen Hochsteuerländern noch nicht überschritten wurde.

Mittlerweile (Stand 1996) hat das amerikanische Einkommensteuersystem wieder 5 Steuerklassen bei einem maximalen Steuersatz von 39,6 %. Allerdings wird in den USA derzeit vehement über die Einführung eines einheitlichen Steuersatzes für alle Einkommensniveaus debattiert.

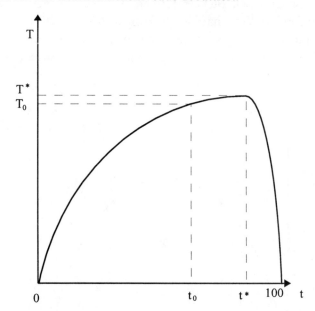

Abb. 4.6: Rechtssteile Laffer-Kurve

Der Finanzplan der Regierung Reagan setzte aber auch auf der Ausgabenseite an: Die Staatsausgaben sollten so weit gesenkt werden, daß spätestens 1984 (trotz einer starken Erhöhung der Verteidigungsausgaben) ein ausgeglichenes Budget erreicht würde. Nachdem das Staatsdefizit in der Folgezeit zunächst stark stieg, wurden automatische lineare Kürzungen der Budgetansätze (Rasenmähermethode) beschlossen. Da die Kürzungssätze nur für die Haushaltsplanung, nicht aber für den Haushaltsvollzug galten, war diese Maßnahme nur bedingt wirksam. Die Erhöhung der Staatsausgaben wurde fast ausschließlich durch den politisch gewollten Anstieg der Verteidigungsausgaben sowie den Anstieg der Zinszahlungen hervorgerufen. Das Defizit wuchs im Zeitraum 1981 bis 1990 von 79 Mrd. $ auf 220 Mrd. $ an. Das erklärte Ziel, die Staatsquote – d. h. den Anteil der Staatsausgaben am Bruttoinlandsprodukt – zu senken, wurde eindeutig verfehlt. Im Gegenteil, die Staatsquote stieg sogar, so daß von einer kreditfinanzierten Steuersenkung gesprochen werden kann.

- **Privatisierung/Deregulierung**: Um die Wettbewerbsfähigkeit der US-Wirtschaft zu erhöhen, wurde eine Deregulierungsbehörde (Task Force on Regulatory Relief) damit beauftragt, die bestehenden Regulierungsmaßnahmen in vielen Branchen auf ihre ökonomische Sinnhaftigkeit zu untersuchen bzw. effizientere Gestaltungsformen auszuarbeiten. Auf der Basis ihrer Vorschläge wurden vor allem im Energie- und Verkehrsbereich, bei der Umweltschutzgesetzgebung, im Bank- und Versicherungswesen sowie im Agrarbereich umfangreiche Deregulierungs- und Privatisierungsmaßnahmen vorgenommen, wodurch diese Bereiche im internationalen Wettbewerb wieder an Bedeutung gewannen.

- **Geldpolitik**: Auch innerhalb der Geldpolitik vertrat die Reagan-Regierung eine angebotsorientierte Position, d. h. das Ziel einer geringen Inflationsrate stand im Mittelpunkt. Allerdings genoß die US-amerikanische Zentralbank (Federal Reserve) schon damals – ähnlich wie die Bundesbank – einen unabhängigen Status. Die Regierung Reagan hatte daher lediglich begrenzten Einfluß auf die Geldpolitik und konnte nur Empfehlungen aussprechen. Eine Orientierung des Geldmengenwachstums am Produktionspotential galt als notwendige Bedingung für das Wiederherstellen von Preisniveaustabilität. Bis Mitte 1982 ging die Inflationsrate – auch infolge der stark restriktiven Geldpolitik – zurück. Auf der anderen Seite wurde die Rezession durch diese Hochzinspolitik zunächst noch verstärkt. Die Kapazitätsauslastung sank 1982 auf den niedrigsten Wert in der Nachkriegszeit. Seit Mitte 1982 verfolgte die Federal Reserve in der Geldpolitik aber einen etwas lockereren Kurs. Die Zinssätze sanken innerhalb von zwei Jahren um 10 Prozentpunkte. Danach begann die mit acht Jahren längste Aufschwungphase in der US-Geschichte. Das reale Wachstum des Bruttoinlandsprodukts betrug 1984 sogar 6,8 %. Durch den Anstieg des Dollarkurses von 1981–1985 um rund 50 % verschlechterte sich allerdings die internationale Wettbewerbsfähigkeit der US-Wirtschaft dramatisch.

Die Auswirkungen der angebotsorientierten Wirtschaftspolitik der Reagan-Regierung sind durchaus umstritten. Auf der einen Seite ist klar, daß die massiven Steuersenkungen die Steuermoral erhöht und die inländische Güternachfrage stabilisiert haben. Vor allem beim privaten Konsum waren hohe Zuwachsraten zu verzeichnen, aber auch die privaten Investitionen stiegen trotz zunächst anhaltender Unterauslastung des Kapitalstocks besonders stark an. Die Arbeitslosigkeit sank von 1981 bis 1990 von 8,3 % auf 5,9 % (vgl. Abb. 4.7). Auf der anderen Seite schlägt zunächst zu Buche, daß die Arbeitsproduktivität (noch) nicht im erhofften Ausmaß gewachsen ist. Wichtiger ist aber noch, daß die Reallöhne nicht nur in unteren, sondern auch in mittleren Einkommensgruppen in den USA mittlerweile ihren niedrigsten Stand seit Beginn der siebziger Jahre erreicht haben. Die ohnehin schon stark ausgeprägte Einkommensdifferenzierung hat daher während der 80er Jahre noch zugenommen. Während die 20 % reichsten amerikanischen Haushalte 1991 43,1 % des gesamten Einkommens erhielten, stieg ihr Anteil am Gesamteinkommen bis 1994 auf fast 50 % an. Der Anteil der 20 % ärmsten Haushalte betrug in diesem Jahr demgegenüber nur 3,6 %. Diese Entwicklung kommt auch dadurch zum Ausdruck, daß die Armutsquote nach zehn Jahren Reagan-Regierung trotz gesunkener Arbeitslosigkeit annähernd konstant blieb.

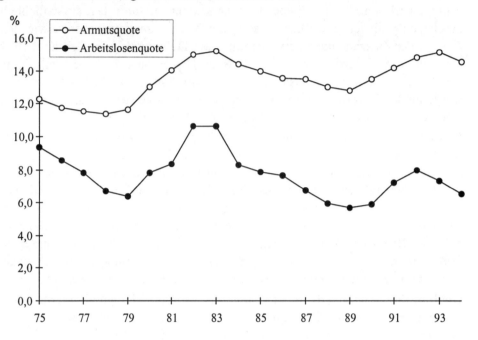

Quelle: U.S. Census Bureau.

Abb. 4.7: Arbeitslosigkeit und Armut in den USA

4.5.2.2 Thatcherism

Als Margaret Thatcher 1979 das Amt der Premierministerin übernahm, zeigte die Wirtschaft in Großbritannien nach einer jahrzehntelangen Talfahrt ein so schlechtes Bild, daß von der „englischen Krankheit" gesprochen wurde. Ihre wichtigsten Symptome waren: niedriges Wachstum, geringe Produktivität, Inflation, Arbeitskämpfe und defizitäre Handelsbilanz. Die Arbeitslosenrate hatte sich ausgehend von 3 % (1974) innerhalb von drei Jahren verdoppelt. Die Inflationsrate erreichte mit 27 % im Jahre 1975 ihren Nachkriegshöchststand; das reale Wirtschaftswachstum lag in der zweiten Hälfte der 70er Jahre mit durchschnittlich einem Prozent weit unter EG- und OECD-Durchschnitt. Zusätzlich geriet das englische Pfund in eine tiefe Abwertungskrise und verlor innerhalb von nur fünf Jahren gegenüber der D-Mark mehr als die Hälfte seines Werts. Höhepunkt dieser wirtschaftlichen Krise war schließlich der „Winter of Discontent" 1978/79, als Streiks und Versorgungsengpässe der Bevölkerung mit privaten und öffentlichen Gütern zur Abwahl der Labour-Regierung Callaghan führten.

Margaret Thatcher ging es beim Amtsantritt 1979 mehr noch als Ronald Reagan nicht nur um eine reine Verbesserung der ökonomischen Situation, sondern auch um eine fundamentale Erneuerung des britischen Wirtschafts- und Gesellschaftssystems. Zur Verwirklichung dieser Ziele diente ein langfristig angelegtes Reformprogramm, das nahezu alle Wirtschaftsbereiche revolutionieren sollte.

Die wichtigsten Maßnahmen ihrer Politik waren:

- **Geldpolitik**: Die Geldpolitik war zunächst monetaristisch ausgerichtet: Der Erreichung des (M3-)Geldmengenziels wurde eine vorrangige Bedeutung gegeben. Allerdings ist das monetaristische Experiment zunächst gescheitert, weil es der Zentralbank nicht gelang, das Geldmengenwachstum zu kontrollieren. Die Geldmengenziele wurden regelmäßig weit überschritten. Die wesentlichen Gründe hierfür lagen nicht im fehlenden Willen, sondern im institutionellen Rahmen der Geldpolitik: Die Bank of England genießt bis heute keinen unabhängigen Status wie etwa die Deutsche Bundesbank, sondern das der Regierung unterstehende Schatzamt ist letztlich für die Geldpolitik verantwortlich. Weiterhin ist die Zentralbank verpflichtet, ein Staatsdefizit, daß nicht über den Kapitalmarkt finanziert werden kann, direkt zu finanzieren. Schließlich haben in Liquiditätsschwierigkeiten geratene Geschäftsbanken einen Anspruch auf Refinanzierung bei der Zentralbank in beliebiger Höhe (lender of last resort).

Die Inflationsrate sank zwar zunächst deutlich, ohne allerdings die Fünf-Prozent-Marke zu unterschreiten. Für den Rückgang der Inflationsrate war dabei weniger die Geldpolitik, sondern eher eine niedrigere Geldumlaufgeschwindigkeit verantwortlich. Die Orientierungslosigkeit der britischen Geldpolitik wurde erst mit dem Beitritt von Großbritannien zum Wechselkursmechanismus des EWS unter der Regierung Major im Oktober 1990 beseitigt. Auch das Ausscheiden des englischen Pfundes im September 1992 hat daran nichts geändert. Infolge der nun restriktiveren Geldpolitik konnte die Inflationsrate mittlerweile auf 2 % (1994) gesenkt werden. Der Schwachpunkt der englischen Geldpolitik liegt allerdings nach wie vor in der fehlenden Unabhängigkeit der Zentralbank von der Regierung, wie die Auseinandersetzungen zwischen Schatzkanzler und Gouverneur über die Höhe der Leitzinsen immer wieder deutlich machen.

- **Finanzpolitik**: Gerade in Großbritannien hatte die in den 60er und 70er Jahren vorherrschende keynesianische Wirtschaftspolitik zu einer enormen Erhöhung der Staatsverschuldung geführt, ohne daß damit spürbare Beschäftigungseffekte verbunden waren. Vor allem die in diesem Zeitraum praktizierten Verstaatlichungen und Subventionierungen von vielen Unternehmen und Branchen, die in wirtschaftliche Schwierigkeiten geraten waren, belasteten den Staatshaushalt. Auf der anderen Seite hatte die Einkommensteuerbelastung ein Niveau erreicht, das ansonsten nur in Schweden und Dänemark zu finden war.

  Wie in den USA wurden die Steuersätze massiv gesenkt. Der Spitzensteuersatz sank bei der Einkommensteuer von 98 % auf 40 % und bei der Körperschaftsteuer von 52 % auf 35 %. Um die Einnahmenverluste bei den direkten Steuern zu kompensieren, wurden die indirekten Steuern – vor allem die Mehrwertsteuer – deutlich angehoben. Der Mehrwertsteuersatz stieg von 8,5 % (bzw. 12,5 %) auf 15 %. Auf der Ausgabenseite wurden Kürzungen in fast allen Bereichen durchgeführt. Kein anderes Land war in dieser Zeit bei der Haushaltskonsolidierung vordergründig ähnlich erfolgreich. Bereits 1987 konnte der britische Schatzkanzler sogar Kredite tilgen. Allerdings war dieser Erfolg nicht nur ein Resultat dieser Konsolidierungsbemühungen, sondern auch des zu Beginn der 80er Jahre stark gestiegenen Ölpreises, der für zusätzliche Einnahmen sorgte. Die Erlöse aus dem Nordseeöl kamen direkt dem Staatshaushalt zugute. Ferner ermöglichten auch die umfangreichen Privatisierungsmaßnahmen eine spürbare Entlastung des Haushaltes, obwohl sie andererseits auch mit einem Verlust an Staatsvermögen verbunden waren. Die Fiskalpolitik war daher deutlich expansiver als es durch die zum Teil negative Nettoneuverschuldung angezeigt wurde. Insgesamt ist die britische Finanzpolitik aber eher positiv zu bewerten, weil das Steuersystem durch die Reformen wesentlich leistungsfördernder geworden ist.

- **Privatisierung/Deregulierung**: Durch umfangreiche Privatisierungs- und Deregulierungsmaßnahmen sollte die britische Wirtschaft von lähmenden staatlichen Eingriffen befreit werden, um so den Wettbewerb deutlich zu beleben.

Der Anteil der öffentlichen Wertschöpfung an der privaten Wertschöpfung hat sich seit 1979 etwa halbiert, während die Effizienz der ehemaligen Staatsbetriebe deutlich gesteigert wurde. Allerdings blieben einige staatliche Monopole (British Gas, British Airways) bei der Privatisierung fast unangetastet. Zur Eindämmung der damit verbundenen negativen Wirkungen wurden Deregulierungsmaßnahmen erlassen. Die Privatisierung schien oftmals nur darauf ausgerichtet zu sein, die Staatsdefizite zu senken. Die neben der Produktivitätssteigerung erklärten Ziele der Privatisierung (Deregulierung, Liberalisierung und Wettbewerbssteigerung) wurden nur in bescheidenem Umfang verwirklicht.

– **Arbeitsmarktpolitik**: Hier wurden mehrere Gesetze zur Eindämmung der übermächtigen Gewerkschaften und zur Verrechtlichung der Arbeitsbeziehungen erlassen: Politische Streiks wurden grundsätzlich verboten. Die zweifelhafte closed-shop-Praxis[74] wurde stark eingeschränkt. Die Gewerkschaften besitzen heute nicht mehr die uneingeschränkte Monopolstellung wie in den 70er Jahren und haben seit 1979 fast ein Viertel ihrer Mitglieder verloren. Infolge dieser Entwicklung stieg die Produktivität beträchtlich. Die Arbeitsproduktivität nahm im Verarbeitenden Gewerbe seit 1981 jährlich durchschnittlich um mehr als 5 % zu.

Als Fazit läßt sich folgendes festhalten: Hinsichtlich der Preisniveaustabilität hat die Regierung ihr Ziel offensichtlich erreicht. Die Inflationsrate ist im Zeitraum von 1979 bis 1987 von 13,4 % auf 4,25 % gesunken. Nach einer anfänglichen schweren Rezession 1980/81 lagen die Wachstumsraten des Bruttoinlandsprodukts deutlich höher als in den meisten OECD-Ländern. Bei der Bekämpfung der Arbeitslosigkeit konnte allerdings (noch) kein Erfolg erreicht werden (vgl. Abb. 4.8). Von 1979 bis 1986 stieg die Arbeitslosigkeit zunächst von rund 5 % auf knapp 12 %. Zwar sank sie im Wirtschaftsaufschwung zum Ende der 80er Jahre wieder deutlich bis auf 7 % (1990), doch mittlerweile ist wieder jeder zehnte Erwerbstätige in Großbritannien ohne Beschäftigung. Obwohl die Produktivität in der Thatcher-Ära deutlich anstieg, liegt sie im verarbeitenden Gewerbe noch immer hinter der anderer Industrieländer.

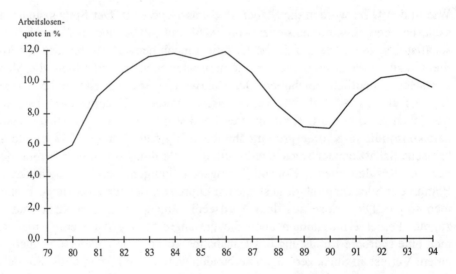

Quelle: Sachverständigenrat.

Abb. 4.8: Arbeitslosenquote in Großbritannien

---

[74] Damit ist gemeint, daß die englischen Gewerkschaften den Unternehmen oftmals vorschreiben konnten, bestimmte Arbeiter wegen Nichtzugehörigkeit zu einer Gewerkschaft zu entlassen bzw. nicht einzustellen.

4.5 Angebotsorientierte Finanzpolitik 141

Im Zuge der Maßnahmen wurden auch die sozialen Probleme in Großbritannien größer: Zwar ist das Durchschnittseinkommen in Großbritannien seit 1979 beachtlich gestiegen, diese Erhöhung ist aber im wesentlichen auf eine überproportionale Steigerung bei den Besserverdienenden zurückzuführen. Tab. 4.7 zeigt, daß die Armut in Großbritannien[75] seit 1979 fast schon dramatisch zugenommen hat und zwar unabhängig davon, ob man die Armutsschwelle eng (40 %-Grenze) oder eher weit (60 %-Grenze) definiert.

	1979	1992/93
40 %-Armutsgrenze[1]	2	9
50 %-Armutsgrenze[1]	8	20
60 %-Armutsgrenze[1]	18	31

1 Die Armutsgrenzen berechnen sich als 40 %, 50 % und 60 % des Durchschnittseinkommens.
Quelle: Her Majesty's Stationery Office, Department of Social Security.

Tab. 4.7: Prozentsatz der Personen unterhalb alternativer Armutsgrenzen

Als Fazit des Thatcherism läßt sich folgendes festhalten: Die zentrale Probleme der britischen Wirtschaft, Arbeitslosigkeit und Armut, konnten auch nach mittlerweile 15 Jahren angebotsorientierter Wirtschaftspolitik noch nicht bewältigt werden, sondern haben sich teilweise sogar noch verschärft.

4.5.3 Das finanzpolitische Konzept des Sachverständigenrates

Die Positionen und Vorschläge des Sachverständigenrates wurden bisher vor allem an zwei Stellen erläutert, an die zunächst kurz erinnert sei:

- In Abschnitt 3.5.3 wurde die potentialorientierte Geldpolitik dargestellt, die der Sachverständigenrat im Kern mit der Bundesbank teilt und die ursprünglich aus dem Monetarismus hervorgeht.
- Die Beurteilung der öffentlichen Finanzen durch den Sachverständigenrat beruht wesentlich auf dem Konzept des strukturellen Defizits, das in Abschnitt 4.4.2 erläutert wurde.

Da wir die arbeitsmarktpolitischen Vorstellungen des Sachverständigenrates im anschließenden Kapitel zur Arbeitsmarktpolitik detailliert diskutieren werden, möchten wir uns hier auf drei Aspekte konzentrieren: die genaueren Vorstellungen zur Konsolidierung der Ausgaben- (4.5.3.1) und Einnahmenseite (4.5.3.2) sowie einige aktuellen Vorschläge zur Deregulierung und Privatisierung (4.5.3.3).

4.5.3.1 Vorschläge für Ausgabenkürzungen

4.5.3.1.1 Transfers

Transfers sind Übertragungen des Staates an private Haushalte (z. B. Renten, Arbeitslosenunterstützung und Sozialhilfe).[76] Tab. 4.8 zeigt, daß das Sozialbudget

---
[75] Als arm werden solche Personen bezeichnet, deren Einkommen unterhalb einer relativen Armutsgrenze in Abhängigkeit vom Durchschnittseinkommen liegt.
[76] Der Begriff Transfer wird hier in einer weiten Abgrenzung verwendet, d. h. er umfaßt nicht nur die sozialen Leistungen des Staates, die ohne Gegenleistungen ihrer Bezieher gewährt werden (wie z. B. die Sozialhilfe), sondern auch die Leistungen der Sozialversicherungssysteme, die auf Beitragszahlungen basieren.

1995 rund 1,1 Bill. DM betrug, was ziemlich genau einem Drittel des nominalen Bruttoinlandsprodukts entspricht. Während die beiden großen Posten (Renten- und Krankenversicherung), die zusammen fast zwei Drittel des Sozialbudgets bilden, ihre Anteile in den letzten knapp 15 Jahren annähernd gehalten haben, sind die Ausgaben für Arbeitsförderung und Sozialhilfe im gleichen Zeitraum dramatisch gestiegen und bildeten 1995 zusammen 16,2 % des gesamten Sozialbudgets (gegenüber 7,6 % im Jahre 1980).

Grundsätzlich hält der Sachverständigenrat eine umfassende Reform des Transfersystems mittel- bis langfristig für notwendig. Hierbei präsentiert er nicht so sehr konkrete Reformvorschläge zu einzelnen Transferleistungen, sondern formuliert vielmehr nur *allgemeine* Grundsätze, die bei der konkreten Ausgestaltung einer Reform im Sozialbereich zu beachten seien:

- Sozialleistungen sollten grundsätzlich nur drei Funktionen erfüllen: Absicherung individueller Einkommensrisiken bei Krankheit, Alter etc., Ausgleich überdurchschnittlicher Belastungen und Herstellung gleicher Startchancen für die Teilnahme am marktwirtschaftlichen Wettbewerb.
- Grundsätzlich gelte das Subsidiaritätsprinzip, wonach Sozialleistungen nur dann zu gewähren seien, wenn das eigene Einkommen zur Bestreitung des Lebensunterhalts nicht ausreiche bzw. die finanzielle Unterstützung durch andere Familienmitglieder für diese eine unzumutbare Härte darstelle.

	1980		1985		1990		1994	
	Mrd. DM	%	Mrd. DM	%	Mrd. DM	%	Mrd. DM	%
Rentenversicherung	193,8	40,3	249,3	42,2	304,2	42,1	466,4	40,8
Kranken-/ Unfallversicherung[a]	123,6	25,7	152,2	25,8	189,0	26,1	294,2	25,7
Arbeitsförderung[b]	22,7	4,7	39,0	6,6	49,3	6,8	127,1	11,1
Familienleistungen[c]	25,2	5,2	22,7	3,8	29,0	4,0	40,2	3,5
Entschädigungen[d]	17,7	3,7	17,1	2,9	16,8	2,3	18,8	1,6
Sozialhilfe	13,9	2,9	22,2	3,8	33,8	4,7	58,0	5,1
Ausbildungsförderung	3,3	0,7	0,5	0,1	0,8	0,1	2,3	0,2
Wohngeld	2,0	0,4	2,6	0,4	3,9	0,5	6,2	0,5
Andere soziale Hilfen[e]	19,3	4,0	20,0	3,4	26,7	3,7	40,1	3,5
Indirekte Leistungen[f]	43,7	9,1	53,3	9,0	54,5	7,5	72,7	6,4
Sonstiges	16,1	3,3	11,3	1,9	15,6	2,2	17,9	1,6
Zusammen	481,5	100,0	590,1	100,0	723,4	100,0	1.143,8	100,0
abzüglich Verrechnungen[g]	449,5		574,1		710,0		1.106,2	
zum Vergleich:								
Bruttoinlandsprodukt	1.472,0		1.823,2		2.426,0		3.320,3	
Anteil der Sozialausg. am BIP in %	30,5		31,5		29,3		33,3	

Anmerkungen:
a Einschließlich Engeltfortzahlung durch Arbeitgeber.
b Einschließlich Arbeitslosenunterstützung.
c Kindergeld, Erziehungsgeld u. ä.
d Kriegsopferversorgung, Wiedergutmachung u. ä.
e Jugendhilfe, öffentlicher Gesundheitsdienst, Vermögensbildung.
f Steuerermäßigungen und Vergünstigungen im Wohnungswesen.
g Zahlungen der Institutionen untereinander.
Quelle: Statistisches Bundesamt.

Tab. 4.8: Entwicklung des Sozialbudgets (Leistungsseite)

- Weiterhin sei bei Versicherungsleistungen zu prüfen, ob die gleiche Leistung nicht auch durch den Abschluß einer privaten Versicherung möglich sei.

- Bei der Ausgestaltung von Transfers seien allerdings auch die negativen Anreizwirkungen zu berücksichtigen (beispielsweise ist der Anreiz gering, für die eigene Rente zu sorgen, wenn man das Sozialhilfeniveau als ausreichend empfindet).
- Hohe Grenzbelastungen im Transfersystem oder im Zusammenwirken mit dem Steuersystem seien zu vermeiden. Dies gelte vor allem für die Sozialhilfe, da der Sozialhilfeanspruch bei Überschreitung der Einkommensgrenze fast völlig wegfällt (Grenzbelastung des Einkommens bis zu 100 %).
- Sofern Transfers sozialpolitisch begründet werden, müsse durch regelmäßig überprüfte Einkommenshöchstgrenzen dafür gesorgt werden, daß nur die wirklich Bedürftigen in den Genuß der Leistungen kommen.
- Bei Sozialleistungen, die in Form steuerlicher Vergünstigungen gewährt werden, seien diese als Abzüge von der Steuer*schuld* (und nicht etwa der Steuer*bemessungsgrundlage*) anzusetzen, denn ein Abzug von der Bemessungsgrundlage begünstige eher die Bezieher hoher Einkommen mit hohem Grenzsteuersatz, so daß die soziale Wirkung gering sei.

Bei einer konsequenten Orientierung an diesen Grundsätzen kann ein großer Teil der Kosten eingespart werden, ohne daß das Sozialsystem in seiner Wirksamkeit beeinträchtigt wird, denn es sind nur solche Leistungen zu streichen, die ohnehin nicht als „sozial" angesehen werden können.

Ein besonderes Problem des Transfersystems sieht der Sachverständigenrat darin, daß bestimmte Maßnahmen nicht auf das Steuersystem abgestimmt seien: Obwohl sowohl bei der Sozialhilfe als auch beim Grundfreibetrag der Einkommensteuer das gleiche Ziel (Sicherung des Existenzminimums) im Vordergrund stehe, sei der Grundfreibetrag deutlich niedriger als das Sozialhilfeniveau. Eine Koordination sei daher dringend geboten. Auch das Bundesverfassungsgericht ist dieser Ansicht und hat im September 1992 verfügt, daß der steuerliche Grundfreibetrag den durch die Sozialhilfe festgelegten Mindestbedarf nicht unterschreiten darf. Daraufhin hat der Staat im Rahmen des Föderalen Konsolidierungsprogramms (vgl. Abschnitt 4.5.4) das steuerfreie Existenzminimum auf 12.095/24.190 DM für Ledige/Verheiratete mit Wirkung vom 1. Januar 1996 erhöht. Es wird geschätzt, daß dem Staat dadurch Steuereinnahmenausfälle in Höhe von rund 40 Mrd. DM entstehen werden.

4.5.3.1.2 Subventionen

Unter Subventionen versteht man allgemein Finanzhilfen und Steuervergünstigungen zugunsten privater Unternehmen, mit denen bestimmte Branchen, Aktivitäten oder Betriebsgrößen gezielt gefördert werden sollen. Bevor auf die Beurteilung der Subventionspolitik des Staates durch den Sachverständigenrat eingegangen wird, sind ein paar Daten zum Subventionsvolumen und seiner Zusammensetzung hilfreich.

Aus Tab. 4.9 ist ersichtlich, daß sich das Subventionsvolumen von allen Gebietskörperschaften in der Bundesrepublik Deutschland innerhalb von 8 Jahren fast verdoppelte. Im Jahre 1993 erreichten die Subventionen mit 216,2 Mrd. DM einen Umfang, der fast 10 % des gesamten Volkseinkommens ausmachte oder dem Zweifachen des gesamten Staatsdefizits entsprach. Für diesen sprunghaften Anstieg der Subventionen waren vor allem die vereinigungsbedingten Strukturprobleme in den neuen Bundesländern verantwortlich.

	1985		1989		1991		1993	
	Mio. DM	%	Mio. DM	%	Mio. DM	%	Mio. DM	%
Finanzhilfen	68.205	58,5	76.629	62,9	150.751	76,6	168.726	78,0
Steuervergünstigungen	48.377	41,5	45.105	37,1	45.959	23,4	47.511	22,0
Gesamt	116.582	100,0	121.734	100,0	196.710	100,0	216.237	100,0

Quelle: Rosenschon 1994.

Tab. 4.9: Subventionen in Deutschland

Weiterhin ist in Tab. 4.9 zu erkennen, daß sich nicht nur das Subventionsniveau, sondern auch die Subventionsstruktur in den letzten Jahren maßgeblich verändert hat. Der Anteil der direkten Finanzhilfen an allen Subventionen stieg auf Kosten des Anteils für Steuervergünstigungen deutlich an und betrug 1993 mehr als drei Viertel.

Bei der Subventionsvergabe herrscht ein großes sektorales Ungleichgewicht. Vom gesamten Subventionsvolumen (216,2 Mrd. DM) lassen sich 124,2 Mrd. DM einzelnen Sektoren zuordnen, wobei 94,9 Mrd. DM als direkte Finanzhilfen gewährt werden. Diese direkten Finanzhilfen verteilen sich fast vollständig auf vier Sektoren. Es sind dies Land- und Forstwirtschaft, Fischerei (30,0 Mrd. DM), Verkehr (25,5 Mrd. DM), Wohnungsvermietung (20,5 Mrd. DM) und Bergbau (11,8 Mrd. DM). Aber auch die branchenübergreifenden Subventionen, die 1993 rund 53,2 Mrd. DM ausmachten, sind sehr stark auf einzelne Unternehmen und daher Sektoren ausgerichtet.

Der Sachverständigenrat hält Subventionen nur in Ausnahmefällen für sinnvoll. Ein solcher Ausnahmebereich sei beispielsweise die Grundlagenforschung, die von privaten Unternehmen in der Regel nicht im erforderlichen Umfang finanziert wird, weil hier meist auch andere Konkurrenten von den Forschungsergebnissen profitieren können, ohne sich selbst finanziell daran zu beteiligen.

Das derzeitige Subventionsvolumen ist nach Ansicht des Sachverständigenrats viel zu hoch und wird als äußerst bedenklich angesehen, weil dadurch

– oftmals die Anreiz- und Lenkungsfunktion des Marktes ausgeschaltet werde,
– der Strukturwandel behindert werde
– und Wachstumsverluste entstünden.

Er betont weiterhin, daß durch die Subventionspraxis als ganzes mehr Realeinkommen und Arbeitsplätze in den nicht begünstigten Bereichen verlorengehen als in den geschützten Unternehmen aufrecht erhalten werden.

In seinem Gutachten 1990/91 hat der Sachverständigenrat empfohlen, die Subventionsausgaben innerhalb von fünf Jahren um ein Drittel zu reduzieren. Für die verbleibenden Subventionen sei zu prüfen, ob nicht billigere Subventionstechniken anwendbar sind (z. B. die Ersetzung der Objektförderung im Wohnungsbau durch eine Ausweitung personenbezogener Hilfen).

Auch vor dem Hintergrund des Finanzbedarfs in den neuen Bundesländern sei ein massiver Subventionsabbau in den alten Ländern geboten. Zwar könne der Subventionsabbau auch kurzfristig Mehrbelastungen nach sich ziehen (z. B. in Form höherer Sozialleistungen), entscheidend sei aber, daß dadurch die Wachstumskräfte gestärkt würden. Dadurch entstünden Mehreinnahmen, die eventuelle Mehrausgaben langfristig überkompensieren.

Ein massiver Abbau von Subventionen wird zwar von ökonomischer Seite immer wieder gefordert, aber tatsächlich sind die Subventionen 1995 in manchen Bereichen (z. B. der Landwirtschaft) sogar noch aufgestockt worden.

Zur Konkretisierung der bisherigen Überlegungen möchten wir im folgenden die Subventionspraxis am Beispiel des Steinkohlenbergbaus erläutern, um das Ausmaß der damit verbundenen volkswirtschaftlichen Kosten deutlich zu machen.

4.5.3.1.3 Das Beispiel Steinkohlenbergbau

Während 1950 der Verkaufspreis für Steinkohle aus dem heimischen Bergbau noch ungefähr dem Weltmarktpreis entsprach und die Einfuhren daher unbedeutend waren, hat sich die Situation in den Folgejahren grundlegend geändert. Der deutsche Steinkohlenabbau büßte seine Wettbewerbsfähigkeit nicht nur gegenüber der importierten Steinkohle, sondern auch gegenüber den Mineralölprodukten vollständig ein. Die Förderkosten der heimischen Steinkohle entfernten sich von den Importpreisen immer weiter und machten Mitte der 80er Jahre etwa das Drei- bis Vierfache der Importpreis aus. Die hauptsächlichen Gründe für diese Entwicklung waren:

- Im Jahre 1956 wurde das bis dahin gültige System von Höchstpreisen im Steinkohlenbergbau abgeschafft, so daß die Preise für heimische Steinkohle merklich stiegen.
- Die USA entwickelten sich in den Folgejahren zu einem preisgünstigen und lieferfähigen Anbieter, der den deutschen Markt mit billiger Steinkohle versorgen kann.
- Seit Ende der 50er Jahre wurde Rohöl infolge neuerschlossener Fördergebiete im Nahen Osten und Nordafrika gegenüber der Steinkohle immer billiger. Diese Substitutionskonkurrenz führte dazu, daß die Wärmeerzeugung durch Steinkohle (Verfeuerung durch Haushalte und Kleinverbraucher sowie Wärmeerzeugung im Verarbeitenden Gewerbe), die Anfang der 60er Jahre fast die Hälfte des gesamten Steinkohlenverbrauchs beanspruchte, heute so gut wie keine Rolle mehr spielt.

Angesichts der drohenden Abhängigkeit von Importen wurde schon früh ein politischer Handlungsbedarf damit begründet, daß die Versorgungssicherheit in Krisenzeiten gewährleistet sein müsse.

Die deutsche Stahlindustrie verpflichtete sich 1969 im Rahmen des „Hüttenvertrags", ihren Steinkohlenbedarf bis 1988 nur mit heimischer Produktion zu decken. Kokskohlenimporte wurden grundsätzlich verboten. Da die Importkohle aber viel billiger war, hätte dies eine bedeutende Einschränkung der internationalen Wettbewerbsfähigkeit der Stahlindustrie zur Folge gehabt. Auf Basis des Hüttenvertrags wurde daher weiterhin beschlossen, der Stahlindustrie die Differenz zwischen dem inländischen Preis und dem durchschnittlichen Importpreis durch eine Beihilfe zu erstatten (Kokskohlenbeihilfe). Die Finanzierung der Ausgaben (1992: 3,9 Mrd. DM) erfolgte zu zwei Dritteln aus dem Bundeshaushalt und zu einem Drittel aus dem Haushalten der Bundesländer, in denen eine Steinkohlenförderung stattfindet (Nordrhein-Westfalen und Saarland).

Nachdem in der Rezession 1974/75 auch der Steinkohleneinsatz in der Elektrizitätserzeugung stark zurückgegangen war, wurden die inländischen Kraftwerke 1977 verpflichtet, eine vertraglich fixierte Mindestmenge an heimischer Steinkohle (33 Mio. t) zu verfeuern. Als Ausgleich erhielten sie Zuschüsse in Höhe der Kostendifferenz zur Importkohle oder in Form eines Heizölausgleichs. Im Jahre

1980 wurde diese Vereinbarung vom sogenannten „Jahrhundertvertrag" abgelöst, der im wesentlichen folgende Maßnahmen vorsah:

- Die Abnahmeverpflichtung der Kraftwerke sollte schrittweise auf 45 Mio. t im Jahre 1995 erhöht werden. Diese Höchstmenge wurde allerdings 1991 auf 41 Mio. t gesenkt.
- Den Kraftwerken wurden zollfreie Einfuhrkontingente zugebilligt, die von 4 Mio. t Mitte der 80er Jahre auf 12 Mio. t in den 90er Jahren steigen sollten.

Die Finanzierung der Abnahmeverpflichtung erfolgte bis 1996 mit einer Ausgleichsabgabe (Kohlepfennig), die die Stromverbraucher in Form eines Aufschlags auf die Stromrechnung (1995: 8,5 %) zu tragen hatten. Das Aufkommen aus dem Kohlepfennig betrug rund 6 Mrd. DM.

Die ökonomischen Folgen dieser Subventionierung sind enorm:

- Im Jahre 1994 beliefen sich die gesamten Kohlehilfen des Bundes und der Länder auf 10,2 Mrd. DM. Bei rund 99.000 Beschäftigten im Steinkohlenbergbau entspricht das einer durchschnittlichen Subventionierung je Arbeitsplatz von etwa 103.000 DM. Das durchschnittliche Bruttoeinkommen (einschließlich der gesetzlichen und freiwilligen Sozialabgaben) betrug im gleichen Jahr aber nur rund 86.000,- DM, so daß eine Arbeitszeitverkürzung um 100 % für alle Beschäftigten bei vollem Lohnausgleich offensichtlich billiger ist als eine Fortführung der Subventionierung.
- Die Erzeugerkosten des heimischen Steinkohlenbergbaus sind mehr als dreimal so hoch wie der durchschnittliche Importpreis. Die Preisdifferenz beträgt 200 DM pro Tonne. Damit nimmt der deutsche Steinkohlenbergbau nicht nur im internationalen, sondern auch im nationalen Vergleich zu anderen subventionierten Branchen eine Spitzenstellung ein.

Abgesehen von umweltpolitischen Bedenken ist die Subventionspraxis auch unter wettbewerbsrechtlichen Gesichtspunkten problematisch:

- Mittlerweile existieren verschärfte Beihilfeanforderungen für den Steinkohlenbergbau durch die EU-Kommission: Nach der neuen Beihilfeanforderung, die am 1.1.1994 in Kraft trat, sind Beihilfen nur noch bei folgenden Zielen erlaubt: zur Erhöhung der Wirtschaftlichkeit, zur Lösung von sozialen oder regionalen Problemen und zur Erleichterung der Anpassung an Umweltnormen. Die Versorgungssicherheit wird hier – im Gegensatz zu früheren Richtlinien – ausdrücklich nicht mehr als Ziel anerkannt.
- Im Rahmen des GATT-Vertrages der Uruguay-Runde wurde zwischen der EU-Kommission und Australien ein bilaterales Marktzugangsabkommen geschlossen, worin sich die EU gegenüber Australien verpflichtete, die Höhe der subventionierten Kohleproduktion stufenweise zu verringern.
- Die Subventionen stellen aber nicht nur eine Benachteiligung der importierten Steinkohle, sondern auch der nicht subventionierten heimischen Braunkohle aus den neuen Bundesländern dar.
- Das Bundesverfassungsgericht erklärte den Kohlepfennig mittlerweile für verfassungswidrig, weil er gegen grundlegende Prinzipien der Finanzverfassung verstoße. Hauptsächlich wurde bemängelt, daß er eine verfassungswidrige Sonderlast für einen dazu nicht heranzuziehenden Personenkreis (Stromkonsumenten) darstelle. Verfassungsmäßig konform sei allein eine Finanzierung der Subventionen aus dem öffentlichen Haushalt, wodurch die Kosten dem Steuerzahler aufgebürdet würden. Dieser Forderung kam die Bundesregierung dadurch nach, daß die Subventionen 1996 erstmalig in den Bundeshaushalt eingestellt wurden.

Das als Begründung für die hohe Subventionierung immer wieder angeführte Argument der Versorgungssicherheit beim Energieeinsatz ist schon allein wegen der mittlerweile geringen Bedeutung der Steinkohle nicht überzeugend. Hinzu kommt, daß das Angebot auf dem Weltkohlemarkt hinreichend groß und weit gestreut ist, weshalb Versorgungsengpässe bei einem künftigen Import praktisch ausgeschlossen werden können. Als Ersatz für Erdöl oder Erdgas kann die Steinkohle ohnehin kurzfristig nicht dienen, weil dies eine Umrüstung der entsprechenden Anlagen erfordert, sofern dies überhaupt möglich ist.

Nur zögerlich wird bisher über einen „Einstieg in den Ausstieg" nachgedacht. Auch vor dem Hintergrund der energiepolitischen Leitlinien der EU, dem Abbau der Protektion in anderen EU-Ländern und den GATT-Problemen mit Australien, ist aber ein rascher Abbau der Steinkohlenproduktion in Deutschland notwendig.

Statt dessen ist der Kohlepfennig 1995 sogar von 7,5 auf 8,5 % erhöht worden, um die die bisher für die Stromerzeugung verwendeten Mengen an Steinkohle (41 Mio. t) beibehalten zu können. Für die Jahre 1997–2000 sollen dem heimischen Steinkohlenbergbau für Kohlelieferungen, die zur Verstromung eingesetzt werden, Finanzplafonds in Höhe von 7 Mrd. DM pro Jahr zur Verfügung gestellt werden. Erst für die Jahre danach ist geplant, das Subventionsvolumen schrittweise zu senken und ab 2006 auf eine Sicherheitsprämie von 2 Mrd. DM zu begrenzen. Die Kokskohlenbeihilfe nach dem Hüttenvertrag soll allerdings in unbegrenztem Umfang weitergeführt werden.

Der Sachverständigenrat fordert demgegenüber für die Steinkohle eine *verbindliche* Festlegung der Finanzplafonds bis 2005 mit jährlich fallenden Subventionsbeträgen. Ab dem Jahre 2006 sollen die Subventionen dann endgültig auslaufen, eine Sicherheitsprämie sei überflüssig. Auch die Kokskohlenbeihilfe soll nach den Vorstellungen des Sachverständigenrates jährlich reduziert werden, bis sie im Jahre 2001 ganz wegfällt.

4.5.3.2 Vorschläge zur Reform der Unternehmensbesteuerung

Da der Sachverständigenrat die Bedeutung hoher privater Investitionen für Wachstum und Beschäftigung immer wieder neu hervorhebt, zielen seine Vorschläge zur Reform der Unternehmensbesteuerung (vgl. z. B. Jahresgutachten 1994/95 Ziffern 304–307) folgerichtig darauf, steuerliche Nachteile für Investoren abzubauen. Die strategische Bedeutung der privaten Investitionen wird auch mit dem hohen Investitionsbedarf in den neuen Bundesländern und der ungünstigen demographischen Entwicklung (der Anteil der Alten an der Gesamtbevölkerung wird immer größer) begründet, die nur durch ein stärkeres Produktivitätswachstum abgemildert werden können.

Die seit vielen Jahren vom Sachverständigenrat an der Unternehmensbesteuerung geäußerte Kritik konzentriert sich auf die kommunale Gewerbesteuer, die er im Rahmen einer umfassenden Reform der Gemeindesteuern abgeschafft haben will. Die Gewerbesteuer ist nach der Einkommen- und der Mehrwertsteuer die – gemessen am Aufkommen – drittgrößte Steuer in Deutschland. Steuerpflichtig sind alle inländischen Gewerbebetriebe (ohne Landwirtschaft und freie Berufe). Die Gewerbesteuer hat zwei Bemessungsgrundlagen, den Gewerbeertrag und das Gewerbekapital.[77] Die Steuerschuld wird wie folgt ermittelt: Im ersten Schritt wird der sogenannte Steuermeßbetrag festgelegt. Hierzu wird die Summe aus 5 %

---

[77] Um den Unterschied in der Bemessungsgrundlage deutlich zu machen, wird im allgemeinen von Gewerbe*ertrags*- bzw. Gewerbe*kapital*steuer gesprochen.

des Gewerbeertrags und 2 % des Gewerbekapitals gebildet. Im zweiten Schritt wird auf diesen Steuermeßbetrag der von der Gemeinde autonom festlegbare Hebesatz angewendet. Wenn dieser beispielsweise 200 % beträgt, so entspricht die Gewerbesteuerschuld der Summe aus 10 % des Gewerbeertrags und 4 % des Gewerbekapitals.

An der Gewerbesteuer sind im Laufe der Zeit – nicht nur vom Sachverständigenrat – eine Reihe von Kritikpunkten aus allokations- bzw. stabilitätspolitischer Sicht formuliert worden. Die wichtigsten sind:

– Insgesamt führe die Gewerbesteuer zu Wettbewerbsverzerrungen, da beispielsweise die Freiberufler nicht steuerpflichtig sind.

– Da die Gewerbekapitalsteuer unabhängig von der wirtschaftlichen Situation zu entrichten ist, stelle sie in der Krise eine überproportionale Belastung der Unternehmen dar.

– Durch die Freistellung von 50 % der betriebsbedingten Dauerschulden und der dafür zu leistenden Zinszahlungen begünstige die Gewerbekapitalsteuer das Fremdkapital gegenüber dem Eigenkapital.

– Da das Aufkommen der Gewerbeertragsteuer konjunkturabhängig ist, werden die Gemeinden dazu verleitet, die Ausgaben prozyklisch zu gestalten, was aus stabilitätspolitischer Sicht bedenklich sei.

Zwar wird in den letzten Jahren verstärkt nach Wegen zur Abschaffung der Gewerbesteuer gesucht, die Reform scheitert aber immer wieder an der unterschiedlichen Interessenlage der Beteiligten. Die Bundesländer sind u. a. nicht bereit den Einnahmeausfall, der den Gemeinden bei Wegfall der Gewerbesteuer entsteht, zu kompensieren.

Der Sachverständigenrat unterstützt den Vorschlag des wissenschaftlichen Beirats beim Bundesministerium der Finanzen, die Gewerbesteuer durch eine andere kommunale Steuer zu ersetzen, die an der Produktion oder der Wertschöpfung in einer Gemeinde ansetzt und die freien Berufe, die Landwirtschaft und den Wohnungssektor einschließt. Dadurch könnte erreicht werden, daß die Gemeinden nach wie vor einen Anreiz haben, Produktion und damit auch Beschäftigung in ihrem regionalen Einzugsbereich anzulocken bzw. zu erhalten. Den Gemeinden solle – wie bei der Gewerbesteuer – das Heberecht zugesprochen werden. Dieses garantiere den Gemeinden die Finanzautonomie nicht nur auf der Ausgaben-, sondern auch auf der Einnahmenseite. Die technische Ausgestaltung wäre unkompliziert, wenn als Wertschöpfung einfach die Summe aus Löhnen, Gewinnen, Zinsen, Mieten und Pachten betrachtet werde, wodurch unmittelbar an die Gewinn- und Verlustrechnung der Unternehmen angeknüpft werden könnte. Nennenswerte Erhebungsprobleme ergeben sich dann nicht. Von der Wertschöpfungsteuer verspricht sich der Sachverständigenrat mehr Gleichmäßigkeit und Neutralität in der Besteuerung und eine geringere Konjunkturanfälligkeit bei den kommunalen Steuereinnahmen. Das Modell einer Wertschöpfungsteuer als Ersatz für die Gewerbesteuer spielt allerdings in der aktuellen wirtschaftspolitischen Diskussion kaum eine Rolle.

Als dringendste Maßnahmen im Rahmen einer umfassenden Unternehmenssteuerreform, die an das Standortsicherungsgesetz[78] anknüpft, schlägt der Sachverständigenrat daher folgendes vor:

---

[78] Das Standortsicherungsgesetz ist am 1. Januar 1994 in Kraft getreten und sieht schwerpunktmäßig eine Senkung der Körperschaftsteuersätze (von 50 % auf 45 % für einbehaltene Gewinne und von 36 % auf 30 % für ausgeschüttete Gewinne) und der Einkommensteuersätze für gewerbliche Einkünfte (von 53 % auf 47 %) vor. Darüber hin-

- Verlängerung der Aussetzung der Gewerbekapitalsteuer und der betrieblichen Vermögensteuer in den neuen Bundesländern bis zum 31. Dezember 1997. Danach sollten beide Steuern in Gesamtdeutschland abgeschafft werden.
- Senkung des Spitzensteuersatzes der Einkommensteuer auf das Niveau des niedrigeren Thesaurierungssatzes der Körperschaftsteuer. Hierdurch soll eine Gewinnverwendungs- und Rechtsformneutralität erreicht werden.

Das Standortsicherungsgesetz interpretiert der Sachverständigenrat damit zwar als ersten Schritt in Richtung einer sinnvollen Unternehmenssteuerreform, sie habe aber nur den Charakter einer Strukturreform, ohne daß sie zu einer wirklichen Entlastung der Unternehmen führe. Die Nettoentlastung betrage nur rund 4,5 Mrd. DM. Diese steuerlichen Entlastungen werden aber durch die Erhebung des Solidaritätszuschlages im Rahmen des Föderalen Konsolidierungsprogramms (vgl. Abschnitt 4.5.4) seit dem 1.1.1995 wieder zunichte gemacht. Der Sachverständigenrat hat sich daher im JG 1995/96 und im Sondergutachten 1996 für einen schnellen Abbau des Solidaritätszuschlages ab dem 1. Januar 1996 ausgesprochen.

4.5.3.3 Privatisierung/Deregulierung

Innerhalb der angebotsorientierten Wirtschaftspolitik spielen Privatisierungen und Deregulierungen eine zentrale Rolle. Unter *Privatisierung* versteht man dabei alle Maßnahmen, die den Einfluß des Staates zugunsten privater Verfügungsrechte vermindern. Dies setzt nicht notwendigerweise die Veräußerung von Staatsvermögen an private Wirtschaftssubjekte voraus, weil beispielsweise auch die formale Umwandlung von kommunalen Betrieben in Kapitalgesellschaften in öffentlicher Hand oder die Hinzunahme von privaten Unternehmen als Erfüllungsgehilfen der Kommunen als Privatisierungsmaßnahmen bezeichnet werden, obwohl dabei keine *formelle* Vermögensübertragung an Private stattgefunden hat. Unter *Regulierung* versteht man die Beschränkung privater Verfügungsrechte durch staatlich gesetzte Rahmenbedingungen (beispielsweise die Vorgabe von Höchstpreisen oder Mindestqualitätsstandards). Mit *Deregulierung* ist entsprechend die Lockerung derartiger Rahmenbedingungen gemeint.

Unter ökonomischen Gesichtspunkten werden Verstaatlichungen und Regulierungen von Märkten als Ausnahmemaßnahmen verstanden, die als „second best-Lösungen" vor allem aus folgenden Gründen befürwortet werden können:

- **Natürliches Monopol**: Ein natürliches Monopol liegt dann vor, wenn die Marktnachfrage kostengünstiger durch nur ein Unternehmen befriedigt werden kann.[79] Wenn der Markteintritt für jeden Anbieter mit hohen Fixkosten (z. B. für die Errichtung eines Schienennetzes) verbunden ist, kann es ökonomisch sinnvoll sein, nur einen Anbieter zuzulassen, um die Stückkosten zu minimieren.

---

aus sollen steuerstundende Ansparabschreibungen für Investitionsanreize bei kleinen und mittleren Unternehmen sorgen. Zur Förderung der Wirtschaftstätigkeit in den neuen Bundesländern sind die Sonderabschreibungen bis Ende 1996 und die Aussetzung der Gewerbekapital- und Vermögensteuer bis Ende 1995 verlängert worden. Finanziert werden sollen diese Maßnahmen u. a. über Einschränkungen der Abschreibungsmöglichkeiten bei betrieblich genutzten Pkws und der Abschaffung der degressiven Abschreibung für Betriebsgebäude.

[79] Vgl. Kompaktstudium Wirtschaftswissenschaften, Bd. 1: „Mikroökonomie", Abschnitt 3.3.3.

- **Ruinöser Wettbewerb**: Besonders in Branchen mit hohem Fixkostenanteil kann ein Nachfragerückgang zu hohen Überschußkapazitäten führen. Dann besteht aber die Gefahr, daß einzelne Unternehmen ihre jeweiligen Konkurrenten durch Kampfpreise aus dem Markt drängen wollen. Diese Argumentation ist mit Vorsicht zu genießen, weil sie eine kurzfristige Perspektive der Akteure voraussetzt.
- **Externe Effekte/Öffentliche Güter**: Sowohl bei externen Effekten als auch bei öffentlichen Gütern stellt sich die effiziente Ressourcenallokation nicht automatisch über den Marktprozeß ein, so daß regulative Eingriffe erforderlich sind (Vgl. Feess 1996, Kapitel 2).
- **Asymmetrische Informationsverteilung**: Bei vielen Gütern wie Rechts- oder medizinische Beratung sind die Informationsasymmetrien so extrem, daß die Nachfrager kaum in der Lage sind, Anbieter einzuschätzen. In solchen Situationen dienen Regulierungen vor allem der Reduktion von Informations- und Transaktionskosten.

In den letzten Jahren wurde die Berechtigung von Regulierungsmaßnahmen beispielsweise in der Bundesrepublik Deutschland immer stärker bezweifelt, so daß sich eine umfassende Diskussion um eine Privatisierung/Deregulierung der Wirtschaft entwickelt hat. Die Angebotstheoretiker sind Befürworter von Privatisierungs- und Deregulierungsmaßnahmen, weil sie sich von der Liberalisierung der Märkte zusätzliche Wachstumsimpulse versprechen. Im internationalen Vergleich ist die deutsche Wirtschaft zwar durch eine vergleichsweise hohe Offenheit gekennzeichnet, aber in einigen Bereichen bestand und besteht noch großer Liberalisierungsbedarf. Im folgenden wird jeweils ein Beispiel zur Privatisierung (Bahn) und Deregulierung (Stromwirtschaft) dargestellt. Während mit der Bahnreform vom 1.1.1994 die Privatisierungsphase bereits begonnen hat, wird im Bereich der Stromwirtschaft von verschiedener Seite (u. a. auch vom Sachverständigenrat) eine umfangreiche Deregulierung gefordert, ohne daß bisher konkrete Maßnahmen erfolgt sind.

Das Beispiel Bundesbahn

Bis Ende 1993 war die Bundesbahn ein öffentliches Monopolunternehmen, das einer strengen staatlichen Aufsicht unterlag. Netz und Betrieb der Bahn bildeten ein Sondervermögen des Bundes. Der Bund war aber nicht nur Eigentümer, sondern hatte in Form des Bundesverkehrsministeriums als Aufsichtsbehörde weitreichende Kontrollbefugnisse. So mußte z. B. jede Investition über 5 Mio. DM vom Verkehrsministerium in Abstimmung mit dem Finanzministerium genehmigt werden. Auch die Länder nahmen durch ihre Vertreter Einfluß auf die Geschäftsführung und besaßen gesetzliche Auskunfts- und Mitwirkungsrechte. Die Wirtschaftsführung wurde nicht nach betriebswirtschaftlichen Kriterien, sondern nach haushaltsrechtlichen Regeln vom Bundesrechnungshof geprüft. Durch ihre gemeinwirtschaftlichen Pflichten war die Bahn in ihrem unternehmerischen Handeln beschränkt. Die Folge davon war, daß die Bahn im Wettbewerb mit anderen Transportmitteln (Auto und Flugzeug) in den letzten Jahren immer weiter zurückfiel und nur durch die staatliche Schuldenübernahmegarantie am Leben erhalten werden konnte.

Der Marktanteil der Bahn am gesamten Güterverkehr sank innerhalb der letzten 30 Jahre von 44 % auf 24 %, während der Anteil des Straßengüterverkehrs im gleichen Zeitraum von 20 % auf 50 % wuchs. Eine ähnliche Entwicklung läßt sich auch im Personenverkehr beobachten: Der Marktanteil der Bahn verringerte sich hier seit 1960 von 16 % auf 6 %. Die Deutsche Bundesbahn steigerte ihr Angebot seit 1960 nur um 9 %, während der Individualverkehr im gleichen Zeitraum um 280 % wuchs. Als Folge der schrumpfenden Marktanteile verschlechterte sich die Ertragslage der Deutschen Bahn dramatisch. Ende 1993 beliefen sich die Schulden auf insgesamt 70 Mrd. DM. Diese Fehlentwicklung hat im wesentlichen drei Gründe:

- Erstens sind gerade beim Güterverkehr die Anforderungen, die an ein Transportmittel gestellt werden (Termingenauigkeit, Flexibilität, Geschwindigkeit etc.) in den letzten Jahrzehnten stetig angestiegen. Hier hat die Bahn als Massenverkehrsmittel erhebliche Nachteile gegenüber dem Auto.
- Zweitens sind von staatlicher Seite kaum Maßnahmen zur Verbesserung der Wettbewerbsposition unternommen worden. Die Bahn wurde beim Ausbau oder der Modernisierung des Schienennetzes von den Gebietskörperschaften nur unzureichend unterstützt. Während seit 1960 450 Mrd. DM in den Ausbau des Fernstraßennetzes investiert wurden, entfielen auf den Ausbau des Schienennetzes im gleichen Zeitraum nur 56 Mrd. DM. Neu gebaut wurden 150.000 Straßenkilometer, aber nur 700 km an neuer Eisenbahnstrecke.
- Drittens spielten Wirtschaftlichkeitsüberlegungen bei vielen Entscheidungen der Bahn sowohl bei der Forschungs- und Entwicklungspolitik als auch bei der Preis- und Sortimentspolitik nur eine untergeordnete Rolle. Ein leistungsfähiges betriebswirtschaftliches Rechnungswesen wurde nur zögerlich eingeführt.

Die Gründe, die als Rechtfertigung für die weitreichenden Regulierungsmaßnahmen immer wieder genannt wurden, sind aus heutiger Sicht nicht mehr aufrechtzuerhalten:

- **Verkehrssicherheit**: Eine hohe Verkehrssicherheit läßt sich auch im Wettbewerb erreichen, weil sich kein Wettbewerber erlauben kann auf Sicherheitsmaßnahmen zu verzichten, ohne seinen Ruf zu verlieren (siehe Luftfahrt).
- **Schutz vor Mißbrauch der Monopolstellung**: Von einer Monopolstellung der Bahn auf dem Verkehrsmarkt kann heute keine Rede mehr sein, da die Substitutionskonkurrenz zu anderen Verkehrsmitteln hoch ist. Vielmehr kann man davon ausgehen, daß die Bahn durch die Regulierung in ihrer Entwicklung eher behindert als geschützt wurde.
- **Sicherung einer flächendeckenden Verkehrsversorgung**: Eine flächendeckende Verkehrsversorgung kann die Bahn wegen ihrer hohen Defizite ohnehin nicht mehr gewährleisten. Gerade aus den ländlichen Bereichen hat sich die Bahn inzwischen zurückgezogen.

Andere Länder wie die USA, Großbritannien, Schweden oder die Schweiz hatten bereits früh mit der Liberalisierung des Eisenbahnsektors begonnen und dabei überwiegend gute Erfahrungen gemacht. Die mit der Bahnreform vom 1.1.1994 eingeleitete Privatisierung der Bundesbahn in Deutschland erfolgte allerdings nicht nur aus rein wirtschaftlichen Erwägungen. Auch die Europäische Union fordert mittlerweile für die Eisenbahnen ihrer Mitgliedsländer die Herstellung von mehr Wettbewerb, die finanzielle Sanierung sowie die unternehmerische Unabhängigkeit der Eisenbahnbetriebe (EG-Richtlinie 91/440/EWG).

Für den Ablauf Bahnreform sind vier Schritte vorgesehen, von denen bisher (August 1996) nur die ersten beiden verwirklicht wurden:

1. Zunächst wurden die Sondervermögen der Deutschen Bundesbahn und der Deutschen Reichsbahn zu einem einheitlichen Bundeseisenbahnvermögen (BEV) zusammengeführt. Dieses BEV wird in einen unternehmerischen Bereich und in einen Verwaltungsbereich unterteilt. Der unternehmerische Bereich ist zuständig für den Betrieb und die Unterhaltung von Strecken und Bahnhöfen

sowie für den Transport von Personen und Gütern. Der Verwaltungsbereich nimmt hoheitliche Aufgaben wie z. B. Planfeststellung für Schienenwege, Abwicklung von Genehmigungsverfahren aber auch nicht-hoheitliche Aufgaben wie Personal-, Grundstücks-, und Schuldenverwaltung wahr.

2. Im zweiten Schritt erfolgte die Gründung der Deutschen Bahn AG sowie die Errichtung des Eisenbahn-Bundesamtes (EBA). Die oben beschriebenen hoheitlichen Aufgaben werden vom EBA übernommen. Die verbleibenden nicht-hoheitlichen Aufgaben Personal-, Grundstücks- und Schuldenverwaltung verbleiben beim (Rest)-EBV.

3. Ein gesetzlich vorgeschriebener Gesellschaftsakt stellt den dritten Schritt dar. Frühestens 3 Jahre, spätestens 5 Jahre nach der Eintragung der Bahn AG ins Handelsregister müssen die Bereiche Personenfernverkehr, Personennahverkehr, Güterverkehr und Fahrweg als eigenständige Aktiengesellschaften ausgegliedert werden. Die Deutsche Bahn AG fungiert als Dachgesellschaft Deutsche Bahn AG-Holding.

4. Als vierter Schritt ist vorgesehen, daß die Deutsche Bahn AG durch ein Gesetz entweder aufgelöst, mit den zuvor gegründeten AG's verschmolzen oder aber auf diese aufgespalten wird.

Weiterhin sind mit diesem Reformpaket finanzielle Sanierungsmaßnahmen verbunden. Die Deutsche Bahn AG wird entschuldet, indem die Schulden auf das BEV übertragen werden. Der Bund übernimmt die finanzielle Mehrbelastung, die durch Beseitigung ökologischer Altlasten bei der Deutschen Reichsbahn entstehen. Auch die zusätzlichen Kosten, die auf den technologischen Rückstand der Deutschen Reichsbahn bei Personal und Material zurückzuführen sind, werden vom Bund übernommen. Darüber hinaus gewährleistet der Bund auch weiterhin die Finanzierung von Neu- und Ausbau des Fahrweges. Für den Betrieb der Fahrwege ist allerdings mehr Wettbewerb zugelassen, d. h. auch private Betreiber können sich für einzelne Strecken bewerben.

Ein weiterer Bestandteil der Reform ist die Regionalisierung: Am 1.1.1996 wurde nun auch die Verantwortung für den Schienenpersonennahverkehr auf die Länder übertragen, nachdem sie bereits für den restlichen öffentlichen Personennahverkehr zuständig sind. Ab dem Jahr 1996 (1997) steht den Ländern hierfür aus dem Mineralölsteueraufkommen ein Betrag von 8,7 Mrd. DM (12 Mrd. DM) zu.

Von der Bahnreform verspricht man eine größere Leitungsfähigkeit und Wettbewerbskraft, um sie an dem erwarteten weiteren Verkehrswachstum stärker als bisher zu beteiligen. Damit ist die Hoffnung auf eine finanzielle Sanierung und damit dauerhafte Entlastung des Bundeshaushalts verbunden. In den ersten zehn Jahren wird mit einer Entlastung von 100 Mrd. DM gerechnet.

Das Beispiel Stromwirtschaft

Während in den Niederlanden, Norwegen und den USA in den letzten Jahren umfangreiche Deregulierungen im Energiebereich durchgeführt wurden, ist in Deutschland trotz wiederholter Beteuerungen und Bemühungen bisher nicht viel geschehen. Der Energiesektor ist in Deutschland nach wie vor ein stark regulierter Markt. Im folgenden werden zunächst die Marktstruktur des Energiesektors und die derzeit bestehenden Regulierungen kurz beschrieben. Anschließend werden die Empfehlungen des Sachverständigenrates dargestellt, die sich auf zwei in der Diskussion befindliche Deregulierungsvorschläge beziehen.

Die knapp 1.000 im Energiesektor tätigen Unternehmen lassen sich drei Ebenen zuordnen:

- **Verbundebene**: Die Unternehmen der Verbundebene sind für den Einsatz der Kraftwerke, den überregionalen Ausbau der Hochspannungsnetze, die Verbindung der einzelnen Stromversorgungsnetze sowie den Austausch von Strom mit dem Ausland zuständig. In der Verbundebene agieren derzeit nur neun Unternehmen (davon eines in den neuen Bundesländern). Diese Unternehmen sind große, mächtige Gesellschaften, die auch über umfangreiche Beteiligungen an anderen Unternehmen verfügen.
- **Regionalebene**: Die Aufgabe der regionalen Versorgungsunternehmen ist es, den Endverbraucher mit Strom zu beliefern. In diesem Bereich sind etwa 70 Unternehmen engagiert.
- **Lokalebene**: Die Unternehmen, die in der Lokalebene angesiedelt sind, befinden sich in der Regel im Eigentum der jeweiligen Gemeinde. Sie verteilen den von vorgelagerten Unternehmen der Verbund- und Regionalebene produzierten und gelieferten oder auch selbst erzeugten Strom an die Endverbraucher. Im Bereich der Lokalebene sind ungefähr 850 Unternehmen tätig

Charakteristisch an der derzeitigen Struktur ist, daß die vertikale Integration über die drei Stufen Erzeugung, Lieferung und Verteilung sehr ausgeprägt ist, d. h. die meisten der neun Verbundunternehmen engagieren sich mit Hilfe von Beteiligungen auf allen drei Ebenen und versorgen daher auch Letztverbraucher direkt mit Strom. Außerdem werden langfristige Lieferverträge mit Weiterverteilern und Zwischenhändlern geschlossen. Nach wie vor sind Stromerzeugung, -transport und -verteilung in ein System geschlossener Liefergebiete eingebunden, das von den Verbundunternehmen mit regionalem Monopolstatus beherrscht wird.

Die Regulierungsmaßnahmen im Energiesektor werden damit begründet, daß bei der Stromerzeugung die Bedingungen für ein natürliches Monopol gegeben seien. Die obersten Ziele der Versorgungssicherheit und Preiswürdigkeit können daher nur in einem regulierten Energiemarkt erreicht werden. Die wichtigsten gesetzlich fixierten Regulierungsmaßnahmen im Energiesektor betreffen folgende Bereiche:

- **Konzessionsverträge**: In Konzessionsverträgen räumen die Gemeinden den Versorgungsunternehmen das Recht zum Bau und zur Unterhaltung von Stromleitungen ein. Durch eine *Ausschließlichkeits- und Verzichtsklausel* verpflichten sich die Gemeinden, diese Rechte keinem Dritten ohne Zustimmung des Versorgungsunternehmens zu gewähren. Das Versorgungsunternehmen muß dafür eine Konzessionsabgabe bezahlen. Weiterhin sichert es in diesem Vertrag den Ausbau und den Betrieb der Energieanlagen zu und verpflichtet sich, die Einwohner der Gemeinde mit Strom zu beliefern.
- **Demarkationsverträge**: Zwischen den Versorgungsunternehmen werden sogenannte Demarkationsverträge abgeschlossen. Von horizontalen Demarkationsverträgen spricht man, wenn sich Unternehmen der gleichen Produktionsstufe verpflichten, Strom nicht in das Gebiet des Vertragspartners zu liefern. Vertikale Demarkation bedeutet, daß Unternehmen der Erzeugerstufe und Unternehmen der Verteilerstufe auf eine Belieferung der Kunden des Vertragspartners verzichten. Auch Verbundverträge sind zugelassen. Sie enthalten Absprachen über Produktions- und Transportkapazitäten, über Versorgungsgebiete, -bedingungen und -preise.
- **Maßnahmen zum Schutz der inländischen Steinkohle**: Aus sozial- und regionalpolitischen Motiven wird der Einsatz von inländischer Steinkohle als Primärenergieträger bei der Stromerzeugung subventioniert (vgl. Abschnitt 4.5.3.1.3).
- **Tarifstruktur**: Die gesamte Tarifstruktur für die Strompreise unterliegt einer staatlichen Aufsicht. Die Preise gliedern sich in einen verbrauchsabhängigen

und in einen verbrauchsunabhängigen Teil. Es gilt das „Prinzip gleicher Preise", d. h. alle im Versorgungsgebiet eines Versorgungsunternehmens ansässigen Kunden werden von diesem zu gleichen Bedingungen beliefert.

Der Sachverständigenrat bemängelt an dieser Strommarktordnung die kosten- und preistreibende Wirkung aufgrund des fehlenden Wettbewerbs. Die deutschen Strompreise seien im europäischen Vergleich zu hoch, weshalb die deutschen Stromunternehmen sehr hohe (Monopol-)Gewinne erzielten. Aufgrund der monopolistischen Strukturen bestünden für die Unternehmen nur geringe Rationalisierungsanreize. Auch die Löhne und Sozialleistungen seien deutlich höher als in anderen Branchen. Als Gründe für die überhöhten Preise nennt der Sachverständigenrat folgende Punkte:

– Trotz der großen Preisunterschiede zum Ausland würden in grenznahen Gebieten kaum Stromimporte durchgeführt. Diese Tatsache sei auf das System geschlossener Versorgungsgebiete zurückzuführen, das eine Konkurrenz behindere.

– Der Ausschluß von Wettbewerbern und die dafür zu errichtende Konzessionsabgabe führten zu einem Strompreisanstieg, ohne die Versorgungssicherheit zu erhöhen.

– Auch die Kohleprotektion (Kohlepfennig) trage wesentlich zur Verteuerung der Strompreise bei.

Insgesamt stellt der Sachverständigenrat fest, daß die Erreichung der beiden Ziele Versorgungssicherheit und Preiswürdigkeit durch die bestehende Regulierung eher behindert als gefördert würden. Ein natürliches Monopol liege – ähnlich wie bei der Bundesbahn – nur für das Stromnetz, aber nicht für den Betrieb des Netzes (die Durchleitung von Strom vor). Obwohl sich der Europäische Gerichtshof noch nicht mit der Energiepolitik seiner Mitgliedsländer befaßt hat, spreche einiges dafür, daß die deutschen Regelungen mit Konzessions-, Demarkations- und Verbundverträgen mit den europarechtlichen Wettbewerbsregeln nicht in Einklang zu bringen seien und daher auch von dieser Seite Handlungsbedarf bestehe.

In den letzten Jahren sind eine Reihe von Deregulierungsvorschlägen für den Energiesektor eingebracht worden, die in einer wettbewerbsorientierten Stromwirtschaft auch weiterhin den Zielen Versorgungssicherheit und Preiswürdigkeit dienen sollen. Im Mittelpunkt der Diskussion um die Öffnung des Strommarktes stehen derzeit zwei Modelle.

– **Gewährung individueller und spezifischer Durchleitungsrechte**: Hierbei kann das einzelne Elektrizitätsversorgungsunternehmen (auch ein Kleinerzeuger) fremde Leitungsnetze zur Einspeisung und Entnahme von Strom mitbenutzen. Hierfür ist eine Durchleitungsgebühr an den Netzeigentümer zu entrichten, die alle Kosten (inklusive der anteiligen Investitionskosten für das Netz) abdecken soll. Grundsätzlich hat nach diesem Modell der Netzeigentümer zwar die Priorität für die Nutzung seines Netzes. Es besteht aber eine Durchleitungsverpflichtung, sofern freie Kapazitäten verfügbar sind. Bei der Vergabe von Durchleitungsrechten dürfe keine Diskriminierung stattfinden.

– **Schaffung eines Großhandelsmarktes (Pool)**: In diesem Modell wird die Stromerzeugung vom Stromverkauf getrennt. Die Stromnetze werden einer eigenständigen Netzgesellschaft unterstellt, deren einzige Aufgabe es ist, den Handel zwischen Kraftwerken und Verbrauchern zu organisieren. Prinzipiell können alle Erzeuger bzw. Verbraucher Strom einspeisen bzw. entnehmen. Die Stromeinspeisung ist so organisiert, daß die Kraftwerksbetreiber zunächst in einer Auktion ihre Gebote für den geforderten Strompreis abgeben. Die Kraftwerke werden nun nacheinander – beginnend mit dem niedrigsten Gebot – eingesetzt. Der Marktpreis für Strom entspricht dem Gebot des letzten zur Nachfragedeckung eingesetzten Kraftwerks. Die Stromerzeugung ist nun wettbewerblich organisiert, weil die Erzeuger miteinander um die Einspeisung in den Pool konkurrieren. Durch diesen Großhandelsmarkt erweitert sich auch das Absatzgebiet der Stromerzeuger.

Der Sachverständigenrat bevorzugt das Pool-Modell, weil es mehr Möglichkeiten für Wettbewerb biete als ein einfaches Durchleitungsmodell.

Trotz der bekannten Probleme und der zahlreichen Verbesserungsvorschläge ist eine Änderung der deutschen Strompolitik schwierig. Es gibt ein Machtkartell, bestehend aus Gemeinden, Stromerzeugern, Kraftwerksbauern, Beschäftigten und Gewerkschaften, die an einer Änderung der bestehenden Verhältnisse zu Gunsten des Verbrauchers und zu ihren eigenen Ungunsten nicht interessiert sind. Es wird allerdings immer wahrscheinlicher, daß ein freier Marktzugang für Stromanbieter durch den Europäischen Gerichtshof letztlich erzwungen wird. Der Sachverständigenrat empfiehlt daher, die Deregulierung des Stromsektors möglichst schnell anzugehen, damit sie in zeitlicher und inhaltlicher Hinsicht nicht durch die EU-Rechtsprechung vorgegeben werde.

Immerhin sind schon kleine Fortschritte zu erkennen: Nach jahrelangen Verhandlungen hat die EU Mitte 1996 eine Richtlinie zur schrittweisen Liberalisierung der Strommärkte verabschiedet, wonach zumindest Großkunden ab 1997 ihren Stromlieferanten innerhalb der Europäischen Union frei wählen können. Jedem Mitgliedsland ist es aber freigestellt, den Markt weiter oder ganz zu öffnen.

4.5.4 Ansatzpunkte der Konsolidierung

Der in Abschnitt 4.4.3 herausgearbeitete Zusammenhang zwischen der Wachstumsrate des Inlandsprodukts und den Zinszahlungen bei der Entwicklung der Schuldenquote verdeutlicht, daß die Einnahmen die Primärausgaben ganz erheblich übersteigen müssen, um wirklich zu einer Reduktion der Schuldenquote zu gelangen. Die Bundesregierung hat aus diesem Grund 1993 zwei Sparpakete zur Konsolidierung des Staatshaushalts verabschiedet, und zwar das Spar-, Konsolidierungs- und Wachstumsprogramm (SKWP) sowie das Föderale Konsolidierungsprogramm. Ein drittes großes Sparpaket, das „Programm für mehr Wachstum und Beschäftigung", ist kürzlich von der Regierung beschlossen worden, hat aber – zum Zeitpunkt der Fertigstellung dieses Kompaktstudiums – noch nicht alle verfassungsmäßigen Instanzen durchlaufen.[80]

Das SKWP umfaßt im wesentlichen Einsparungen bei den Sozialleistungen, eine Erhöhung der Mineralölsteuer und die Anhebung der Kfz-Steuer für Diesel-Pkw sowie steuerliche Regelungen zur Mißbrauchsbekämpfung. Die wichtigsten Maßnahmen sind in Tab. 4.10 dargestellt. Insgesamt sollen die Haushalte der Gebietskörperschaften dadurch 1994 um 21 Mrd. DM entlastet worden sein.

Das zweite Maßnahmenpaket, das Föderale Konsolidierungsprogramm, hat primär die Neuregelung der bundesstaatlichen Finanzbeziehungen und die Schaffung eines Erblastentilgungsfonds zur Übernahme der Treuhand-Schulden zum Gegenstand. Gleichzeitig enthält es aber auch einige Konsolidierungsmaßnahmen.

---

[80] Während die steuerrechtlichen Maßnahmen noch von Bundestag und Bundesrat verabschiedet werden müssen, sind die restlichen Maßnahmen zwar vom Bundestag verabschiedet, aber vom Bundesrat abgelehnt worden und müssen den Vermittlungsausschuß durchlaufen. Es ist daher zu erwarten, daß nicht alle geplanten Maßnahmen des Sparpakets letztlich umgesetzt werden.

Abgesehen von Kürzungen bei einigen Sozialleistungen – wie z. B. der Sozialhilfe – betreffen die Maßnahmen ausschließlich die Einnahmenseite (vgl. Tab. 5.7).

	Ausgabenseite
Personalkosten	Einfrieren der Personalkosten für Staatsbedienstete („Nullrunde" für die Beamten 1994)
Subventionen	Subventionsabbau (bei Landwirtschaft, Wirtschaftsförderung und Kohle)
Soziale Sicherung	Arbeitslosengeld: – Kürzung des Arbeitslosengeldes um 3 Prozentpunkte auf 60 % des pauschalierten Nettoarbeitsentgelts. – Änderung der Bemessungsgrundlage: Die Bemessungsgrundlage bilden nun die Entgelte der letzten 6 Monate und nicht wie früher die der letzten 3 Monate. Arbeitslosenhilfe: – Kürzung der Arbeitslosenhilfe um 3 Prozentpunkte auf 53 % des pauschalierten Nettoarbeitsentgelts. – Änderung der maximalen Bezugsdauer: Die Arbeitslosenhilfe wird nur noch für zwei Jahre gewährt. Früher war sie eine unbefristete Leistung. Weiterhin erfolgt die Leistung der Arbeitslosenhilfe nur noch an diejenigen, die zuvor Arbeitslosengeld bezogen haben, d. h. die originäre Arbeitslosenhilfe fällt weg. Sonstige Maßnahmen: – Kürzungen beim Unterhaltsgeld für Fortbildungsmaßnahmen und beim Schlechtwettergeld. – Die Sperrzeiten wegen der Ablehnung einer zumutbaren Tätigkeit wurden von 8 Wochen auf 12 Wochen verlängert. – Lockerung des Arbeitsvermittlungsrechts der Bundesanstalt für Arbeit: Zulassung von privaten Arbeitsvermittlern – Das Kinder- und das Erziehungsgeld wurden stärker einkommensabhängig ausgestaltet. – Die Anpassungen von Sozialhilfe- und BAföG-Niveau wurden zeitlich ausgesetzt.
	Einnahmenseite
Mineralölsteuer	Anhebung der Mineralölsteuer um 16 Pf/l auf 98 Pf/l für Benzin und um 7 Pf/l auf 61,15 Pf/l für Diesel sowie eine Erhöhung der Kfz-Steuer für Diesel-Pkw um 7,50 DM je 100 ccm Hubraum. Diese Maßnahmen dienen zur Finanzierung der Bahnreform.

Tab. 4.10: Das Spar-, Konsolidierungs- und Wachstumsprogramm

Versicherungsteuer	Erhöhung der Steuersätze für einige Sachversicherungen von 10 % auf 12 %
Vermögensteuer	Anhebung der Vermögensteuer um 0,5 Prozentpunkte zum 1. Januar 1995 bei gleichzeitiger Anhebung der Freibeträge
Solidaritätszuschlag	Einführung eines unbefristeten Solidaritätszuschlags von 7,5 % auf die Lohn-, Einkommen- und Körperschaftsteuer
Einkommensteuer	Erhöhung des steuerfreien Existenzminimums für Ledige/Verheiratete auf 12.095/24.190 DM/Jahr für 1996

Tab. 4.11: Die wichtigsten einnahmenseitigen Maßnahmen des Föderalen Konsolidierungsprogramms

Das „Programm für mehr Wachstum und Beschäftigung" dient vorrangig dem Ziel, Blockaden in der Arbeitsmarkt- und der Sozialpolitik zu vermeiden. Es

4.5 Angebotsorientierte Finanzpolitik 157

umfaßt neben Einschränkungen bei der Lohnfortzahlung im Krankheitsfall und beim Kündigungsschutz[81] u. a. folgende finanzpolitische Maßnahmen:

- Senkung des Solidaritätszuschlags 1997 und 1998 um je einen Prozentpunkt auf 5,5 %,
- Abschaffung der betrieblichen Vermögensteuer und der Gewerbekapitalsteuer,
- Verschiebung der im Jahressteuergesetz 1996 beschlossenen Erhöhungen bei Kindergeld, Kinderfreibetrag und Grundfreibetrag um ein Jahr,
- Anhebung des Rentenalters für Frauen auf 65 Jahre bis zum Jahr 2000; Senkung der anrechenbaren Ausbildungszeiten auf die Rente von höchstens 7 auf höchstens 3 Jahre.

Das „Programm für mehr Wachstum und Beschäftigung" soll allein beim Bund für eine Einsparung in Höhe von 25 Mrd. DM sorgen.

Durch die bisher realisierten Maßnahmen der Sparpakete konnten zwar kleine Einsparerfolge erzielt werden (das Wachstum der Staatsausgaben ist 1994 nur um 3 % gestiegen), aber bereits 1995 und 1996 hat sich das Schuldenproblem wieder verschärft, da die Steuereinnahmen konjunkturbedingt wesentlicher geringer ausfielen als erwartet. Die Defizitquote stieg 1995 wieder auf 3,5 %, weshalb Deutschland in diesem Jahr sogar das entsprechende Maastricht-Kriterium für den Beitritt zur Europäischen Währungsunion um 0,5 Prozentpunkte verfehlt hätte. Daran hat auch die Einführung des Solidaritätszuschlags Anfang 1995 nichts geändert.

Der Sachverständigenrat zeigt sich aber nicht nur mit der quantitativen, sondern auch mit der *qualitativen* Seite der Konsolidierung unzufrieden: Die Rückführung des Defizits erfolge noch vorrangig auf der Einnahmenseite. Vor allem nach Einführung des Solidaritätszuschlages sei die einnahmenlastige Tendenz noch weiter verstärkt worden. Eine Erhöhung von Steuern und Abgaben könne aber nur vorübergehend hingenommen werden. Diesen Standpunkt hat der Sachverständigenrat in einem Sondergutachten, das er wegen der derzeit sehr problematischen Wirtschaftssituation im April 1996 veröffentlichte, noch einmal ausdrücklich bekräftigt. Danach solle bereits jetzt die weitere Rückführung des Solidaritätszuschlags ab 1999 verbindlich beschlossen werden. Durch die derzeit hohe Steuer- und Abgabenbelastung bestehe die Gefahr, daß Deutschland im internationalen Standortwettbewerb zurückfalle, weil der mobile Produktionsfaktor (Kapital) ins Ausland abwandere. Weiterhin merkt der Sachverständigenrat kritisch an, daß die Rückführung des Ausgabenwachstums vor allem zu Lasten der wachstumspolitisch wertvollen Investitionsausgaben erfolgt sei. Es fehle daher eine generelle „Revision der Ausgabenstruktur".

Bisher hat es zwar an Absichtserklärungen zur Konsolidierung der öffentlichen Finanzen nicht gemangelt, geschehen ist aber bislang zu wenig. Somit stellt sich die Frage, warum sich der Staat so schwer tut, die Absichtserklärungen auch tatsächlich umzusetzen.

Als Hauptgründe führt der Sachverständigenrat folgende Punkte an:

- Der Erfolg der Konsolidierungsbemühungen in Form stärkerer Wachstumsdynamik stelle sich erst viel später ein als die negativen Wirkungen von Ausgabensenkungen, die die betroffenen Gruppen unmittelbar treffe. Da auch das

---

[81] – Senkung der Lohnfortzahlung im Krankheitsfall von derzeit 100 auf 80 Prozent des durchschnittlichen Bruttolohns,
  – Betriebe mit bis zu 10 (bisher 5) Arbeitnehmern werden vom gesetzlichen Kündigungsschutz ausgenommen.

Interesse der Politiker hauptsächlich darin bestehe, wiedergewählt zu werden, stünden bei finanzpolitischen Entscheidungen eher kurzfristige Wirkungen im Vordergrund.

- Bei der Ankündigung von Ausgabenkürzungen (z. B. Subventionen) formiere sich meist ein breiter Widerstand bei den betroffenen Gruppen, der die Durchsetzung des Vorhabens erschwere. Der Zusammenhang zwischen ausgaben- und einnahmenpolitischen Entscheidungen werde in der Bevölkerung zu selten gesehen.

- Es fehle ein gesamtstaatliches Konsolidierungsprogramm, das nicht nur den Bund, sondern auch Länder und Gemeinden einbeziehe und worin sich die Gebietskörperschaften verbindlich zu Ausgabensenkungen verpflichteten. Durch die in der Verfassung verankerte föderale Struktur der Bundesrepublik ist dies allerdings auch nicht einfach. Hier müsse beispielsweise den Gemeinden eine größere Autonomie auf der Einnahmenseite gegeben werden, damit eine stärkere Bindung von kommunalen Ausgaben und Einnahmen entstehe. Die einzelnen Gebietskörperschaften genießen derzeit eine gesetzlich fixierte Ausgabenautonomie, dem ein Steuerverbund auf der Einnahmenseite gegenübersteht: Die Bundesländer haben keine Steuerautonomie, bei den Gemeinden beschränkt sie sich im wesentlichen auf das Hebesatzrecht bei Gewerbe- und Grundsteuer. Bisher erfolgt die Koordination der Haushaltspolitik zwischen den Gebietskörperschaften daher im sog. Finanzplanungsrat. Die dort getroffenen Entscheidungen sind aber nicht bindend, denn die Verfassung bietet dem Bund keine Möglichkeit, disziplinierend auf die Haushaltspolitik der Länder und Gemeinden einzuwirken.

Der Sachverständigenrat spricht sich daher für die Schaffung einer (zumindest begrenzten) Steuerautonomie bei den Bundesländern und ihre Ausweitung bei den Gemeinden aus. Dadurch könne erreicht werden, daß jede Gebietskörperschaft sich auch um die Finanzierung der von ihr beschlossenen Ausgaben zu kümmern habe. Weiterhin könne verhindert werden, daß Ausgabenkürzungen der einen Ebene (beispielsweise die beschlossene Kürzung des Arbeitslosengeldes) automatisch zu Ausgabenerhöhungen der anderen Ebene (beispielsweise die gestiegene Sozialhilfebelastung bei den Gemeinden) führen. Darüber hinaus seien auch für Bundesländer gesetzlich vorgeschriebene Verschuldungsgrenzen festzulegen, wie sie für Bund und Gemeinden bereits existieren.

5. Arbeitsmarktpolitik

5.1 Eingrenzung und Überblick

Schon in den vorhergehenden Kapiteln stand der Arbeitsmarkt implizit im Blickpunkt, weil zahlreiche der diskutierten Maßnahmen letztlich auf eine Erhöhung des Sozialprodukts und damit auf die Gewährleistung eines hohen Beschäftigungsstandes zielen. Dies gilt nicht nur für die umstrittene diskretionäre Geld- und Fiskalpolitik, sondern auch für die angebotsorientierten Varianten der Geld- und Finanzpolitik, weil diese zwar nicht der Konjunktursteuerung, aber der mittel- bis langfristigen Stärkung der Wachstumskräfte dienen. Dabei wird allerdings selten direkt am Arbeitsmarkt angesetzt, sondern versucht, die Arbeitsnachfrage durch Konjunktursteuerung (z. B. Erhöhung der Staatsausgaben im Abschwung) oder Wachstumspolitik (z. B. Senkung der Körperschaftsteuer) günstig zu beeinflussen. Letztlich kreiste die Auseinandersetzung zwischen *Keynes*ianern und Monetaristen stets um die Frage, welches Konzept zur Verminderung unfreiwilliger Arbeitslosigkeit besser geeignet ist.

Zur Abgrenzung gegenüber diesen *indirekten* Varianten der Beschäftigungspolitik verstehen wir unter Arbeitsmarktpolitik hier nur die Maßnahmen, die *direkt* am Arbeitsmarkt ansetzen. Die direkte Arbeitsmarktpolitik hat in den letzten Jahrzehnten in der Bundesrepublik Deutschland stark an Bedeutung gewonnen, weil neben die konjunkturelle Arbeitslosigkeit im Abschwung eine recht hohe (Sokkel-)Arbeitslosigkeit getreten ist, die auch im Aufschwung bestehen bleibt. Dies hat dazu geführt, daß Vorschläge wie die Arbeitszeitverkürzung oder die Flexibilisierung des Arbeitsmarktes heute intensiver diskutiert werden als beispielsweise in den siebziger Jahren.

Abschnitt 5.2 stellt zunächst einige Zusammenhänge zwischen verschiedenen Determinanten der Arbeitslosigkeit wie dem Produktivitätsfortschritt, der Wachstumsrate des Sozialprodukts und der Entwicklung des Erwerbspersonenpotentials dar. Dies ist wichtig, um die verschiedenen Ansatzpunkte zur Bekämpfung der Arbeitslosigkeit verstehen und systematisch einordnen zu können. Dabei gehen wir auch ausführlich auf empirische Ergebnisse ein. In Abschnitt 5.3 unterscheiden wir zwischen verschiedenen Formen der Arbeitslosigkeit, was für eine sinnvolle Arbeitsmarktpolitik unerläßlich ist. Beispielsweise wäre es wenig erfolgversprechend, eine durch Profildiskrepanzen zwischen Arbeitsangebot und -nachfrage begründete Unterbeschäftigung durch eine Zinssenkung bekämpfen zu wollen. Daran anknüpfend skizzieren wir in Abschnitt 5.4 mögliche Ansatzpunkte der Arbeitsmarktpolitik in der aktuellen Situation der Bundesrepublik Deutschland, ohne dabei allerdings abschließende Einschätzungen geben zu können. Abschließend gehen wir in Abschnitt 5.5 über die Arbeitsmarktpolitik hinaus und betrachten eine empirische Studie zu den Beschäftigungswirkungen von finanz- und arbeitsmarktpolitischen Strategien im internationalen Vergleich.

5.2 Definitionen, Beziehungen und Eckdaten der Arbeitsmarktentwicklung

5.2.1 Beschäftigungsindikatoren

Die Definition der Arbeitslosenquote und die Schwächen dieses Beschäftigungsindikators lassen sich leicht mit Hilfe von Tab. 5.1 erläutern

Wohnbevölkerung WB (65.532)					
Erwerbsfähige EF (45.129)				Nichterwerbsfähige NEF (20.403)	
Erwerbspersonen EP (31.192)		Nichterwerbspersonen NEP (34.340)		
Erwerbstätige ET (28.636)	registrierte Arbeitslose AL (2.556)	Erwerbsfähige und -willige EW = Stille Reserve SR (1.924)	Erwerbsfähige, aber -unwillige ENW (12.013)	Nichterwerbsfähige NEF (20.403)
Erwerbspersonenpotential EPP (33.116)			

Quelle: Statistisches Bundesamt und Bundesanstalt für Arbeit.

Tab. 5.1: Wohnbevölkerung und Erwerbspersonenpotential in Westdeutschland (in Klammern: Personen für 1994 in Tausend)

Die Wohnbevölkerung (WB) teilt sich zunächst auf in Erwerbsfähige (EF) und Nichterwerbsfähige (NEF), worunter Kinder unter 15 Jahren und Alte über 64 Jahre[82] verstanden werden (zweite Zeile). Die dritte und vierte Zeile zeigen, daß nicht alle Erwerbsfähigen auch Erwerbspersonen (EP) sind. Die Erwerbspersonen sind exakt definiert und umfassen die Erwerbstätigen (ET) und die registrierten Arbeitslosen (AL). Als erwerbstätig werden diejenigen Personen bezeichnet, die in einem Arbeitsverhältnis stehen (einschließlich der Soldaten und mithelfenden Familienangehörigen) oder selbständig sind. Arbeitslose sind alle bei der Bundesanstalt für Arbeit als arbeitslos registrierte Personen von 15 bis 65 Jahren, die nicht arbeitsunfähig erkrankt sind und zur Aufnahme einer Tätigkeit von mindestens 18 Wochenstunden für mindestens 3 Monate zur Verfügung stehen.[83] Sie müssen nicht notwendig Unterstützungsempfänger sein. Es gilt also

(5.1) $\quad EP = ET + AL$.

Die Erwerbsfähigen, die weder Arbeit haben noch als Arbeitslose gemeldet sind, werden nicht zu den Erwerbspersonen gerechnet. Dies ist der Grund dafür, daß es mehr Erwerbsfähige als Erwerbspersonen gibt. ET, AL und damit auch EP sind Größen, die von der Bundesanstalt für Arbeit erhoben werden. Es handelt sich also um „harte" statistische Daten.

---

[82] In einigen Arbeitsmarktstatistiken werden auch Alte über 59 Jahre zu den Nichterwerbsfähigen gerechnet.

[83] Ausgenommen sind Personen in schulischer Ausbildung, die nur eine Ausbildungsstelle suchen, Kurzarbeiter, Teilnehmer von ABM und ähnlichen Maßnahmen sowie Bezieher von Alters- und Erwerbsunfähigkeitsrenten.

5.2 Definitionen, Beziehungen und Eckdaten der Arbeitsmarktentwicklung

Den Teil der Erwerbsfähigen, der *nicht* zu den Erwerbspersonen gehört, spaltet man auf in

- Erwerbsfähige und -willige (EW)
- und Erwerbsfähige, aber nicht -willige (ENW).

Die Erwerbsfähigen und -willigen werden auch als Stille Reserve (SR) bezeichnet, weil man davon ausgeht, daß diese Personen gerne arbeiten würden (sie sind ja definitionsgemäß erwerbsfähig und -willig), aber darauf verzichten, sich beim Arbeitsamt registrieren zu lassen. Dies kann beispielsweise daran liegen, daß sie sich für unvermittelbar halten oder keinen Anspruch auf Arbeitslosenunterstützung haben, weil sie gerade erst ihre Ausbildung abgeschlossen haben. Daneben gibt es auch Personen, die zwar erwerbsfähig, aber nicht -willig sind (ENW), weil sie sich beispielsweise dem Haushalt und der Kindererziehung widmen oder das ererbte Geld genießen. Die fünfte Zeile in Tab. 5.1 zeigt, daß das Erwerbspersonenpotential als Summe aus Erwerbspersonen und Stiller Reserve definiert ist:

(5.2) $\qquad$ EPP = EP + SR = ET + AL + SR .

Im Unterschied zu EP ist EPP eine Schätzgröße, weil die Unterscheidung zwischen Erwerbswilligen und -unwilligen in der amtlichen Statistik selbstverständlich nicht erfaßt werden kann. Wer sich nicht arbeitslos meldet, gibt keine Gründe dafür an. Zur Ermittlung des Erwerbspersonenpotentials geht die Bundesanstalt für Arbeit so vor, daß zunächst der Anteil unter den Erwerbsfähigen bestimmt wird, der dem Arbeitsmarkt in einem Basisjahr mit Hochkonjunktur zur Verfügung steht. Dieser Anteil wird mit der Anzahl der Erwerbsfähigen des aktuellen Jahres multipliziert und ergibt das *geschätzte* Erwerbspersonenpotential. Die Stille Reserve ist dann die Differenz zwischen der Schätzgröße EPP und der statistisch erfaßten Größe EP (SR = EPP – EP).

Die Arbeitslosenquote AQ schließlich ist definiert als das Verhältnis aus registrierten Arbeitslosen und Erwerbspersonen:[84]

(5.3) $\qquad$ $AQ = \dfrac{AL}{EP}$.

Der Vorteil der so definierten Arbeitslosenquote besteht im wesentlichen darin, daß auf „harte" Daten der amtlichen Statistik zurückgegriffen werden kann, die daher einen entsprechend hohen Genauigkeitsgrad aufweisen. Der damit spiegelbildlich verbundene Nachteil ist entsprechend, daß die Stille Reserve nicht berücksichtigt wird. Verschlechtern sich beispielsweise die Vermittlungschancen für Frauen, die nach 20jähriger Kindererziehung gerne wieder arbeiten möchten, aber keinen Sinn darin sehen, sich weiter bei der Bundesanstalt für Arbeit registrieren zu lassen, so wandern diese von den registrierten Arbeitslosen in die Stille Reserve und die Arbeitslosenquote sinkt. Aus diesem Grund ist auch die Schätzung des Beschäftigungsgrads b von Interesse, der als Quotient aus Erwerbstätigen und Erwerbspersonenpotential definiert ist:

(5.4) $\qquad$ $b = \dfrac{ET}{EPP}$.

---

[84] Beachten Sie aber bitte, daß die Bundesanstalt für Arbeit neben dieser Definition der Arbeitslosenquote aus Gründen der besseren internationalen Vergleichbarkeit auch eine zweite verwendet und zwar:

$$AQ = \frac{AL}{AL + \text{sozialversicherungspflichtig Beschäftigte}}$$

Der Unterschied zur herkömmlichen Definition ist, daß Selbständige und Beamte nicht im Nenner enthalten sind, d. h. diese Quote ist etwas höher.

Der Vorteil des Beschäftigungsgrads gegenüber der Arbeitslosenquote ist, daß keine Unterscheidung zwischen den registrierten Arbeitslosen und der Stillen Reserve getroffen wird. Ein Nachteil ist allerdings, daß es sich (wegen EPP) um eine Schätzgröße handelt, die mit entsprechenden Unsicherheiten behaftet ist. Ein weiterer Nachteil ist, daß von der Bundesanstalt für Arbeit zu den Erwerbstätigen auch Personengruppen gerechnet werden, die mit guten Gründen entweder voll (Teilnehmer von Fortbildungs- und Umschulungsmaßnahmen) oder teilweise (Kurzarbeiter) als arbeitslos bezeichnet werden können. Der Sachverständigenrat versucht, dieses Problem dadurch anzugehen, daß er neben der offenen auch eine verdeckte Arbeitslosigkeit ausweist, die solche statistisch erfaßbaren Personengruppen enthält (vgl. Tab. 5.7). Frustrierte Arbeitssuchende, die in keiner Statistik der Bundesanstalt für Arbeit geführt werden, sind darin aber auch nicht enthalten.

	1991	1992	1993	1994	1995
Offene (registrierte) Arbeitslosigkeit	**2.602**	**2.978**	**3.419**	**3.698**	**3.588**
Verdeckte Arbeitslosigkeit	**2.361**	**2.418**	**2.279**	**1.830**	**1.566**
Kurzarbeiter					
insgesamt	1.761	653	948	372	191
Arbeitsausfall in %	54	44	33	36	43
Arbeitslosenäquivalente[1]	944	286	312	135	81
Teilnehmer in Arbeitsbeschaffungsmaßnahmen	266	466	310	338	384
Leistungsempfänger nach § 105 AFG[2]	104	134	198	226	244
Teilnehmer an FuU-Maßnahmen[3]					
Insgesamt	630	862	731	568	561
darunter Vollzeit	358	631	540	423	436
Teilnehmer an Deutsch-Sprachlehrgängen	76	51	62	57	52
Empfänger von					
Vorruhestandsgeld	424	334	216	125	30
Altersübergangsgeld	189	516	642	526	340
Gesamte Arbeitslosigkeit (offene + verdeckte)	**4.963**	**5.396**	**5.699**	**5.528**	**5.154**
Anteil der verdeckten an der gesamten Arbeitslosigkeit	47,6 %	44,8 %	40,0 %	33,1 %	30,4 %

Anmerkungen:
1 Zahl der Kurzarbeiter multipliziert mit dem durchschnittlichen Arbeitsausfall.
2 Das sind alle Personen, die Leistungen der Bundesanstalt für Arbeit empfangen, aber nicht zu den registrierten Arbeitslosen gerechnet werden. Hierzu zählen Anwärter auf eine Berufs- oder Erwerbsunfähigkeitsrente oder eine Rehabilitationsmaßnahme (§ 105a AFG), Arbeitslose, die aufgrund von Krankheit nicht arbeitsfähig sind (§ 105b AFG) und Personen ab 58 Jahren, die der Arbeitsvermittlung nicht mehr zur Verfügung stehen (§ 105c AFG).
3 FuU = Fortbildung und Umschulung.

Quelle: Sachverständigenrat.

Tab. 5.2: Offene und verdeckte Arbeitslosigkeit in Gesamtdeutschland (alle Personenangaben in 1000)

Neben den Vollzeitteilnehmern an Umschulungsmaßnahmen und den Teilnehmern an Arbeitsbeschaffungsmaßnahmen werden dabei auch Vorruheständler und Kurzarbeiter erfaßt. Letztere gehen aber nicht voll ein, sondern werden mit dem durch die Kurzarbeit verursachten Arbeitsausfall gewichtet. Tab. 5.7 zeigt, daß die verdeckte Arbeitslosigkeit 1991 sogar 47,6 % der Gesamtarbeitslosigkeit betrug. Zwar ist dieser Anteil seither stetig gesunken, was allerdings nicht nur auf die Abnahme der verdeckten, sondern auch auf die Zunahme der amtlich registrierten Arbeitslosigkeit zurückzuführen ist. Berücksichtigt man sowohl offene als auch verdeckte Arbeitslosigkeit, so ergibt sich für 1995 eine Arbeitslosenquote von 14,3 %.

Ein weiterer Ansatz, um Arbeitslosigkeit zu messen, stammt vom Statistischen Bundesamt. Über die Volkszählung bzw. den Mikrozensus[85] werden die Untersu-

---

[85] Der Mikrozensus ist eine Stichprobenbefragung, die jährlich durchgeführt wird und ein Hundertstel aller Haushalte umfaßt.

chungseinheiten *direkt* nach ihrem Erwerbsstatus befragt. Erwerbslose in der Abgrenzung des Statistischen Bundesamtes sind demnach Personen ohne Arbeitsstelle, die sich um eine solche bemühen, auch wenn sie nicht beim Arbeitsamt als „arbeitslos" registriert sind. Als „erwerbslos" gilt somit derjenige, der *sich selbst* so bezeichnet. In dieser Hinsicht ist der Begriff der Erwerbslosen umfassender als der Begriff der Arbeitslosen. Auf der anderen Seite sind aber Personen, die vorübergehend eine geringfügige Tätigkeit ausüben, in der amtlichen Arbeitslosenstatistik der Bundesanstalt für Arbeit enthalten, werden aber vom Statistischen Bundesamt nicht zu den Erwerbslosen gerechnet.

Es gibt also eine Reihe von Ansätzen zur Erfassung der nicht registrierten Arbeitslosen, die alle gewisse Vorteile, aber auch Schwächen haben. Im folgenden werden wir aber ausschließlich die Daten der amtlichen Arbeitslosenstatistik verwenden, weil nur sie einen ausreichenden Detailliertheitsgrad aufweisen. Sie sollten diese Ungenauigkeiten aber stets im Hinterkopf haben, wenn sie die amtlichen Statistiken analysieren.

5.2.2 Wachstum, Produktivität und Beschäftigung

Eine der wichtigsten Gründe für Wirtschaftswachstum besteht darin, daß der Beschäftigungsgrad zwangsläufig abnimmt, wenn das Sozialprodukt langsamer wächst als die Arbeitsproduktivität. Obwohl dies intuitiv einleuchtet, wollen wir die Zusammenhänge etwas genauer herleiten und darüber hinaus auch noch etwas ausführlicher darstellen, weil die entsprechenden Daten von der Bundesanstalt für Arbeit jedes Jahr zur Beurteilung der Arbeitsmarktentwicklung herangezogen werden. Beachten Sie, daß zur Herleitung der folgenden Zusammenhänge lediglich einige Definitionsgleichungen umgeformt werden.

Die Arbeitsproduktivität π zum Zeitpunkt t ist definiert als das Verhältnis aus Sozialprodukt Y(t) und der gesamten Arbeitszeit L(t), weil dieses ja genau angibt, wieviel beispielsweise in einer Stunde durchschnittlich produziert wurde:

$$(5.5a) \quad \pi(t) = \frac{Y(t)}{L(t)} \quad \text{bzw.} \quad (5.5b) \quad L(t) = \frac{Y(t)}{\pi(t)}.$$

Aus dieser Definitionsgleichung kann hergeleitet werden daß die Wachstumsrate der Arbeitszeit (w_L) im Zeitablauf der Differenz zwischen den Wachstumsraten des Sozialprodukts (w_Y) und der Arbeitsproduktivität (w_π) entspricht.[86]

$$(5.6) \quad w_L = w_Y - w_\pi.$$

Gleichung (5.6) zeigt, daß Quotienten aus absoluten Größen beim Übergang zu Wachstumsraten in Differenzen übergehen. Analog werden Produkte zu Summen. Die Bundesanstalt für Arbeit verwendet diesen Sachverhalt, um die Zusammenhänge zwischen den Wachstumsraten der in Abschnitt 5.2.1 eingeführten Größen unter Berücksichtigung von Sozialprodukt und Arbeitsproduktivität darzustellen. Um diesen Zusammenhang auch an der realen Entwicklung studieren zu können, werfen wir einen genaueren Blick auf Tab. 5.7. Lassen Sie sich durch die Komplexität dieser Tabelle nicht abschrecken. Eine genaue Analyse der Daten erleichtert das Verständnis der Zusammenhänge ungemein.

---

[86] Die Wachstumsraten erhält man durch Differenzieren von (5.5b) nach der Zeit t, analog zur Vorgehensweise in Fußnote 28.

5. Arbeitsmarktpolitik

	Reales Bruttoinlandsprodukt		Produktivität je Erwerbstätigenstunde		Arbeitsvolumen		Arbeitszeit je Erwerbstätigen		Erwerbstätige		Erwerbspersonen		Arbeitslose		Arbeitslosenquote	
	Mrd. DM	Veränd. in % (w_Y)	in DM	Veränd. in % (w_π)	Mio. Arb.-std.	Veränd. in % (w_L)	Arbeits-stunden	Veränd. in % (w_h)	in 1000	Veränd. in % (w_{ET})	in 1000	Veränd. in %	in 1000	Veränd. in % (w_{AL})	in %	Veränd. in %
1	2	3	4	5	6	7	8	9	10	11	12	13	14	15	16	17
1960	1.000		17,83		56.085		2.151,9		26.063		26.334		271		1,0	
1961	1.046	4,6	18,61	4,4	56.208	0,2	2.127,0	-1,2	26.426	1,4	26.607	1,0	181	-33,2	0,7	-33,9
1962	1.095	4,7	19,69	5,8	55.627	-1,0	2.097,7	-1,4	26.518	0,3	26.673	0,2	155	-14,4	0,6	-14,6
1963	1.126	2,8	20,60	4,6	54.656	-1,7	2.056,2	-2,0	26.581	0,2	26.767	0,4	186	20,0	0,7	19,6
1964	1.201	6,7	21,72	5,4	55.286	1,2	2.078,1	1,1	26.604	0,1	26.773	0,0	169	-9,1	0,6	-9,2
1965	1.265	5,4	22,96	5,7	55.105	-0,3	2.058,1	-1,0	26.775	0,6	26.922	0,6	147	-13,0	0,5	-13,5
1966	1.301	2,8	23,91	4,1	54.394	-1,3	2.039,3	-0,9	26.673	-0,4	26.834	-0,3	161	9,5	0,6	9,9
1967	1.297	-0,3	25,16	5,2	51.533	-5,3	1.997,1	-2,1	25.804	-3,3	26.263	-2,1	459	185,1	1,7	191,3
1968	1.367	5,5	26,65	5,9	51.301	-0,5	1.986,4	-0,5	25.826	0,1	26.149	-0,4	323	-29,6	1,2	-29,3
1969	1.469	7,5	28,49	6,9	51.572	0,5	1.966,3	-1,0	26.228	1,6	26.407	1,0	179	-44,6	0,7	-45,1
1970	1.543	5,0	29,81	4,6	51.768	0,4	1.949,1	-0,9	26.560	1,3	26.709	1,1	149	-16,8	0,6	-17,7
1971	1.590	3,1	30,96	3,9	51.363	-0,8	1.926,0	-1,2	26.668	0,4	26.853	0,5	185	24,2	0,7	23,5
1972	1.658	4,3	32,59	5,2	50.881	-0,9	1.900,4	-1,3	26.774	0,4	27.020	0,6	246	33,0	0,9	32,2
1973	1.737	4,8	34,37	5,5	50.538	-0,7	1.867,2	-1,7	27.066	1,1	27.339	1,2	273	11,0	1,0	9,7
1974	1.740	0,2	35,51	3,3	49.016	-3,0	1.833,2	-1,8	26.738	-1,2	27.320	-0,1	582	113,2	2,1	113,3
1975	1.719	-1,3	36,72	3,4	46.802	-4,5	1.798,7	-1,9	26.020	-2,7	27.094	-0,8	1074	84,5	4,0	86,1
1976	1.810	5,3	38,19	4,0	47.400	1,3	1.831,4	1,8	25.882	-0,5	26.942	-0,6	1060	-1,3	3,9	-0,7
1977	1.862	2,8	39,95	4,6	46.597	-1,7	1.797,8	-1,8	25.919	0,1	26.949	0,0	1030	-2,8	3,8	-2,9
1978	1.917	3,0	41,18	3,1	46.556	-0,1	1.781,7	-0,9	26.130	0,8	27.123	0,6	993	-3,6	3,7	-4,2
1979	1.998	4,2	42,72	3,7	46.784	0,5	1.760,9	-1,2	26.568	1,7	27.444	1,2	876	-11,8	3,2	-12,8
1980	2.018	1,0	42,84	0,3	47.102	0,7	1.745,8	-0,9	26.980	1,6	27.869	1,5	889	1,5	3,2	-0,1
1981	2.020	0,1	43,35	1,2	46.598	-1,1	1.729,0	-1,0	26.951	-0,1	28.223	1,3	1.272	43,1	4,5	41,3
1982	2.001	-0,9	43,32	-0,1	46.187	-0,9	1.734,4	0,3	26.630	-1,2	28.463	0,9	1.833	44,1	6,4	42,9
1983	2.036	1,8	44,91	3,7	45.343	-1,8	1.727,3	-0,4	26.251	-1,4	28.509	0,2	2.258	23,2	7,9	23,0
1984	2.094	2,8	46,29	3,1	45.221	-0,3	1.719,9	-0,4	26.293	0,2	28.559	0,2	2.266	0,4	7,9	0,2
1985	2.136	2,0	47,54	2,7	44.928	-0,6	1.696,1	-1,4	26.489	0,7	28.793	0,8	2.304	1,7	8,0	0,9
1986	2.186	2,3	48,30	1,6	45.258	0,7	1.685,2	-0,6	26.856	1,4	29.084	1,0	2.228	-3,3	7,7	-4,3
1987	2.218	1,5	49,01	1,5	45.266	0,0	1.673,4	-0,7	27.050	0,7	29.279	0,7	2.229	0,0	7,6	-0,6
1988	2.301	3,7	50,35	2,7	45.700	1,0	1.676,4	0,2	27.261	0,8	29.503	0,8	2.242	0,6	7,6	-0,2
1989	2.384	3,6	52,06	3,4	45.802	0,2	1.656,0	-1,2	27.658	1,5	29.696	0,7	2.038	-9,1	6,9	-9,7
1990	2.520	5,7	54,60	4,9	46.162	0,8	1.620,9	-2,1	28.479	3,0	30.362	2,2	1.883	-7,6	6,2	-9,6
1991	2.648	5,0	56,52	3,5	46.841	1,5	1.604,7	-1,0	29.190	2,5	30.879	1,7	1.689	-10,3	5,5	-11,8
1992	2.694	1,8	56,55	0,0	47.647	1,7	1.617,8	0,8	29.452	0,9	31.260	1,2	1.808	7,0	5,8	5,7
1993	2.649	-1,7	57,38	1,5	46.155	-3,1	1.591,9	-1,6	28.994	-1,6	31.264	0,0	2.270	25,9	7,3	25,5
1994	2.709	2,3	59,96	4,5	45.175	-2,1	1.577,6	-0,9	28.636	-1,2	31.192	-0,2	2.556	12,6	8,2	12,9

Quelle: Institut für Arbeitsmarkt- und Berufsforschung.

Tab. 5.3: Einige Arbeitsmarktindikatoren für Deutschland (alte Bundesländer)

5.2 Definitionen, Beziehungen und Eckdaten der Arbeitsmarktentwicklung 165

Die siebte Spalte zeigt gemäß (5.6), daß die Wachstumsrate des gesamten Arbeitsvolumens L als Differenz der Wachstumsraten des Inlandsprodukts (Spalte 3) und der Arbeitsproduktivität (Spalte 5) dargestellt werden kann. Um vom Arbeitsvolumen zu den Erwerbstätigen zu kommen, müssen wir lediglich berücksichtigen, daß das Arbeitsvolumen das Produkt aus Erwerbstätigen (ET) und durchschnittlicher Arbeitszeit pro Erwerbstätigem (h) ist:

(5.7a) $\quad L = ET \cdot h \quad$ bzw. $\quad$ (5.7b) $\quad ET = \dfrac{L}{h}$.

Setzen wir für L gemäß Gleichung (5.5b) Y/π ein, so folgt direkt

(5.8) $\quad ET = \dfrac{Y}{\pi \cdot h}$.

In Wachstumsraten gilt entsprechend

(5.9) $\quad w_{ET} = w_Y - w_\pi - w_h$.

Diesen Zusammenhang zeigt Spalte 11 in Tab. 5.7. Gleichung (5.9) verdeutlicht, daß die Erwerbstätigkeit ceteris paribus um so größer ist

- je höher das Wachstum des Sozialprodukts,
- je geringer das Wachstum der Arbeitsproduktivität
- und je geringer die Arbeitszeit pro Beschäftigten ist.

Bei der Interpretation dieses Ergebnisses muß aber darauf geachtet werden, daß es sich um einen rein definitorischen Zusammenhang handelt, der keinerlei Aussagen über die Kausalität der Beziehungen erlaubt. Aus Gleichung (5.9) darf daher nicht ohne weiteres abgeleitet werden, daß die Verminderung der Arbeitsproduktivität oder der Arbeitszeit pro Beschäftigtem der richtige Weg zur Steigerung der Erwerbstätigkeit und Verminderung der Arbeitslosigkeit ist. Eine solche Schlußfolgerung wäre nur dann richtig, wenn zwischen den einzelnen Wachstumsraten keine Wechselwirkungen bestehen würden. Dies entspricht aber gerade nicht der Realität: Empirische Untersuchungen weisen beispielsweise auf eine positive Korrelation zwischen Wirtschaftswachstum und Produktivität hin. Je höher die Produktivität, desto höher ist auch das Wirtschaftswachstum. Dieser Zusammenhang läßt sich kausal in beide Richtungen interpretieren:

- Hohe Produktivitätsfortschritte sind mit Kostensenkungen verbunden. Wenn diese in Form von Preissenkungen an die Nachfrager weitergegeben werden, kann es zu Umsatzzuwächsen kommen. Sofern also die Produktivität sinkt, ist dies nicht automatisch mit einer steigenden Beschäftigung verbunden, denn der Produktivitätsrückgang kann voll zu Lasten des Wirtschaftswachstums gehen, ohne daß sich Beschäftigungswirkungen einstellen.
- Umgekehrt kann Wirtschaftswachstum auch Produktivitätsfortschritte nach sich ziehen. Nach einer These von *Verdoorn*, werden 45 – 60 % des Produktivitätsfortschritts durch das Produktionswachstum erklärt. Empirische Schätzungen für die Bundesrepublik haben ergeben, daß von einer Steigerung des Wirtschaftswachstums um 1 Prozentpunkt nur 0,4 Prozentpunkte zu einer Entlastung des Arbeitsmarkts führen, die restlichen 0,6 Prozentpunkte werden durch eine Erhöhung der Produktivität kompensiert. Die Beschäftigungsschwelle, d. h. die Wachstumsrate für das Wirtschaftswachstum, ab der positive Beschäftigungseffekte zu erwarten sind, ist in Deutschland in den letzten Jahren recht deutlich

gesunken und wird derzeit auf rund 1 % geschätzt. Nur ein höheres Wirtschaftswachstum wirkt sich positiv auf den Arbeitsmarkt aus.

Auch zwischen der jahresdurchschnittlichen Arbeitszeit und der Produktivität können Interdependenzen auftreten. Die Auswirkungen einer Arbeitszeitverkürzung hängen wesentlich davon ab, welche Lohnausgleichsregelung vereinbart wird. Wir werden wegen der aktuellen politischen Bedeutung darauf in Abschnitt 5.4.5 etwas ausführlicher eingehen.

Kehren wir zurück zur Tab. 5.7, in der wir zusätzlich die Wachstumsraten der Erwerbspersonen (EP = ET + AL) in Spalte 13, der Arbeitslosigkeit (AL) in Spalte 15 und der Arbeitslosenquote (AQ = AL/EP) in Spalte 17 aufgeführt haben.[87]

Ein genauerer Blick auf Tab. 5.7 zeigt, daß sich im Zeitablauf einige interessante Verschiebungen ergeben haben: Der scharfe Einbruch der Erwerbstätigkeit in der Rezession von 1967 (–3,3 %) war darauf zurückzuführen, daß das Wachstum mit dem Produktivitätsfortschritt (5,2 %) nicht Schritt halten konnte, was durch die Verringerung der Arbeitszeit (–2,1 %) nur teilweise kompensiert werden konnte. Vom Wirtschaftswachstum (–0,3 %) gingen keine positiven Impulse auf die Beschäftigung aus. Ein ähnliches Bild ergibt sich in den Rezessionen Mitte der siebziger und Anfang der achtziger Jahre.

Ende der achtziger und Anfang der neunziger Jahre eilte das Sozialproduktswachstum dem Produktivitätswachstum voraus, so daß die Erwerbstätigkeit zunahm. Dennoch sank die Arbeitslosigkeit nur langsam, weil die Anzahl der Erwerbspersonen aus exogenen Gründen, insbesondere durch die Aufnahme von Aussiedlern, zunahm (die Arbeitslosigkeit AL ist ja die Differenz aus Erwerbspersonen EP und Erwerbstätigen ET). Gleichzeitig ist die Arbeitszeit je Erwerbstätigen recht deutlich gesunken.

Seit 1993 zeigt sich allerdings eine deutliche Trendwende, weil das Bruttoinlandsprodukt auch absolut gesehen sank und erstmals seit 1983 nicht nur die Arbeitslosigkeit zu-, sondern auch die Erwerbstätigkeit abnahm. Dieser Trend setzte sich auch 1994 fort, obwohl das reale Bruttoinlandsprodukt um 2,3 % stieg, denn die Zunahme der Arbeitsproduktivität fiel mit 4,5 % deutlich höher aus.

5.3 Formen der Arbeitslosigkeit

In Abschnitt 5.2 wurden lediglich aggregierte Daten der Produktivitäts-, Wachstums- und Beschäftigungsentwicklung und ihre Zusammenhänge dargestellt, so daß über deren Ursachen noch recht wenig gesagt werden konnte. Lange Zeit stand in der wirtschaftspolitischen Diskussion die Bekämpfung der konjunkturellen Arbeitslosigkeit im Vordergrund, die definitionsgemäß auf wiederkehrende Unterauslastungen des Produktionspotentials zurückzuführen ist (man könnte auch von keynesianischer Arbeitslosigkeit sprechen, da diese durch eine zu geringe effektive Nachfrage erklärt wird). Inzwischen haben in der Arbeitsmarktpolitik allerdings – ähnlich wie in der Geld- und Finanzpolitik – angebotsorientierte Konzepte erheblich an Bedeutung gewonnen. Dies ist einerseits auf den

---

[87] Die Wachstumsrate der Arbeitslosenquote AQ = AL/(AL+ET) kann wegen der Addition im Nenner nicht ohne weiteres durch die Wachstumsraten in den vorhergehenden Spalten ausgedrückt werden. Hilfsweise könnte man allerdings das Verhältnis aus Arbeitslosen und Erwerbstätigen (AL/ET) heranziehen, für dessen Wachstumsrate sich nach den üblichen Umformungen

$$w_{AL/ET} = w_{AL} - w_{ET} = w_{AL} + w_\pi + w_h - w_Y$$

ergibt.

theoretischen Siegeszug des Monetarismus und der damit verbundenen wirtschaftspolitischen Kernvorstellungen, andererseits aber auch auf empirische Entwicklungen zurückzuführen, wie sie in Abb. 5.1 dokumentiert sind.

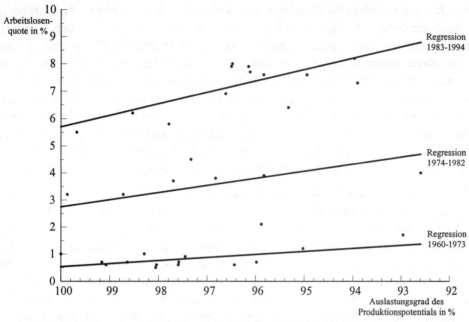

Quelle: Eigene Darstellung nach Daten des Sachverständigenrates und des Instituts für Arbeitsmarkt- und Berufsforschung.

Abb. 5.1: Auslastung des Produktionspotentials und Arbeitslosigkeit in der Bundesrepublik Deutschland

Abb. 5.1 zeigt zunächst, daß in allen drei betrachteten Zeiträumen (60er, 70er und 80er Jahre) die Arbeitslosigkeit bei abnehmender Auslastung des Produktionspotentials zunahm. Dies ist selbstverständlich, weil eine sinkende Auslastung ceteris paribus einen sinkenden Arbeitskräftebedarf impliziert.[88] Interessanter ist aber, daß sich die Regressionsgeraden für die drei betrachteten Dekaden nach oben verschoben haben, so daß in den achtziger Jahren selbst bei Vollauslastung der Kapazitäten – also in der Hochkonjunktur – noch eine enorm hohe Arbeitslosigkeit bestand. Diese Arbeitslosigkeit kann offenbar *nicht* als Folge einer zu geringen effektiven Nachfrage interpretiert werden, sondern ist darauf zurückzuführen, daß das Produktionspotential bei gegebener Produktivität selbst zu gering ist, um das vorhandene Arbeitskräfteangebot zu absorbieren. Statt von konjunktureller spricht man dann von *Wachstumsdefizit*arbeitslosigkeit.

Trotz der auf den Doppelcharakter der Investitionen[89] zurückzuführenden Schwierigkeiten bei der Trennung von Nachfrage- und Angebotsproblemen ist es plausibel, die konjunkturelle Arbeitslosigkeit als Nachfrageproblem (die vorhandenen Kapazitäten werden nicht ausgelastet, was zur Arbeitslosigkeit führt) und die Wachstumsdefizitarbeitslosigkeit als Angebotsproblem (die Unternehmen stellen zu geringe Kapazitäten bereit) zu interpretieren. Tab. 5.4 zeigt idealtypisch

---

[88] Denken Sie auch an den im vorhergehenden Abschnitt erläuterten Zusammenhang zwischen den Wachstumsraten von Beschäftigung und Sozialprodukt.

[89] Der Doppelcharakter der Investitionen besteht darin, daß sie einerseits zu einer Erhöhung des Kapitalstocks führen und andererseits eine Nachfragekomponente darstellen. Vgl. Kompaktstudium Wirtschaftswissenschaften, Bd. 2: „Makroökonomie", Abschnitt 1.2.

unterschiedliche Formen der Arbeitslosigkeit, deren Klassifikation nach ausgewählten Kriterien sowie einige grundsätzliche Ansatzpunkte zu ihrer Bekämpfung.

Zur Bekämpfung der *konjunkturellen* Arbeitslosigkeit kommen zunächst alle geld- und finanzpolitischen Maßnahmen zur Steigerung der effektiven Nachfrage in Frage, die bereits in den vorhergehenden Kapiteln diskutiert wurden. Arbeitsmarktspezifisch kann man beispielsweise an Arbeitsbeschaffungsmaßnahmen, Lohnsubventionen und eine Ausweitung der Beschäftigung im öffentlichen Dienst denken. Da die Wachstumsdefizitarbeitslosigkeit annahmegemäß durch zu hohe Kosten begründet wird, ist indirekt an die in Abschnitt 4.5 diskutierten Maßnahmen der angebotsorientierten Wirtschaftspolitik zu denken. Arbeitsmarktspezifisch kommen beispielsweise stärkere Lohndifferenzierungen (d. h. konkret: geringere Löhne in unproduktiven Branchen) und Flexibilisierungen der Arbeitszeit zwecks Erhöhung der Maschinenlaufzeiten (Fixkostendegression) in Frage.

Während die konjunkturelle Arbeitslosigkeit und die Wachstumsdefizitarbeitslosigkeit gesamtwirtschaftliche Phänomene sind, versteht man unter der *strukturellen* Arbeitslosigkeit Profildiskrepanzen zwischen Arbeitsangebot und -nachfrage auf Teilmärkten. Die Trennung zwischen gesamt- und teilwirtschaftlichen Phänomenen dient allerdings nur der Strukturierung, weil in der Praxis sowohl die Auslastung der Kapazitäten als auch deren Wachstum von Unternehmen zu Unternehmen und von Branche zu Branche verschieden ist, so daß verschiedene Arbeitnehmer auch unterschiedlich stark betroffen sind. Wenn es um Schlüsselindustrien wie die Automobilbranche geht, so wird die strukturelle zur konjunkturellen Arbeitslosigkeit. Umgekehrt betreffen allgemeine Konjunktureinbrüche bestimmte Branchen besonders stark. Beispielsweise werden in der Rezession meist über alle Branchen hinweg die Ausgaben für Unternehmensberatungen stark gekürzt, was zu – konjunkturell bedingter – Arbeitslosigkeit auf Teilmärkten und in diesem Sinne zu struktureller Arbeitslosigkeit führt.

Die durch jahreszeitlich bedingte Produktionsschwankungen in saisonabhängigen Wirtschaftszweigen (Bauwirtschaft, Landwirtschaft u.ä.) hervorgerufene Arbeitslosigkeit wird als *saisonale* Arbeitslosigkeit bezeichnet. Selbst bei guter Konjunktur vergeht in der Regel eine gewisse Zeit, bis ein Arbeitsloser eine seiner Qualifikation und Leistungsfähigkeit entsprechende Arbeitsstelle gefunden hat. Diese allein auf Suchprozesse zurückzuführende Arbeitslosigkeit nennt man *friktionelle* Arbeitslosigkeit. Sowohl saisonale als auch friktionelle Arbeitslosigkeit sind nur von kurzer Dauer, daher ist der wirtschaftspolitische Handlungsbedarf hier gering. Allerdings nimmt die friktionelle Arbeitslosigkeit zu, wenn der Suchprozeß durch institutionelle Hemmnisse verlängert wird. Ebenfalls geringer Handlungsbedarf besteht bei der *freiwilligen* Arbeitslosigkeit. Hierunter verstehen wir Erwerbspersonen, die die Wiederaufnahme eines Arbeitsverhältnisses angesichts der gegebenen Lohnstruktur und sonstiger Nebenbedingungen für nicht vorteilhaft halten. Allgemein gesprochen besteht der Ansatzpunkt der Arbeitsmarktpolitik hier offensichtlich in der Schaffung entsprechender monetärer Anreize sowie der Verschärfung der Mißbrauchskontrolle.

Abschließend sei erwähnt, daß die wirtschaftspolitisch äußerst kontrovers diskutierte Möglichkeit einer Arbeitszeitverkürzung in Tab. 5.4 deshalb nicht auftaucht, weil sie keiner speziellen Form der Arbeitslosigkeit zuzurechnen ist (vgl. aber Abschnitt 5.4).

5.3 Formen der Arbeitslosigkeit

	Konjunkturelle AL	Wachstumsdefizit-AL	Strukturelle AL	Saisonale AL	Friktionelle AL	Freiwillige AL
Fristigkeit	mittelfristig	langfristig	mittel- bis langfristig	kurzfristig	kurzfristig	langfristig
gesamt- oder teilwirtschaftlich verursacht	gesamtwirtschaftlich	gesamtwirtschaftlich	teilwirtschaftlich	teilwirtschaftlich	gesamtwirtschaftlich	gesamtwirtschaftlich
Möglichkeiten der Bekämpfung	**indirekt:** Steigerung der effektiven Nachfrage (z. B. durch Fiskalpolitik) **direkt:** – ABM – Lohnsubventionen – Erhöhung der Beschäftigung im öffentlichen Sektor	**indirekt:** Förderung der Angebotsbedingungen **direkt:** – Lohndifferenzierung – kostenniveauneutrale Lohnpolitik – Flexibilisierung der Arbeitszeit	**sektoral und branchenspezifisch** *kurzfristig:* Erhöhung von Subventionen etc. *mittel- und langfristig:* Förderung von Wachstumsbranchen **regional** – Förderung der regionalen Infrastruktur – regionaldifferenzierte Lohnpolitik **qualifikationsspezifisch** – Frühzeitiges Erkennen und Veröffentlichen von Entwicklungstrends – Umschulungen – ABM zwecks Aufrechterhaltung der Qualifikation – qualifikationsspezifische Lohndifferenzierung	– Winterbauförderung – Einbezug von Schulferien	– Verbesserung der Markttransparenz – Abbau von institutionellen Hemmnissen	– Steigerung der Kontrolle – Schaffung von Anreizen

Tab. 5.4: Idealtypische Formen der Arbeitslosigkeit und Ansatzpunkte zu ihrer Bekämpfung

Innerhalb der strukturellen Arbeitslosigkeit ergeben sich viele weitere Klassifikationsmöglichkeiten. In Tab. 5.4 wurde nach sektoraler, branchenspezifischer, regionaler und qualifikationsspezifischer Arbeitslosigkeit differenziert. Der Unterschied zwischen Sektoren und Branchen besteht lediglich im Aggregationsgrad: Auf der höchsten Aggregationsstufe unterscheidet man nach den drei Sektoren Land- und Forstwirtschaft (primärer Sektor), Industrieproduktion (sekundärer Sektor) und Dienstleistungen (tertiärer Sektor). Präferenzänderungen und die Einkommenselastizitäten auf der Nachfrageseite[90] sowie unterschiedliche Produktivitätsfortschritte auf der Angebotsseite führen dazu, daß sich die Zusammensetzung der Erwerbstätigkeit in den drei Sektoren im Zeitablauf stark verschoben hat. Tab. 5.5 zeigt diese Entwicklung nach Wirtschaftssektoren.

Jahr	Insgesamt	Veränd. in %	Land- und Forstwirtschaft, Tierhaltung und Fischerei	Veränd. in %	Produzierendes Gewerbe	Veränd. in %	Dienstleistungen[1]	Veränd. in %
1970	26.560		2.262		12.987		11.311	
1971	26.668	0,4	2.128	-5,9	12.951	-0,3	11.589	2,5
1972	26.774	0,4	2.034	-4,4	12.753	-1,5	11.987	3,4
1973	27.066	1,1	1.964	-3,4	12.808	0,4	13.312	11,1
1974	26.738	-1,2	1.845	-6,1	12.399	-3,2	12.494	-6,1
1975	26.020	-2,7	1.749	-5,2	11.624	-6,3	12.647	1,2
1976	25.882	-0,5	1.617	-7,5	11.405	-1,9	12.860	1,7
1977	25.919	0,1	1.534	-5,1	11.421	0,1	12.964	0,8
1978	26.130	0,8	1.493	-2,7	11.409	-0,1	13.228	2,0
1979	26.568	1,7	1.410	-5,6	11.580	1,5	13.578	2,6
1980	26.980	1,6	1.403	-0,5	11.721	1,2	13.856	2,0
1981	26.951	-0,1	1.368	-2,5	11.528	-1,6	14.055	1,4
1982	26.630	-1,2	1.322	-3,4	11.177	-3,0	14.131	0,5
1983	26.251	-1,4	1.280	-3,2	10.842	-3,0	14.129	0,0
1984	26.293	0,2	1.239	-3,2	10.791	-0,5	14.263	0,9
1985	26.489	0,7	1.196	-3,5	10.800	0,1	14.493	1,6
1986	26.856	1,4	1.177	-1,6	10.912	1,0	14.767	1,9
1987	27.050	0,7	1.125	-4,4	10.889	-0,2	15.036	1,8
1988	27.261	0,8	1.078	-4,2	10.862	-0,2	15.321	1,9
1989	27.658	1,5	1.028	-4,6	10.997	1,2	15.633	2,0
1990	28.479	3,0	995	-3,2	11.309	2,8	16.175	3,5
1991	29.189	2,5	970	-2,5	11.450	1,2	16.769	3,7
1992	29.455	0,9	930	-4,1	11.306	-1,3	17.219	2,7
1993	29.005	-1,5	881	-5,3	10.775	-4,7	17.349	0,8
1994	28.654	-1,2	837	-5,0	10.366	-3,8	17.451	0,6

1 Einschließlich Handel und Verkehr sowie Staat und private Haushalte.
Quelle: Sachverständigenrat.

Tab. 5.5: Erwerbstätige in Deutschland (alte Bundesländer) nach Wirtschaftssektoren in 1000

Damit derartige Verschiebungen nicht zur strukturellen Arbeitslosigkeit führen, muß sich das Qualifikationsprofil der Arbeitnehmer den veränderten Bedingungen ständig anpassen. Dies setzt beispielsweise voraus, daß Verschiebungen in der Zusammensetzung der Arbeitsnachfrage hinreichend bekannt sind, um bei der Wahl der Ausbildung berücksichtigt zu werden. Gleiches gilt auf einer niedrigeren

---

[90] Beispielsweise ist die Einkommenselastizität der Nachfrage nach „gewöhnlichen" Lebensmitteln wie z. B. Brot sehr gering, weil auch bei hohem Einkommen nicht mehr gegessen wird.

Aggregationsstufe, wenn einzelne Branchen betrachtet werden. Aktuell ist der Rückgang der Beschäftigung besonders deutlich in bislang erfolgreichen Exportbranchen wie dem Maschinenbau (90.000 Personen), dem Straßenfahrzeugbau (89.000), der Elektrotechnik (77.000) und der chemischen Industrie (30.000) ausgeprägt.[91] Dabei sei erneut darauf hingewiesen, daß sich konjunkturelle Komponenten (geringe Nachfrage), Wachstumsdefizitkomponenten (Kostendruck) und strukturelle Komponenten (Produktivitäts- und Nachfrageverschiebungen) in diesen Zahlen überlagern. Faktisch spielt bei der Verringerung der strukturellen Arbeitslosigkeit die kurzfristige Erhaltung der Arbeitsplätze durch Subventionen immer noch eine sehr starke Rolle, während theoretisch eher eine Förderung des Strukturwandels durch die Unterstützung von Wachstumsbranchen als vielversprechend gilt.

Sowohl die regionale, als auch die qualifikationsspezifische Arbeitslosigkeit stehen mit der sektoralen und branchenspezifischen Arbeitslosigkeit in enger Beziehung, weil der Strukturwandel selbstverständlich bestimmte Regionen (siehe Ruhrgebiet) und Qualifikationen (z. B. Stahlarbeiter) besonders erfaßt. Dennoch werden beide getrennt aufgeführt, weil einzelne Regionen und Ausbildungsprofile auch branchenübergreifend stärker betroffen sind als andere.

Bundesland	1985	1989	1990	1991	1992	1993	1994
Alte Bundesländer	**9,3**	**7,9**	**7,2**	**6,3**	**6,6**	**8,2**	**9,2**
Baden-Württemberg	5,4	4,5	4,1	3,7	4,4	6,3	7,5
Bayern	7,7	5,7	5,1	4,4	4,9	6,4	7,1
Berlin-West	10,0	9,8	9,4	9,4	11,1	12,3	13,3
Bremen	15,2	14,6	13,5	10,7	10,7	12,4	13,7
Hamburg	12,3	11,7	10,5	8,7	7,9	8,6	9,8
Hessen	7,2	6,1	5,7	5,1	5,5	7,0	8,2
Niedersachsen	12,3	10,0	9,4	8,1	8,1	9,7	10,7
Nordrhein-Westfalen	11,0	10,0	9,0	7,9	8,0	9,6	10,7
Rheinland-Pfalz	8,6	6,9	6,3	5,4	5,7	7,5	8,4
Saarland	13,4	11,0	9,7	8,6	9,0	11,2	12,1
Schleswig-Holstein	11,1	9,6	8,7	7,3	7,2	8,3	9,0
Neue Bundesländer				**10,3**	**14,8**	**15,8**	**16,0**
Berlin-Ost				12,2	14,3	13,7	13,0
Brandenburg				10,3	14,8	15,3	15,3
Mecklenburg-Vorpommern				12,5	16,8	17,5	17,0
Sachsen				9,1	13,6	14,9	15,7
Sachsen-Anhalt				10,3	15,3	17,2	17,6
Thüringen				10,2	15,4	16,3	16,5
Deutschland				**7,3**	**8,5**	**9,8**	**10,6**

Quelle: Institut für Arbeitsmarkt und Berufsforschung.

Tab. 5.6: Arbeitslosenquoten[92] nach Bundesländern

Tab. 5.6 demonstriert vor allem den allgemeinen Sachverhalt, daß die Arbeitslosigkeit in den neuen Bundesländern erheblich größer ist als in den alten Bundesländern. Dies liegt in erster Linie an einer geringeren Produktivität, die nicht nur auf den Zustand der einzelnen Betriebe, sondern auch auf allgemeine Mängel in

---

[91] Die Zahlen beziehen sich auf die Beschäftigungsverminderung vom Juli 1992 bis zum Juli 1993.

[92] Die Arbeitslosenquoten in dieser Tabelle beziehen sich nicht auf alle zivilen Erwerbspersonen, sondern nur auf die abhängigen Erwerbspersonen (ohne Beamte und Selbständige). Sie sind daher ein wenig höher als in Tab. 5.3. Vgl. Fußnote 84.

der Infrastruktur zurückzuführen ist. Indirekte Maßnahmen zum Abbau der regionalen Arbeitslosigkeit sind daher Förderungen strukturschwacher Regionen, wie sie durch den regionalen Finanzausgleich[93] institutionalisiert sind. Arbeitsmarktspezifisch ist an eine Förderung der regionalen Mobilität und an eine regional stärker differenzierte Lohnstruktur zu denken, um die Produktivitätsunterschiede auszugleichen.

Abschließend zur strukturellen Arbeitslosigkeit wollen wir noch einen kurzen Blick auf die qualifikationsspezifische Arbeitslosigkeit werfen, wobei wir die Qualifikation nach Ausbildung (Abb. 5.2) und Stellung im Beruf (Abb. 5.3) differenzieren.

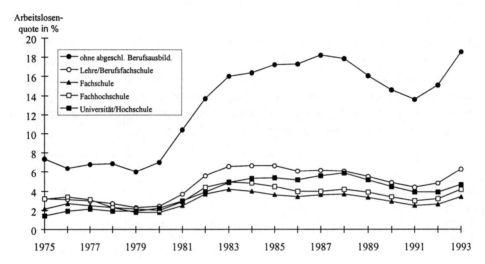

Quelle: Eigene Darstellung nach Daten des Instituts für Arbeitsmarkt und Berufsforschung.

Abb. 5.2: Arbeitslosigkeit nach Qualifikation

Abb. 5.2 zeigt zunächst, daß Arbeitslose mit Berufsausbildung weitaus größere Chancen auf dem Arbeitsmarkt besitzen als Arbeitslose ohne Berufsausbildung. Dieses Mißverhältnis hat in den letzten zehn Jahren sogar noch zugenommen. Während die Arbeitslosigkeit unter den Erwerbspersonen mit einer Lehre/Berufsfachschulausbildung von 1975 bis 1993 nur um 3,1 Prozentpunkte (von 3,2 auf 6,3 %) anstieg, machte der Anstieg der Arbeitslosigkeit unter den Erwerbspersonen ohne Berufsausbildung ganze 11,2 Prozentpunkte (von 7,4 auf 18,6 %) aus. Diese dramatische Entwicklung läßt sich u.a. damit erklären, daß die Zahl der Beschäftigten ohne Berufsausbildung in den letzten gut 20 Jahren trotz einer gestiegenen Erwerbsbevölkerung absolut zurückgegangen ist (von 7,5 Mio. auf 6,3 Mio.), d. h. sie werden von den Beschäftigten mit Berufsausbildung offensichtlich immer mehr aus dem Arbeitsmarkt verdrängt. Abb. 5.2 macht zudem deutlich, daß ein Hochschulstudium heutzutage nicht mehr die allerbeste Qualifi-

---

[93] Seit 1995 sind die neuen Bundesländer in den horizontalen Finanzausgleich einbezogen. Danach erhalten die finanzschwachen von den finanzstarken Ländern Transferzahlungen, so daß sie nach Durchführung des Finanzausgleichs 95 % der durchschnittlichen Finanzkraft aller Länder erreichen. Zusätzlich zahlt der Bund im Rahmen des vertikalen Finanzausgleichs Fehlbetragsergänzungszuweisungen, so daß die finanziellen Mittel der finanzschwachen Länder schließlich auf 99,5 % der durchschnittlichen Finanzkraft angehoben werden. Eine solche Regelbindung des Finanzausgleichs ist durchaus problematisch: Der Anreiz der finanzschwachen Länder, eine wachstumsfördernde Wirtschaftspolitik mit steigenden Steuereinnahmen zu betreiben, ist nur gering, da höhere Steuereinnahmen automatisch zu Kürzungen der Transfers im Rahmen des Finanzausgleichs führen.

kationsmaßnahme darstellt, um die Arbeitsmarktchancen zu erhöhen. Die Arbeitslosenquoten für Absolventen von Fach- und Fachhochschulen sind in den letzten Jahren wesentlich geringer gewesen. Allerdings hat sich der Abstand der Erwerbspersonen mit einer Lehre/Berufsfachschule zu den Hochschulabsolventen im Vergleich zu 1988, als beide Personengruppen nahezu identische Arbeitslosenquoten hatten, wieder deutlich erhöht (6,3 % gegenüber 4,7 %).

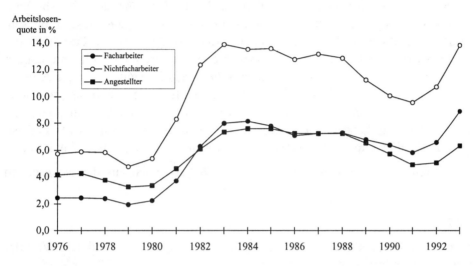

Quelle: Eigene Darstellung nach Daten des Instituts für Arbeitsmarkt und Berufsforschung.

Abb. 5.3 : Arbeitslosigkeit[94] nach Stellung im Beruf

Auch die Differenzierung der Arbeitslosenquoten nach der Stellung im Beruf (Abb. 5.3) zeigt wiederum, daß wenige qualifizierte Arbeiter gegenüber Facharbeitern deutlich schlechtere Arbeitsmarktchancen besitzen. Sie scheinen in der Wirtschaftskrise immer die ersten zu sein, die die negativen Auswirkungen zu spüren bekommen. In der Rezession zu Beginn der 80er Jahre verdreifachte sich die Arbeitslosenquote für Nichtfacharbeiter sogar fast. Auffällig ist, daß die Arbeitslosigkeit unter den Angestellten am wenigsten streut. Von 1976 bis 1993 stieg ihre Arbeitslosenquote nur um 2,1 Prozentpunkte (von 4,2 auf 6,3 %). Sie liegt mittlerweile deutlich unter der der Facharbeiter. Darin scheint sich der gerade in den letzten Jahren verstärkende Strukturwandel innerhalb der deutschen Wirtschaft von einer Industrie- zu einer Dienstleistungsgesellschaft auszudrücken.

5.4 Einige Ansatzpunkte der Arbeitsmarktpolitik

Da keine Zuordnung der einzelnen Ansatzpunkte der Arbeitsmarktpolitik zu den Formen der Arbeitslosigkeit aus den mehrfach erläuterten Gründen wirklich trennscharf sein kann, möchten wir einige Maßnahmen in diesem Abschnitt zusammenhängend erörtern. Dabei berücksichtigen wir die allgemeine Lohnpolitik (5.4.1), die Flexibilisierung der Arbeitszeiten und -bedingungen (5.4.2), die Schaffung von Anreizen zur Verminderung der freiwilligen Arbeitslosigkeit (5.4.3), Arbeitsbeschaffungsmaßnahmen und Lohnsubventionen (5.4.4) sowie eine generelle Arbeitszeitverkürzung (5.4.5). Als Referenzpunkt der aktuellen wirtschaftspolitischen Debatte gehen wir dabei an zahlreichen Stellen kurz auf die Position des Sachverständigenrates ein.

5.4.1 Die Konzepte der produktivitätsorientierten und kostenniveauneutralen Lohnpolitik

5.4.1.1 Produktivitätsorientierte Lohnpolitik

Gemäß der Grenzproduktivitätstheorie der Verteilung (vgl. hierzu ausführlich das Kompaktstudium Wirtschaftswissenschaften, Bd. 1: „Mikroökonomie", Abschnitt 3.2.7) wird im Gleichgewicht jeder Produktionsfaktor so lange eingesetzt, bis sein bewertetes Grenzprodukt seinem Preis entspricht. Auch wenn die Prämissen der Grenzproduktivitätstheorie[95] in der Praxis in dieser Weise nie erfüllt sind, kommt der Lohnpolitik selbstverständlich eine entscheidende Bedeutung bei der Arbeitsnachfrage zu. Ceteris paribus bleibt die Arbeitsnachfrage dann konstant, wenn die realen Lohnkosten pro Produkteinheit – bezeichnet als reale Lohnstückkosten – gleich bleiben. Es kann leicht gezeigt werden, daß dies genau dann der Fall ist, wenn die Reallöhne mit der gleichen Rate wachsen wie die Arbeitsproduktivität.

Die gesamten realen Lohnkosten L setzen sich zusammen aus der eingesetzten Arbeit A und dem Reallohn w^r:

$$(5.10) \qquad L = A \cdot w^r .$$

Die realen Lohnstückkosten l sind der Quotient aus Lohnkosten und dem Wert der produzierten Güter:

$$(5.11) \qquad l = \frac{L}{Y} = \frac{w^r \cdot A}{Y} = \frac{w^r}{\pi} ,$$

da die Arbeitsproduktivität ja als $\pi = Y/A$ definiert ist.

Analog zu den Überlegungen in Abschnitt 5.2 gilt für die Wachstumsrate der Lohnstückkosten (w_l)

$$(5.12) \qquad w_l = w_{w^r} - w_\pi .$$

Das vom Sachverständigenrat zur Beurteilung der Tarifvereinbarungen lange Zeit verwendete Konzept der produktivitätsorientierten Lohnpolitik besteht in der Aufforderung an die Gewerkschaften, den Zuwachs der Löhne[96] auf den Zuwachs der Arbeitsproduktivität zu begrenzen, damit von den Lohnkosten keine Verminderung der Arbeitsnachfrage ausgeht.

Abb. 5.4 zeigt, daß die *Real*löhne in den 70er Jahren stärker stiegen als die Produktivität, d. h. die realen Lohnkosten pro Produkteinheit stiegen ebenfalls. Gleichzeitig erhöhte sich in diesem Zeitraum die Arbeitslosigkeit in zwei Schüben kräftig. Seit Anfang der 80er Jahre kehrte sich der Trend allerdings um. Die Produktivität wuchs deutlich stärker als die Reallöhne, so daß sich die Schere zwischen beiden Größen wieder vollständig zurückgebildete. Die Arbeitslosigkeit sank zunächst langsam, seit 1988 aber deutlich stärker, bevor sie ab 1992 wieder erheblich anstieg. Bei aller Vorsicht kann man Abb. 5.4 daher dahingehend interpretieren, daß ein Zusammenhang zwischen realen Lohnstückkosten und

---

[94] Auch in dieser Tabelle beziehen sich die Arbeitslosenquoten nicht auf alle zivilen, sondern nur auf die abhängigen Erwerbspersonen (ohne Beamte und Selbständige). Vgl. die Fußnoten 84 und 92.

[95] Z. B. vollständige Konkurrenz, keine Nachfrageprobleme, stetig differenzierbare Produktionsfunktion mit sinkenden Grenzerträgen.

[96] Und zwar der *Nominal*löhne, worauf wir in Abschnitt 5.4.1.2 noch genauer eingehen.

Arbeitslosigkeit besteht. Allerdings ist bei der Interpretation zu berücksichtigen, daß es sich um aggregierte Daten handelt, während der Lohnzuwachs zur Vermeidung lohnkosteninduzierter Arbeitslosigkeit in jeder einzelnen Branche auf den Produktivitätsfortschritt beschränkt sein müßte.

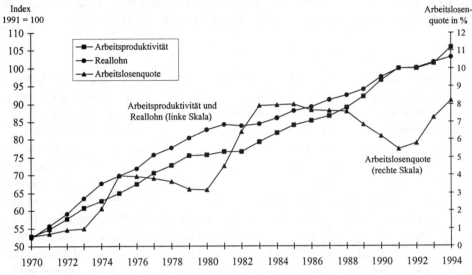

Anmerkungen:
Reallohn = Reales Bruttoeinkommen aus unselbständiger Tätigkeit pro Arbeitsstunde
Arbeitsproduktivität = Reales Bruttoinlandsprodukt pro Arbeitsstunde

Quelle: Eigene Darstellung nach Daten des Statistischen Bundesamtes und des Instituts für Arbeitsmarkt und Berufsforschung.

Abb. 5.4: Arbeitsproduktivität, Reallohn und Arbeitslosenquote

5.4.1.2 Kostenniveauneutrale Lohnpolitik

Während bei der produktivitätsorientierten Lohnpolitik ausschließlich die Löhne als Kostenfaktor beachtet werden, bezieht das vom Sachverständigenrat Mitte der sechziger Jahre entwickelte Konzept der kostenniveauneutralen Lohnpolitik auch die Kapitalkosten und die Entwicklung der Export- und Importpreise mit ein. Verzichten wir zunächst auf die Export- und Importpreise und bezeichnen wir K als Kapitaleinsatz sowie i als Zinsen, so gilt für die nominalen Gesamtkosten C

(5.13) $C = w \cdot A + i \cdot K$.

Entsprechend sind die gesamtwirtschaftlichen Stückkosten c

(5.14) $c = \dfrac{C}{Y} = \dfrac{w}{\pi} + \dfrac{i}{\pi_K}$,

wobei π_K die analog zur Arbeitsproduktivität als Y/K definierte Kapitalproduktivität ist. Beim Übergang zu Wachstumsraten muß nun der Anteil der Arbeits- und Kapitalkosten an den Gesamtkosten berücksichtigt werden, weil sich beispielsweise eine 5prozentige Steigerung der Lohnkosten stärker auf die Gesamtkosten auswirkt, wenn der Anteil der Löhne 70 % statt 30 % der Gesamtkosten ausmacht. Bezeichnen wir α als Anteil der Lohnkosten ($\alpha = w \cdot A/C$) und ß als Anteil der Kapitalkosten (ß = $i \cdot K/C$), so gilt in Wachstumsraten

(5.15) $\quad w_c = \alpha \cdot (w_w - w_\pi) + \beta \cdot (w_i - (w_{\pi_K}))$,[97]

so daß eine produktivitätsorientierte Lohnsteigerung nur dann kostenniveauneutral ist, wenn die Zunahme der Kapitalverzinsung (w_i) der Zunahme der Kapitalproduktivität (w_{π_K}) entspricht. Beziehen wir zusätzlich die Terms of Trade (ToT) ein, die das Verhältnis aus Export- und Importpreisen messen und vernachlässigen die Gewichtungsfaktoren, dann gilt für die Wachstumsrate der Stückkosten

(5.16) $\quad w_c = (w_w - w_\pi) + (w_i - w_{\pi_K}) - w_{ToT}$.

Der Kerngedanke des Konzepts der kostenniveauneutralen Lohnpolitik besteht in der Aufforderung an die Tarifpartner (d. h. vor allem an die Arbeitnehmerseite), bei der Aushandlung von Lohnsteigerungen auch die Veränderung der anderen Kostenfaktoren miteinzubeziehen. Dies bedeutet, daß gemäß der Forderung des Sachverständigenrates die Löhne *langsamer* als die Arbeitsproduktivität wachsen sollen, sofern sich die Kapitalkosten erhöhen und die Terms of Trade verschlechtern. Dies kann von Gewerkschaftsseite natürlich mit dem Hinweis kritisiert werden, daß schwer einzusehen ist, warum ausgerechnet die Arbeitnehmer – und auch noch in vollem Umfang – die Belastungen durch gestiegene Kapitalkosten und verschlechterte Terms of Trade tragen sollen. Das pragmatische Argument lautet aber, daß der Produktionsfaktor Kapital mobiler ist als der Produktionsfaktor Arbeit, und daher eine verschlechterte Kostensituation stets – in Form einer erhöhten Arbeitslosigkeit – zu Lasten der Arbeitnehmer geht. Reallohnsteigerungen, die über eine kostenniveauneutrale Lohnpolitik hinausgehen, sind mit liberalisierten Kapitalmärkten dauerhaft schlicht nicht zu vereinbaren.

Ein bisher nicht berücksichtigter, aber ausgesprochen wichtiger Aspekt ist, daß der Sachverständigenrat sowohl beim Konzept der Lohnstückkosten als auch beim Konzept der kostenniveauneutralen Lohnpolitik die Löhne nicht *real*, sondern *nominal* definiert. Inhaltlich steht dahinter die Vorstellung, daß die realen Spielräume für Lohnerhöhungen durch die Entwicklung der Produktivität bzw. der rea-

---

[97] Die Wachstumsraten erhält man wiederum durch Differenzieren von (5.14) nach der Zeit t und einige Umformungen:

$$c(t) = \frac{w(t)}{\pi(t)} + \frac{i(t)}{\pi_K(t)} \Rightarrow$$

$$\frac{dc(t)}{dt} = c'(t) = \frac{w'(t) \cdot \pi(t) - w(t) \cdot \pi'(t)}{(\pi(t))^2} + \frac{i'(t) \cdot \pi_K(t) - i(t) \cdot \pi_K'(t)}{(\pi_K(t))^2}$$

$$= \frac{w'(t)}{\pi(t)} - \frac{w(t) \cdot \pi'(t)}{(\pi(t))^2} + \frac{i'(t)}{\pi_K(t)} - \frac{i(t) \cdot \pi_K'(t)}{(\pi_K(t))^2}$$

Da wir die Wachstums*rate* w_c erhalten wollen, müssen wir die Steigung der gesamtwirtschaftlichen Stückkosten zum Ausgangswert ins Verhältnis setzten:

$$\frac{c'(t)}{c(t)} = \frac{w'(t)}{\pi(t) \cdot c(t)} - \frac{w(t) \cdot \pi'(t)}{(\pi(t))^2 \cdot c(t)} + \frac{i'(t)}{\pi_K(t) \cdot c(t)} - \frac{i(t) \cdot \pi_K'(t)}{(\pi_K(t))^2 \cdot c(t)}$$

Ersetzen wir auf der rechten Seite alle $c(t)$ durch $C(t)/Y(t)$, einige $\pi(t)$ durch $Y(t)/A(t)$ und einige $\pi_K(t)$ durch $Y(t)/K(t)$, so erhalten wir nach Kürzen

$$\frac{c'(t)}{c(t)} = \frac{w'(t) \cdot A(t) - \frac{\pi'(t)}{\pi(t)} w(t) \cdot A(t) + i'(t) \cdot K(t) - \frac{\pi_K'(t)}{\pi_K(t)} i(t) \cdot K(t)}{C(t)}$$

Nach Ausklammern von $w(t) \cdot A(t)$ und $i(t) \cdot K(t)$ ergibt sich unmittelbar:

$$\frac{c'(t)}{c(t)} = \frac{w(t) \cdot A(t)}{C(t)} \left(\frac{w'(t)}{w(t)} - \frac{\pi'(t)}{\pi(t)} \right) + \frac{i(t) \cdot K(t)}{C(t)} \left(\frac{i'(t)}{i(t)} - \frac{\pi_K'(t)}{\pi_K(t)} \right)$$

$$= w_c = \alpha \cdot (w_w - w_\pi) + \beta \cdot (w_i - w_{\pi_K}).$$

len Stückkosten beschränkt ist, weil die Unternehmen darüber hinausgehende Steigerungen ohnehin auf die Verkaufspreise überwälzen.[98] Dies führt aber dazu, daß die Konzepte (besonders das Konzept der Lohnstückkosten) sorgfältig interpretiert werden müssen: Wenn wir zur einfachsten Erläuterung annehmen, daß die durchschnittlichen Kapitalkosten und die Terms of Trade konstant bleiben, so impliziert die Konstanz der *nominalen* Lohnstückkosten bei einer positiven Inflationsrate, daß die reale Lohnsteigerung geringer ist als die Zunahme der Arbeitsproduktivität und sich die funktionale Einkommensverteilung (das Verhältnis aus Löhnen und Gewinnen) demnach verringert. Es ist daher zu bedenken, daß eine Zunahme der – nominal gemessenen – Lohnstückkosten selbst bei konstanten anderen Kosten nicht notwendigerweise eine Zunahme der realen Lohnstückkosten, sondern „lediglich" eine Zunahme von kostinduzierten Inflationsgefahren signalisiert. Der Sachverständigenrat verwendet dieses Konzept konsequenterweise auch weniger als Verteilungsmaßstab, sondern mehr als Kriterium dafür, welche Preissteigerungstendenzen von den Tarifabschlüssen ausgehen. Dies führt natürlich dazu, daß bei der Bestimmung einer real kostenniveauneutralen Lohnpolitik durch die Tarifparteien immer auch die antizipierte Inflationsrate einbezogen wird (vgl. schon die Diskussion der *Phillips*-Kurve in Abschnitt 3.4.2). Es ist daher nochmals hervorzuheben, daß eine Zunahme der Lohnstückkosten (mit dem Meßkonzept von Nominallohnsteigerungen) für sich genommen lediglich Inflationsgefahren, aber keine Verschiebung der funktionalen Einkommensverteilung signalisiert.

5.4.1.3 Beurteilung der aktuellen Situation durch den Sachverständigenrat

In seinen Gutachten der letzten Jahre spricht sich der Sachverständigenrat sehr deutlich dafür aus, daß die Lohnkosten in den nächsten Jahren langsamer steigen sollen als die Arbeitsproduktivität, um die Beschäftigung über eine Verminderung der Lohnstückkosten anzuregen. Dies wird – auch für die alten Bundesländer – wie folgt begründet:

– Erstens sei die konjunkturelle Situation zu unsicher und die Arbeitslosigkeit zu hoch, um die für konjunkturelle Normalsituationen geeignete Konstanz der Lohnstückkosten anzustreben. Der Anstieg der Tariflöhne müsse im Durchschnitt unter dem Produktivitätsfortschritt bleiben. Die moderaten Tarifvereinbarungen im Jahre 1994 führten zwar zu einem Sinken der Lohnstückkosten (zum ersten Mal überhaupt!), der Abschlag vom Produktivitätswachstum müsse nach Ansicht des Sachverständigenrates aber mehrere Jahre anhalten, damit die Erwartungen der Unternehmen stabilisiert würden und die gewünschten Beschäftigungseffekte eintreten könnten. Diese Hoffnung wurde aber bereits 1995 getrübt, als infolge hoher Tarifabschlüsse die Lohnstückkosten wieder um rund 1,5 % stiegen.

– Zweitens sei die Formel zur Berechnung der Arbeitsproduktivität ($\pi = Y/A$) in Zeiten hoher Arbeitslosigkeit irreführend, weil eine Verminderung der Beschäftigung A bzw. eine Erhöhung der Arbeitslosigkeit die Produktivität steigere. Lohnabschlüsse müßten sich aber nicht an der Arbeitsproduktivität bei hoher Arbeitslosigkeit, sondern an der Arbeitsproduktivität bei Vollbeschäftigung orientieren.

---

[98] Dies steht nicht im Widerspruch zu der Annahme vollständiger Konkurrenz, weil es sich um Kostenfaktoren handelt, die dann alle Unternehmen betreffen.

– Drittens seien die Effektivverdienste pro Stunde[99] der Produktivitätsentwicklung in den letzten Jahren deutlich vorausgeeilt, so daß jetzt wieder gegengesteuert werden müsse.

Während die ersten beiden Argumente unseres Erachtens überzeugend sind, wird das Konzept der Kostenniveauneutralität im dritten Punkt zu sehr als Verteilungs- statt als Inflationsindikator eingesetzt. Denn ein Blick auf Abbildung 5.5 zeigt, daß die Kostensteigerung erst seit 1991 wirklich über die Inflationsrate hinausgegangen ist, so daß von einer realen Kostensteigerung gesprochen werden kann. Die Steigerung der Effektivverdienste lag 1990 mit 5,9 % sogar deutlich unter der Summe aus Produktivitäts- und Preisniveausteigerung (4,4 % + 3,1 %). Lediglich für 1992 gilt deutlich die umgekehrte Relation. Dies zeigt erneut, wie wichtig bei der Interpretation der Lohnstückkosten der Verweis auf die – nominale – Meßmethode der Löhne ist.

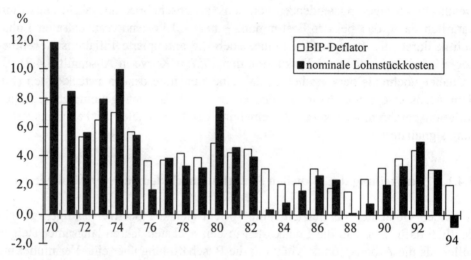

Quelle: Eigene Darstellung nach Daten des Sachverständigenrates.

Abb. 5.5: Entwicklung von Preisen und Lohnkosten

Auch hinsichtlich der neuen Bundesländer fordert der Sachverständigenrat Lohnabschlüsse, die unter der Produktivitätssteigerung liegen. Begründet wird dies damit, daß die Lohn- der Produktivitätsentwicklung in den neuen Bundesländern mit „Sieben-Meilen-Stiefeln vorausgeeilt"[100] sei. Zwar seien die Daten für eine exakte Angabe nicht vorhanden, doch schätzt der Sachverständigenrat, daß die Lohnstückkosten in den neuen Bundesländern durchschnittlich ungefähr 135 % des Niveaus in Westdeutschland betragen, so daß die Konkurrenzfähigkeit der Unternehmen entsprechend gering ist. Die Ost-West-Relation bei der Bruttolohn- und Gehaltssumme je beschäftigten Arbeitnehmer[101] lag 1995 bei ca. 75 %. Fraglos befindet sich die Lohnpolitik in den neuen Ländern weiterhin in einer Dilemma-Situation: Auf der einen Seite vermindert jede Zunahme der Stückkosten durch Lohnsteigerungen die Konkurrenzfähigkeit gegenüber den alten Bundesländern, auf der anderen Seite führen geringe Steigerungen zur Abwanderung qualifizierten Personals, so daß verstärkt über Lohndifferenzierungen, aber auch über Lohnsubventionen nachgedacht wird. Auf beide Konzepte werden wir in den folgenden Abschnitten ausführlicher eingehen.

---

[99] Die Effektivverdienste umfassen die gesamten Entgelte für die *geleistete* Arbeit sowie die Lohnfortzahlung im Krankheitsfall, Sonderzahlungen, Zuschüsse usw. vor Abzug der direkten Steuern und Sozialbeiträge des Arbeitnehmers.

[100] Sachverständigenratgutachten 1993/94, Ziffer 236.

Abschließend soll noch gezeigt werden, daß eine beschäftigungsorientierte Tarifpolitik nicht nur durch die Tarifparteien selbst, sondern auch durch eine verfehlte Finanzpolitik behindert werden kann. In den Tarifauseinandersetzungen orientieren sich die Tarifparteien an jeweils unterschiedlichen Zielgrößen. Während für die Arbeiter grundsätzlich die Entwicklung des *realen* Nettoverdienstes (Konsumentenlohn) die entscheidende Größe ist, argumentieren die Unternehmer über die realen Arbeitskosten[102] (Produzentenlohn). In den letzten Jahren ist die Spanne zwischen den beiden Größen immer mehr gewachsen.

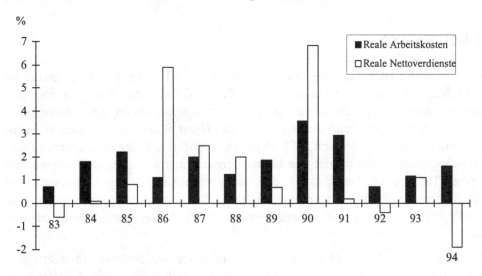

Quelle: Sachverständigenrat.

Abb. 5.6: Entwicklung der realen Arbeitskosten und der realen Nettoverdienste

Wie man in Abb. 5.6 erkennt, stieg in der zweiten Hälfte der 80er Jahre der Konsumentenlohn infolge Steuer- und Abgabensenkungen meist schneller als der Produzentenlohn. Seit 1991 verlief die Entwicklung allerdings umgekehrt. Die Wachstumsraten des Produzentenlohns überstiegen die des Konsumentenlohns teilweise sehr deutlich. Im Jahre 1994 sank der Konsumentenlohn sogar um rund 2 Prozent, während sich der Produzentenlohn um etwa den gleichen Prozentsatz erhöhte. Dies ist vorrangig auf die zunehmende Belastung der Einkommen mit Steuern (Solidaritätszuschlag) und Sozialbeiträgen zurückzuführen (von 1992 bis 1995 stieg der kumulierte Beitragssatz der Sozialversicherung in Westdeutschland von 36,8 % auf 39,3 %). Trotz des eher moderaten Tarifabschluß von 1994 kam es daher zu einer deutlichen Kostensteigerung bei den Unternehmen, die sie angesichts des internationalen Wettbewerbs nur teilweise auf die Preise überwälzen konnten. Auf der anderen Seite war damit aber auch ein spürbarer Kaufkraftverlust auf Arbeitnehmerseite verbunden, so daß beide Seiten letztlich unzufrieden waren. Hier ist also die Finanzpolitik dringend gefordert, um dieser Entwicklung Einhalt zu gebieten.

---

[101] Bereinigt um die Effekte von Kurzarbeit.
[102] Als reale Arbeitskosten wird die Summe aus nominalen Bruttolohn und Lohnnebenkosten (vgl. Fußnote 110) preisbereinigt mit dem Deflator des Bruttoinlandsprodukts bezeichnet. Demgegenüber wird der nominale Nettoverdienst mit dem Verbraucherpreisindex deflationiert.

5.4.2 Flexibilisierungs- und Differenzierungstrategien

Gerade der Sachverständigenrat spricht sich immer wieder dafür aus, bei der Bekämpfung von Arbeitslosigkeit verstärkt auf Differenzierungs- und Flexibilisierungsstrategien zu setzen. Dabei lassen sich im wesentlichen die Lohndifferenzierung (5.4.2.1), die Flexibilisierung der Arbeitszeiten (5.4.2.2), Veränderungen beim Kündigungsschutz (5.4.2.3) und eine Teilprivatisierung der Arbeitsvermittlung unterscheiden (5.4.2.4).

5.4.2.1 Lohndifferenzierung

Die Lohndifferenzierungsstrategie hat zum Ziel, die Lohnentwicklung stärker an branchen- und unternehmensspezifischen Produktivitäts- und Nachfrageentwicklungen auszurichten. Sie kann somit der strukturpolitischen Arbeitslosigkeitsverminderung zugerechnet werden. Besonders *Horst Siebert* spricht sich im Sachverständigenratgutachten von 1993/94 für eine verstärkte Lohndifferenzierung aus. Dies begründet er damit, daß die Lohndifferenzierung zwischen den unteren und oberen Tarifgruppen konstant geblieben sei, obwohl sich der Beschäftigungsanteil der unteren Tarifgruppen vermindert habe. Selbstverständlich können gegen eine starke Differenzierung aber verteilungspolitische Bedenken geltend gemacht werden.

Insgesamt schlägt der Sachverständigenrat vor, beim Abschluß von Tarifverträgen – beispielsweise durch die Vereinbarung großer Bandbreiten – mehr Spielraum zu lassen, damit die Unternehmen stärker auf konjunkturelle und unternehmensspezifische Situationen reagieren können. Wichtig sei vor allem, den Lohndrift, d. h. den Abstand zwischen Effektiv- und Tariflohn, deutlich zu erhöhen. Darüber hinaus seien Härtefallklauseln denkbar, wonach Unternehmen in vorher genau festzulegenden Krisensituationen aus dem bestehenden Tarifvertrag zeitweise aussteigen könnten, um niedrigere Löhne zu zahlen. Eine Möglichkeit bestehe auch darin, geringere Tariflöhne zu vereinbaren und die Arbeitnehmer durch Gewinnbeteiligungen oder sonstige Zahlungen direkt am Risiko zu beteiligen, was eine größere Konstanz der Lohnstückkosten in Boom und Rezession impliziere. Auch Einsteigertarife für Arbeitslose, die zunächst unter dem Tariflohn entlohnt und beispielsweise erst nach einem Jahr auf das allgemeine Niveau angehoben würden, könnten die Arbeitsnachfrage erhöhen. Der Sachverständigenrat begrüßt ausdrücklich solche Einsteigertarife und spricht sich für eine verstärkte Anwendung auf Problemgruppen wie Langzeitarbeitslose und Berufsanfänger aus. Im Tarifabschluß der Chemischen Industrie von 1994 sind schon Einsteigertarife vorgesehen (vgl. Abschnitt 5.4.2.2.2). Allerdings ist ihre Differenz zum normalen Tariflohn nur gering. Solche Einsteigertarife fanden 1995 allerdings keine weitere Verbreitung. Im Gegenteil, die in der Chemischen Industrie festgelegten Regelungen wurden sogar etwas aufgeweicht. Weiterhin begrüßt der Sachverständigenrat die derzeit zu beobachtende Tendenz zu Standortsicherungsverträgen auf Unternehmensebene, die eine gleichzeitige Festlegung von Lohnhöhe (und/oder Flexibilisierungsmaßnahmen) und eines durch die Unternehmensleitung garantierten Beschäftigungsziels[103] beinhalten.

Zwei Anzeichen signalisieren, daß das derzeitige Flächentarifsystem nur noch schlecht funktioniert und dringend reformiert werden sollte: Erstens verlassen immer mehr Mitglieder die Gewerkschaften bzw. die Arbeitgeberverbände, und

---

[103] Beispielsweise in Form einer Zusage, Betriebsverlagerungen ins Ausland für die Laufzeit der Vereinbarung zu unterlassen.

zweitens werden die ausgehandelten Tariflöhne in den Betrieben mit Billigung der Beschäftigten immer häufiger unterschritten (nicht nur in Ostdeutschland). Grundsätzlich sollte der Tarifvertrag nach Ansicht des Sachverständigenrates nur noch allgemeine Vorgaben machen, die dann in Betriebsvereinbarungen konkretisiert werden könnten.

5.4.2.2 Flexibilisierung der Arbeitszeiten

5.4.2.2.1 Grundgedanke

Flexibilisierungen der Arbeitszeit beziehen sich erstens auf die Gesamtarbeitszeit pro Arbeitnehmer und zweitens auf die Aufteilung dieser Arbeitszeit auf die einzelnen Tage. Hinsichtlich des ersten Aspekts wird von zahlreichen Seiten – auch vom Sachverständigenrat – schon lange vorgeschlagen, die wöchentliche Arbeitszeit zwischen den Betroffenen frei aushandeln zu lassen. Dies dürfte vermutlich auch den Wünschen zahlreicher Arbeitnehmer entsprechen, die gerne irgendwo zwischen halb- und ganztags arbeiten möchten (vgl. auch die Diskussion der Arbeitszeitverkürzung in Abschnitt 5.4.5).

Der zweite Aspekt zielt vor allem auf eine Erhöhung der Kapazitätsauslastung bzw. eine Verminderung der Leerzeiten,[104] wobei der Sachverständigenrat anregt, die gesetzlichen Regelungen der Höchstarbeitszeit pro Tag zu entschärfen und mehr Kompensationsregelungen zuzulassen. Eine weitergehende Vorruhestandsregelung wird dagegen abgelehnt, weil dies das Verhältnis von produktiver und unproduktiver Zeit weiter reduziere.

5.4.2.2.2 Einige Gedanken des Sachverständigenrates zur Teilzeitarbeit

Eine wichtige Form der Flexibilisierung der Arbeitszeiten stellt die Teilzeitarbeit dar. Mit Blick auf die Niederlande, wo Teilzeitarbeit weit verbreitet ist, wird die Ausweitung der Teilzeitarbeit zunehmend auch in Deutschland als beschäftigungspolitische Maßnahme vorgeschlagen.

Der Sachverständigenrat erörtert auch, inwieweit eine Erhöhung der Teilzeitarbeit zur Verringerung der Arbeitslosigkeit beitragen kann. Rein rechnerisch ergibt sich eine Entlastung des Arbeitsmarktes, wenn man eine höhere Teilzeitquote bei unverändertem Arbeitsvolumen annimmt. In der Tat ist die Teilzeitquote von 1983 bis 1991 bei männlichen Erwerbstätigen von 1,1 % auf 2,2 % und bei weiblichen Erwerbstätigen von 29,6 % auf 34,0 % gestiegen. Es scheint also, als würde insbesondere bei den männlichen Arbeitskräften ein großer Spielraum für zusätzliche Teilzeitarbeitsmöglichkeiten bestehen. Dies setzt aber voraus, daß sowohl Arbeitnehmer als auch Arbeitgeber daran interessiert sind. Jüngste Befragungen von Arbeitnehmern haben allerdings ergeben, daß vollzeitbeschäftigte Männer im Durchschnitt nur eine Reduktion der Wochenarbeitszeit um 0,8 Stunden wünschen. Bei Frauen sind dies immerhin 4,2 Stunden. Die Nachfrage nach Teilzeitarbeitsplätzen scheint also geringer als vielfach angenommen. Umgekehrt wollen teilzeitbeschäftigte männliche Arbeitnehmer im Durchschnitt 4,2 Stunden länger arbeiten gegenüber 0,8 Stunden bei den Frauen, so daß zumindest unter den teilzeitbeschäftigten Männern sogar von einer Teilzeitarbeitslosigkeit gesprochen werden kann. Weiterhin bemerkt der Sachverständigenrat, daß ein höheres Teil-

---

[104] Nach einer empirischen Schätzung der Europäischen Kommission waren die durchschnittlichen wöchentlichen Maschinenlaufzeiten in der westdeutschen Industrie 1994 mit 60 Stunden deutlich geringer als in den anderen EU-Länder (69 Stunden).

zeitangebot, vor allem bei bisher nicht als arbeitslos registrierten Personen auf Interesse stoße (z. B. bei solchen, die unwillig sind, eine Vollzeittätigkeit aufzunehmen), so daß nur eine Erhöhung der Erwerbs*quote* eintrete, ohne daß der Arbeitsmarkt entlastet werde. Aus der Sicht der Arbeitgeber ist für ein zusätzliches Angebot an Teilzeitarbeitsplätzen maßgebend, wie sich die Arbeitskosten entwickeln, d. h. ob sie über- oder unterproportional mit der Arbeitszeitverkürzung fallen. Überproportionale Kosteneinsparungen könnten sich aus einer höheren Arbeitsproduktivität und geringeren Fehlzeiten ergeben. Auf der anderen Seite entstehen aber auch zusätzliche Kosten durch vermehrte Einarbeitung, Fortbildung und Personalbetreuung. Womöglich kann auch eine Erhöhung der Sozialversicherungsbeiträge eintreten, wenn beispielsweise Vollzeitarbeitsplätze, deren Entlohnung oberhalb der Beitragsbemessungsgrenze zur Sozialversicherung liegt, in Teilzeitarbeitsplätze umgewandelt werden. Ob sich die Einrichtung zusätzlicher Teilzeitarbeitsplätze für die Unternehmen wirklich lohnt, hängt also nach Meinung des Sachverständigenrates entscheidend von den konkreten Umständen ab. Eine staatlich verordnete Erhöhung der Teilzeitarbeit sei allerdings abzulehnen, da sie letztlich nur auf eine Erhöhung der Teilzeitarbeitslosigkeit hinauslaufe und sich für die Unternehmen nicht rechne.

5.4.2.2.3 Einige aktuelle Tarifabschlüsse

Um die Überlegungen etwas zu konkretisieren, möchten wir im folgenden beispielhaft einige Tarifabschlüsse darstellen, die in jüngster Zeit viel diskutiert wurden.

Volkswagen AG

Am 13. Dezember 1993 einigten sich die Volkswagen AG und die IG-Metall auf einen neuen Tarifvertrag, der zunächst bis 1995 gelten sollte. Um einen Beschäftigungsabbau um rund 30.000 Personen zu verhindern, wurden folgende Vereinbarungen getroffen:

– Kürzung der Wochenarbeitszeit um 20 % von 36 auf 28,8 Stunden und Verteilung auf vier Tage (zwischen Montag und Freitag). Weil die bisherige Erholungsfreizeit gestrichen wurde, sank die Jahresarbeitszeit allerdings nur um 17 %. Mit der Arbeitszeitverkürzung gingen Kürzungen des Jahresarbeitsentgeltes einher, die alles in allem 10,5 % betrugen. Die Monatseinkommen blieben hingegen konstant, so daß Stundenlöhne anstiegen.

– Einführung einer blockweisen jahresbezogenen Freistellung (vor allem für jüngere und alleinstehende Arbeitskräfte) für eine Dauer zwischen drei und sechs Monaten, die sich nach den Produktionserfordernissen richtet. Dadurch soll den Arbeitskräften die Möglichkeit zur Weiterqualifizierung geboten werden.

– Gleitender Übergang in den Ruhestand für ältere Arbeitnehmer und gleitende Übernahme der Auszubildenden in Vollzeitarbeitsverhältnisse.

Chemische Industrie

Die Tarifvereinbarungen in der Chemischen Industrie vom 11. Januar 1994 sahen neben einer Erhöhung der Tariflöhne um 2 % niedrigere Einsteigertarife und Möglichkeiten zur Arbeitszeitdifferenzierung vor, ohne daß dafür im Gegenzug Beschäftigungsgarantien ausgesprochen wurden:

– Für neu vereinbarte unbefristete Beschäftigungsverhältnisse sind danach Einsteigertarife möglich, die im ersten Jahr der Beschäftigung zwischen 95 % und

90 % (für ehemalige Arbeitslose) des regulären Tariflohns betrugen. Die IG Chemie schätzte die Zahl der Neueinstellungen, die bis September 1994 mit einem abgesenkten Einsteigertarif getätigt wurden, auf rund 700. Allerdings wurde die Neuregelung vor allem bei der Übernahme von Auszubildenden angewendet, denn der Abschlag vom normalen Tariflohn ist vergleichsweise gering.

– Für die wöchentliche Regelarbeitszeit wurde ein Arbeitszeitkorridor von 35 bis 40 Stunden vereinbart. Die Arbeitnehmer können nun die Regelarbeitszeit innerhalb dieses Korridors individuell vereinbaren. Urlaubsgeld und vermögenswirksame Leistungen bleiben davon unberührt. Darüber hinausgehende Arbeitszeiten werden als Überstunden behandelt.

Metall- und Elektroindustrie

Der Tarifvertrag in der Metall- und Elektroindustrie vom 5. März 1994 sah neben einer Erhöhung der Tariflöhne um 2 % eine größere Arbeitsflexibilität sowie freiwillige Betriebsvereinbarungen für beschäftigungsorientierte Arbeitszeitverkürzungen vor. Im Rahmen eines sog. Beschäftigungssicherungsabkommens wurde den Beschäftigten für zunächst zwei Jahre die Möglichkeit geboten, die betriebliche Wochenarbeitszeit von 36 Stunden auf bis zu 30 Stunden zu verkürzen. Wird diese Arbeitszeitverkürzung nur von einem Teil der Belegschaft vorgenommen, so ist damit ein überproportional steigender Lohnausgleich verbunden, der beispielsweise bei einer Reduktion der Wochenarbeitszeit auf 30 Stunden 7 % beträgt. Falls sich die ganze Belegschaft eines Betriebes für eine Arbeitszeitverkürzung auf 30 Stunden entscheidet, so kann auf den Lohnausgleich auch verzichtet werden, wenn dafür eine zweijährige Beschäftigungsgarantie geboten wird. Weiterhin wurden die Möglichkeiten zur Erhöhung der Wochenarbeitszeit auf 40 Stunden ausgeweitet.

All diese Flexibilisierungsanstrengungen haben zum Ziel, die Maschinenlaufzeiten deutlich zu erhöhen, d. h. die individuelle Arbeitszeit von der betrieblichen Arbeitszeit zu entkoppeln. Dadurch verbessert sich die Kostensituation der Betriebe im internationalen Wettbewerb, ohne daß die Beschäftigten Einkommenseinbußen erleiden oder es ihren Arbeitszeitpräferenzen widerspricht. Die Arbeitszeitflexibilisierung ist daher aus arbeitsmarktpolitischer Sicht eindeutig positiv zu beurteilen, weshalb der Sachverständigenrat mit Recht eine Ausweitung von Flexibilisierungsvereinbarungen nachdrücklich befürwortet. Als Flexibilisierungsstrategie regt er an, daß sich die Tarifparteien zunächst auf die zu leistende Jahresarbeitszeit einigen sollten, wobei auf eine weitere Arbeitszeitverkürzung verzichtet werden müsse. Die Aufteilung der Jahresarbeitszeit auf die individuelle Wochenarbeitszeit solle nicht auf Tarifvertragsbasis, sondern erst in betrieblichen Vereinbarungen geregelt werden. Allerdings wurde in der Tarifrunde 1995 nur im Bankgewerbe eine weitere Arbeitszeitflexibilisierung ausgehandelt: Der Ausgleichszeitraum bei ungleich verteilter Arbeit beträgt nun drei statt bisher zwei Monate, und die maximal mögliche wöchentliche Arbeitszeit sind 45 statt bisher 42 Arbeitsstunden.

5.4.2.3 Kündigungsschutz

Eine grundsätzliche Einschränkung des Kündigungsschutzes würde dazu führen, daß besonders Arbeitnehmer mit Arbeitsplätzen ohne große Einarbeitungszeiten bei jeder mittelfristigen Verringerung der Nachfrage mit Kündigungen rechnen müßten, was ein enormes Konfliktpotential mit entsprechenden negativen Auswirkungen implizieren würde.[105] Dennoch weist der Sachverständigenrat unseres Erachtens zurecht darauf hin, daß der Kündigungsschutz in der Bundesrepublik kritisch zu beurteilen ist. Das gesamte Arbeitsrecht ist durch Richterrecht weiterentwickelt und damit undurchschaubar und vor allem unberechenbar geworden, denn dadurch erhalten Einzelfallentscheidungen Normcharakter. Sinnvoller wäre es, den Kündigungsschutz auf Mindestnormen zu beschränken, da die meisten Unternehmen wegen ihrer Investitionen in das Humankapital ohnehin an längerfristigen Beschäftigungsbeziehungen interessiert sind. Bei solchen Tätigkeiten, die mit einer hohen Fluktuation verbunden sind, wirkt der Kündigungsschutz hingegen als Beschäftigungshindernis, da er zwar den Beschäftigen nützt, dem gesamten Arbeitsmarkt aber schaden kann. Da einmal geschlossene Arbeitsverträge im allgemeinen nur mit hohen Abfindungen kündbar sind, regt der Sachverständigenrat an, die Möglichkeiten für Zeitverträge zu erhöhen. Diese Möglichkeit ergibt sich hauptsächlich aus dem Beschäftigungsförderungsgesetz von 1985, das den Abschluß befristeter Arbeitsverträge ohne Angabe von Gründen bis zu 18 Monaten, für Kleinbetriebe sogar bis zu 2 Jahren, erlaubt. Diese Regelung sollte ursprünglich 1995 auslaufen, ist aber im Beschäftigungsförderungsgesetz von 1994 bis zum Jahre 2000 verlängert worden. Bedenkt man, daß Arbeitsbeschaffungsmaßnahmen ebenfalls befristet sind und für die Arbeitnehmer daher die gleichen Auswirkungen haben, scheint diese Maßnahme vernünftig zu sein. Nach Angaben des Sachverständigenrates belegen empirische Untersuchungen, daß durch die Zulassung befristeter Beschäftigungsverhältnisse tatsächlich neue Beschäftigungsverhältnisse entstanden seien, die ansonsten nicht zustande gekommen wären. Das Kernproblem beim Kündigungsschutz sieht der Sachverständigenrat zunehmend in den damit verbundenen Kündigungs*kosten*, die in Form von Abfindungen und Sozialplänen anfallen. Insbesondere kleine Unternehmen werden durch Sozialpläne stark belastet, da sie nicht in dem Maße über innerbetriebliche Umsetzungsmöglichkeiten verfügen wie Großunternehmen und daher häufiger entlassen *müssen*. Der Sachverständigenrat schlägt vor, den gesetzlichen Anspruch auf Sozialplanleistungen durch tarifliche oder betriebliche Vereinbarungen zu ersetzen oder durch eine private bzw. gesetzliche Individualversicherung abzudecken.

Auch die Bundesregierung sieht hier Handlungsbedarf: Im Rahmen des Programms für mehr Wachstum und Beschäftigung hat sie eine Einschränkung des gesetzlichen Kündigungsschutzes auf Betriebe mit 10 und mehr Arbeitnehmern (bisher 5) beschlossen.[106]

5.4.2.4 Teilprivatisierung der Arbeitsvermittlung

Das bisher nur in einigen Sonderbereichen eingeschränkte Alleinvermittlungsrecht der Bundesanstalt für Arbeit steht nach Auffassung des Sachverständigenrates im Gegensatz dazu, daß nur ein Viertel der neuen Beschäftigungsverhältnisse tatsächlich über das Arbeitsamt zustande kommen. Diese Maßzahl ist allerdings insofern ungeeignet, als nicht der Anteil an den neuen Beschäftigungsverhältnissen insgesamt, sondern an den Arbeitsplätzen, die von Arbeitslosen gefunden

---

[105] Studien über den Wirtschaftsstandort Deutschland kommen überwiegend zu dem Ergebnis, daß dieser nach wie vor sehr stark von seinem hohen sozialen Frieden, gemessen z. B. durch die Streikhäufigkeit, die durchschnittlichen Krankheitszeiten und die Dauer von Tarifverhandlungen, profitiert. Vgl. hierzu vor allem auch die empirischen Ergebnisse in Abschnitt 5.5.

[106] Vgl. Fußnote 81.

werden, entscheidend ist.[107] Bei dieser Maßzahl schneiden die Arbeitsämter mit 37,7 % (Juni 1994) allerdings auch nicht viel besser ab. Es scheint daher vernünftig, das Vermittlungsmonopol aufzuheben, weil ein wirklicher ökonomischer Grund dafür nicht erkennbar ist.

In der Tat wurde die Monopolstellung der Bundesanstalt der Arbeit aufgeweicht. Nach dem Beschäftigungsförderungsgesetz von 1994 wurden die privaten Arbeitsvermittler, die bisher nur für einzelne Berufe und Personengruppen erlaubt waren, generalisiert. Ihr Betätigungsfeld erstreckt sich nunmehr auf alle Berufe und Personengruppen. Der Arbeitsvermittler darf allerdings nur vom *Arbeitgeber* eine Vergütung verlangen. Die Tätigkeit der privaten Arbeitsvermittler gestaltete sich allerdings schwieriger als erwartet. Statt der erhofften 100.000 Arbeitssuchenden konnten sie 1995 nach Angaben des Bundesverbands der Personalvermittlung nur gut 20.000 Personen vermitteln.

5.4.3 Anreize zur Verminderung der freiwilligen Arbeitslosigkeit

Das bereits skizzierte erste Gesetz zur Umsetzung des Spar-, Konsolidierungs- und Wachstumsprogramms (vgl. Abschnitt 4.5) enthält unter anderem Verminderungen des Arbeitslosengeldes von 67 % auf 60 % und der Arbeitslosenhilfe von 57 % auf 53 % des pauschalierten Nettoarbeitsentgelts. Während diese Kürzungen nach unserer Einschätzung eher Verteilungskonsequenzen haben und der Konsolidierung der Staatsfinanzen dienen, gehen von einer Mißbrauchsbekämpfung starke Anreize aus: So lud die Bundesanstalt für Arbeit zwischen April und September 1993 die Hälfte aller Arbeitslosen vor, was zu 237.000 Abmeldungen geführt hat. Ferner wurde illegale Beschäftigung in erheblichem Ausmaß aufgedeckt, was insgesamt zu Einsparungen von 400 Mio. DM im betreffenden Zeitraum führte.

Ein wesentliches Anreizhindernis muß darin gesehen werden, daß die Differenz zwischen der Sozialhilfe und schlecht bezahlten Arbeiten zu niedrig ist. Entsprechend erklärte das Bundesverfassungsgericht in seinem Urteil vom 25.9.1992 den tariflichen Grundfreibetrag der Einkommensteuer für zu niedrig, weil dieser unterhalb der Sozialhilfe lag. Daraufhin wurde er mit Wirkung vom 1. Januar 1996 auf 12.095/24.190 für Ledige/Verheiratete erhöht. Ein gravierender Nachteil der Sozialhilfe wurde damit aber noch nicht beseitigt. Dieser besteht darin, daß das Arbeitseinkommen weiterhin (fast) vollständig auf die Sozialhilfe angerechnet wird. Dies bedeutet, daß ein Arbeitseinkommen von z. B. netto 1.400 DM bei einer Sozialhilfe von z. B. 1.300 DM das Gesamteinkommen nur um 100 DM erhöht. Damit besteht für einen Sozialhilfeempfänger aus Einkommensgesichtspunkten praktisch kein Anreiz, eine Beschäftigung im Niedriglohnbereich anzustreben. Es ist hier zweifellos erforderlich, von der vollen Anrechnung zu einer Teilanrechnung zu gelangen, damit auch schlecht bezahlte Tätigkeiten zu einer merklichen Verbesserung der Einkommenssituation führen.

5.4.4 Arbeitsbeschaffungsmaßnahmen und Lohnsubventionen

Arbeitsbeschaffungsmaßnahmen und Lohnsubventionen behandeln wir in einem Abschnitt, weil in beiden Fällen Lohnzahlungen partiell oder ganz von der öffentlichen Hand übernommen werden, um Arbeitslosen Beschäftigungsverhältnisse zu ermöglichen. Wir beginnen mit einer kurzen Skizze von Arbeitsbeschaf-

---

[107] Warum sollte die Bundesanstalt für Arbeit auch beteiligt sein, wenn ein Arbeitnehmer von einem Arbeitsverhältnis in ein anderes wechselt?

fungsmaßnahmen und Lohnsubventionen (5.4.4.1 bzw. 5.4.4.2), deren ökonomische Logik wir anschließend erläutern (5.4.4.3). Schließlich stellen wir einige Aspekte der Einschätzung durch den Sachverständigenrat dar (5.4.4.4).

5.4.4.1 Arbeitsbeschaffungsmaßnahmen

In Arbeitsbeschaffungsmaßnahmen werden in der Regel Arbeitslose beschäftigt, die innerhalb der letzten 12 Monate mindestens 6 Monate arbeitslos gemeldet waren und Arbeitslosengeld oder -hilfe beziehen. Für Schwervermittelbare sind Ausnahmeregelungen vorgesehen. Die Förderungsdauer beträgt grundsätzlich ein Jahr. In bestimmten Fällen (beispielsweise, wenn die Aussicht auf Schaffung von Dauerarbeitsplätzen besteht) kann die Förderung auf 2 oder 3 Jahre ausgedehnt werden. Sowohl öffentlich-rechtliche als auch private Unternehmen können sich als Träger solcher Arbeitsbeschaffungsmaßnahmen beim zuständigen Arbeitsamt bewerben. Das Arbeitsamt fördert nur solche Tätigkeiten, die im öffentlichen Interesse liegen und sonst nicht oder erst zu einem späteren Zeitpunkt durchgeführt würden. In den alten Bundesländern konzentrieren sich die Arbeitsbeschaffungsmaßnahmen auf die Bereiche soziale Dienste, Landwirtschaft, Garten- und Landschaftsbau. In den neuen Bundesländern dominieren Maßnahmen zur Sanierung von Umweltschäden. Die Förderung erfolgt in Form von Lohnkostenzuschüssen, die zwischen 50 % und 75 % des berücksichtigungsfähigen Arbeitsentgelts liegen. Dieses darf aber in der Regel 90 % des Arbeitsentgelts für vergleichbare Tätigkeiten nicht übersteigen. In Ausnahmefällen sind aber sogar Zuschußsätze von 90 % oder 100 % möglich.

Neben solchen allgemeinen Arbeitsbeschaffungsmaßnahmen ist zu Beginn des Jahres 1993 die „Produktive Arbeitsförderung Ost" geschaffen worden. Hierbei kann die Bundesanstalt für Arbeit weitere Haushaltsmittel für die produktive Beschäftigung von Arbeitslosen zur Verfügung stellen. Förderungsfähig sind Arbeiten in den Bereichen Umwelt, soziale Dienste und Jugendhilfe. Für jeden zugewiesenen Arbeitnehmer erhalten die Maßnahmenträger einen festen Zuschuß, der sich an den durchschnittlichen Aufwendungen für Arbeitslosengeld und -hilfe einschließlich der Sozialversicherungsbeiträge bemißt. Ab dem 1.8.1994 wurde diese produktive Arbeitsförderung auch in den alten Bundesländer zugelassen sowie in den neuen Bundesländern auf die Bereiche Breitensport, freie Kulturarbeit und Denkmalpflege ausgedehnt. Die Förderung ist bis 31.12.1997 befristet. Die Förderungshöchstdauer für die Einzelperson darf 2 Jahre (bzw. 3 Jahre in den neuen Bundesländern) nicht übersteigen.

5.4.4.2 Lohnsubventionen

Von einer Lohnsubvention spricht man dann, wenn der Staat einen Teil der Arbeitskosten der Unternehmen übernimmt. Dies kann beispielsweise dadurch erfolgen, daß bei der Einstellung eines Arbeitslosen ein bestimmter Prozentsatz seines gesamten Lohns von der Bundesanstalt für Arbeit gezahlt wird. Begründet werden Lohnsubventionen meist damit, daß es im allgemeinen billiger sei, eine Arbeitstätigkeit finanziell zu fördern anstatt Arbeitslosenunterstützung zu gewähren.

Ein viel diskutierter Vorschlag für Lohnsubventionen an Niedriglohnbezieher stammt von Fritz *Scharpf*. Er sieht bei Bruttostundenlöhnen zwischen 5,- DM und 14,99 DM Subventionszahlungen vor, die mit steigendem Stundenlohn sinken. Der für unterschiedliche Lohnhöhen vorgesehene Subventionsbetrag (S) errechnet sich aus der halben Differenz zwischen 15,- DM und dem Bruttostundenlohn vor Subvention (w):

(5.17) $\quad S = 0,5 (15 - w) \quad$ mit $\quad 5 \leq w < 15$.

Der Bruttostundenlohn nach Subvention (w_S) entspricht – unter der Annahme, daß sie vollständig an den Arbeitnehmer weitergegeben wird – der Summe aus dem Bruttostundenlohn und dem Subventionsbetrag und kann daher nicht unter 10 DM sinken:

(5.18) $\quad w_S = w + S$.

Die Subvention soll nicht direkt an die Beschäftigten ausgezahlt, sondern von der Steuerschuld des Unternehmens abgezogen bzw. ausgezahlt werden, wenn die Steuerschuld zu klein ist.

5.4.4.3 Einige Überlegungen zu Lohnsubventionen und Arbeitsbeschaffungsmaßnahmen

Die allgemeinen Vorteile von Lohnsubventionen und Arbeitsbeschaffungsmaßnahmen sind

– Erstens müssen die Arbeitslosen sowieso bezahlt werden, so daß selbst eine Tätigkeit, deren Gesamtentlohnung über ihrer Produktivität liegt[108] immer noch besser ist als gar keine Tätigkeit.

– Zweitens soll der Dequalifizierung der Arbeitslosen entgegengewirkt werden, die mit der Beschäftigungslosigkeit verbunden ist und zur Langzeitarbeitslosigkeit führt.

Ebenso wie der Grundgedanke für Arbeitsbeschaffungsmaßnahmen und Lohnsubventionen liegen allerdings auch die Gegenargumente auf der Hand:

– Lohnsubventionen implizieren, daß das Faktorpreisverhältnis (Arbeits- zu Kapitalkosten) von den Marktpreisen abweicht. Dies kann dazu führen, daß eine Faktorkombination gewählt wird, die sich bei Einstellung der Subventionen als falsch erweist, weil der Faktor Arbeit verbilligt wurde. Um dies zu vermeiden, muß der Zeitraum der Subventionen von vornherein klar festgelegt werden, um die Planungssicherheit zu erhöhen. Gegen das Argument der Verzerrung der Faktorpreisverhältnisse läßt sich zunächst zweifellos einwenden, daß angesichts des politischen Verzichts auf eine konsequente Internalisierung externer Effekte (der reale Preis für Energie[109] ist in der Bundesrepublik Deutschland von 1985 bis 1993 um 6,7 % gesunken!) und der enormen Lohnnebenkosten[110] das Preisverhältnis zwischen den Faktoren Arbeit und Kapital keineswegs den Knappheitsverhältnissen entspricht und Lohnsubventionen daher dazu beitragen können, das ohnehin verzerrte Preisverhältnis zu korrigieren. Dies ist unseres Erachtens allerdings der falsche Weg, da man nicht – wie im Steuersystem allzu oft praktiziert – eine Verzerrung durch eine andere korrigieren, sondern die

---

[108] Andernfalls könnten die Arbeitslosen auch ohne Lohnsubventionen und Arbeitsbeschaffungsmaßnahmen ein Beschäftigungsverhältnis finden.

[109] Genauer: die realen Erzeugerpreise für Elektrizität, Erdgas, Fernwärme und Wasser.

[110] Zu den Lohnnebenkosten werden im allgemeinen alle Personalkosten gerechnet, die nicht Entgelt für geleistete Arbeit sind. Hierzu gehören Entgelte für Urlaubs- und Krankheitstage, Sonderzahlungen (wie Urlaubsgeld, vermögenswirksame Leistungen, 13. Monatsgehalt), Arbeitgeberbeiträge zur Sozialverischerung, Aufwendungen der betrieblichen Altersversorgung sowie sonstige Kosten (Entlassungsentschädigungen, Aufwendungen für betriebliche Bildung u.ä.).

ursprüngliche Verzerrung aufheben sollte, indem Lohnnebenkosten reduziert und externe Effekte internalisiert werden. Lohnsubventionen kommen daher nur temporär und partiell für einzelne Bereiche, aber nicht als allgemeine Strategie zur Verminderung des Arbeitspreises in Betracht.

- Bei Arbeitsbeschaffungsmaßnahmen (in abgemilderter Form auch bei Lohnsubventionen) ist die entscheidende Frage selbstverständlich, welche Rückwirkungen sich aus dem dadurch installierten sekundären auf den primären Arbeitsmarkt ergeben.
- Lohnsubventionen verstoßen gegen das Prinzip der Tarifautonomie. Dem Staat darf nicht die Aufgabe zukommen, die beschäftigungspolitischen Folgen einer falschen Tarifpolitik korrigieren zu müssen. Dies ist insbesondere zu befürchten, wenn Lohnsubventionen zum Dauerinstrument werden.
- Die Bereitschaft zur Qualifikation und Weiterbildung seitens der Arbeitnehmer wird möglicherweise gebremst, da fälschlicherweise der Eindruck erweckt wird, die aktuelle Qualifikation und Leistungsfähigkeit reiche aus, um auf dem Arbeitsmarkt bestehen zu können. Langfristig werden also falsche Anreize gesetzt.
- Vor allem bei einer allgemeinen Lohnsubvention besteht die Gefahr von Mitnahmeeffekten, d. h. die Arbeitgeber sind versucht, ohne Not unterhalb des Wertgrenzprodukts zu entlohnen oder es kommt zu einer Übereinkunft zwischen Arbeitgebern und Arbeitnehmern, so daß beide bessergestellt werden. Das Instrument der Lohnsubventionen müßte daher auf *neue* Beschäftigungsverhältnisse beschränkt werden, aber auch hierfür sind umfassende Kontrollen nötig.
- Da die Lohnsubventionen eine Objektförderung darstellen, hat diese Maßnahme nur eine geringe Zielgenauigkeit. Eine Differenzierung der Arbeitnehmer nach individueller Leistungsfähigkeit und Bedürftigkeit ist nicht möglich.

5.4.4.4 Einige Einschätzungen des Sachverständigenrates

Die aktive Arbeitsmarktpolitik soll sich nach der Einschätzung des Sachverständigenrates auf zwei Zielrichtungen konzentrieren:

- Maßnahmen zur nachträglichen Reparatur von Fehlentwicklungen auf dem Arbeitsmarkt
- und präventive Maßnahmen, damit Langzeitarbeitslosigkeit erst gar nicht entstehen könne.

Besonders die Langzeitarbeitslosigkeit hat sich in den letzten Jahren zu einem immer größeren Problem entwickelt. Vor diesem Hintergrund begrüßt der Sachverständigenrat neuerdings auch Arbeitsbeschaffungsmaßnahmen als Instrument der Arbeitsmarktpolitik. Er macht allerdings die Einschränkung, daß sie in Westdeutschland nur auf eng abgegrenzte Zielgruppen bei den Langzeitarbeitslosen anzuwenden seien. Hierbei solle die betriebliche Nähe der Maßnahmen im Vordergrund stehen, damit die Arbeitslosen den Kontakt zur Arbeitswelt nicht verlieren. Die Dauer der Maßnahmen solle zeitlich befristet und das Abstandsgebot zu regulären Beschäftigungsverhältnissen gewahrt sein. Für Ostdeutschland empfiehlt der Sachverständigenrat, weniger strenge Kriterien anzulegen. Die Regelungen der „Produktiven Arbeitsförderung Ost" nach § 249h AFG beurteilt der Sachverständigenrat daher durchaus positiv, weil dadurch eine „Brücke zur Arbeitswelt" gebaut werde und sich die Ausgaben durch gesparte Lohnersatzleistungen selbst finanzieren. Darüber hinaus sei mit höheren Steuer- und Sozialversicherungsbeiträgen zu rechnen. Allerdings wird auch hier davor gewarnt, dies zur Dauereinrichtung werden zu lassen und so einen zweiten Arbeitsmarkt zu schaffen, der in Konkurrenz zum eigentlichen Arbeitsmarkt tritt. Der Staat dürfe dadurch auf keinen Fall zum Beschäftigungsgaranten für gering qualifizierte und entlohnte Arbeitskräfte werden. Bei einer zu starken Ausweitung des zweiten Arbeitsmarktes bestehe die Gefahr, daß die Tarifpartner aus ihrer beschäftigungspolitischen Verantwortung entlassen werden. Weiterhin seien Mitnahmeeffekte und die Verdrängung privater Anbieter in diesem Bereich zu befürchten.

Insgesamt beliefen sich die Ausgaben für Fortbildungskurse, Umschulungsmaßnahmen, Arbeitsbeschaffungsmaßnahmen und Lohnkostenzuschüsse nach § 249h AFG 1994 auf rund 28 Mrd. DM. Das sind rund ein Viertel der Ausgaben der Bundesanstalt für Arbeit. Ob diese Maßnahmen wirklich erfolgreich sind, läßt sich nach Ansicht des Sachverständigenrates empirisch nur schwer beurteilen. Die Bekämpfung der Arbeitslosigkeit werde allerdings um so teurer, je länger man damit warte.

Grundsätzlich solle sich die aktive Arbeitsmarktpolitik nur auf Problemgruppen konzentrieren und nicht die Beseitigung des *allgemeinen* Risikos der Arbeitslosigkeit anstreben. Die Eigenvorsorge und Initiative der Arbeitnehmer dürfe dadurch nicht beeinträchtigt werden, sondern es sollten immer nur Anreize zur Aufnahme einer regulären Beschäftigung im Vordergrund stehen.

5.4.5 Generelle Arbeitszeitverkürzung

Der Grundgedanke und die Problematik einer generellen Arbeitszeitverkürzung lassen sich sehr leicht beschreiben: In Abschnitt 5.2.2 wurde gezeigt, daß sich die Wachstumsrate der Erwerbstätigkeit (w_{ET}) darstellen läßt als

(5.9) $$w_{ET} = w_Y - w_\pi - w_h,$$

wobei w_Y die Wachstumsrate des Sozialprodukt, w_π die Wachstumsrate der Arbeitsproduktivität und w_h die Wachstumsrate der jahresdurchschnittlichen Arbeitszeit pro Beschäftigtem ist. Wenn wir die Auswirkungen einer Arbeitszeitverkürzung auf die Arbeitsproduktivität zunächst vernachlässigen, so hängen deren Konsequenzen für die Beschäftigung offensichtlich davon ab, ob das Sozialprodukt schneller oder langsamer zurückgeht als die Arbeitszeit pro Beschäftigtem. Dabei müssen wir selbstverständlich danach differenzieren, wie sich im Zuge der Arbeitszeitverkürzung die Reallöhne entwickeln. Wir unterscheiden zwei grundsätzliche Fälle:

1. Die Arbeitszeitverkürzung findet ohne Lohnausgleich statt, d. h. die Arbeitnehmer erhalten nach der Arbeitszeitverkürzung die gleichen *Stundenlöhne* wie zuvor. Der gesamte Reallohn pro Beschäftigtem sinkt also im gleichen Ausmaß wie die Arbeitszeit. In diesem Fall gibt es keinen Grund, negative Auswirkungen der Arbeitszeitverkürzung auf die Arbeitsnachfrage der Unternehmen zu vermuten, da die Lohnkosten pro Stunde – und damit ceteris paribus auch die Lohnkosten pro Produkteinheit – unabhängig von der Arbeitszeitverkürzung sind.

Die Arbeitsnachfrage der Unternehmen bildet allerdings lediglich die Angebotsseite der Ökonomie ab, so daß wir zusätzlich fragen müssen, ob sich durch die Reallohnsenkungen und den damit verbundenen Rückgang der Konsumgüternachfrage Schwierigkeiten ergeben können. Dies ist zumindest für die Nachfrage aus Arbeitseinkommen nicht der Fall, da die Wachstumsrate der Beschäftigung der – negativen – Wachstumsrate der Reallöhne entspricht und die gesamte Lohnsumme daher gleichbleibt. Allerdings verringern sich die Zahlungen der Bundesanstalt für Arbeit wegen der steigenden Beschäftigung. Ob deshalb aber wirklich ein Rückgang der Konsumgüternachfrage zu befürchten ist, scheint uns aus verschiedenen Gründen äußerst zweifelhaft:

– Erstens ist es denkbar, daß die öffentliche Hand die Gelder anderweitig ausgibt.

– Zweitens kann die Bundesanstalt für Arbeit zumindest bei einer längerfristigen Reduktion der Arbeitslosigkeit die Beitragssätze kürzen, so daß mehr Geld bei den Privaten verbleibt.

– Schließlich sind die positiven Wirkungen einer – letztlich auch die Leistungen der Bundesanstalt für Arbeit hervorgerufenen – Erhöhung der öffentlichen Verschuldung aus den im vierten Kapitel diskutierten Gründen ohnehin strittig.

Insgesamt halten wir es daher für gerechtfertigt, uns bei den Auswirkungen der Arbeitszeitverkürzung auf die *Arbeitsnachfrage* zu beschränken,[111] so daß wir annehmen können, daß die Arbeitszeitverkürzung ohne Lohnausgleich voll beschäftigungswirksam wird (d. h. $w_{ET} = -w_h$, wobei w_h bei einer Arbeitszeitverkürzung negativ ist). Alle Tarifauseinandersetzungen zeigen allerdings, daß der Verzicht auf einen vollständigen Lohnausgleich politisch zumindest auf globaler Ebene kaum durchsetzbar sein dürfte.

Eine spezielle Variante der Arbeitszeitverkürzung ohne Lohnausgleich besteht darin, die Arbeitszeit bei gleichem Gesamtlohn pro Beschäftigtem im Ausmaß des Produktivitätsfortschritts zu verkürzen. Aufbauend auf Gleichung (5.12) aus Abschnitt 5.4.1.1 können wir die Wachstumsrate der Lohnstückkosten unter Berücksichtigung der jahresdurchschnittlichen Arbeitszeit darstellen als

$$(5.19) \qquad w_l = w_{w^r} - w_\pi - w_h \ .$$

Gleichung (5.19) zeigt, daß die Lohnstückkosten bei gegebenem Reallohn gleich bleiben, sofern die Wachstumsrate der Arbeitsproduktivität (w_π) genau der – negativen – Wachstumsrate der Arbeitszeit pro Beschäftigtem (w_h) entspricht. Ob sich dieser Verzicht auf Reallohnsteigerungen durchsetzen läßt, ist allerdings ebenfalls zweifelhaft.

Neuere Entwicklungen zeigen, daß sich das Ausmaß des von den Gewerkschaften geforderten Lohnausgleichs reduzieren läßt, wenn die Arbeitszeitverkürzung mit einer Flexibilisierung der Arbeitszeiten verbunden wird. Da diese sich auch aus anderen Gründen positiv auswirkt (die Unternehmen können flexibler auf temporäre Änderungen der Nachfrage reagieren) handelt es sich dabei um einen vielversprechenden Ansatz (vgl. hierzu Abschnitt 5.4.2).

2. Kommen wir nun zu der Arbeitszeitverkürzung bei partiellem oder vollständigem Lohnausgleich. Den vollständigen Lohnausgleich müssen wir nicht gesondert diskutieren, da es sich lediglich um eine besonders drastische Variante der Stundenlohnsteigerung handelt. Jede mit einem partiellen Lohnausgleich verbundene Stundenlohnsteigerung führt ceteris paribus selbstverständlich zu einem Rückgang der Arbeitsnachfrage, so daß mit einem Rückgang des Sozialprodukts gerechnet werden muß. Daraus folgt aber noch nicht, daß die Arbeitszeitverkürzung bei partiellem oder vollständigem Lohnausgleich auch zu einem Rückgang der Beschäftigung führen muß: Dies hängt gemäß Gleichung (5.9) davon ab, ob der Rückgang des Sozialprodukts größer oder kleiner als der Rückgang der Arbeitszeit pro Beschäftigtem ist. Formal ist dies vom Verlauf

---

[111] Bei partiellem oder vollem Lohnausgleich stellt sich die Problematik eines sinkenden Konsums ohnehin nur in eingeschränktem Ausmaß.

5.4 Einige Ansatzpunkte der Arbeitsmarktpolitik

der Arbeitsnachfragefunktion abhängig: Bei einer steilen (flachen) Arbeitsnachfragefunktion sinkt die Arbeitsnachfrage bei steigenden Reallöhnen schnell (langsam). Überzeugende Untersuchungen liegen dafür zwar nicht vor, doch muß wohl angenommen werden, daß zumindest in exportabhängigen Branchen die Lohnelastizität der Arbeitsnachfrage derzeit hoch ist. Dies vermutet der Sachverständigenrat. Dessen Befürchtung, daß die Arbeitsnachfrage möglicherweise sogar bei einer Arbeitszeitverkürzung *ohne* Lohnausgleich (vgl. das Sachverständigenratgutachten 1993/94, Ziffer 379) zurückgehen würde, können wir allerdings nicht teilen.

Bei den bisherigen Überlegungen gingen wir davon aus, daß die Arbeitsproduktivität von der Arbeitszeitverkürzung nicht betroffen wird, so daß wir auf diese Möglichkeit kurz noch eingehen müssen. Dabei lassen sich zwei Aspekte unterscheiden, deren relative Bedeutung von Unternehmen zu Unternehmen, zumindest aber von Branche zu Branche unterschiedlich sein dürfte:

– Positiv auf die Arbeitsproduktivität wirkt sich die Arbeitszeitverkürzung nach allen Erfahrungen einfach deswegen aus, weil die Leistungsfähigkeit negativ mit der Arbeitszeit korreliert ist. Zumindest die Verfasser des vorliegenden Kompaktstudiums stellen immer wieder fest, daß nicht nur ihre durchschnittliche, sondern sogar ihre Gesamtleistung in drei Wochen größer ist, wenn in der Mitte zwei oder drei freie Tage eingestreut werden.

– Negativ dürfte sich dagegen auswirken, daß die Zunahme der Beschäftigten erhöhte Einarbeitungs- und Koordinationszeiten erfordert.

Die unterschiedliche Bedeutung der beiden Faktoren bei unterschiedlichen Tätigkeiten ist unseres Erachtens ein starkes Argument dafür, Arbeitszeitverkürzungen, Flexibilisierungen der Arbeitszeit und Lohnausgleichsregelungen nicht tariflich, sondern dezentral festzulegen, wofür auch der Sachverständigenrat nachdrücklich wirbt.

Verschiedentlich wird gerade die Zunahme der Arbeitsproduktivität angeführt, um die positiven Beschäftigungswirkungen einer Arbeitszeitverkürzung in Frage zu stellen, denn gemäß Gleichung (5.9) führt jede Erhöhung der Arbeitsproduktivität ceteris paribus zu einem Rückgang der Beschäftigung. Dies scheint uns allerdings kein wichtiges Argument zu sein, da eine Zunahme der Produktivität ceteris paribus eine Abnahme der Lohnstückkosten bewirkt und daher aus den gleichen Gründen die Arbeitsnachfrage und das Sozialprodukt steigert, wie diese von Lohnsteigerungen reduziert werden. Festhalten können wir demnach nur, daß

– eine Arbeitszeitverkürzung ohne Lohnausgleich unseres Erachtens zu deutlich positiven Beschäftigungseffekten führen würde, politisch aber schwer durchsetzbar ist,

– die Kombination von Verkürzungs- und Flexibilisierungsstrategien sowohl wegen ihrer leichteren Durchsetzbarkeit als auch wegen ihrer sonstigen Vorteile interessant ist,

– Arbeitszeitverkürzungen ohne Steigerungen der Lohnstückkosten möglicherweise dadurch erreicht werden können, daß mit dem technischen Fortschritt und der Verkürzung der Arbeitszeiten Erhöhungen der Arbeitsproduktivität verbunden sind, die auf die Arbeitszeitverkürzung und die Reallohnerhöhung aufgeteilt werden

– und die Auswirkungen von Arbeitszeitverkürzungen mit (partiellem) Lohnausgleich bei einer Steigerung der Lohnstückkosten von der Lohnelastizität der Arbeitsnachfrage abhängen und nur empirisch untersucht werden können.

5.5 Arbeitsmarkt- und finanzpolitische Maßnahmen im Vergleich: Die Studie von *Huckemann/v. Suntum*

Nachdem wir die Arbeitsmarktpolitik in den bisherigen Abschnitten getrennt von sonstigen wirtschaftspolitischen Maßnahmen dargestellt haben, möchten wir diese abschließend in einem breiteren Rahmen betrachten, da wie mehrfach erwähnt ja auch alle anderen stabilitätspolitischen Instrumente wesentlich zur Erreichung eines hohen Beschäftigungsstandes beitragen sollen. Dabei lassen sich grundsätzlich eine kurzfristige („konjunkturpolitische") und eine eher langfristige („strukturelle") Perspektive unterscheiden: Während die kurzfristige Perspektive auf eine Verminderung der Arbeitslosigkeit in der Rezession zielt, geht es bei der strukturellen Perspektive um die Schaffung von Bedingungen, die eine durchschnittlich niedrige Arbeitslosigkeit gewährleisten.

Angesichts der großen methodischen Schwierigkeiten zur empirischen Fundierung wirtschaftspolitischer Überzeugungen ist eine international vergleichende Studie über die Beschäftigungswirkungen wirtschaftspolitischer Strategien von besonderem Interesse, die jüngst von *Stefan Huckemann* und *Ulrich v. Suntum* an der Universität Witten-Herdecke durchgeführt wurde. Wir wollen die Kernpunkte dieser Studie, die sich mit den längerfristigen Auswirkungen wirtschaftspolitischer Strategien auf die Beschäftigung auseinandersetzt, daher im folgenden darstellen.

Gegenstand der Arbeit „Beschäftigungspolitik im internationalen Vergleich" von *Huckemann/v. Suntum* ist die Untersuchung der Beschäftigungswirkungen der Stabilitätspolitiken in den Ländern der Europäischen Union sowie in Japan, der Schweiz, den USA und Australien für den Zeitraum von 1980 – 1993. Dabei unterscheiden die Autoren zunächst die *Zielvariable* Beschäftigung und mehrere *Wirkungsgrößen*, durch die die Zielvariable erklärt werden soll. Wir beginnen unsere Erläuterung mit der Zielvariablen (5.5.1), erörtern dann die verschiedenen Wirkungsfaktoren (5.5.2), stellen nachfolgend die Methode der Studie dar (5.5.3) und skizzieren schließlich Ergebnisse und Schlußfolgerungen, die aus der Untersuchung möglicherweise gezogen werden können (5.5.4).

5.5.1 Die Zielvariable „Beschäftigung"

Die Zielvariable „Beschäftigung" wurde durch eine Kombination aus der durchschnittlichen Arbeitslosenquote[112] und dem Zuwachs der Beschäftigung konkretisiert. Die Gewichtung beider Faktoren (also Arbeitslosenquote und Beschäftigungszuwachs) erfolgte dabei nicht für alle Länder gleich, sondern in Abhängigkeit von der Arbeitslosenquote selbst: Der Beschäftigungszuwachs wurde mit einem Prozentsatz von maximal 50 gewichtet, der mit abnehmender Arbeitslosigkeit aber verringert wurde. Dem lag die schlüssige Überlegung zugrunde, daß der Beschäftigungszuwachs in Ländern mit bereits niedriger Arbeitslosigkeit (z. B. Schweiz) einfach wegen der bereits bestehenden Vollbeschäftigung gegen Null geht und daher kein sinnvolles Ziel darstellen kann.

Die Bewertung der einzelnen Größen (d. h. bei der Zielvariablen die Bewertung der Größen „Arbeitslosigkeit" und „Beschäftigungszuwachs") erfolgte nach einem *Punktsystem*, das wir anhand der Arbeitslosigkeit erläutern wollen. Für jedes Jahr

---

[112] Bei allen Variablen mußten angesichts der unterschiedlichen Meßmethoden in den verschiedenen Ländern Bereinigungen vorgenommen werden, um die Werte wirklich vergleichen zu können.

im Zeitraum von 1980 – 1993 erhielt das Land mit dem besten Wert – in diesem Fall also mit der niedrigsten Arbeitslosenquote – den Punktwert 10. Das Land mit der höchsten Arbeitslosenquote (allgemein also mit dem schlechtesten Wert) erhielt einen Punkt. Die Punktzahl der anderen Länder wurde für jedes Jahr einfach aus der linearen Abweichung zum besten und zum schlechtesten Land ermittelt. Nehmen wir hierzu beispielsweise an, daß im Jahr 1982 das beste Land A eine Arbeitslosenquote von 2 %, das schlechteste Land B eine Arbeitslosenquote von 9 % und ein anderes Land C eine Arbeitslosenquote von 4 % aufweist. Dann erhält zunächst Land A 10 Punkte und Land B einen Punkt für das betreffende Jahr. Die Punktzahl von Land C (P_C) errechnet sich aus

$$(5.19) \qquad P_C = 1 + \frac{4\% - 9\%}{2\% - 9\%} \cdot 9 = 7{,}43 \; .$$

Allgemein formuliert ergibt sich der Punktwert von C aus

$$(5.20) \qquad P_C = 1 + \frac{C - B}{A - B} \cdot 9 \; ,$$

d. h. zusätzlich zu dem minimalen Punktwert 1 kommt eine mit 9 multiplizierte Größe, die um so höher ist, je größer der Abstand zum schlechtesten Land ist. Entspricht der Abstand zum schlechtesten Land (C–B) dem Abstand des besten Landes zum schlechtesten Land (A–B), so erhält Land C gemäß dieser Berechnungsmethode selbstverständlich auch 10 Punkte. Es handelt sich also um ein recht pragmatisches Verfahren, mit dem der Erfüllungsgrad ganz unterschiedlicher Variablen in Punkte umgewandelt wird.[113]

Auf diese Art wurden für jedes Land und jedes Jahr Punktzahlen vergeben. Das Schwergewicht der Studie lag aber nicht auf der Beurteilung einzelner Jahre, sondern auf der längerfristigen Analyse über den gesamten Untersuchungszeitraum hinweg. Dies ergab sich schon daraus, daß die Untersuchungsmethode für eine kurzfristige Analyse wenig geeignet gewesen wäre. Erstens sind die kurzfristigen Daten stark durch konjunkturelle Einflüsse überlagert und zweitens weisen die verschiedenen Wirkungsfaktoren (vgl. ausführlich Abschnitt 5.5.2) ganz unterschiedliche time lags auf. So wirken sich beispielsweise Arbeitsbeschaffungsmaßnahmen sofort auf den Arbeitsmarkt aus, während eine Verringerung der Abgabenquote erst dann Arbeitsmarkteffekte zeigt, wenn die Unternehmen mit höheren Investitionen reagieren. Der eigentliche Kern der Studie bezieht sich daher auf den gesamten Zeitraum, so daß Tab. 5.7 lediglich die durchschnittlichen Punktwerte für die einzelnen Ziel- und Wirkungsgrößen zeigt.

Da wir uns bisher nur mit den Zielgrößen beschäftigt haben, möchten wir Sie bitten, ihre Aufmerksamkeit auf die entsprechenden Spalten von Tab. 5.7 zu beschränken. Spalte 10 zeigt die *durchschnittlichen* Punktwerte der Länder für die Arbeitslosigkeit. Da die Schweiz einen durchschnittlichen Wert von 10 aufweist, heißt dies, daß die Arbeitslosenquote in der Schweiz in allen 14 Jahren die niedrigste aller Länder war.

---

[113] Ein Nachteil des Verfahrens ist, daß alle Länder außer dem schlechtesten Land sehr ähnliche Punktzahlen erhalten, sofern das schlechteste Land ein „Ausreißer" ist, weil dann der Zähler nah am Nenner liegt. Für solche Fälle haben die Verfasser ein etwas anderers Berechnungsverfahren angewendet. Sie konnten allerdings zeigen, daß die Resultate durch veränderte Rechenverfahren kaum beeinflußt werden.

	Ranking	Wirkungsfaktoren					Zielgrößen			
		Wachstum	Finanz-politik	Arbeits-markt-politik	Tarifpartner	Insgesamt	Rang	Beschäf-tigung	Arbeits-losigkeit	Insgesamt	Rang
1	2	3	4	5	6	7	8	9	10	11	12
Schweiz	8,6	4,0	8,7	6,4	9,3	7,3	(2)	6,0	10,0	9,9	(1)
Japan	8,2	8,4	9,8	4,1	9,1	7,5	(1)	6,3	9,1	9,0	(2)
Norwegen	7,6	8,5	2,7	6,7	7,6	7,0	(3)	5,5	8,5	8,2	(5)
Schweden	7,6	4,0	1,1	9,4	6,9	6,6	(4)	4,8	9,0	8,6	(3)
Österreich	7,0	5,6	4,6	2,0	8,5	5,6	(9)	5,6	8,7	8,5	(4)
Deutschland	6,8	4,3	5,1	5,4	8,4	6,4	(5)	5,6	7,4	7,2	(6)
Portugal	6,5	5,9	7,6	7,8	4,7	6,1	(6)	6,2	6,7	6,9	(7)
USA	6,4	4,1	9,7	5,2	7,0	6,1	(7)	6,7	6,5	6,7	(8)
Niederlande	5,7	4,1	3,4	3,2	9,3	5,9	(8)	5,7	5,4	5,6	(11)
Australien	5,6	6,3	8,7	2,8	4,9	4,8	(12)	7,7	6,1	6,4	(9)
Frankreich	5,4	4,2	4,5	3,7	7,5	5,4	(10)	4,6	5,4	5,3	(13)
Kanada	5,1	5,2	7,6	4,0	4,1	4,6	(14)	6,7	5,2	5,7	(10)
Großbritannien	5,0	3,4	6,6	4,7	5,5	5,0	(11)	4,7	5,1	5,1	(15)
Belgien	4,9	3,6	3,3	2,2	7,7	4,8	(13)	4,6	4,9	5,0	(16)
Italien	4,9	4,6	6,9	5,7	3,0	4,5	(15)	5,0	5,1	5,2	(14)
Dänemark	4,9	1,5	2,3	3,0	7,2	4,4	(16)	5,2	5,3	5,3	(12)
Spanien	3,3	6,2	8,7	1,7	2,7	3,6	(17)	5,1	1,0	3,0	(17)

Quelle: Huckemann/v. Suntum.

Tab. 5.7: Durchschnittliche Punktwerte der Zielgrößen und der Wirkungsfaktoren (1980 – 1993)

Der Punktwert von 6,0 für die Beschäftigung in Spalte 9 spielt für die Schweiz keine Rolle, da diese aus den oben erläuterten Gründen für die Schweiz mit einem Gewichtungsfaktor von Null eingeht – denn schließlich müssen keine neuen Arbeitsplätze geschaffen werden, wenn die Arbeitslosigkeit ohnehin nur minimal ist. Bei den anderen Ländern ging die Beschäftigung dagegen mit unterschiedlichen Gewichten ein, die mit der Höhe der Arbeitslosigkeit zunahmen.[114] Auf die Erläuterung der anderen Werte können wir erst zurückkommen, wenn wir die Wirkungsfaktoren erklärt haben, da die Methode dort etwas anspruchsvoller ist.

5.5.2 Die „Wirkungsfaktoren": Wachstum, Finanzpolitik, Arbeitsmarktpolitik und Tarifpartner

Bei der Auswahl der untersuchten Einflußfaktoren wurden zunächst Hypothesen gebildet und anschließend auf ihre Plausibilität getestet. Das Ziel bestand dabei darin, mit möglichst wenigen, international vergleichbaren und statistisch erfaßten Daten einen möglichst großen Teil der internationalen Streuung der Arbeitslosenquoten erklären zu können. Die verschiedenen Faktoren wurden zu den vier *Wirkungsgrößen*

– Finanzpolitik,
– Arbeitsmarktpolitik,
– Tarifpartner und
– Wachstum

zusammengefaßt. Abb. 5.7 zeigt die Zusammensetzung der vier Wirkungsgrößen, die relative Bedeutung der einzelnen Faktoren innerhalb einer Wirkungsgröße (erste Zahlen) und die relative Bedeutung der vier Wirkungsgrößen beim Versuch zur Erklärung der Zielgröße (zweite Zahlen).

Wir ignorieren zunächst die quantitativen Ausprägungen (d. h. die Zahlen in Abb. 5.7) und die methodische Vorgehensweise und erklären vorerst nur die einzelnen Variablen. Die Erläuterung der Methode und – damit zusammenhängend – die Herleitung der Ergebnisse verschieben wir auf Abschnitt 5.5.3.

Wirkungsgröße 1: Wachstum

Die Verwendung des Wachstums als Wirkungsgröße ist aus zwei Gründen etwas problematisch: erstens ist das Wachstum auch ein Ziel der Wirtschaftspolitik und zweitens handelt es sich um keine Variable, die direkt bestimmte wirtschaftspolitische Maßnahmen mißt. *Huckemann/v. Suntum* haben das Wachstum dennoch aufgenommen, weil dieses als *Zwischenziel* zur Erreichung des Beschäftigungsziels interpretiert werden kann und die Notwendigkeit eines stetigen Wirtschaftswachstums zur Vermeidung langfristiger Arbeitslosigkeit weitgehend unstrittig ist.

Konkretisiert wird die Wirkungsgröße Wachstum erstens durch den Zuwachs des realen Bruttoinlandsprodukts und zweitens durch den Anteil der Bruttoanlageinvestitionen des Privatsektors am Bruttoinlandsprodukt. Der erste Indikator ist selbstverständlich, da in Abschnitt 5.2.2 des vorliegenden Kompendiums gezeigt wurde, daß die Wachstumsrate der Beschäftigung vereinfachend als Differenz zwischen

---

[114] Lassen Sie sich nicht davon irritieren, daß für einige Länder (z.B. Portugal) der gewichtete Durchschnittswert (6,9 bei Portugal) über *beiden* Einzelwerten liegt. Dies erklärt sich daraus, daß aus der Tabelle nicht die Gewichtung für die *Einzeljahre* hervorgeht, und es daher sein kann, daß ein überdurchschnittlich hoher Beschäftigungszuwachs *in einem Jahr* überdurchschnittlich hoch gewichtet wurde, was in der aggregierten Tabelle nicht mehr erkennbar ist.

den Wachstumsraten des Bruttoinlandsprodukts und der Produktivität ausgedrückt werden kann. Ein hohes Wirtschaftswachstum reduziert daher ceteris paribus die Arbeitslosigkeit.

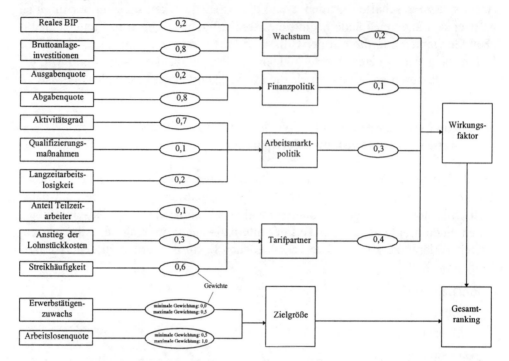

Abb. 5.7: Gruppierung und Gewichtung der beschäftigungspolitisch relevanten Variablen

Daneben wurde der Anteil der Bruttoanlageinvestitionen am Bruttoinlandsprodukt zusätzlich berücksichtigt, weil davon ausgegangen wurde, daß gerade eine hohe Investitionsquote Arbeitsplätze schafft. Dabei muß die Investitions*quote* genommen werden, weil die Investitionen selbst eine zu große Verbindung mit dem Bruttoinlandsprodukt aufweisen. Die Beschränkung auf private Investitionen wurde damit begründet, daß sich öffentliche Investitionen langfristig nur dann günstig auf den Arbeitsmarkt auswirken, wenn sie private Investitionen induzieren.

Bei beiden Indikatoren wurden gleitende Mehrjahresdurchschnitte verwendet, um konjunkturelle Schwankungen möglichst auszuschalten. Dies zeigt erneut, daß die Studie nicht auf die Analyse von Maßnahmen zur Reduzierung konjunktureller Arbeitslosigkeit, sondern auf die Beurteilung von Strategien zur langfristigen Wahrung des Beschäftigungsstandes zielt. Auf die Ergebnisse kommen wir wie erwähnt erst in den folgenden Abschnitten zu sprechen, da wir zunächst die Methode erläutern müssen.

Wirkungsgröße 2: Finanzpolitik

Die Wirkungsgröße Finanzpolitik wurde durch die Ausgaben- und die Abgabenquote konkretisiert. Die Ausgabenquote (wir haben sie in Abschnitt 4.4 als Staatsquote bezeichnet) mißt das Verhältnis aus den Gesamtausgaben öffentlicher Haushalte zum Bruttoinlandsprodukt und die Abgabenquote die *gesamte* Abgabenbelastung der privaten Wirtschaft (direkte und indirekte Steuern sowie Sozialabgaben), ebenfalls normiert am Bruttoinlandsprodukt.

Für die spätere Punktvergabe war es notwendig, für alle Variablen Hypothesen darüber zu formulieren, *in welche Richtung* sich diese langfristig auf die Arbeitslosigkeit auswirkt. Bezüglich der Finanzpolitik wurde dabei (angebotstheoretisch) angenommen, daß niedrige Aus- und Abgabenquoten im Untersuchungszeitraum zu einer Verringerung der Arbeitslosenquote führten.

Wirkungsgröße 3: Arbeitsmarktpolitik

Da in der Studie die Arbeitsmarktpolitik und das Verhalten der Tarifpartner getrennt voneinander betrachtet wurden, beschränkt sich die Arbeitsmarktpolitik auf das Verhalten der Bundesanstalt für Arbeit (bzw. den entsprechenden Institutionen in anderen Ländern). Dabei wurde die Arbeitsmarktpolitik durch die Variablen Aktivitätsgrad, Qualifizierungsmaßnahmen und Langzeitarbeitslosigkeit konkretisiert. Der Aktivitätsgrad mißt dabei das Verhältnis aus aktiven Arbeitsmarktausgaben (z. B. Qualifizierungsmaßnahmen wie Weiterbildung und Umschulung, aber auch Arbeitsbeschaffungsmaßnahmen) und Gesamtausgaben. Dem lag die Hypothese zugrunde, daß sich eine Arbeitsmarktpolitik um so günstiger auf die Beschäftigung auswirkt, je niedriger der Anteil der bloßen Zahlungen für Arbeitslosigkeit ist. Die Normierung an den Gesamtausgaben ist dabei notwendig, weil andernfalls der Aktivitätsgrad bei gleichen Ausgaben *pro* Arbeitslosem durch die Zunahme der Arbeitslosigkeit ebenfalls steigen würde, was inhaltlich zu sinnlosen Ergebnissen führen würde.

Obwohl die Qualifizierungsmaßnahmen im Aktivitätsgrad bereits enthalten sind, wurden diese nochmals getrennt ausgewiesen. Dabei wurden die Qualifizierungsmaßnahmen zu den gesamten Ausgaben für eine *aktive* Arbeitsmarktpolitik ins Verhältnis gesetzt. Im Kern ging es dabei darum, die Ausgaben für Arbeitsbeschaffungsmaßnahmen herauszurechnen, weil angenommen wurde, daß Um- und Weiterbildungsmaßnahmen gegenüber reinen Arbeitsbeschaffungsmaßnahmen langfristig überlegen sind. Denn Arbeitsbeschaffungsmaßnahmen verzerren auch den Arbeitsmarkt, so daß ihre Beurteilung wie oben erläutert durchaus strittig ist.

Bei der Verringerung der Langzeitarbeitslosigkeit handelt es sich eigentlich um einen Teil der Zielgröße, deren Verwendung als Konkretisierung einer Wirkungsgröße daher nicht unproblematisch ist. Der Grundgedanke ist, daß alle Maßnahmen zur Bekämpfung der Langzeitarbeitslosigkeit besonders wichtig sind und daher getrennt erfaßt werden müßten. Weil dies aber auf zu große Datenbeschaffungs- und -interpretationsschwierigkeiten stößt, verwendeten Huckemann/v. Suntum praktisch die Zielgröße Langzeitarbeitslosigkeit als Indikator für die Wirkungsgröße „Maßnahmen zur Bekämpfung der Langzeitarbeitslosigkeit".

Wirkungsgröße 4: Tarifpartner

Diese setzt sich aus den Variablen Anteil der Teilzeitarbeitsplätze, Anstieg der Lohnstückkosten und Streikhäufigkeit zusammen. Der Anteil der Teilzeitarbeitsplätze wurde von den Verfassern dabei selbst als Hilfsgröße interpretiert, weil sie eigentlich die Flexibilisierung der Arbeit erfassen wollten. Dies ist jedoch methodisch kaum möglich, weil sich die einzelnen Modelle zur Flexibilisierung der Arbeitszeit (vgl. hierzu ausführlich oben, Abschnitt 5.4.2.2) kaum miteinander vergleichen lassen. Der Anteil der Teilzeitarbeitsplätze wurde daher als Indikator für die Flexibilisierung der Arbeit herangezogen.

Der Anstieg der Lohnstückkosten ist unter methodischen Gesichtspunkten besonders interessant. Wie in den Abschnitten 5.4.1.1 und 5.4.1.2 ausführlich erläutert mißt der Anstieg der Lohnstückkosten den Anstieg der *Nominallöhne* im Verhältnis zum Anstieg der Arbeitsproduktivität. Ein Anstieg der Lohnstückkosten um 2 % signalisiert also *real* nur dann höhere Lohnkosten pro Stück, wenn die Inflationsrate kleiner als 2 % war. Dies bedeutet, daß der Anstieg der Lohnstückkosten *kein* guter Verteilungsindikator ist, sondern ein guter Indikator für die *Inflationsgefahren, die vom Arbeitsmarkt ausgehen*. Die Verwendung des Anstiegs der Lohnstückkosten innerhalb der Wirkungsgröße Tarifpartner erklärt daher zu einem großen Teil auch den zunächst verblüffenden Sachverhalt, daß *die Geldpolitik als Wirkungsgröße nicht explizit auftaucht*. Die Geldpolitik könnte grundsätzlich auf zwei Weisen berücksichtigt werden: entweder durch zahlreiche Einzelgrößen oder einfach durch die Inflationsrate. Die Verwendung von Einzelgrößen stößt auf verschiedene methodische Probleme. Erstens können die nationalen Einzeldaten nur schwer miteinander verglichen werden und zweitens ist oft nicht klar, in welche Richtung sich eine Variable auswirkt. So können niedrige Leitzinsen wegen ihrer positiven Auswirkung auf die Investitionen positiv beurteilt werden, während sie auf der anderen Seite zu einem Kapitalabfluß und/oder zur Inflation führen können. Verwendet man dagegen nur die Inflationsrate, so stellt man fest, daß diese stark mit dem Anstieg der Lohnstückkosten korreliert, so daß die zusätzlichen Informationen gering sind. Aus diesen Gründen wird die Geldpolitik in der hier skizzierten Studie nicht explizit berücksichtigt.

Die Wirkungsgröße Streikhäufigkeit schließlich ist selbstverständlich und dürfte neben ihren direkten Implikationen für den Arbeitsmarkt auch indirekte Faktoren wie das allgemeine wirtschaftliche Klima in einem Land messen.

5.5.3 Methodische Vorgehensweise und Ergebnisse der Studie

5.5.3.1 Gewichtung innerhalb der Wirkungsgrößen

Ein Blick zurück auf Tab. 5.5 zeigt, daß für jedes Land durchschnittliche Punktwerte für die vier Wirkungsgrößen Wachstum, Finanzpolitik, Arbeitsmarktpolitik und Tarifpartner ermittelt wurden. Bevor wir uns im zweiten Schritt mit der Korrelation zwischen diesen Punktwerten und der Zielgröße auseinandersetzen, muß geklärt werden, wie diese Punktewerte eigentlich zustande kommen. Dieses Verfahren erklären wir beispielhaft für die Wirkungsgröße Tarifpartner.

Zunächst wurden für die drei Variablen innerhalb der Wirkungsgröße Tarifpartner (also für den Anteil der Teilzeitarbeitsplätze, den Anstieg der Lohnstückkosten und die Streikhäufigkeit) Punkte vergeben. Die Punktvergabe erfolgte dabei genau analog zu der oben geschilderten Punktvergabe bei der Arbeitslosigkeit, d. h. beispielsweise, daß das Land mit der geringsten Streikhäufigkeit 10 Punkte und das Land mit der höchsten Streikhäufigkeit 1 Punkt erhielten. Die Werte für die übrigen Länder ergaben sich durch die lineare Gewichtung der Abstände. Der *Gesamtwert* eines Landes für die Wirkungsgröße Tarifpartner hängt nun offensichtlich davon ab, wie die einzelnen Punktwerte für den Anteil der Teilzeitarbeitsplätze, den Anstieg der Lohnstückkosten und die Streikhäufigkeit gewichtet werden. Wenn wir zunächst annehmen, daß alle drei Größen gleich gewichtet werden, so ergeben sich daraus bestimmte Punktzahlen für die Tarifpartner aller Länder. Zwischen diesen Punktzahlen und den Punktzahlen für die Zielgröße wurde in der Studie dann eine *lineare Einfachregression* durchgeführt, die den Zusammenhang zwischen der Wirkungsgröße Tarifpartner und der Zielgröße auf Grundlage einer Gleichgewichtung der Variablen „Anteil der Teilzeitarbeitsplätze", „Anstieg der Lohnstückkosten" und „Streikhäufigkeit" mißt. Diese lineare Einfachregression führte zu einem Korrelationskoeffizienten, der angibt, welcher Anteil der Streuung der Zielgrößen über die einzelnen Länder durch die Wirkungsgröße Tarifpartner erklärt werden kann (je höher der Korrelationskoeffizient, desto enger also der Zusammenhang).

5.4 Einige Ansatzpunkte der Arbeitsmarktpolitik 199

Ausgehend von diesem Ergebnis wurde nun in einem iterativen Prozeß geprüft, ob sich der Korrelationskoeffizient erhöht, wenn die Gewichtung zwischen den Variablen „Anteil der Teilzeitarbeitsplätze", „Anstieg der Lohnstückkosten" und „Streikhäufigkeit" *verändert* wird. Denn jede Änderung der Gewichtung führt zu unterschiedlichen Werten bei der Wirkungsgröße Tarifpartner und damit auch zu anderen Korrelationskoeffizienten. Gewählt wurde schließlich (vgl. Abb. 5.7) die Gewichtung, die den Korrelationskoeffizienten der linearen Einfachregression von Tarifpartner und Zielgröße maximiert. Der Wert von 0,6 bei der Streikhäufigkeit bedeutet demnach, daß der Zusammenhang zwischen der Wirkungsgröße Tarifpartner und der Zielgröße dann am größten ist, wenn die Punktzahl der Variablen Streikhäufigkeit innerhalb der Wirkungsgröße Tarifpartner mit 60 % gewichtet wird.

Analog wurde bei allen anderen Wirkungsgrößen vorgegangen, so daß beispielsweise die 0,1 bei Qualifizierungsmaßnahmen bedeutet, daß diese innerhalb der Wirkungsgröße Arbeitsmarktpolitik nur mit 10 % gewichtet wurden, um den Korrelationskoeffizienten der linearen Einfachregression von Arbeitsmarktpolitik und Zielgröße zu maximieren.

Wir haben nun also erklärt, wie die einzelnen Punktewerte in Tab. 5.5 zustande kommen. Offen bleibt noch, wie der Zusammenhang zwischen den vier Wirkungsgrößen Wachstum, Finanzpolitik, Arbeitsmarktpolitik und Tarifpartner einerseits und der Zielgröße andererseits analysiert wurde. Bevor wir uns diesem Sachverhalt zuwenden, möchten wir aber noch einiges zu den Ergebnissen *innerhalb* der einzelnen Wirkungsgrößen sagen.

- Beim Wachstum überrascht die herausragende Bedeutung der Bruttoanlageinvestitionen etwas, die möglicherweise damit erklärt werden kann, daß das Wachstum des Bruttoinlandsprodukts selbst stark mit dem Produktivitätswachstum korreliert (so daß der Arbeitsmarkteffekt ceteris paribus verschwindet). Positive Arbeitsmarkteffekte könnten dann genau darüber erzielt werden, daß die Investitionsquote besonders hoch ist.

- Innerhalb der „Arbeitsmarktpolitik" spielt der „Aktivitätsgrad" eindeutig die wichtigste Rolle. Die zusätzliche Berücksichtigung von Qualifizierungsmaßnahmen veränderte das Ergebnis dagegen nicht entscheidend, so daß die Hypothese, daß Arbeitsbeschaffungsmaßnahmen weniger wichtig sind als Qualifizierungsmaßnahmen kaum gestützt werden konnte.

- Bei den „Tarifpartnern" ist die herausragende Bedeutung der Streikhäufigkeit doch etwas überraschend, so daß diese offensichtlich auch als Indikator für die „Arbeitsmoral" insgesamt aufgefaßt werden kann. Die untergeordnete Bedeutung des Anteils der Teilzeitarbeitsplätze ist vermutlich darauf zurückzuführen, daß dieser als Indikator für die Flexibilisierung der Arbeit nicht besonders gut geeignet ist. Es kann also nicht geschlossen werden, daß eine Flexibilisierung der Arbeit insgesamt eher unwichtig für den Arbeitsmarkt ist.

- Innerhalb der Finanzpolitik dominiert die (leistungshemmende) Abgabenquote deutlich über die Staatsquote, die für sich genommen also eine recht geringe Erklärungskraft besitzt. Dies ist allerdings insofern mit Vorsicht zu genießen, als die Folgen einer hohen Staatsquote – und damit letztlich die Folgen einer hohen Staatsverschuldung – erst *langfristig* zum Tragen kommen, denn die Methode der Staatsverschuldung ist es gerade, Lasten in die Zukunft zu verschieben. Hier stellt sich also das time lag-Problem trotz des relativ langen Untersuchungszeitraums mit besonderer Schärfe.

5.5.3.2 Gewichtung der Wirkungsgrößen

Nachdem nun die Ermittlung der Punkte für die einzelnen Wirkungsgrößen klar ist, können wir uns dem Zusammenhang von Wirkungsgrößen und Zielgröße zuwenden. Dieser wurde über eine *lineare Mehrfachregression zwischen den Punkten für die Wirkungsgrößen und die Zielgröße ermittelt*.[115] Dies bedeutet, daß eine Regressions(hyper)ebene gesucht wurde, die es gestattete, die unterschiedlichen Punktwerte der Länder für die Zielgröße möglichst gut auf die vier Wirkungsgrößen zurückzuführen. Dabei ergab sich insgesamt ein hervorragendes Ergebnis mit einem Korrelationskoeffizienten für die lineare Mehrfachregression von 0,89 bzw. einem Bestimmtheitsmaß von knapp 0,8. Ein Bestimmtheitsmaß von 0,8 bedeutet, daß sich 80 % der Gesamtstreuung der Zielgröße durch die vier Wirkungsgrößen Wachstum, Finanzpolitik, Arbeitsmarktpolitik und Tarifpartner erklären lassen, so daß es sich um einen sehr engen Zusammenhang handelt.[116] Es ist daher zulässig, die Resultate auch inhaltlich zu interpretieren.

Innerhalb einer Mehrfachregression ergeben sich analog zur Einfachregression Steigungen der einzelnen Regressionsgeraden, die die Bedeutung einer Wirkungsgröße für die Zielgröße angeben. Es ist daher sinnvoll, die Steigungen der Regressionsgeraden (die sog. Regressionskoeffizienten) als Gewichte bei der Interpretation der Bedeutung der einzelnen Wirkungsgrößen zu verwenden. Genau dieses Konzept lag der Bestimmung der Werte zugrunde, die in Abb. 5.7 in den Kreisen zwischen den Wirkungsgrößen und der Zielgröße angegeben sind.

Die einzelnen Regressionskoeffizienten zwischen den Wirkungsgrößen und der Zielgröße lagen bei 0,5827 („Tarifpartner"), 0,4409 („Arbeitsmarktpolitik"), 0,1293 („Finanzpolitik") und 0,2735 („Wachstum"), so daß sich z. B. für die Arbeitsmarktpolitik ein Faktor von

$$(5.21) \quad a = \frac{0,4409}{0,5827 + 0,4409 + 0,1293 + 0,2735} = 0,3$$

ergab.

Bei der Interpretation der Ergebnisse bezüglich der einzelnen Wirkungsgrößen fällt unmittelbar auf, daß die Finanzpolitik keineswegs den herausragenden Einfluß zu haben scheint, der ihr in der wirtschaftspolitischen Diskussion üblicherweise zugeschrieben wird (Gewichtungsfaktor 0,1). Herausragende Bedeutung für die Arbeitslosigkeit scheinen eher die Faktoren zu haben, die direkt mit dieser in Verbindung stehen – nämlich erstens der Aktivitätsgrad der Bundesanstalt für Arbeit und zweitens das Verhalten der Tarifpartner. Dies liegt auch bei den Tarifpartnern nur zu einem kleinen Teil daran, daß implizit (über den Anstieg der Lohnstückkosten) geldpolitische Fragestellungen enthalten sind, weil innerhalb der Wirkungsgröße Tarifpartner ja die Streikhäufigkeit dominiert.

5.5.4 Schlußfolgerungen

Entscheidend ist selbstverständlich, welche wirtschaftspolitischen Schlußfolgerungen aus der Studie gezogen werden können. Zu diesem Zweck haben *Hucke-*

---
[115] Dies bedeutet selbstverständlich, daß die Punktwerte wie metrische Daten behandelt wurden, was methodisch nicht ganz korrekt, aber unseres Erachtens eine unter pragmatischen Gesichtspunkten akzeptable Vorgehensweise ist.

[116] Für statistisch gut ausgebildete Leser/innen sei hinzugefügt, daß die üblichen statistischen Tests zu Resultaten führten, die zufällige Ergebnisse oder wesentliche Autokorrelationen fast ausschließen.

mann/v. Suntum verschiedene Cluster gebildet, die unterschiedliche Typen von Ländern zusammenfassen. Obwohl die Zusammenfassungen teilweise (notwendigerweise) etwas heroisch sind, geben sie doch Aufschluß über die Konsequenzen verschiedener Politikvarianten.

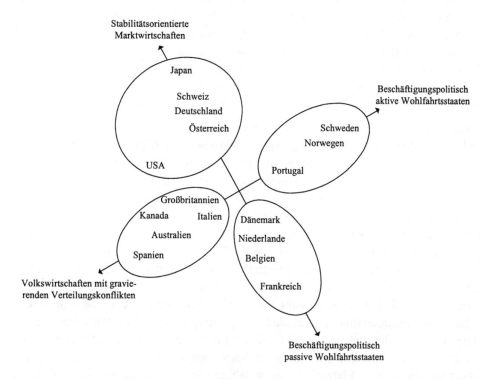

Abb. 5.8: Beschäftigungspolitische Strategien (Typisierung für die 80er Jahre)

Links oben stehen Länder, die sich durch eine funktionierende angebotsorientierte Wirtschaftspolitik auszeichnen. Charakteristisch sind besonders hohe Werte bei den Wirkungsgrößen Finanzpolitik und Tarifpartner sowie bei der Zielgröße selbst. Der Aktivitätsgrad der Arbeitsmarktpolitik ist eher gering, was aber auch nicht verwundert: Erstens ist wegen einer niedrigen Arbeitslosigkeit kein hoher Aktivitätsgrad erforderlich und zweitens ist dafür auch kein Spielraum vorhanden, wenn die relativ geringe Abgabenquote beibehalten werden soll. Angesichts der Ergebnisse ihrer Studie bezeichnen *Huckemann/v. Suntum* diese Strategie als „Königsweg".

Interessant ist, daß es offensichtlich auch einen zweiten, eher keynesianisch orientierten Weg zu relativ hoher Beschäftigung gibt, für den vor allem die Politiken von Schweden und Norwegen charakteristisch sind. So zeigt Tab. 5.5, daß Schweden bei der Finanzpolitik am schlechtesten von allen Ländern abschneidet, aber angesichts seines überragenden Aktivitätsgrades in der Arbeitsmarktpolitik sowie des zufriedenstellenden Verhaltens der Tarifpartner dennoch sehr gut abschneidet (und bei der Zielgröße gar auf Platz 3 liegt). Eine hohe Abgaben- und Ausgabenquote muß also dann *nicht* negativ auf den Arbeitsmarkt durchschlagen, wenn die Schwierigkeiten auf der Kostenseite durch eine aktive Arbeitsmarktpolitik abgefedert werden.

Genau dies fehlt den Ländern im Cluster unten rechts, die niedrige Werte in der Finanzpolitik mit einer nicht hinreichend aktiven Arbeitsmarktpolitik verbinden. Dies führt dazu, daß den durch die Kostenseite entstehenden Schwierigkeiten nicht aktiv entgegengewirkt wird, was gemäß den Ergebnissen der Studie die Arbeitslosigkeit erhöht. Die halbwegs durchschnittlichen Werte ergeben sich aus der Disziplin der Tarifpartner (natürlich trifft dies für einige Länder mehr oder weniger zu).

Links unten stehen schließlich die Länder, die sich durch besonders niedrige Werte bei den Tarifpartnern auszeichnen, die gemäß ihren Regressionskoeffizienten eine besonders hohe Bedeutung für die Arbeitslosigkeit haben. Besonders Spanien beweist, daß eine Angebotsorientierung auf Seiten der Finanzpolitik (geringe Abgabenbelastung) selbst in Kombination mit einem sehr zufriedenstellenden Wachstum den Arbeitsmarkt nicht hinreichend entlastet, wenn die Arbeitsmarktpolitik sehr passiv ist und die Tarifpartner (gemessen am Produktivitätszuwachs) hohe Nominallohnerhöhungen durchsetzen und eifrig streiken.

Beachten Sie bitte, daß die hier dargestellten Ergebnisse nur für die 80er Jahre gelten. Seither hat sich die Arbeitsmarktsituation allerdings in einigen Ländern teilweise recht deutlich verändert, so daß die obigen Schlußfolgerungen zu relativieren sind. Während die Arbeitslosenquoten seit 1990 nur in den USA und Japan einigermaßen konstant blieben, verschärfte sich das Problem der Arbeitslosigkeit in den anderen Ländern zum Teil dramatisch (vor allem in Belgien, Frankreich, Großbritannien, Schweden und Spanien). In Schweden stieg die Arbeitslosenquote sogar innerhalb von vier Jahren von 1,6 % (1990) auf 8,0 % (1994). Eine kürzliche Aktualisierung der Beschäftigungsstudie von Huckemann/v. Suntum[117] kommt daher zu dem Ergebnis, daß die Strategie der stabilitätsorientierten Marktwirtschaft auf längere Sicht die einzige Möglichkeit sei, die Vollbeschäftigung zurückzugewinnen. Die durch eine ausgeprägte Wohlfahrtsstaats-Politik bekannten skandinavischen Länder haben in den letzten Jahren sichtlich an Boden verloren. Nach der neue Rangliste ist Norwegen auf Platz sechs und Schweden sogar auf den siebten Platz abgerutscht. Beide Länder haben somit ihren Status als „Oasen der Vollbeschäftigung" verloren. Aber auch Deutschland nimmt unter den 20 in der neuen Studie untersuchten Ländern nur noch Platz acht ein.

---

[117] Diese Aktualisierung ist erst nach der typographischen Fertigstellung dieses Kompaktstudiums erschienen, so daß ihre Ergebnisse hier nur kurz erwähnt werden.

Übungsaufgaben

2. Grundlagen

Aufgabe 2.1

Skizzieren Sie die Entwicklung der wichtigsten wirtschaftlichen Eckdaten für die Bundesrepublik Deutschland in den letzten 30 Jahren. Geben Sie dabei auch Erklärungen für Veränderungen.

Aufgabe 2.2

Erläutern Sie die wichtigsten Unterschiede zwischen der Verwendung des Bruttoinlandsprodukts und des Auslastungsgrades als Konjunkturindikatoren. Begründen Sie dabei, warum das Bruttoinlandsprodukt als Frühindikator möglicherweise besser geeignet ist.

Aufgabe 2.3

Stellen Sie die unterschiedlichen Meßkonzepte des Produktionspotentials von Sachverständigenrat und Bundesbank kurz dar und vergleichen Sie diese.

Aufgabe 2.4

Warum werden die drei Ziele des Stabilitäts- und Wachstumsgesetzes auch als „magisches Dreieck" bezeichnet?

3. Geldpolitik

Aufgabe 3.1

Im folgenden sind zwei vereinfachte Bilanzen der Deutschen Bundesbank für die Jahre 1973 und 1995 abgebildet. Erklären Sie, warum sich die relative Bedeutung einiger Bilanzposten so stark verändert hat.

Aktiva	Mrd. DM	%	Passiva	Mrd. DM	%
Währungsreserven und sonstige auslandsbezogene Aktiva	92,5	(72,2)	Banknotenumlauf	46,2	(36,0)
Kredite an inländische Kreditinstitute	11,2	(8,7)	Einlagen von Kreditinstituten	51,9	(40,5)
Kredite und Forderungen an inländische öffentliche Haushalte	11,5	(9,0)	Einlagen von öffentlichen Haushalten	11,3	(8,8)
Sonstige Aktiva	13,0	(10,1)	Verbindlichkeiten aus abgegebenen Liquiditätspapieren	9,9	(7,7)
			Verbindlichkeiten aus dem Auslandsgeschäft	2,7	(2,1)
			Sonstige Passiva	6,2	(4,9)
	128,2	(100,0)		128,2	(100,0)

Bundesbankbilanz zum 31.12.1973 (in Mrd. DM)

Aktiva				Passiva	
	Mrd. DM	%		Mrd. DM	%
Währungsreserven und sonstige auslandsbezogene Aktiva	123,3	(34,8)	Banknotenumlauf	248,4	(70,1)
			Einlagen von Kreditinstituten	49,7	(14,0)
Kredite an inländische Kreditinstitute	213,1	(60,1)	Einlagen von öffentlichen Haushalten	0,2	(0,0)
Kredite und Forderungen an inländische öffentliche Haushalte	8,7	(2,5)	Verbindlichkeiten aus abgegebenen Liquiditätspapieren	1,6	(0,4)
Sonstige Aktiva	9,4	(2,6)	Verbindlichkeiten aus dem Auslandsgeschäft	14,8	(4,2)
			Sonstige Passiva	39,8	(11,3)
	354,5	(100,0)		354,5	(100,0)

Bundesbankbilanz zum 31.12.1995 (in Mrd. DM)

Aufgabe 3.2

Leiten Sie formal den elementaren Geldschöpfungsmultiplikator her und interpretieren Sie das Ergebnis. Welche Prämissen scheinen Ihnen besonders restriktiv?

Aufgabe 3.3

Stellen Sie die wesentlichen Unterschiede zwischen der traditionellen Offenmarktpolitik und Wertpapierpensionsgeschäften dar. Welchen Vorteil bieten Wertpapierpensionsgeschäfte für die Bundesbank?

Aufgabe 3.4

Welchen Zusammenhang beschreibt die *Phillips*-Kurve? Welche der Variablen, deren Beziehung in der *Phillips*-Kurve ausgedrückt wird, scheint Ihnen eher exogen oder eher endogen zu sein?

Aufgabe 3.5

Welche Faktoren erschweren eine Geldmengensteuerung durch die Bundesbank? Gehen Sie dabei auch auf praktische Entwicklungen ein.

Aufgabe 3.6

Stellen Sie das Theorem komparativer Kosten dar. Warum schützen flexible Wechselkurse nur unter Ausschluß von Kapitalexporten vor dem Druck der internationalen Konkurrenz?

Aufgabe 3.7

Erläutern Sie die Konvergenzkriterien für die Europäische Währungsunion.

4. Fiskalpolitik

Aufgabe 4.1

Die Niederlande hatte Anfang 1995 eine Schuldenquote von rund 80 %. Wie groß darf die Neuverschuldung in den nächsten fünf Jahren höchstens werden, damit die Niederlande am 1.1.2000 das entsprechende Maastricht-Kriterium (Schuldenquote von 60 %) erreicht? Nehmen Sie hierbei an, daß das Bruttoinlandsprodukt jedes Jahr nominal um 6 % wächst.

Aufgabe 4.2

Am 13.3.1996 verfügte der Bundesfinanzminister für 1996 eine Haushaltssperre nach § 41 Bundeshaushaltsordnung, um den Kreditrahmen für dieses Jahr nicht zu überschreiten. Wie beurteilen Sie diese Maßnahme aus konjunkturpolitischer Sicht?

Aufgabe 4.3

Um den Konsolidierungsbedarf zu ermitteln, wählt der Sachverständigenrat nicht das aktuelle Finanzierungsdefizit, sondern verwendet ein eigenes Konzept, das er als strukturelles Defizit bezeichnet. Bei der Berechnung des strukturellen Defizits geht der Sachverständigenrat zwar vom aktuellen Finanzierungsdefizit aus, zieht aber u.a. folgende Ausgaben davon ab:

– Ausgaben für staatliche Konjunkturprogramme,

– Baumaßnahmen des Staates.

Wie begründet der Sachverständigenrat diese Vorgehensweise?

Aufgabe 4.4

Welchen Zusammenhang gibt die *Laffer*-Kurve wieder und wie ist diese in den USA durch die Reagan-Regierung interpretiert worden?

Aufgabe 4.5

Im Jahre 1995 sei die wirtschaftliche und finanzpolitische Situation durch folgende Daten gekennzeichnet:

Bruttoinlandsprodukt (Y):	1000
Wachstumsrate des BIP (g):	6 %
Staatsausgaben (A):	100
Staatseinnahmen (E):	80
Schuldenstand (S):	400
Zinssatz (i):	10 %

Berechnen Sie die Schuldenquote für 1995 und 1996.

Aufgabe 4.6

Im Spar-, Konsolidierungs- und Wachstumsprogramm wurde die Notwendigkeit zur Konsolidierung u.a. mit Mehrausgaben bei der Arbeitslosenversicherung und Steuereinnahmenausfällen begründet. Nehmen Sie zu dieser Begründung Stellung.

Aufgabe 4.7

Worin besteht der wesentliche Unterschied zwischen eingebauten Stabilisatoren und diskretionären Konzepten? Welche Möglichkeiten und Probleme zur Messung eingebauter Stabilisatoren sehen Sie?

Aufgabe 4.8

Skizzieren Sie die wichtigsten *praktischen* Probleme der diskretionären Fiskalpolitik.

Aufgabe 4.9

Erläutern Sie intuitiv und formal, warum der Zinssatz und die reale Wachstumsrate eine große Bedeutung bei der Beurteilung der Staatsverschuldung haben.

Aufgabe 4.10

Stellen Sie die wesentlichen Vorschläge des Sachverständigenrats zur Konsolidierung der öffentlichen Haushalte in der Bundesrepublik Deutschland dar. Welche Hauptprobleme sehen Sie bei der Umsetzung?

5. Arbeitsmarktpolitik

Aufgabe 5.1

Erläutern Sie den formalen Zusammenhang zwischen Wachstum, Produktivität und Beschäftigung. Läßt sich aus dem formalen Zusammenhang schließen, daß eine Erhöhung der Wachstumsrate wirklich die Beschäftigung reduziert?

Aufgabe 5.2

Erläutern Sie die Unterschiede zwischen den Konzepten der produktivitätsorientierten und der kostenniveauneutralen Lohnpolitik des Sachverständigenrats.

Aufgabe 5.3

Welche Vor- und Nachteile sehen Sie bei der Verwendung von Arbeitsbeschaffungsmaßnahmen und Lohnsubventionen zur Bekämpfung der Arbeitslosigkeit?

Aufgabe 5.4

Welche der folgenden Einflußfaktoren in der Huckemann/v. Suntum-Studie sind eher angebotsorientiert und welche eher nachfrageorientiert zu interpretieren?

– Anteil der Bruttoanlageinvestitionen des Privatsektors am Bruttoinlandsprodukt,
– Ausgabenquote,
– Abgabenquote,
– Aktivitätsgrad der Arbeitsmarktpolitik.

Aufgabe 5.5

Wie muß eine beschäftigungspolitische Strategie nach der Huckemann/v. Suntum-Studie ausgestaltet sein, damit sie Erfolg hat? Sollte sie eher einen nachfrageorientierten oder einen angebotsorientierten Charakter haben?

Lösungshinweise

zu Aufgabe 2.1

Bruttoinlandsprodukt: Das reale Bruttoinlandsprodukt stieg in den letzten 30 Jahren auf das Doppelte an. Diese Entwicklung war allerdings bis Ende der 80er Jahre von drei Rezessionen unterbrochen (1966/67 und die beiden Ölkrisen 1973/74 und 1979). In den 80er Jahren gab es eine längere Phase mit gemäßigtem Wirtschaftswachstum, die in den vereinigungsbedingten Boom 1989 mündete. Wegen dieser Überhitzung der inländischen Konjunktur sowie der schwachen Konjunktur in anderen Industrieländern rutschte Deutschland danach in die schwerste Nachkriegsrezession, die immer noch nicht überwunden ist (1993 ging das reale Bruttoinlandsprodukt um 1,8 % zurück). Nur in den neuen Bundesländern konnte ein Wirtschaftswachstum von 6 bis 8 Prozent erreicht werden, das aber auch auf die umfangreichen Finanzhilfen zurückzuführen ist.

Arbeitslosigkeit: Die Arbeitslosenquote stieg in den durch die beiden Ölkrisen induzierten Rezessionen sprunghaft an. In den anschließenden Wachstumsphasen gelang es nicht, die Arbeitslosigkeit nachdrücklich zu senken, sondern es bildete sich eine Sockelarbeitslosigkeit heraus. Diese Entwicklung ist nicht nur auf eine Erhöhung der Erwerbsbevölkerung durch Aus- und Umsiedler sowie die gesteigerte Erwerbsbeteiligung von Frauen, sondern auch auf hohe Produktivitätsfortschritte zurückzuführen. Besonders hoch ist die Arbeitslosigkeit in den neuen Bundesländern, in denen 1994 jede siebte Erwerbsperson arbeitslos war.

Inflationsrate: Die beiden Ölkrisen 1973/74 und 1979 führten nicht nur zu einer deutlichen Erhöhung der Arbeitslosigkeit, auch die Inflationsrate stieg auf ein bedenkliches Niveau. Erst ab Mitte der 80er Jahre konnte eine vollständige Preisniveaustabilität erreicht werden. Nach dem vereinigungsbedingten Boom und dem damit verbundenen kurzfristigen Preisniveauanstieg hat die Inflationsrate mit rund 2 % wieder ein unbedenkliches Niveau erreicht, so daß die Preisniveaustabilität heute kein ernsthaftes wirtschaftspolitisches Problem darstellt.

Staatsverschuldung: Im Gegensatz zur Inflation stellt die Staatsverschuldung heute ein ungleich ernsteres Problem dar. Die Schuldenquote stieg seit Mitte der 70er Jahre dramatisch an. Nur in den 80er Jahren gab es eine kurze Phase der Konsolidierung. Diese war aber mit der Wiedervereinigung zu Ende, da die enormen Kosten der deutschen Einheit vorrangig über Kredite finanziert wurden. Die Schuldenquote erreichte 1994 mit fast 50 % ihr vorläufiges Maximum.

Außenwirtschaft: Die Bedeutung des Außenhandels für die deutsche Wirtschaft hat in den letzen 30 Jahren enorm zugenommen. Im Jahre 1990 betrug die Exportquote 31,3 % und die Importquote 25,8 %. Nach der Wiedervereinigung nahm die Importquote zwar weiter zu, aber die Exportquote sank bis auf 25 %. Dies erklärt sich daraus, daß der Osthandel der ehemaligen DDR zusammenbrach, die DM stark aufgewertet wurde und die Handelsgeschäfte zwischen neuen und alten Bundesländern nicht mehr als ausländische Transaktionen verbucht wurden. Die Bundesrepublik hat daher seit 1991 erstmals in ihrer Geschichte einen negativen Außenbeitrag zu verzeichnen. Trotzdem ist die Bundesrepublik weiterhin der größte Exporteur der Welt nach den USA.

zu Aufgabe 2.2

Bruttoinlandsprodukt: Als Konjunkturindikator fungiert die Schwankung des Bruttoinlandsprodukts um seinen langfristigen Entwicklungstrend. Eine überdurchschnittliche Wachstumsrate bezeichnet man als Boom, eine unterdurchschnittliche als Rezession. Der Vorteil dieser Abgrenzung ist, daß sie sich mit dem Bruttoinlandsprodukt auf eine gemessene Größe beschränkt. Sie ist daher sehr aussagekräftig. Der Nachteil besteht darin, daß im Konjunkturbegriff keinerlei Informationen über die Gründe dieser Schwankungen enthalten sind. Sie können ebenso auf nachfrageseitige wie auf angebotsseitige Ursachen zurückzuführen sein.

Auslastungsgrad: Der zweite Konjunkturindikator ist als Schwankung des Auslastungsgrades des Produktionspotentials definiert. Bei einem überdurchschnittlichen (unterdurchschnittlichen) Verhältnis aus Sozialprodukt und Produktionspotential spricht man von Boom (Rezession). Der Vorteil dieses Indikators ist, daß nur solche Schwankungen des Inlandsprodukts erfaßt werden, die durch Änderungen der *Nachfrage*situation entstehen. Schwankungen des Inlandsprodukts, die auf Änderungen des Produktionspotentials basieren, werden damit *nicht* als konjunkturell bezeichnet. Ein Problem ist allerdings, daß die Investitionen, die sowohl Bestandteil des Bruttoinlandsprodukts sind als auch die Höhe des Produktionspotentials bestimmen, im Konjunkturzyklus am stärksten schwanken, d. h. es bestehen Abgrenzungsprobleme. Ein weiterer Nachteil besteht darin, daß das Produktionspotential eine mit Unsicherheiten behaftete *Schätzgröße* ist, die angibt, welches Inlandsprodukt bei Vollauslastung der Kapazitäten *maximal* produziert werden könnte. Dies kommt auch dadurch zum Ausdruck, daß es eine Reihe verschiedener Schätzansätze für das Produktionspotential (z. B. vom Sachverständigenrat und der Bundesbank) gibt.

Da die Wachstumsraten in der Rezession zunächst oftmals mehrere Jahre überproportional steigen müssen, bis die Normalauslastung des Produktionspotentials überschritten wird, ist das Bruttoinlandsprodukt besser als Frühindikator geeignet als der Auslastungsgrad des Produktionspotentials.

zu Aufgabe 2.3

Für die Ermittlung des Produktionspotentials gibt es eine ganze Reihe von Schätzansätzen, wobei die beiden wichtigsten vom Sachverständigenrat und von der Bundesbank stammen.

Der *Sachverständigenrat* ermittelt das gesamtwirtschaftliche Produktionspotential als Summe aus

> potentielle Bruttowertschöpfung des Unternehmenssektors (ohne Land und Forstwirtschaft, Fischerei und Wohnungsvermietung)

+ tatsächliche Bruttowertschöpfung (Staat, private Haushalte, Wohnungsvermietung, Land und Forstwirtschaft, Fischerei)

+ nichtabzugsfähige Umsatzsteuer

+ Einfuhrabgaben.

Nur die potentielle Bruttowertschöpfung des Unternehmenssektors ist hierbei zu schätzen, da die letzten drei Posten den amtlichen Statistiken entnommen werden können. Eine zentrale Größe beim vom Sachverständigenrat gewählten Schätzansatz ist die *potentielle* Kapitalproduktivität (k^P), die als Verhältnis aus dem Bruttoinlandsprodukt bei Vollauslastung (Y^V) und dem Sachkapitalbestand (K) definiert ist und das maximale Inlandsprodukt pro Einheit Kapital angibt.

$$k^P = \frac{Y^V}{K}.$$

Da der Sachverständigenrat annimmt, daß die potentielle Kapitalproduktivität im Zeitablauf konstant ist, ergibt sich das Produktionspotential des Unternehmenssektors als Produkt aus Kapitalstock (K_t) und der *zu schätzenden* potentiellen Kapitalproduktivität:

$$Y_t^P = k_t^P \cdot K_t.$$

Die potentielle Kapitalproduktivität ist damit die einzige zu schätzende Größe in diesem Verfahren.

Die *Bundesbank* operiert in ihrem Schätzverfahren des Produktionspotentials des Unternehmenssektors (ohne Wohnungsvermietung) mit einer CES-Produktionsfunktion, wobei Arbeit und Kapital als Produktionsfaktoren fungieren:

(5.5) $\qquad Y_t = c \cdot e^{\lambda \cdot t} \cdot [\alpha \cdot A^\sigma + (1-\alpha) \cdot K^\sigma]^{\frac{r}{\sigma}}.$

Y = Bruttowertschöpfung (in Mrd. DM in Preisen von 1991)
c = Niveaukonstante
A = Arbeitsvolumen (in Mrd. Stunden)
K = genutzter Kapitalbestand (in Mrd. DM in Preisen von 1991)
t = Zeitfaktor
λ = Rate des technischen Fortschritts
α = Verteilungsparameter
r = Skalenelastizität
σ = Substitutionsparameter

Im Unterschied zum Sachverständigenrat wird also keine limitationale, sondern eine substitutionale Produktionsfunktion verwendet. Zur Ermittlung des Produktionspotentials geht die Bundesbank folgendermaßen vor:

Zunächst werden die Parameter (c, α, λ, r und σ) mit den tatsächlichen Daten für die beiden Produktionsfaktoren und den Output (Y) geschätzt. Die Datengrundlage ist hierbei die Bruttowertschöpfung (Y), das genutzte Sachanlagevermögen (K) und das Arbeitsvolumen (A). Danach werden die *potentiellen* Einsatzmengen für Kapital und Arbeit geschätzt und in die CES-Funktion eingesetzt. Das gesamtwirtschaftliche Produktionspotential ist nun schließlich die Summe aus dem *geschätzten* Produktionspotential für den Unternehmenssektor (ohne Wohnungsvermietung) und der realen Bruttowertschöpfung für den Wohnungssektor und den Staat.

	Sachverständigenrat	Bundesbank
Gemeinsamkeiten	Nur das Produktionspotential der Unternehmen wird geschätzt. Staat, private Haushalte und einige Unternehmenssektoren gehen mit ihrer tatsächlichen Bruttowertschöpfung ein	
Unterschiede	Produktionsfunktion eher limitational	Produktionsfunktion explizit substitutional
	Ein-Faktor-Ansatz	Zwei-Faktoren-Ansatz
	Setzungen werden – soweit es geht – vermieden	Setzungen bei der Bestimmung des potentiellen Arbeitsvolumens notwendig

zu Aufgabe 2.4

In §1 des StabG werden drei globale Wirtschaftsziele genannt:

- Stabilität des Preisniveaus,
- hoher Beschäftigungsstand und
- außenwirtschaftliches Gleichgewicht.

Diese drei Ziele werden auch als magisches Dreieck bezeichnet, weil sie kaum gleichzeitig erfüllbar scheinen. Besonders zwischen Preisniveaustabilität und hohem Beschäftigungsstand kann durchaus ein Zielkonflikt bestehen, der in der wirtschaftspolitischen Diskussion über die Bundesbankpolitik immer wieder zum Ausdruck kommt.

zu Aufgabe 3.1

- Der Rückgang der Währungsreserven und sonstigen auslandsbezogenen Aktiva von 72,2 % auf 34,8 % spiegelt den relativen Bedeutungsverlust der Devisenpolitik im geldpolitischen Instrumentarium der Bundesbank wider. Bis 1973 war die Bundesbank durch das System fester Wechselkurse von Bretton Woods zu einer Deviseninterventionspolitik verpflichtet. Nach dem Zusammenbruch dieses Systems nahm die außenwirtschaftliche Komponente der Bundesbankbilanz immer weiter ab. Daran änderte sich auch nichts, als die Bundesbank ab März 1979 im Rahmen des Europäischen Währungssystems eine neue Interventionsverpflichtung einging, die sie in den Jahren 1992 und 1993 in hohem Maße wahrnehmen mußte.

- Für den sprunghaften Anstieg der Kredite an inländische Kreditinstitute von 8,7 % auf 60,1 % sorgte vor allem die Einführung der Wertpapierpensionsgeschäfte Ende der 70er Jahre und ihre Ausweitung Mitte der 80er Jahre. Aber auch der Umfang der Rediskontpolitik nahm in diesem Zeitraum beträchtlich zu. Die Rediskontkontingente stiegen von 6,4 Mrd. DM (Dezember 1975) auf 65,6 Mrd. DM (August 1996).

- Der Rückgang der Einlagen von Kreditinstituten von 40,5 % auf 14,0 % ist hauptsächlich auf die in den letzten 20 Jahren gesunkene Bedeutung der Mindestreservepolitik als Instrument der Liquiditätssteuerung zurückzuführen. Vor 20 Jahren gab es mehr als zehn unterschiedliche Mindestreservesätze, die zudem wesentlich höher waren als heutzutage. Der Mindestreservesatz für Sichtverbindlichkeiten für Gebietsansässige betrug 1973 bis zu 20 % gegenüber 2 % im Jahre 1996. Darin kommt zum Ausdruck, daß sich die geldpolitische Bedeutung der Mindestreserve im Laufe der Zeit stark gewandelt hat. Während die Mindestreservepolitik in den 70er und 80er Jahren gerne als Instrument zur Neutralisierung von interventionsbedingten Zentralbankgeldzuflüssen eingesetzt wurde, hat sie heute eigentlich nicht mehr die Aufgabe der Liquiditätssteuerung, sondern beschränkt sich auf die Setzung ordnungspolitischer Rahmenbedingungen für den Einsatz der übrigen geldpolitischen Instrumente.

- Die Einlagen bzw. Kredite und Forderungen an öffentliche Haushalte spielen heute nur noch eine geringe Rolle, weil mit dem Inkrafttreten des Maastricht-Vertrags die Mitgliedsländer eine direkte Kreditgewährung der Zentralbank an die öffentlichen Haushalte ausschließen müssen. Die Bundesbank entschloß sich Anfang 1994 nicht nur dazu, den kurzfristigen Kassenkredit der Bundesbank (nach § 20 BBankG) aufzuheben, sondern befreite auch die öffentlichen Haushalte von der Einlagepflicht bei der Bundesbank (nach § 17 BBankG), obwohl dies nach dem Maastricht-Vertrag nicht unbedingt erforderlich gewesen wäre.

Der Bund und die Länder sind daher dazu übergegangen, diese Mittel bei den privaten Geschäftsbanken anzulegen

zu Aufgabe 3.2

Die formale Herleitung des Geldschöpfungsmultiplikators ergibt sich aus einem Gleichungssystem mit vier Unbekannten und folgenden vier Gleichungen:

(1) $\quad Z = B + MR$.

Das Zentralbankgeld (Z) entspricht der Summe aus Bargeldumlauf (B) und Mindestreserve (MR).

(2) $\quad M = B + SE$.

Die Geldmenge (M) ergibt sich als Summe aus Bargeldumlauf und Sichteinlagen (SE).

(3) $\quad MR = r \cdot SE$.

Die Mindestreserve entspricht den Sichteinlagen multipliziert mit dem Mindestreservesatz (r).

(4) $\quad B = b \cdot M$.

Die Nichtbanken halten einen konstanten Prozentsatz (b) der gesamten Geldmenge (M) als Bargeld.

Setzt man die ersten drei Gleichungen sukzessive in Gleichung (4) ein und löst nach M auf, so ergibt sich:

(5) $\quad M = \dfrac{Z}{b + r - r \cdot b}$.

Der Geldschöpfungsmultiplikator ist nun die erste Ableitung der Geldmenge nach der Zentralbankgeldmenge:

(6) $\quad \dfrac{dM}{dZ} = \dfrac{1}{b + r - r \cdot b}$.

Besonders problematisch sind in diesem Modell folgende Annahmen:

- Die Kreditvergabemöglichkeiten der Geschäftsbanken sind allein durch die Mindestreserve beschränkt. Sie haben in diesem Modell nicht die Möglichkeit, sich während des Multiplikatorprozesses zusätzliches Zentralbankgeld z. B. über Wertpapierpensionsgeschäften zu beschaffen.
- Die Banken wollen so viel Kredite vergeben wie möglich. Es existiert keine zinsabhängige Kreditangebotsfunktion.
- Die Nichtbanken fragen die von den Geschäftsbanken angebotenen Kredite vollständig nach. Es existiert keine zinsabhängige Kreditnachfragefunktion.

zu Aufgabe 3.3

Grundsätzlich versteht man unter der Offenmarktpolitik den Kauf und Verkauf von Wertpapieren durch die Bundesbank auf eigene Rechnung am offenen Markt zu Marktzinssätzen.

Die traditionelle Offenmarktpolitik besteht in einer einfachen Transaktion, d. h. entweder einem Kauf oder einem Verkauf von Wertpapieren. Bei einem Verkauf (Kauf) kommt es zu einer Ausweitung (Reduktion) der Zentralbankgeldmenge.

Unter Wertpapierpensionsgeschäften versteht man demgegenüber den Ankauf von Wertpapieren bei gleichzeitiger Festlegung eines Rückkauftermins (meist zwei Wochen später). Sie wirken daher zunächst expansiv und dann kontraktiv. Zur Abwicklung von Wertpapierpensionsgeschäften wendet die Bundesbank je nach gewünschter Zielrichtung zwei unterschiedliche Verfahren an, den Mengentender und den Zinstender. Beim Mengentender bietet die Bundesbank ein maximales Gesamtvolumen an Wertpapierpensionsgeschäften, das sie abwickeln will, zu einem festen Zinssatz an. Beim Zinstender gibt sie neben dem Gesamtvolumen nur einen Mindestzinssatz vor. Die Geschäftsbanken reichen daraufhin ihre Gebote mit dem gewünschten Volumen an Wertpapiergeschäften (beim Zinstender unter Angabe des Zinssatzes) bei der Bundesbank ein.

Gegenüber der traditionellen Offenmarktpolitik haben Wertpapierpensionsgeschäfte vor allem zwei Vorteile:

– Je nach Ausgestaltung kann sich die Bundesbank auf den Geldmengeneffekt beschränken (Mengentender) oder zusätzlich noch einen Zinseffekt anstreben (Zinstender).

– Durch die variable Ausgestaltung (auch mit unterschiedlichen Laufzeiten) und der hohen Zielgenauigkeit der Liquiditätssteuerung lassen sich Wertpapierpensionsgeschäfte sowohl zur Grob- als auch zur Feinsteuerung einsetzen.

zu Aufgabe 3.4

Die von Samuelson und Solow modifizierte *Phillips*-Kurve zeigt einen negativen Zusammenhang zwischen Inflationsrate und Arbeitslosenquote. Während bei der ursprünglichen *Phillips*-Kurve die Nominallohnsteigerung als Funktion der Arbeitslosigkeit interpretiert wurde, ersetzten Samuelson und Solow die Nominallohnsteigerung durch die Inflationsrate und interpretierten die Inflationsrate als exogene Variable: Ihr Argument war, daß die Gewerkschaften die Inflationsrate in Zeiten hoher Inflation systematisch unterschätzen, so daß ihre Nominallohnforderungen zu gering ausfallen, um die gewünschte Reallohnsteigerung zu bewirken. Sinkende Reallöhne führen dann zu einer höheren Arbeitsnachfrage und damit zu einem Abbau der Arbeitslosigkeit. Allerdings ist diese Interpretation keineswegs zwingend, weil nicht recht einzusehen ist, warum angesichts verbesserter Prognosemodelle gerade hohe Inflationsraten systematisch unterschätzt werden sollten. Auch die umgekehrte, an die ursprüngliche *Phillips*-Kurve angelehnte Interpretation ist plausibel: Je niedriger die Arbeitslosigkeit, desto schneller steigen die Nominallöhne, weil sich die Verhandlungsposition der Gewerkschaften verbessert. Da die Unternehmen die höheren Nominallöhne auf die Outputpreise überwälzen kommt es zu einem entsprechenden Anstieg der Inflationsrate. In einer ausführlichen Beantwortung der Frage sollten Sie auch auf adaptive und rationale Erwartungen eingehen.

zu Aufgabe 3.5

Die Geldmengensteuerung der Bundesbank wird durch einige Faktoren erschwert, auf die sie selbst keinen Einfluß hat:

– *Zinsstruktur*: 1992 herrschte auf dem Kapitalmarkt eine inverse Zinsstruktur, d. h. die langfristigen Zinsen lagen unter den kurzfristigen. Die Anleger parkten daher ihr Vermögen in kurzfristigen Termineinlagen oder Spareinlagen.

Dadurch wuchs die Geldmenge M3, allerdings ohne daß dadurch eine Gefahr für die Inflationsrate verbunden war.

- *Außenwirtschaftliche Gegebenheiten*: Durch spekulative Devisenbewegungen sowie die Interventionsverpflichtung der Bundesbank entstehen Geldmengeneffekte, so daß die Bundesbank oftmals gegensteuern muß. Dies war zuletzt in hohem Maße während der Krise des Europäischen Währungssystems 1992 der Fall, als die Geldmenge stark anstieg und die Bundesbank mit einer Verringerung von Wertpapier- und Devisenpensionsgeschäften reagierte.
- *Private Kreditnachfrage*: Die hohen Subventionen im Wohnungsbau sowie die umfangreichen Zins- und Kredithilfen bei Unternehmensgründungen in den neuen Bundesländern führte 1992 dazu, daß die Kreditnachfrage stark zunahm und ihre Zinsreagibilität nur noch gering war.
- *Öffentliche Kreditnachfrage*: Zur Finanzierung des Aufbaus im Osten mußten in hohem Maße zusätzliche Kredite aufgenommen werden, wodurch die Geldmenge ebenfalls unmittelbar betroffen war.

zu Aufgabe 3.6

Nach dem Theorem komparativer Kosten ist ein Handel zwischen zwei Ländern dann von Vorteil, wenn komparative Kostenunterschiede bestehen. Unter den komparativen Kosten eines Gutes 1 versteht man dabei seine Kosten in Relation zu den Kosten eines anderen Gutes 2 innerhalb eines Landes. Sind die komparativen Kosten in Land A geringer als in Land B, so besitzt Land A bei Gut 1 komparative Kostenvorteile und Land B bei Gut 2. Beide Länder sollten sich auf die Produktion des Gutes konzentrieren, durch das sie komparative Kostenvorteile erzielen. Das Theorem komparativer Kosten basiert auf einer Reihe von Prämissen, wobei die folgenden besonders wichtig sind:

- Die Produktionsfaktoren sind zumindest international immobil.
- Es herrscht vollständige Konkurrenz.
- Von Zöllen, Transportkosten u. ä. wird abgesehen.

In flexiblen Wechselkurssystemen sorgt (nach diesem Modell) der Wechselkurs dafür, daß es auch dann zu einer ausgeglichenen Handelsbilanz kommt, wenn ein Land in allen Produktionsprozessen über absolute Kostennachteile verfügt. Flexible Wechselkurse bieten daher im Gegensatz zu fixen einen gewissen Schutz gegen die internationale Konkurrenz, allerdings nur, wenn die Produktionsfaktoren immobil sind. Absolute Kostennachteile üben Druck auf die Gewinne aus. Bei niedrigeren Gewinnen wird das Kapital ins Ausland transferiert, so daß sich der Druck der internationalen Konkurrenz nicht in Form zunehmender Importe, sondern in einer abnehmenden inländischen Investitionsbereitschaft äußert. Letztlich müssen unterschiedliche Produktivitäten in *allen* Wechselkurssystemen durch unterschiedliche Kosten ausgeglichen werden.

zu Aufgabe 3.7

Die Auswahl der Staaten, die am 1.1.1999 die Europäische Währungsunion bilden sollen, hat sich laut Maastricht-Vertrag an fünf Konvergenzkriterien zu orientieren, die sich in monetäre und fiskalische Kriterien unterscheiden lassen.

Monetäre Kriterien:

- Die normalen Bandbreiten des *Wechselkursmechanismus* des EWI müssen seit mindestens zwei Jahren ohne Abwertung gegenüber der Währung eines anderen Mitgliedsstaates eingehalten worden sein.

- Die *Inflationsrate* eines Landes darf die der – höchstens drei – preisstabilsten Länder nur um maximal 1,5 Prozentpunkte überschreiten.

- Die *Rendite öffentlicher Anleihen* darf diejenige der – höchstens drei – preisstabilsten Länder nur um maximal zwei Prozentpunkte übersteigen.

Fiskalische Kriterien:

- Die *Schuldenquote* (d. h. der Schuldenstand im Verhältnis zum Bruttoinlandsprodukt) darf 60 % nicht übersteigen

- Die *Defizitquote* (d. h. der Finanzierungssaldo im Verhältnis zum Bruttoinlandsprodukt) darf nicht höher als 3 % sein.

Die Verwendung der fiskalischen Kriterien wird damit begründet, daß auch von der öffentlichen Kreditaufnahme Inflationsgefahren ausgehen, aber die Verantwortung für die Finanzpolitik auch nach Gründung der Währungsunion bei den einzelnen Mitgliedsstaaten verbleibt.

Die Hauptprobleme der Konvergenzkriterien sind ihre teilweise vage Formulierung, die einen großen Interpretationsspielraum erlaubt, sowie die geringe Abschreckungswirkung, die von den Sanktionsmechanismen bei Nichteinhaltung der Haushaltsdisziplin ausgeht. Im Jahre 1995 erfüllte nur Luxemburg alle 5 Kriterien.

zu Aufgabe 4.1

Bei einem jährlichen nominalen Wachstum von 6 % wird das Bruttoinlandsprodukt Anfang 2000 um den Faktor $1,06^5$ höher sein als Anfang 1995:

$$Y_{2000} = 1,06^5 \cdot Y_{1995} = 1,338 \cdot Y_{1995}$$

Bei einer Schuldenquote von 60 % müßten sich die Schulden Anfang 2000 auf

$$S_{2000} = 0,6 \cdot 1,338 \cdot Y_{1995} = 0,803 \cdot Y_{1995}$$

belaufen. Wie man sieht, entspricht der Anteil der Schulden im Jahre 2000 am Bruttoinlandsprodukt des Jahres 1995 in etwa der Schuldenquote im Jahre 1995 (80 %). Die Niederlande darf in diesen fünf Jahren praktisch keine neuen Schulden machen, wenn sie das Maastricht-Kriterium bis zum Jahr 2000 erfüllen will.

zu Aufgabe 4.2

Die angespannte Haushaltslage in 1996 ist eindeutig auf konjunkturbedingte Steuermindereinnahmen und Mehrausgaben (Arbeitslosenunterstützung) zurückzuführen. Die dadurch entstehenden Defizite sind daher konjunkturbedingt; ein Konsolidierungsbedarf besteht nicht. Die Haushaltssperre wirkt in einer solchen Situation prozyklisch, d.h. die Konjunkturschwäche wird sogar noch verstärkt. Allerdings ist zu berücksichtigen, daß der Konsolidierungsbedarf aktuell so groß ist, daß konjunkturelle Aspekte in den Hintergrund treten können.

zu Aufgabe 4.3

Die Ausgaben für staatliche Konjunkturprogramme werden deswegen vom Finanzierungsdefizit abgezogen, weil der Sachverständigenrat nur jenen Teil des Konjunkturdefizits als konsolidierungsbedürftig erachtet, der dauerhaften Charakter hat. Staatliche Konjunkturprogramme dienen hingegen zur Ankurbelung der Wirtschaftstätigkeit in der Rezession und werden bei besserer Konjunkturlage wieder zurückgenommen.

Der Abzug der Baumaßnahmen wird damit begründet, daß die finanzpolitische Handlungsfähigkeit des Staates dadurch nicht gefährdet wird. Dahinter steckt die Vorstellung, daß durch kreditfinanzierte Bauausgaben die Staatstätigkeit nur in dem Umfang ausgedehnt werde, wie *positive* Wirkungen auf das gesamtwirtschaftliche Wachstum zu erwarten sind. Die dadurch induzierten künftigen Steuermehreinnahmen können die Finanzierung der Investitionen dann decken.

zu Aufgabe 4.4

Die *Laffer*-Kurve gibt den Zusammenhang zwischen dem Steueraufkommen (T) und dem durchschnittlichen Steuersatz (t) wieder. Sie zeigt, daß der Staat nicht nur bei einem sehr niedrigen, sondern auch bei einem sehr hohen Steuersatz wenig einnimmt, weil spätestens bei einem Steuersatz von 100 % niemand einen Anreiz hat, einer steuerpflichtigen Tätigkeit nachzugehen. Zwischen den beiden Extrempunkten gibt es einen Steuer*satz* (t^*), bei dem das Steuer*aufkommen* maximal ist (T^*).

Die Reagan-Regierung war nun der Ansicht, die US-Wirtschaft befände sich zu Beginn der 80er Jahre in einem Punkt (t_0, T_0), bei dem eine Senkung der Steuersätze die Wachstumskräfte der Wirtschaft so stark ankurbeln würde, daß die Steuereinnahmen sogar steigen könnten. Tatsächlich fielen aber die Steuereinnahmen nach einer umfangreichen Senkung der Steuersätze, weil der wahre Punkt auf der *Laffer*-Kurve offensichtlich links vom Aufkommensmaximum lag.

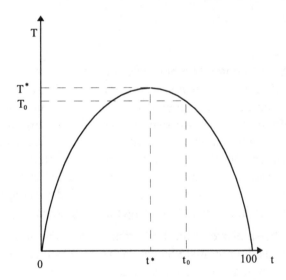

zu Aufgabe 4.5

Die Schuldenquote ist definiert als Schuldenstand im Verhältnis zum Bruttoinlandsprodukt. Die Schuldenquote für 1995 beträgt dann:

(1) $$s_{1995} = \frac{S_{1995}}{Y_{1995}} = \frac{400}{1000} = 0{,}4$$

Die Veränderung der Schuldenquote nach Formel (1) ist dann:

(2) $$\frac{d\,s(t)}{d\,t} = \frac{A(t) - E(t)}{Y(t)} + \frac{S(t)}{Y(t)} \cdot (i - g)$$
$$= \frac{100 - 80}{1000} + 0{,}4 \cdot (0{,}1 - 0{,}06) = 0{,}036$$

Die Schuldenquote für 1996 ist somit

(3) $\quad s_{1996} = 0{,}4 + 0{,}036 = 0{,}436$

Die Schuldenquote für 1996 hätte man auch wie folgt berechnen können:

(4)
$$s_{1996} = \frac{S_{1996}}{Y_{1996}} = \frac{(A-E) + (1+i) \cdot S_{1995}}{g \cdot Y_{1995}}$$
$$= \frac{20 + 440}{1050} = 0{,}434$$

Die geringfügige Differenz der beiden Ergebnisse erklärt sich daraus, daß in Formel (2) bei der Ableitung nach der Zeit implizit ein unendlich kleiner Zeithorizont unterstellt wird, was in (4) nicht der Fall ist.

zu Aufgabe 4.6

Diese Begründung ist zumindest konjunkturpolitisch zweifelhaft, da sowohl die Mehrausgaben bei der Arbeitslosenversicherung als auch die Steuereinnahmenausfälle konjunkturbedingte Veränderungen sind, die keine Konsolidierung erfordern, weil sie nur vorübergehenden Charakter haben. Konsolidierungsbedürftig sind immer nur die dauerhaften kreditfinanzierten Ausgaben. Das Argument beruht daher auf der Auffassung, daß das Defizit nicht über eine „bestimmte" Summe wachsen darf.

zu Aufgabe 4.7

Die eingebauten Stabilisatoren wie beispielsweise die Einkommensteuer oder das Arbeitslosengeld führen automatisch zu einer Dämpfung konjunktureller Schwankungen. Demgegenüber agiert der Staat im Rahmen der diskretionären Geld- oder Fiskalpolitik in der Rezession (bzw. im Boom), indem er entsprechende Maßnahmen anordnet, um die Nachfrage zu erhöhen (bzw. zu reduzieren). Daher sind die Zeitverzögerungen, bis die Maßnahmen letztlich greifen, ungleich größer als bei automatischen Stabilisatoren. Neben dem Wirkungslag tritt bei der diskretionären Wirtschaftspolitik der Erkenntnis- und der Handlungslag auf, die bei automatischen Stabilisatoren definitionsgemäß wegfallen.

Um zu prüfen, ob beispielsweise die Einkommensteuer ein automatischer Stabilisator ist, wird oftmals die nominale Steuerelastizität herangezogen: Wenn sie größer als Null ist, spricht man von einem strengen, wenn sie zwischen Null und Eins liegt, von einem weichen Stabilisator.

Diese Vorgehensweise ist aber in mindestens zweifacher Hinsicht unbefriedigend:

- Die Verwendung *nomineller* Größen ist ausgesprochen problematisch, denn die konjunkturpolitische Interpretation einer Änderung des Steueraufkommens ist auch von der Inflationsrate abhängig. Beispielsweise hat ein um 5 % gestiegenes Steueraufkommen bei einer hohen Inflation eine andere konjunkturelle Wirkung als bei einer niedrigen.
- Doch auch die Verwendung realer Größen führt nicht immer zu befriedigenden Ergebnissen. In einer nicht stationären Wirtschaft ist eine positive reale Elastizität kein sicheres Indiz für eine stabilisierende Wirkung. Denn in einer wachsenden Volkswirtschaft liegt offensichtlich auch dann eine Rezession vor, wenn die Wachstumsrate des Bruttoinlandsprodukts positiv, aber sehr klein ist. Steigende reale Steuereinnahmen wirken in dieser Situation daher eher pro- als

antizyklisch, obwohl eine positive reale Steuerelastizität letzteres anzeigt. Aussagekräftiger ist daher die *bereinigte* Steuerelastizität, bei der das Verhältnis aus der prozentualen Veränderung des Einkommensteueraufkommens und der *Abweichung des realen Wachstums vom Durchschnittswachstum* eines längeren Zeitraums gebildet wird.

Ein weiteres Problem ist, daß die automatische Wirkung des Steuersystems oft auf *diskretionäre* Eingriffe in das Steuersystem zurückzuführen ist, wodurch seine inhärent stabilisierende Wirkung möglicherweise überlagert wird.

zu Aufgabe 4.8

Die diskretionäre Fiskalpolitik ist aus folgenden Gründen problematisch.

1. *Crowding-Out*: Die Staatsausgaben verdrängen – beispielsweise über steigende Zinsen – private Investitionen und wirken dadurch eher destabilisierend.

2. *Negative Allokationswirkungen*: Selbst wenn die diskretionäre Fiskalpolitik stabilisierend wirkt, können sie zu einer Fehlallokation der Ressourcen führen (beispielsweise durch eine Konzentration der Maßnahmen auf den Bausektor). Eine Strukturverschiebung von privaten zu öffentlichen Investitionen ist oft mit allokativen Wohlfahrtsverlusten verbunden.

3. *Lag-Problematik*: Bei der Fiskalpolitik stellt sich in besonderer Weise das Problem der Entscheidungsverzögerung, weil das politische System im Prinzip keine schnellen Entscheidungen ermöglicht und es zudem nach einer Entscheidung zu lange dauert, bis die beschlossenen Maßnahmen umgesetzt worden sind. Hinzu kommt die Schwierigkeit, aus den vorhandenen Daten die wirtschaftliche Entwicklung halbwegs korrekt zu antizipieren (Diagnose- und Prognoseproblem).

4. *Behinderung des Strukturwandels*: Mit Konjunktureinbrüchen geht oftmals ein Strukturwandel einher. Dabei besteht die Gefahr, daß staatliche Maßnahmen in einigen Bereichen den dort notwendigen Strukturwandel hemmen und so viel Schaden anrichten können.

5. *Kein Rückgang der Ausgaben im Boom*: Die antizyklische Fiskalpolitik wirkt meist nur in eine Richtung. In der Rezession ist es recht leicht, die Ausgaben zu erhöhen, aber es gelingt aus politischen Gründen im Boom nur selten, das Ausgabenniveau wieder zurückzufahren, so daß die Staatsverschuldung immer weiter zunimmt.

zu Aufgabe 4.9

Die Schuldenquote ist definiert als

(1) $$s(t) = \frac{S(t)}{Y(t)},$$

Die Ableitung von (1) nach der Zeit t ist:

(2) $$\frac{ds(t)}{dt} = \frac{\frac{dS(t)}{dt}Y(t) - S(t)\frac{dY(t)}{dt}}{(Y(t))^2}.$$

Die Veränderung der Schulden (dS(t)/dt) besteht aus drei Komponenten, den Staatsausgaben G(t), den Steuereinnahmen T(t) und den Zinszahlungen Z(t). Die Zinszahlungen Z(t) entsprechen dem Zinssatz (i) multipliziert mit dem Schuldenstand S(t) Dies bedeutet, daß wir die Veränderung der Schulden in der Periode t folgendermaßen ausdrücken können:

(3) $$\frac{dS(t)}{dt} = G(t) + i \cdot S(t) - T(t) \ .$$

Einsetzen von (3) in (2) ergibt:

(4) $$\frac{ds(t)}{dt} = \frac{[G(t) + i \cdot S(t) - T(t)] Y(t) - S(t)\frac{dY(t)}{dt}}{(Y(t))^2} \ .$$

Nach einigen Umformungen folgt:

(5) $$\frac{ds(t)}{dt} = \frac{G(t) - T(t)}{Y(t)} + \frac{S(t)}{Y(t)} \cdot (i - g) \ ,$$

wobei g der Wachstumsrate des Sozialprodukts entspricht.

Wie man sieht kann die Schuldenquote sogar dann noch ansteigen, wenn die Steuern die Staatsausgaben übersteigen. Hierzu muß der Zinssatz nur entsprechend größer sein als die Wachstumsrate des Sozialprodukts.

zu Aufgabe 4.10

Der Sachverständigenrat bemängelt in seinen Jahresgutachten regelmäßig, daß sich die Konsolidierungsbemühungen der Bundesregierung zu einnahmenlastig entwickeln. Die Steuer- und Abgabenbelastung habe dadurch ein Niveau erreicht, das die Wirtschaftstätigkeit stark hemme. Zudem erfolgen die wenigen Ausgabenkürzungen vorrangig in solchen Bereichen, die wachstumspolitisch eher wertvoll seien (Bildung, Infrastruktur). Der Sachverständigenrat empfiehlt daher eine generelle „Revision der Ausgabenstruktur", die sich auf folgende Bereiche konzentrieren sollte:

- *Subventionen*: Massive Rückführung des Subventionsvolumens (vor allem im Agrarmarkt und im Steinkohlebereich). Subventionen sollten im Prinzip nur in den neuen Bundesländern gewährt werden und nur nach einem verbindlichen Zeitplan mit jährlich abnehmenden Subventionsbeträgen.
- *Sozialsystem*: Stärkere Beschränkung auf die drei sozialen Funktionen (Absicherung, Ausgleich überdurchschnittlicher Belastungen und Herstellung gleicher Startchancen), konsequentere Anwendung des Subsidiaritätsprinzips, Auslagerung versicherungsfremder Leistungen.
- *Steuersystem*: Abschaffung der Gewerbekapital- und der Vermögensteuer, Senkung des Spitzensteuersatzes bei Einkommensteuer, Abschaffung des Solidarzuschlags.
- *Privatisierung/Deregulierung*: Beschränkung der Deregulierungen auf die Bereiche, in denen ökonomische Gründe vorhanden sind (ruinöse Konkurrenz, externe Effekte und asymmetrische Informationsverteilung).

An Absichtserklärungen der politischen Entscheidungsträgern fehle es nach Ansicht des Sachverständigenrates nicht. Dennoch ist bisher viel zu wenig geschehen. Dies liegt vor allem daran, daß sich die Politiker bei ihren Entscheidungen zu sehr von den Interessen einflußreicher Gruppen leiten lassen. Bei der Ankündigung von Ausgabenkürzungen bildet sich oftmals ein breiter Widerstand der davon betroffenen Gruppen. Weiterhin gibt es noch kein gesamtstaatliches Konsolidierungsprogramm, das neben dem Bund auch Länder und Gemeinden einbeziehe.

zu Aufgabe 5.1

Der Zusammenhang zwischen Wachstum, Produktivität und Beschäftigung läßt sich am einfachsten an der Definitionsgleichung der Arbeitsproduktivität erläutern, weil in ihr alle drei Größen enthalten sind. Die Arbeitsproduktivität (π) ist definiert als das Verhältnis aus Sozialprodukt (Y) und dem gesamten Arbeitsvolumen (L):

$$(1) \qquad \pi = \frac{Y}{L} \quad \text{bzw.} \quad L = \frac{Y}{\pi} .$$

Das Arbeitsvolumen (L) ist das Produkt aus Erwerbstätigen (ET) und durchschnittlicher Arbeitszeit pro Erwerbstätigem (h):

$$(2) \qquad L = ET \cdot h \quad \text{bzw.} \quad ET = \frac{L}{h}$$

Setzen wir (1) in (2) ein, so folgt direkt

$$(3) \qquad ET = \frac{Y}{\pi \cdot h} .$$

In Wachstumsraten gilt entsprechend

$$(4) \qquad w_{ET} = w_Y - w_\pi - w_h .$$

Diesen Zusammenhang kann man wie folgt interpretieren: Die Erwerbstätigkeit ist ceteris paribus um so größer

- je höher das Wachstum des Sozialprodukts,
- je niedriger das Wachstum der Arbeitsproduktivität
- und je geringer die Arbeitszeit pro Beschäftigten ist.

Allerdings ist hierbei zu beachten, daß es sich um einen rein definitorischen Zusammenhang handelt, der keinerlei Aussagen über die Kausalität der Beziehungen erlaubt. Es darf daher nicht ohne weiteres abgeleitet werden, daß eine Verminderung der Arbeitsproduktivität oder der Arbeitszeit pro Beschäftigtem der richtige Weg zur Steigerung der Erwerbstätigkeit und Verminderung der Arbeitslosigkeit ist. Diese Schlußfolgerung wäre nur dann richtig, wenn keine Wechselwirkungen zwischen den einzelnen Wachstumsraten bestehen würden, was in der Realität aber nicht der Fall ist, wie ausführlich in Abschnitt 5.2.2 beschrieben wurde.

zu Aufgabe 5.2

Bei der *produktivitätsorientierten Lohnpolitik* geht es darum, den Zuwachs der Löhne auf den Zuwachs der Arbeitsproduktivität zu begrenzen. Dadurch bleiben die realen Arbeitskosten konstant, so daß von den Lohnkosten keine Verminderung der Arbeitsnachfrage ausgeht.

Während sich die produktivitätsorientierte Lohnpolitik ausschließlich auf die Löhne als Kostenfaktor beschränkt, bezieht das Konzept der *kostenniveauneutralen Lohnpolitik* auch die Kapitalkosten und die Entwicklung der Export- und Importpreise in die Argumentation mit ein. Das heißt, daß die Löhne *langsamer* als die Arbeitsproduktivität wachsen müssen, sofern sich die Kapitalkosten erhöhen und/oder die Terms of Trade verschlechtern. Die Berücksichtigung der Kapitalkosten wird damit begründet, daß der Produktionsfaktor Kapital mobiler sei als der Produktionsfaktor Arbeit, und daher eine schlechtere Kostensituation stets zu einer höheren Arbeitslosigkeit führe.

zu Aufgabe 5.3

Als Vorteile von Lohnsubventionen und Arbeitsbeschaffungsmaßnahmen werden im allgemeinen zwei Punkte erwähnt:

- Da die Arbeitslosen sowieso bezahlt werden, sei eine Beschäftigung mit einer Bezahlung unterhalb der Produktivität immer noch besser als gar keine Beschäftigung.
- Die mit einer Arbeitslosigkeit verbundene Entwertung des Humankapitals könne dadurch verhindert oder zumindest abgemildert werden.

Die Gegner von Arbeitsbeschaffungsmaßnahmen und Lohnsubventionen weisen auf folgende Nachteile hin:

- Lohnsubventionen führten zu einer Verzerrung des Faktorpreisverhältnisses zugunsten des Produktionsfaktors Arbeit. Zwar werde dies von Befürwortern der Lohnsubventionen als Ausgleich für die bereits bestehende Verzerrung durch hohe Lohnnebenkosten u. ä. interpretiert, aber es sei nach Ansicht der Gegner besser, die direkten Gründe für diese Verzerrung zu beseitigen, anstatt mit dem Instrument der Lohnsubventionen eine Verzerrung durch eine andere zu ersetzen.
- Bei Arbeitsbeschaffungsmaßnahmen gebe es oft negative Rückwirkungen vom dadurch installierten sekundären auf den primären Arbeitsmarkt. Nicht wenige private Unternehmen klagen darüber, daß sie in einigen Marktsegmenten mit Beschäftigungsgesellschaften konkurrieren, aber wegen der massiven Subventionierung des Faktors Arbeit nicht mit diesen mithalten können.
- Lohnsubventionen verstoßen gegen das Prinzip der Tarifautonomie. Dem Staat könne nicht die Aufgabe zufallen, die Folgen einer falschen Tarifpolitik korrigieren zu müssen.
- Die Bereitschaft zur Qualifikation und Weiterbildung von Arbeitnehmern, die in Beschäftigungsgesellschaften arbeiten, werde möglicherweise gebremst, da sie ja Arbeit haben.
- Wie bei anderen Subventionen bestehe auch bei Lohnsubvention die Gefahr von Mitnahmeeffekten, d. h. die Arbeitgeber hätten einen Anreiz, auch ohne Not unterhalb des Wertgrenzprodukts zu entlohnen. Daher müsse das Instrument der Lohnsubventionen auf *neue* Beschäftigungsverhältnisse beschränkt werden.
- Weil Lohnsubventionen den Charakter einer Objektförderung haben, sei die Zielgenauigkeit gering. Eine Differenzierung der Arbeitnehmer nach individueller Leistungsfähigkeit und Bedürftigkeit sei nicht möglich.

zu Aufgabe 5.4

Anteil der Bruttoanlageinvestitionen des Privatsektors am Bruttoinlandsprodukt:
Sowohl angebotsorientiert als auch nachfrageorientiert. Die privaten Investitionen

stellen eine wichtige Voraussetzung für das Wirtschaftswachstum dar, sind aber gleichzeitig Bestandteil der gesamtwirtschaftlichen Nachfrage.

Ausgabenquote: Angebotsorientiert: Die angebotsorientierte Wirtschaftspolitik geht davon aus, daß der Staat zuviel Einfluß auf den privaten Wirtschaftsprozeß hat, was in einer zu hohen Ausgabenquote zum Ausdruck kommt.

Abgabenquote: Angebotsorientiert. Eine zu hohe Abgabenquote hemmt aus angebotsorientierter Sicht die private Wirtschaftstätigkeit.

Aktivitätsgrad der Arbeitsmarktpolitik: Eher nachfrageorientiert, weil darin neben Qualifizierungsmaßnahmen, wie Weiterbildung und Umschulung, auch Arbeitsbeschaffungsmaßnahmen enthalten sind.

zu Aufgabe 5.5

Grundsätzlich kommt die Studie von Huckemann/v. Suntum zu dem Ergebnis, daß es zwei Wege zu einer relativ hohen Beschäftigung gibt:

- *Angebotsorientierte Wirtschaftspolitik*: Diese Strategie konzentriert sich auf die Finanz- und Tarifpolitik und versucht vor allem darüber stabilisierend auf die Marktwirtschaft einzuwirken. Der Aktivitätsgrad bei der Arbeitsmarktpolitik ist demgegenüber eher gering. Diese Strategie wird von Huckemann/v. Suntum als „Königsweg" bezeichnet.

- *Keynesianisch orientierte Wirtschaftspolitik*: Sie zeichnet sich durch eine hohe Staats- und Abgabenquote aus. Dies bedeutet zwar eine hohe Kostenbelastung für die Unternehmen; wenn dieser negative Effekt auf den Arbeitsmarkt aber durch eine aktive Arbeitsmarktpolitik kompensiert wird, kann auch auf diese Weise das Beschäftigungsziel nahezu erreicht werden.

Literaturverzeichnis

Altmann, J.: Wirtschaftspolitik, 6. Auflage, Stuttgart; Jena 1995.

Deutsche Bundesbank (Hrsg.): Die Geldpolitik der Bundesbank, Frankfurt 1995.

Feess, E./Tibitanzl, F.: Kompaktstudium Wirtschaftswissenschaften, Bd. 1: „Mikroökonomie", München 1993.

Feess, E./Tibitanzl, F.: Kompaktstudium Wirtschaftswissenschaften, Bd. 2: „Makroökonomie", München 1994.

Huckemann, S./v. Suntum, U.: Beschäftigungspolitik im internationalen Vergleich. Gütersloh 1994.

Institut für Arbeitsmarkt- und Berufsforschung (Hrsg.): Der Arbeitsmarkt 1994 und 1995 in der Bundesrepublik Deutschland, Sonderdruck aus: Mitteilungen aus der Arbeitsmarkt- und Berufsforschung, Stuttgart u.a. 1994.

Moritz, K.-H.: Kompaktstudium Wirtschaftswissenschaften, Bd. 13: „Geldtheorie und Geldpolitik", München 1996.

Pätzold, J.: Stabilisierungspolitik, 5. Auflage, Stuttgart; Wien 1993.

Rosenschon, A.: Subventionen in der Bundesrepublik Deutschland, Institut für Weltwirtschaft an der Universität Kiel, Kieler Arbeitspapiere Nr. 617, Kiel 1994.

Sachverständigenrat zur Begutachtung der gesamtwirtschaftlichen Entwicklung (Hrsg.): Jahresgutachten 1995/96, Stuttgart 1995.

Sachverzeichnis

Abgabenquote 193; 196f.; 199; 201
Abschreibungen, degressive 114
Abschwung 12f.; 125; 159
Aggregate, monetäre 44
Aggregationsniveau 3
Aggregationsstufe 170f.
Akzeleratorhypothese 24
Akzeleratorprinzip 26
Alleinvermittlungsrecht 184
Allokation 100
Allokationsfunktion 2f.; 103
Altersrente 160
Altersübergangsgeld 162
Analyse
  - dynamische 39
  - kurzfristige 193
  - längerfristige 193
Angebot, gesamtwirtschaftliches 12; 22
Angebotsorientierung 1; 22; 134; 202
Arbeitsbeschaffungsmaßnahmen 2; 25; 160; 162; 168; 170; 173; 184ff.; 193; 197; 199
Arbeitseinkommen 185; 189
Arbeitsförderungsgesetz 162; 188f.
Arbeitskoeffizient, konjunkturabhängiger 125
Arbeitskosten 99; 182
  - reale 179
Arbeitslosenäquivalent 162
Arbeitslosengeld 113; 126; 156; 158; 185; 186
Arbeitslosenhilfe 107; 126f.; 156; 185; 186
Arbeitslosenquote 7; 8; 135; 140; 160ff.; 165f.; 171; 173; 175; 192f.; 195; 197
Arbeitslosigkeit 1f.; 5ff.; 12; 18; 20; 22; 25ff.; 47; 52; 72ff.; 104; 108; 116f.; 124f.; 137; 138; 140f.; 159; 162; 165ff.; 180f.; 189ff.
  - freiwillige 168; 170; 173; 185
  - friktionelle 168; 170
  - keynesianische 166
  - konjunkturelle 159; 166ff.; 196
  - langfristige 195
  - lohnkosteninduzierte 175
  - nach Stellung im Beruf 173
  - qualifikationsspezifische 170ff.
  - regionale 170; 172
  - registrierte 7; 162
  - saisonale 168; 170
  - sektorale und branchenspezifische 170f.
  - strukturelle 3; 168; 170ff.
  - unfreiwillige 159
  - verdeckte 7; 162
Arbeitsnachfrage 2; 70; 74; 78f.; 109; 159; 170; 174; 180; 189ff.
Arbeitsproduktivität 5; 101; 137; 140; 163; 165f.; 174ff.; 182; 189ff.; 197
Arbeitsvolumen 19; 165; 181
  - potentielles 20
Arbeitszeitverkürzung 2; 25; 146; 159; 166; 168; 181ff.; 189ff.
  - generelle 173; 189
  - mit Lohnausgleich 190f.
  - ohne Lohnausgleich 189ff.
Armutsgrenze 141
Armutsquote 138
Aufschwung 13; 14; 70; 116f.; 137; 140; 159
Ausgabenelastizität 107ff.
  - reale 109
Außenbeitrag 10
Außenhandelspolitik 2f.
Außenhandelstheorie 2f.; 100
  - monetäre 3
  - reale 3; 89
Außenwert 91f.
  - nominaler 91f.
  - realer 93

Bahnreform 150ff.; 156
Bandbreiten 95; 98; 100
Bankenliquidität 52; 57f.; 66; 95
Banknotenumlauf 30
Bankschuldverschreibungen 46
Bargeldquote 34; 36; 38ff.
Bargeldumlauf 32; 35ff.; 42; 44ff.; 85
Bauinvestitionen 110; 112; 128f.
Beitragsbemessungsgrenze 182
Berufsunfähigkeitsrente 162
Beschäftigungsförderungsgesetz 184f.

Bestandsgrößen 55
Bestimmtheitsmaß 200
Bestimmungslandprinzip 96
Betriebsvereinbarungen 181; 183
Bilanzgewinn der Bundesbank 30
Bilanzverkürzung 32f.
Bilanzverlängerung 32f.
Boom 13; 31; 67ff.; 78; 85; 103ff.; 113; 116f.; 122f.; 130; 180
Bretton Woods-System 93f.; 97; 100
Bruttoanlageinvestitionen 19; 195f.; 199
Bruttoeinkommen 146
Bruttoinlandsprodukt 5ff.; 21; 47ff.; 66; 98f.; 106; 109; 117f.; 121f.; 128; 137; 140; 142; 166; 195f.; 199
- Entstehungsseite 5
- nominales 130; 142
- reales 6ff.; 50; 165f.; 175; 195
Bruttowertschöpfung 19f.
- potentielle 15f.
- tatsächliche 15ff.
Bundesanstalt für Arbeit 104; 125ff.; 160ff.; 184ff.; 189f.; 197; 200
Bundesbahn 150f.; 154
Bundesbankgewinn 31; 35; 118; 122f.
Bundeseisenbahnvermögen 151
Bundesinvestitionen 110; 112

CES-Produktionsfunktion 18ff.
closed-shop-Praxis 140
Cobb-Douglas-Produktionsfunktion 18f.
Crowding-Out 24; 26; 115; 133
- partielles 116

Defizit 95; 98; 119ff.; 137; 151; 157
- konjunkturbereinigtes 121
- konjunkturelles 120
- konjunkturneutrales 120ff.; 132
- strukturelles 15; 117; 119ff.; 124ff.; 134; 141
Defizitquote 98; 121; 130; 157
Demarkationsvertrag 153
Deregulierung 27; 104; 137; 139ff.; 149ff.; 154f.
Destabilisator 106
Devisenpensionsgeschäfte 53; 63; 65; 95
Devisenswapgeschäfte 53; 63ff.
Direktinvestitionen 51
Diskont 54
Diskontkredit 32; 34; 39; 41f.; 53ff.
Diskontpolitik 53ff.
Diskontsatz 52ff.; 68ff.; 87
Distributionsfunktion 2; 103

Dreimonatsfestgelder 46
Durchleitungsrechte 154

Effektivverdienste 178
Einfuhrabgaben 5; 16f.
Einkommen 82
- laufendes 114
- permanentes 82f.
- zukünftiges 114
Einkommensdifferenzierung 137
Einkommenselastizität 170
Einkommenshypothese, permanente 82
Einkommensteuer 105ff.; 139; 143; 147; 149; 156; 185
Einkommensteueraufkommen 107
Einkommensteuerelastizität 106
Einkommensteuersatz 113; 135; 136
Einkommensteuersystem 107
- amerikanisches 136
Einkommensverteilung 2; 20; 177
- funktionale 20; 177
Einlagen
- von Kreditinstituten 30ff.; 35; 44
- von öffentlichen Haushalten 30ff.; 35
Einsteigertarife 180; 182f.
Entwicklungsländer 6
Erhaltungssubventionen 116
Erkenntnislag 69; 72
ERP-Sondervermögen 126f.; 129
Ersatzinvestitionen 128
Erwartungen
- adaptive 75ff.; 80
- rationale 76ff.
Erwerbsfähige 160f.
Erwerbslose 163
Erwerbspersonen 8; 160f.; 165f.; 168; 172f.
Erwerbspersonenpotential 159ff.
Erwerbsquote 182
Erwerbstätige 140; 160ff.; 165f.; 170; 181
Erwerbsunfähigkeitsrente 160; 162
Erwerbsunwillige 160f.
Erwerbswillige 160f.
Euro-DM-Einlagen 46
Europäische Währungsunion 50; 95ff.; 115; 157
Europäisches System der Zentralbanken 96
Europäisches Währungssystem 1; 3; 29; 59; 88f.; 94
Euro-Währung 9
Exportpreise 175f.

Exportquote 10f.
Exportvolumen 11
Externe Effekte 2; 149; 187f.

Faktoreinsatzverhältnis 20
Fehlallokation von Ressourcen 26f.; 96
Fehlbetragsergänzungszuweisungen 172
Feinsteuerungsinstrument 52; 61; 65
Finanzausgleich
  - horizontaler 172
  - internationaler 3
  - nationaler 3
  - regionaler 172
  - vertikaler 172
Finanzierungsdefizit 125ff.; 129
Finanzkrise 6
Finanzmarktförderungsgesetz 47
Finanzpolitik, angebotsorientierte 2; 103; 134
Fiskalpolitik 103; 109f.; 115f.; 139; 170
  - antizyklische 110; 112; 115f.
  - diskretionäre 103; 109; 115; 117; 159
  - expansive 115
  - keynesianische 104
Fixkostendegression 168
Flächentarifsystem 180
Flexibilisierung
  - der Arbeitszeiten 168; 170; 173; 180ff.; 190f.; 197
  - des Arbeitsmarkts 159
Föderales Konsolidierungsprogramm 134; 143; 149; 155f.
Fortbildung und Umschulung 162
Freihandel 3

Geldangebot 43
Geldmarkt 23; 56f.
Geldmarktfonds 47
Geldmarktpapiere 110
Geldmarktzins 56f.
Geldmengenabgrenzung 43; 83f.
Geldmengenaggregate 2; 46f.; 58; 65; 89
Geldmengenpolitik, konjunkturneutrale 85
Geldnachfrage 43; 79; 81ff.
  - reale 81ff.
  - unendlich elastische 24
  - zinsunelastische 68
Geldnachfragefunktion 81
  - Friedmansche 81; 83
  - keynesianische 82
  - nominale 81

Geldschöpfungsmultiplikator 30; 33; 37ff.; 61
Geldschöpfungsprozeß 30; 34; 52
Geschäftsbank 31
Gewerbeertrag 147
Gewerbeertragsteuer 147f.
Gewerbekapital 147
Gewerbekapitalsteuer 147ff.; 157
Gewerbesteuer 114; 147f.
Gleichgewicht, gesamtwirtschaftliches 110; 128
Gleitende Durchschnitte 15
Grobsteuerungsinstrument 52; 58; 61
Grundfreibetrag der Einkommensteuer 143; 157; 185
Güterangebot 12; 14; 50
Güternachfrage 109
  - inländische 137

Handelsbilanz 101; 138
Handelshemmnisse 100
Handelswechsel 54
Handlungslag 69; 72
Haushalt, konjunkturneutraler 120
Hochkonjunktur 13; 114; 118; 161; 167
Hüttenvertrag 145; 147

Ifo-Institut 15; 19
Importpreise 8; 76; 145; 175f.
Importquote 10f.
Impuls, konjunktureller 15; 117; 119ff.
Indikator der Geldpolitik 43ff.; 87
Inflation, zurückgestaute 50
Inflationskriterium 9
Inflationsrate 2; 5; 8f.; 22; 29; 48ff.; 66; 73ff.; 87; 89ff.; 106; 116; 135; 137ff.; 177f.; 198
Informationsverteilung, asymmetrische 150
Institut für Arbeitsmarkt und Berufsforschung 19
intermediate lag 69; 72
Internationaler Währungsfonds 31; 93
Interventionspflicht 83; 93
Investitionen 1; 10; 13f.; 18; 24ff.; 51; 67ff.; 114; 117; 133ff.; 184; 193; 196; 198
  - Doppelcharakter der 167
  - langfristige 51
  - öffentliche 2; 109; 110; 112; 115f.; 196
  - private 24; 26; 113; 115; 137; 147; 196

- starre 24
- zinsunelastische 68
Investitionsausgaben 113
Investitionsfalle 24f.; 67ff.
Investitionsfunktion 68
Investitionsgüternachfrage 14; 49; 52; 113
- private 22f.
Investitionsprämie 113f.
Investitionsquote 196; 199
Investitionszulage 113
IS-Funktion 24; 67; 68
IS-LM-Modell 23ff.; 43; 67f.; 72; 110

Kapitalbilanz 55
Kapitalmarkt 23; 47; 57; 66; 88; 139
Kapitalmarktbelastung 115; 133
Kapitalmarktzins 68f.
Kapitalproduktivität 16ff.; 175f.
- potentielle 16f.
- tatsächliche 16f.
- trendmäßige 16f.
Kassakurs 63f.
Kassenhaltungskoeffizient 84; 88
Kassenobligationen 31
Kaufkraftmechanismus 89; 93
Kaufkraftparität 92; 94; 100
Keynes-Fall 68
Keynesianer 70; 72; 78; 159
Keynesianismus 21; 27; 103
Kohlepfennig 146; 147; 154
Konjunktur 5; 7; 9; 11ff.; 52; 69f.; 74; 121f.; 127; 168
- normale 13
Konjunkturabschwung 66; 74; 78
Konjunkturanfälligkeit 148
Konjunkturaufschwung 66; 78
Konjunkturausgleichsrücklage 31; 110; 114
Konjunkturbegriff 11; 12
Konjunkturbelebung 72
Konjunkturbereinigung 121f.; 124; 127; 129
Konjunkturdiagnose 11
Konjunktureinbruch 9; 116ff.; 168
Konjunkturindikatoren 69
Konjunkturkrise 24; 116
Konjunkturlage 69; 121f.
Konjunkturphänomen 11; 22
Konjunkturphasen 14
Konjunkturprogramm 115f.; 125f.; 129
Konjunkturschwankungen 22; 23; 25; 121

Konjunktursteuerung 26; 29; 67f.; 78; 85f.; 113; 120; 159
Konjunkturtief 124
Konjunkturzuschlag 113
Konjunkturzyklus 13f.; 18; 22; 70; 82; 103; 121; 123; 126
Konkurrenzfähigkeit 178
- internationale 27; 51; 91; 97
Konsolidierung 9; 14; 104; 118; 120; 124; 126; 130; 132f.; 139; 141; 155; 157f.; 185
Konsumentenlohn 179
Konsumgüternachfrage 49; 189; 190
Kontokorrentkredite 56
Konvergenzkriterium 97ff.; 101; 115; 128
Konzessionsvertrag 153
Körperschaftsteuer 113f.; 135; 139; 149; 156; 159
Korrelationskoeffizient 77; 79f.; 112; 198ff.
Kosten, komparative 3; 91; 101
Kostennachteile, absolute 90; 101
Krankheit, englische 138
Kreditaufnahme, potentialorientierte 121f.
Kreditinstitut 31
Kreditschöpfungsmultiplikator 38; 40; 42
Kreditschöpfungsprozeß 39
Kreditvergabespielraum 34; 44
Kündigungsschutz 157; 180; 183f.
Kurzarbeit 162; 179
Kurzarbeiter 160; 162
Kurzarbeitergeld 125

Laffer-Kurve 135f.
- rechtssteile 136
Lag-Problematik 69f.; 72
Langzeitarbeitslose 180; 188
Langzeitarbeitslosigkeit 187f.; 197
Leistungsbilanz 55; 90
Leistungsbilanzdefizit 55
Leitzinsen 50; 52; 67f.; 95; 139; 198
Liquiditätsfalle 24f.; 67f.
Liquiditätspapiere 30ff.
LM-Funktion 23; 67
log-lineare Regression 16
Lohndifferenzierung 168; 170; 178; 180
- qualifikationsspezifische 170
Lohnelastizität der Arbeitsnachfrage 191
Lohnfortzahlung im Krankheitsfall 157; 178
Lohnnebenkosten 187f.

Lohnpolitik
- kostenniveauneutrale 174ff.
- produktivitätsorientierte 174f.
Lohn-Preis-Spirale 49; 77
Lohnstückkosten 79; 174; 176ff.; 190f.; 197ff.
Lohnsubventionen 2; 25f.; 168; 170; 173; 178; 185ff.
Lokalebene 153
Lombardkredit 32; 34; 53; 56f.; 60
Lombardpolitik 53; 56f.
Lombardsatz 52f.; 56f.; 87
Lombardverzeichnis 56
Lombardzins 57

Maastricht-Kriterien 9; 97; 101; 157
Maastricht-Vertrag 97f.; 115
Magisches Dreieck 22
Maschinenlaufzeiten 168; 183
Mehrwertsteuer 139; 147
Mehrwertsteuersatz 95f.; 139
Mengentender 53; 60; 67
Mikrozensus 162
Mindestreserve 34ff.; 44; 60f.; 63; 85
- auf Auslandsverbindlichkeiten 86
Mindestreservepolitik 53; 61; 63
Mindestreservesatz 34; 36; 38f.; 42ff.; 52f.; 61; 63; 67f.
Mißbrauchskontrolle 168
Monetäre Basis 44
Monetarismus 27; 66; 75; 81; 103; 141; 167
Monopol, natürliches 149

Nachfrage
- effektive 14; 25f.; 68; 76; 78; 81; 88; 103; 166ff.; 170
- gesamtwirtschaftliche 12; 67
Nachfrageorientierung 1; 22
Nachfragepolitik 134
Nachfragesteuerung, keynesianische 14
Neoklassische Synthese 67
Nettoinvestitionen 110; 128
Nettoverdienst, realer 179
Nichterwerbsfähige 160
Nichterwerbspersonen 160
Niveaukonstante 19
Nominallöhne 49; 72ff.; 197
- starre 24; 68
Normalverschuldung 121; 124; 127ff.
Normkontingent 54f.
N-Titel 31
Nutzungsgrad 19

Offenmarktpolitik 31; 53; 57; 63
- traditionelle 58; 61
Öffentliche Güter 2; 123; 138; 149
Oligopol 3
Ölkrise 6; 8f.; 21; 113
Opportunitätskosten der Geldhaltung 51; 82
Ostblockstaaten 6
outside lag 69f.; 72

Paradigma
- keynesianisches 23; 25
- monetaristisches 25
Passivtausch 33
Peak-to-Peak-Methode 15
Personalausgaben 2; 109; 112; 119; 124; 151f.
Phillips-Kurve 66; 72; 74ff.; 177
- modifizierte 73f.
- ursprüngliche 72f.
Pool-Modell 154
Potentialorientierung 83; 85
Preisgefälle 91f.
Preisindex 91f.
- des Bruttoinlandsprodukts 8; 58
- für die Lebenshaltung der privaten Haushalte 8
Preisniveau, konjunkturneutrales 121f.
Preisnorm 84
Primärdefizit 119
Primärdefizitquote 132
Privatisierung 27; 104; 137; 139ff.; 149ff.; 180; 184
Produktionsfunktion 16; 18ff.
- limitationale 18
- substitutionale 18
Produktionskapazitäten 12
Produktionspotential 11ff.; 21f.; 81; 83ff.; 112f.; 121ff.; 127; 137; 166f.; 173
- des Unternehmenssektors 16f.; 20
- gesamtwirtschaftliches 17f.; 20
- Konzept der Bundesbank 18ff.
- Konzept des Sachverständigenrates 15f.; 18; 21
Produktionswert 5
Produktive Arbeitsförderung Ost 186
Produzentenlohn 179
Programm für mehr Wachstum und Beschäftigung 134; 155ff.; 184
Punktziel 83; 85

Quantitätsgleichung 46ff.; 55; 80ff.

Quantitätstheorie 82
Quotientenregel 48; 131

Rasenmähermethode 137
Rate des technischen Fortschritts 19
Reaganomics 134f.
Realeinkommen 144
Rediskontkontingent 53ff.
Rediskontkredit 53
Refinanzierung 34; 52f.; 139
Refinanzierungskontingente 54
Refinanzierungskredite 31
Refinanzierungspolitik 53
Refinanzierungsspielraum 34
Regionalebene 153
Regression
   - lineare Einfachregression 198ff.
   - lineare Mehrfachregression 200
   - log-lineare 16
Regressionsgerade 77; 79f.; 112; 167; 200
Regressionsgleichung 16
Regressionskoeffizient 200; 202
Rehabilitationsmaßnahme 162
Ressourcenallokation, effiziente 149
Rezession 6f.; 13; 52; 68; 70; 85ff.; 95; 103ff.; 122ff.; 130; 135; 137; 140; 145; 166; 168; 173; 180; 192

Sachaufwand, laufender 112
Sachausgaben 2; 109; 112; 119; 124
Sachinvestitionen 110; 112; 118f.; 128
Sachinvestitionsquote 118
Sachkapitalbestand 16; 20
   - genutzter 19
Schatzanweisungen
   - unverzinsliche 31
   - verzinsliche 31
Schatzwechsel 31; 54; 65
Schnelltender 59
Schuhsohleneffekt 51
Schuldenkrise 6
Schuldenquote 9f.; 98; 117f.; 128; 131ff.; 155
Sichteinlagen 29; 34ff.; 43ff.; 61; 84; 86
Skalenelastizität 19f.
Skalenerträge
   - nicht-steigende 3
   - steigende 3; 20; 100
Sockelarbeitslosigkeit 8; 20; 159
Solidaritätszuschlag 149; 156f.; 179
Sonderabschreibungen 113f.
Sonderziehungsrechte 31

Sozialabgaben 146; 196
Sozialhilfe 113; 127; 141ff.; 155f.; 158; 185
Sozialhilfeempfänger 185
Spar-, Konsolidierungs- und Wachstumsprogramm 134; 155f.; 185
Spareinlagen 36; 43ff.; 53; 61; 63; 84; 88
Spätindikator 69f.
Spekulationskasse 43; 68
Spekulationsmotiv, keynesianisches 82
Staatsausgaben 26; 98; 103; 115; 118f.; 124; 129; 131ff.; 136f.; 157; 159
Staatsnachfrage 14
Staatsquote 117f.; 137; 196; 199
Staatsverschuldung 5; 9; 25f.; 27; 66; 103; 117ff.; 124; 127; 131ff.; 139; 199
Stabilisator, eingebauter 85; 103ff.; 124
   - auf der Ausgabenseite 107
   - auf der Einnahmenseite 104f.
   - strenger 105f.
   - weicher 105f.
Stabilisierungsfunktion 2f.; 103
Stabilisierungspolitik 1f.; 103
Stabilitätspolitik 1; 192
   - keynesianische 103
Steinkohlenbergbau 144ff.
Steuerautonomie 158
Steuerbemessungsgrundlage 135; 143
Steuerelastizität 104ff.
   - nominale 106f.
   - reale 106f.
Steuerelastizitäten 106
Steuerprogression, kalte 51
Steuerquote 122
Stille Reserve 20; 160ff.
Strategische Handelspolitik 3
Streikhäufigkeit 197ff.
Stromgrößen 55
Stromwirtschaft 150f.; 154
Strukturhilfen 100
Strukturkomponente 54
Strukturpolitik 2f.; 110
Subsidiaritätsprinzip 142
Substitutionselastizität 18f.
Substitutionsparameter 19
Subventionen 2; 27; 88; 109; 113; 143f.; 156; 158; 170f.; 187
Swapsatz 64

Tagesgeldmarkt 57
Tagesgeldsatz 56ff.
   - nominaler 58f.
   - realer 58f.

target lag 69f.; 72
Tarifabschlüsse 75f.; 177; 179f.; 182
Tarifautonomie 22; 188
Tarifgruppen 180
Tariflohn 177; 180ff.
Tarifparteien 77; 177; 179; 183
Tarifpartner 89; 176; 189; 195; 197ff.
Tarifpolitik 179; 188
Tarifstruktur 153
Tarifvereinbarungen 174; 177; 182
Tarifverhandlungen 74; 76
Tarifverträge 180ff.
Teilprivatisierung der Arbeitsvermittlung 180; 184
Teilzeitarbeit 181f.
Teilzeitarbeitslosigkeit 181f.
Teilzeitarbeitsplätze 181f.; 197ff.
Tenderverfahren 31
Termineinlagen 29; 36; 43ff.; 61; 84; 88f.
 - inländische 46
Terminkurs 63; 64
Terms of Trade 176f.
Thatcherism 134; 138; 141
Theorie, keynesianische 24
Totalmodell
 - keynesianisches 23ff.; 29; 43; 67f.; 70; 72f.; 110; 115
 - neoklassisches 25; 29
Transaktionskasse 43
Transaktionskosten 51; 93; 96; 100; 150
Transaktionsmotiv, keynesianisches 82
Transferausgaben 112f.; 124; 126
Transferleistungen 2; 142
Transfers 141; 143
Transfersystem 142f.
Transferzahlungen 101; 109
Transmissionsmechanismus 68; 72; 74

Überschußreserve 31ff.; 39; 41; 44; 85
Umlaufgeschwindigkeit des Geldes 46; 48ff.; 55; 68; 81ff.; 139
Umsatzsteuer, nichtabzugsfähige 5; 16f.
Unternehmensbefragungen 15
Unternehmensbesteuerung 147
Ursprungslandprinzip 96
U-Schätze 31

Verbraucherpreisindex 8
Verbundebene 152
Vereinigungsboom 13
Vermögensteuer 148f.; 156; 157
Vermögensübertragungen 112

Verschuldung
 - investitionsorientierte 128f.
 - konjunkturneutrale 128f.
 - öffentliche 2; 97f.; 118; 125; 190
Versicherungsteuer 156
Verteilungsparameter 19f.
Volkseinkommen 105; 143
Volkswirtschaftliche Gesamtrechnung 5; 10; 15f.
Volkszählung 162
Vollständige Konkurrenz 3
Vorleistungen 5
Vorruhestandsgeld 162
Vorruhestandsregelung 181

Wachstumsdefizitarbeitslosigkeit 167f.; 170
Währungsinstitut 31; 96
Währungsreserven 30ff.; 93
Wechsel 53f.; 56
 - diskontfähige 54
Wechselkurs 3; 22; 51; 64; 89ff.; 133
 - fixer 92ff.; 97; 100
 - flexibler 92; 95; 100f.
 - realer 90f.
Wechselkursanpassung 95; 97; 101
Wechselkurskriterium 98f.
Wechselkursmechanismus 3; 90f.; 95; 98; 139
Wechselkursrisiko 51
Wechselkursstabilität 97
Wechselkurssystem 89; 92f.
 - fixes 89; 93f.; 97; 100
 - flexibles 89
Wechselkursverbund 95
Weltwirtschaftskrise 6
Wertpapierangebot 57
Wertpapierbestand 32
Wertpapiere 24; 30; 32ff.; 46; 52f.; 56ff.; 63; 88
 - beleihbare 56
 - festverzinsliche 57; 63; 82
 - lombardfähige 57
Wertpapierkurs 24
Wertpapiernachfrage 57f.; 115
Wertpapierpensionsgeschäfte 52f.; 57; 58ff.; 87; 95
Wettbewerb, ruinöser 149
Wettbewerbsverzerrung 96; 148
Wirkungsgröße 193; 195ff.
Wirkungslag 69f.; 72; 116
Wirtschaftskrise 6; 8; 11; 173
Wirtschaftspolitik

- angebotsorientierte 1; 5; 22f.; 25ff.;
  103; 133; 137; 149; 168; 201
- keynesianische 139
- nachfrageorientierte 1; 5; 22; 134

Wohlstandsindikator 5
Wohnbevölkerung 160
Wohngeld 127; 142

Zahlungsbilanz 55
Zentralbankgeld 30; 32f.; 35f.; 39; 53;
  56; 58ff.; 63; 65
Zentralbankgeldmenge 35ff.; 42ff.; 58f.;
  61; 65f.; 83; 85ff.
  - bereinigte 85f.
  - enge 44
  - weite 44
Zentralbankgeldnachfrage 63
Zentralbankgeldschöpfung 32f.
Zentralbankgeldvernichtung 32f.
Zielkorridor 83ff.

Zielvariable 192
Zinsausgaben 112
Zinselastizität
  - der Geldnachfrage 82f.
  - der Investitionen 70; 72
  - der Kreditnachfrage 88
Zinsen-Einnahmen-Quote 118
Zinsgefälle 92
Zinslastquote 118
  - gesamtwirtschaftliche 118
Zinsmechanismus 25; 67; 89; 92f.
Zinsparität 92; 95; 100
Zinsstruktur, inverse 88
Zinstender 53; 60
Zollschranken 95
Zuteilungsverfahren
  - amerikanisches 60
  - holländisches 60
Zwischenziel der Geldpolitik 43ff.; 65f.;
  87; 195

KOMPETENZ IN WIRTSCHAFT

Vahlens Großes Wirtschaftslexikon ungekürzt als Taschenbuchausgabe im dtv

Herausgegeben von
Prof. Dr. Dr. h.c. Erwin Dichtl
und Prof. Dr. Otmar Issing
2., überarbeitete und
erweiterte Auflage. 1994.
XXII, 2471 Seiten

Besonders preisgünstig! nur DM 138,-

Vier Bände in Kassette,
kartoniert
DM 138,--
öS 1077,--
SFr 138,--
dtv 59006

Leinenausgabe
in zwei Bänden
2., überarbeitete
und erweiterte
Auflage. 1993.
DM 350,--
öS 2730,--
SFr 350,--
ISBN 3-8006-1698-X

Vahlens Großes Wirtschaftslexikon wendet sich an jeden, der in Studium und Beruf bei seiner täglichen Arbeit auf ökonomische Begriffe oder Problemfelder stößt, die ihm nicht hinreichend geläufig oder vielleicht sogar völlig fremd sind. Das Lexikon ermöglicht in der Regel einen fundierten Einstieg in die Materie und erteilt häufig sogar erschöpfend Auskunft.

Die vier Bände enthalten etwa 11.000 Stichwörter, die von nahezu 300 Fachleuten aus Deutschland, Österreich und der Schweiz ausgearbeitet wurden. Besondere Bedeutung wurde Begriffen mit großem Problemgehalt, aber auch solchen von hoher Aktualität beigemessen.

Die Herausgeber Prof. Dr. Dr. h.c. Erwin Dichtl und Prof. Dr. Otmar Issing sind als Herausgeber einer wirtschaftswissenschaftlichen Ausbildungszeitschrift und als Verfasser zahlreicher Standardwerke der Wirtschaftsliteratur vielen Wirtschaftsakademikern ein Begriff.

Wirtschaftsenglisch up to date

Von Prof. Dr. Wilhelm Schäfer †
und Michael Schäfer, M.A.

Wirtschaftswörterbuch

Band I: Englisch – Deutsch
5., überarbeitete und erweiterte Auflage. 1996
XV, 871 Seiten. Gebunden DM 118,–
ISBN 3-8006-2074-X

Band II: Deutsch – Englisch
4., überarbeitete und erweiterte Auflage. 1994
XVIII, 913 Seiten. Gebunden DM 118,–
ISBN 3-8006-1853-2

WINDOWS-HYPERBOOK
Wirtschaftsenglisch

**Elektronisches Wirtschaftswörterbuch
Englisch – Deutsch / Deutsch – Englisch**
Version 2.0. 1996. CD-ROM mit Handbuch rund 50 Seiten
Ca. DM 248,– ISBN 3-8006-2003-0
Erscheinungstermin: November 1996

Das Buch

Mit weit über 50.000 Stichwörtern pro Band informiert »der Schäfer« umfassend und schnell. Das Fachwörterbuch deckt alle wichtigen Wirtschaftsbereiche ab, und berücksichtigt außerdem das wirtschaftlich relevante Recht ohne »Füllmaterial« aus der Umgangssprache. Alle Ausdrücke sind für den raschen und direkten Zugriff nach Anfangsbuchstaben geordnet – die Lektüre komplizierter Verweisungssysteme oder Benutzerhinweise ersparen Sie sich.

Die 5. Auflage des Bandes I enthält rund 5000 neue Einträge und ist deshalb ein Muß für alle, die angesichts der vielen Neuerungen in der Wirtschaftssprache auf aktuellem Stand bleiben wollen.

Die CD-ROM

Zusätzlich zu den Vorteilen des gedruckten Werkes bietet die inhaltsgleiche CD-ROM unter Windows 3.1 oder als 32 Bit-Anwendung unter Windows 95 weitere **Vorteile:**
● mehr als 100.000 Begriffe sofort im Zugriff
● Begriffe einfach in Ihre Textverarbeitung übernehmen ● Textqualität verbessern durch schnelleren Zugriff auf verwandte Ausdrücke ● Individuelle Erweiterung des Wortbestandes durch Benutzerwörterbücher.

Systemvoraussetzungen:
IBM-kompatibler PC mit CD-ROM-Laufwerk. 16-Bit-Version: 4 MB Hauptspeicher (8 MB empfohlen), Windows 3.1; 32-Bit-Version: 8 MB Hauptspeicher (12 MB empfohlen), Windows 95 oder Windows NT ab Version 3.51.

Die Empfehlung

»... das Ergebnis jahrelanger EDV-gestützter Auswertung der Literatur aus allen wichtigen Gebieten der Wirtschaftspraxis und der Wirtschaftswissenschaft« *(British German Trade 3/1995, zur 4. Auflage von Band 2)*

»... kann man als gelungenen Einstieg in den Bereich der elektronischen Wörterbücher bezeichnen.«
(A. Schmitz, in: Zielsprache Englisch 2/1995 zum WINDOWS HYPERBOOK Version 1.0)

Verlag Vahlen
80791 München